行政管理制度与表格规范大全

为中国企业量身定做的行政规范化管理实务全书

赵 涛 李金水◎主编

台海出版社

图书在版编目（CIP）数据

行政管理制度与表格规范大全 / 赵涛, 李金水主编.
-- 北京 : 台海出版社, 2017.9
ISBN 978-7-5168-1540-3
Ⅰ.①行… Ⅱ.①赵… ②李… Ⅲ.①行政管理
Ⅳ.①D035

中国版本图书馆CIP数据核字（2017）第221327号

行政管理制度与表格规范大全

主　　编：赵　涛　李金水

责任编辑：高惠娟　　装帧设计：久品轩
版式设计：曹　敏　　责任印制：蔡　旭

出版发行：台海出版社
地　　址：北京市东城区景山东街20号　　邮政编码：100009
电　　话：010－64041652（发行，邮购）
传　　真：010－84045799（总编室）
网　　址：www.taimeng.org.cn/thcbs/default.htm
E－mail：thcbs@126.com

经　　销：全国各地新华书店
印　　刷：天津嘉杰印务有限公司
本书如有破损、缺页、装订错误，请与本社联系调换

开　　本：787×1092　1/16
字　　数：721千字　　印　张：29
版　　次：2018年1月第1版　　印　次：2018年1月第1次印刷
书　　号：ISBN 978-7-5168-1540-3

定　　价：68.00元

前　言

企业的行政管理体系，可以说是企业的中枢神经系统。行政管理体系担负着企业的管理工作，推动和保证企业各个环节有序、有效地进行和相互之间的协调。

行政管理工作的内容，涉及企业内部上上下下、左左右右、里里外外的沟通和协调；行政管理的广度，涉及一个企业的全部运作过程；行政管理的深度，又涉及许多局外人难以想象的细枝末节；行政管理的重要，是因为它是领导和各部门、众员工之间的桥梁；行政管理的敏感，是因为它涉及每个人的切身利益。

企业行政管理工作纷繁复杂，任何一个细节都反映着企业的发展面貌。企业行政管理人员如何更好地适应、掌控本职工作？从事行政管理工作的人士怎样轻松进入角色？企业管理者如何一目了然把握住企业行政这条脉络？

管理制度使烦琐变得简单，使杂乱变得有序，为企业在激烈的市场竞争中生存和发展奠定了坚实的基础。因此，一套健全的管理制度和合理的管理方式对于企业的意义十分重大。建立规范化、科学化、标准化的管理体系，是行政管理人员必须考虑的问题。

本书以“解决问题”为出发点，针对行政管理中存在的实际问题给出切实可行的解决思路和方案。它涵盖了行政管理的方方面面，力求结构合理，体系完整。

本书以“流程＋制度＋方案＋文书”的形式介绍了行政管理的工作流程、实用表格及可供执行的制度规范。书中内容涉及办公用品管理，办公设备管理，办公费用管理，印章、证照、文件资料、档案管理，会议、提案、行政事务、员工考勤、出入、假务管理，员工出差管理，车辆管理，招待与接待管理，宿舍食堂管理，环境与安全管理等的日常管理工作，涉及企业制度范例以及大量“拿来即用”的模板、量表。本书为行政后勤管理工作提供了极具参考价值的管理范本，具有很强的实用性和可操作性。

编　者

目　录

第一部分　准确清晰的职责定位

第三部分 到位的行政办公管理

第四部分　有力的后勤保障

第一部分

准确清晰的职责定位

第1章　行政管理工作职责描述

第一节　行政部门工作职责

一、行政部门职责范围

行政部门受行政总监领导，直接向行政总监报告工作。部门职责如下：

（一）各职能部门的关系协调。

（二）建立各项规章制度并检查实施情况，促进各项工作规范化管理。

（三）负责公司资料、信息等管理，以及宣传报道工作，沟通内外联系和上下联系。

（四）公司会议组织、记录及记录归档工作。

（五）公司印章管理。

（六）公司证照管理。

（七）员工入职、离职过程中与行政相关的手续办理。

（八）公司各类档案的整理、归档、保管、借阅等。

（九）员工考勤、出勤统计、报表、分析等。

（十）员工暂住证、就业证、工作居住证等事项办理。

（十一）保健管理

1. 员工保健规章的制定。
2. 定期保健体检的实施。
3. 特约或定点医院的选择。
4. 特约或定点医院的联络。
5. 办理工伤事故。

（十二）福利管理

1. 员工福利制度的制定，并经批准后实施。
2. 福利制度的研究、修订、改进等事项。
3. 福利事项的办理。
4. 福利工作总结、分析和改进。
5. 退休、抚恤制度的制定及办理。

（十三）文件控制

1. 发文制度及行文程序的拟定和实施。
2. 公司文件发放。
3. 文件与资料登记、编号、发行、保管、维护等。
4. 过期文件的处理。

5. 文件汇编。

6. 文件与资料的有效性控制。

（十四）公司公共关系维护和改善工作

1. 内部公共关系的建立和维护。

2. 外部公共关系的建立和维护，包括政府、同行、社区、新闻等公共关系。

（十五）行政稽查

（十六）行政开支预算的编制

（十七）行政开支成本控制

（十八）其他相关职责

二、行政部门日常工作细则

1. 负责贯彻公司领导指示。做好上下联络沟通工作，及时向领导反映情况/反馈信息；搞好各部门间相互配合、综合协调工作；实施对各项工作和计划的督办检查。

2. 严格执行公司规章制度，认真履行其工作职责。

3. 负责行政后勤、保卫工作管理制度拟定、检查、监督、控制和执行。

4. 负责组织编制年、季、月度行政后勤、保卫工作计划。本着合理节约的原则，编制年、季、月度后勤用款计划，搞好行政后勤决算工作，并组织计划的实施和检查。

5. 负责员工生活费用管理和核算工作。建立健全员工生活费用成本核算制度，制定合理的生活费用标准，对盈亏超标准进行考核。

6. 负责做好公司经营用水、用电用网等管理工作。认真抓好水、电的计量基础管理工作，定期检查和维修计量器具，抓好电气设备和线路的保养维修工作，加强用水、用电用网费用核算，及时缴纳水费、电费网费。

7. 负责员工就餐的卫生管理工作。定期询问公司员工对就餐质与量的要求，以确保员工就餐的安全。

8. 负责公司内部治安管理工作。维护内部治安秩序，搞好治安综合治理，预防犯罪、刑事案件和灾害事故的发生，保护公司财产的安全，确保生产、工作的顺利进行。

9. 负责建立和完善安全责任制。建立以防火、防盗、防灾害事故为主要内容的安全保卫责任制，做到组织落实、制度落实和责任落实。

10. 严格门卫登记制度。一切进出公司的物资，门卫严格检查、验证，物证相符方能进出，凡无证或证物不符门卫有权扣留，由保卫科查处。

11. 建立和完善后勤岗位责任制，加大考核力度，提高服务质量。

12. 加强部门人员的培训教育工作。协同人事、企管等职能部门，做好管理员、炊事员、保卫人员、维修工等日常安全教育和职业道德教育工作，定期开展岗位优质服务评比活动。

13. 按时完成公司领导交办的其他工作任务。

三、行政管理制度纲要

□ 总则

第一条　为加强公司行政事务管理，明确公司内部关系，使各项管理标准化，制度化，提高办事效率，特制定本制度。

第二条　本制度行政事务管理包括档案管理、印章管理、公文打印管理、办公及劳保用品管理、报刊及邮发管理等。

□ 档案管理

第三条　归档范围

公司的规划、年度计划、统计资料、科学技术报告、财务审计、经营情况、人事档案、会议记录、决议、决定、委任书、协议、合同、项目方案、通告、通知等具有参考价值的文件材料。

第四条　档案管理

要指定专人负责，明确责任，保证原始资料及单据齐全完整，密级档案必须保证安全。

第五条　档案的借阅

(一)总经理、副总经理、总经理办公室主任借阅非密级档案可通过档案管理人员办理借阅手续，直接提档。

(二)公司其他人员需借阅档案时，要经主管副总经理批准，并办理借阅手续。

第六条　档案的销毁

(一)任何部门或个人未经允许无权销毁公司档案。

(二)若按规定需销毁时，凡属密级档案须经总经理批准后方可销毁；一般内部档案，须经总经理办公室主任批准后方可销毁。

(三)须经批准销毁的公司档案，档案人员要认真填写、编制销毁清单，由专人监督销毁。

□ 印章管理

第七条　公司印章由总经理办公室主任负责保管。

第八条　公司印章的使用一律由主管副总经理签字后，管理印章人方可盖章，如违反此项制度，造成的后果由直接责任人员负责。

第九条　公司所有需要盖印章的介绍信、说明及对外开出的任何公文，应统一编号登记，以备查询、存档。

第十条　不得开具空白介绍信、证明，如因工作需要或其他特殊情况确需开具时，必须经主管副总经理签字批条后方可开出。

第十一条　盖章后出现的意外情况由批准人负责。

□ 公文打印管理

第十二条 公司公文的打印工作由行政部负责。

第十三条 各部门打印的公文或其他资料须经本部门负责人签字，交计算机室打印，按价计费。

第十四条 公司各部门所有打印的公文、文件，必须一式三份，交行政部留底存档。

□ 办公及劳保用品管理

第十五条 办公用品的购发

（一）每月月底前，各部门负责人将该部门所需要的办公用品制订计划提交行政部。

（二）行政部指定专人制订每月办公用品计划及预算，经主管副总经理审批后将办公用品购回，根据实际工作需要有计划地分发给各个部门，由部门主任签字领回。

（三）除正常配给的办公用品外，若还需要其他用品的须经行政部经理批准后方可领用。

（四）公司新聘工作人员办公用品，行政部根据部门负责人提供的名单和用品清单，负责为其配齐，以保证新聘人员的正常工作。

（五）负责购发办公用品的人员要做到办公用品齐全、品种对路、量足质优、库存合理、开支适当、用品保管良好。

（六）负责购发办公用品的人员要建立账本，办好入库、出库手续，出库一定要由领取人签字。

（七）办公室用品管理一定要做到文明、清洁，注意安全、防火、防盗，严格按照规章制度办事，不允许非工作人员私自进入库房。

第十六条 劳保用品的购发

劳保用品的配发，由行政部根据各部门的实际工作需要统一购买、统一发放。

□ 报刊及邮发管理

第十七条 报刊管理人员每半年按照公司的要求制订订阅报刊计划及预算，负责办理订阅有关手续。

第十八条 报刊管理人每日负责将报刊取回并进行处理、分类、登记，然后分别送到有关部门。有关部门处理后，一周内交回行政部，由报刊管理人员统一保存，存档备查。

第十九条 任何人不得随意将报刊挪作他用。

第二十条 邮发管理

（一）私人信件快件等一律实行自费，交行政部办公室或自行送往邮局。

（二）所有公发信件、邮件快件等一律不封口，由收发员登记，统一封口，负责寄发。

（三）控制各类挂号信，凡因公需挂号者，须经各部门主任批准，行政部经理审核后方可邮发。

□ 附则

第二十一条 本制度如有未尽事宜或随着公司的发展有些条款不适应工作需要的，

各部门可提出修改意见交行政部研究并提请总经理批复。

第二十二条　本制度解释权归行政部。

第二十三条　本制度自发布之日起生效。

第二节　行政部门各岗位工作职责描述

一、行政总监岗位职责说明

1. 制定规章制度：组织并制定人力资源管理和办公、行政管理的有关规章制度，并对工作人员执行规章制度的情况进行检查、监督和指导。

2. 计划管理：根据企业阶段性目标和年度计划，制定所属部门的目标、计划和措施，保证企业业务活动正常进行。

3. 人力资源：依据企业有关人力资源开发与管理的总体要求，上级领导和组织人力资源管理的制度设计、人员管理、薪酬、培训计划及落实、考核等，使企业达到对内具有凝聚力、对外具有竞争力的目标。

二、行政主管岗位职责说明

1. 负责发挥行政部（总经办）的参谋、协调和综合管理职能，直接处理尚未分清职能的公司事务。

2. 负责行政会议和例会的组织工作，参加或列席会议并做会议记录，视情况整理出会议纪要或办理下文事宜。对会议讨论的重大问题，组织调研并提出报告。

3. 根据总经理指示，编排工作活动日程表，做好重大活动的组织和接待工作。

4. 负责抓好公司重要文稿的起草工作，包括月、季、半年、年度工作计划和总结报告。根据工作计划和目标责任指标，定期组织检查落实情况，及时向公司领导和其他部门反馈信息。

5. 及时处理重要来往文电信函的审阅、分送，督促检查领导批示、审核和修改以公司名义签发的有关文件，抓好文书归档和用印管理工作。

6. 协助各部门制定部门、岗位职责和各类规章的实施细则，配合公司协调各部门和下属企业的工作关系。

7. 严格控制行政办公经费的支出，加强办公财产和车辆的管理。

8. 负责指导、管理、监督行政部其他人员的业务工作，改善工作质量和服务态度，做好下属人员的绩效考核和奖励惩罚工作。

9. 完成行政总监临时交办的工作。

三、行政管理专员岗位职责说明

1. 负责公司办公设备的管理，计算机、传真机、长途电话、复印机的具体使用登记和名片印制等工作。

2. 负责低值易耗办公用品的发放、使用登记和离职时的缴回。

3. 负责各类办公用品、固定资产的保养、维修，仓库保管，每月清点，年终盘存统计，做到入库有验收、出库有手续，保证账实相符。

4. 按标准定额，做好添购办公用品、器具的计划编制和申购手续工作，做到既不脱档又不长期积存。

5. 负责考勤登记和就餐人数统计。

6. 负责来宾具体接待、日程和参观内容的安排，以及食宿地点、车辆安排和车船机票代购等事宜。

7. 协助安排公司每天的派车用车计划，确保公司公务用车需要。

8. 负责公司办公场所清洁卫生和室内外绿化、盆景状况的检查监督，保证舒适良好的工作氛围。

9. 完成行政主管临时交办的其他任务。

四、办公室主任岗位职责说明

1. 在总经理的领导下，负责主持本室的全面工作，组织并督促全室人员全面完成本室职责范围内的各项工作任务。

2. 贯彻落实本室岗位责任制和工作标准，密切各部门工作关系，加强协作配合，做好衔接协调工作。

3. 组织汇总公司年度综合性资料、草拟公司年度总结、工作计划和其他综合性文稿，及时撰写总经理的发言稿和其他以公司名义发言的文稿审核工作，严格按行文程序办理，保证文稿质量。

4. 组织收集和了解各部门的工作动态，协助总经理及公司领导协调各部门之间有关的业务工作，掌握公司主要活动情况，为公司领导决策提供意见和建议，负责编写公司年度大事记。

5. 负责召集公司办公会议，检查督促办公会议和公司领导布置的主要工作任务的贯彻落实情况。

6. 负责监督公司印章的使用。

7. 参与公司发展规划、年度经营计划的编制和公司重大决策事项的讨论。

8. 负责组织公司通用管理标准及规章制度的拟订、修改和编写工作，协助参与专用管理标准及管理制度的拟订讲座和修改工作。

9. 负责组织公司投资项目的洽谈、调研、立项、报批、工程投标、开工、竣工、预决算等有关基建项目管理工作，及时组织编制项目计划和项目进度统计报表，认真做好项目的监督管理工作。

10. 负责组织物资的供应计划，组织物品的供应、采购工作，做好物品进、出、存统计核算工作。

11. 负责组织全公司员工大会工作，开展年度总结评比和表彰工作。

12. 负责做好公司来宾的接待安排，统一负责对上级主管部门的联系、有关的法律咨询等工作。

13. 有权向直属领导提议下属人选，并对其工作考核评价。

14. 完成公司领导交办的其他工作任务。

五、行政秘书岗位职责说明

1. 对内关系协调：协助上级领导与企业内各部门进行联络、沟通与协调，做好上传下达工作；按照上级领导安排，协助其他部门一起组织企业重大活动。

2. 对外关系协调：配合企业有关部门协调企业与政府有关主管部门的关系，包括地方政府、工商局或其他政府部门；协调与相关行业管理机构、协会、商会以及其他单位（包括客户单位）的关系；按照上级领导安排，代表企业出席各种外部会议。

3. 会议管理：按照上级领导安排，出席某些会议，起草会议文件，及时完成会议记录、纪要工作；对企业总部的会议室和会议设备进行管理。

4. 文书档案管理：制定文件管理制度，根据管理制度制定年度文件编码，对各种文件进行登记、归档并负责管理；负责企业内、外各种来往文件的核对、颁布和下发工作。

5. 打字复印：及时完成上级领导交办的文件打印、复印工作，妥善管理传真机、复印机等办公设备。

6. 接待：妥善、礼貌地接待国内、外有关单位、人员的来访。

六、总务后勤主管岗位职责说明

总务后勤主管受行政总监领导，直接向行政总监报告工作。部门职责如下：

（一）基本建设管理

1. 基本建设规划的拟定，并经批准后实施。

2. 基本建设预算编制。

3. 基本建设招标、监理、进度控制、结算、造价审计等事项办理。

4. 基本建设支出控制。

（二）房产、房屋管理，产权事项办理。

（三）企业绿化与企业环境管理。

（四）环境保护与职业健康安全体系运行和认证。

（五）清洁用品、办公用品、电器配件等物资管理。

（六）固定资产管理（机电设备部管理部分除外）与实物核算。

（七）厂区、宿舍财产及员工安全的保障。

（八）房屋、道路等维修。

（九）清洁卫生维护。

（十）宿舍管理。

（十一）宿舍分配、水电管理等。

（十二）伙食供应及管理。

（十三）休闲、文化娱乐设施管理。

（十四）车辆、人员进出管理。

（十五）安全保卫管理，消防管理，安全检查。

（十六）公务车管理。

（十七）灾害及其他突发事件处理。

（十八）配电系统的建立、检查、维护等。

（十九）其他相关职责。

七、前台岗位职责说明

1. 负责对进入公司办公场所的所有不定期客人的招呼、接待、登记、导引，对无关人员、上门推销和无理取闹者，应挡在外或协助保安人员处理。

2. 负责公司邮件快递件等的收取、分发工作。

3. 负责公司电话总机的接线工作。对来往电话接听准确及时、声音清晰、态度和蔼，恰当使用礼貌用语；对未能联络上的记录在案并及时转告；对紧急电话设法接通，未通者速报行政部领导处理。

4. 定期维护、保养电话机，并保持前台环境清洁、安静。

5. 协助打字员、文秘兼做部分计算机打字、复印等行政工作。

6. 完成行政部部长临时交办的其他任务。

八、员工餐厅主管岗位职责说明

1. 在行政主管的领导下，负责员工餐厅的日常管理工作。

2. 负责每日就餐人数统计（估计）及相应主食、蔬菜等物料准备，检查和维持就餐秩序。

3. 负责检查餐厅卫生、用餐器具消毒情况，确保用餐安全，不发生食物中毒事故，并控制卫生消毒用品、洁具的耗用。

4. 合理安排员工倒班，做好每餐后的卫生清扫和定期大扫除工作。

5. 及时安排并完成行政部临时下达的客饭或领导宴请任务。

6. 主办或协助每日主副食料或其他物品的采购。

7. 负责下属人员的业务监督指导，做好绩效考核工作。

8. 完成行政主管临时交办的其他任务。

九、员工餐厅服务员岗位职责说明

1. 提供员工就餐过程中的(被分配的)服务工作。

2. 及时回收、清洗用后的餐具,清理餐桌,清扫地面,确保用餐器具、场地的需要。

3. 协助维持就餐秩序,营造良好就餐环境。

4. 负责本工作区内所有用品、物品清洁工作,使之摆放有序,食物与清洁卫生用品须分开存放。

5. 完成责任区的卫生清扫,并符合有关清洁标准。

6. 爱护和节约粮食、副食品和易耗品,节约用水、用电、用煤(气)。

7. 协助做好淘米及择、洗、切菜等前期准备工作。

8. 完成餐厅主管临时交办的其他任务。

十、安保部部长岗位职责说明

1. 负责公司安全保卫消防工作,负责制定年度安保计划和支出预算方案,在批准后组织执行。

2. 负责领导(可能成立的)消防队、经警队、门卫室。

3. 经总经理授权,成为公司安全消防代理责任人。

4. 负责组织开展经常性、多样化安全教育活动,定期或不定期地进行消防检查、安全生产管理检查及其他专项检查。

5. 主持公司重大安全、保卫活动,参与公司紧急事件的处置工作。

6. 及时与政府公安、消防机关进行沟通和联络,协助其处理与公司有关的治安、灾害事故。

7. 负责加强安保人员政治、纪律、业务和反应能力的教育与培训。

8. 负责保安器械、设备的妥善保管、批准领用并监督其合法使用。

9. 负责相关安保资料等收集、整理、存档工作。

10. 就改善公司安保工作和装备设施,向公司提出意见和建议。

11. 负责指导、管理、监督安保部下属人员的业务工作,改善工作质量和服务态度,做好下属人员的绩效考核和奖励惩罚等工作。

12. 完成总经理临时交办的其他工作。

十一、安保主管岗位职责说明

1. 在安保部部长领导下,负责本班保安人员所管辖责任区安全工作。

2. 带领本班保安人员,根据制定的各岗位责任制,严格认真地搞好安全保卫工作。

3. 根据责任制中的项目和要求，严格进行检查，督促本班保安人员落实岗位责任制。

4. 根据责任需要和部门主管的指示，有权调动本班的保安人员，加强某区段的安全保卫工作。

5. 做好本职工作，以身作则，起模范带头作用。

6. 做好部门领导与基层保安人员协调工作，及时将保安人员反映的各种信息向上级汇报，为上级部门领导提供工作建议。同时，及时传达、落实上级的指示精神和工作安排。

7. 要有法律知识和法律观念，熟悉保安业务，了解公司的规章制度，掌握管区内治安保卫工作的规律、特点，严格管理，做好安全保卫工作。

8. 认真做好本班保安人员的考勤工作，如实记载工作中遇到、处理的各种情况，每天向主管部门汇报一次。

9. 负责对本班保安人员的考核工作，对保安工作表现的好坏，有权进行表扬和批评。

10. 完成安保部部长临时交办的其他任务。

十二、安保员岗位职责说明

1. 24 小时严密监视保安对象的各种情况，发现可疑或不安全迹象，及时通知值班保安就地处理，通过对讲机向办公室报告，并随时汇报变动情况，直至查到问题处理完毕。

2. 发现监视设备故障要立即通知值班保安加强防范，并立即设法修复。

3. 要记录当班的监视情况，严格执行交接班制度。

4. 提前做好上岗准备，按时接班，着装严整。

5. 做好交接班手续工作，无遗漏、无差错、哨位设施无损坏、无丢失，执勤登记准确及时，内容清楚，如实记录和反映情况。

6. 保持室内卫生整洁，交接班以后，上一班打扫卫生后才能离岗。

7. 严禁无关人员进入，不准带亲戚朋友在工作场所聊天、嬉笑、打闹。

8. 上班时精神集中，不准擅自离岗，不做与工作无关的事。

9. 完成安保主管临时交办的其他任务。

十三、消防员岗位职责说明

1. 认真学习有关消防知识，掌握各种器材操作技术及使用方法。

2. 积极认真做好防火宣传教育活动，提高责任区内全员防火意识。

3. 做好消防器材、设备检查工作，保证设备处于完好状况，一旦发生火灾即可投入使用。

4. 检查电器、电线、电缆、煤气管道有无霉坏、锈坏、氧化、堵塞情况，防止因短路或爆炸引起火灾。

5. 制止任何违反消防安全的行为。

6. 一旦发生火灾，不论是上班还是下班，必须全力投入抢救工作，不得临阵逃避。

7. 发生火灾事故时，不要惊慌，应采取下列应急措施：

(1)迅速报告有关部门、消防大队，拨打火警电话119；

(2)组织人员抢救险情，力争把火扑灭，并注意查找起火原因；

(3)组织有关人员撤离危险地区，并做好妥善安排；

(4)做好现场安全保卫工作，严防坏人趁火打劫和搞破坏活动；

(5)协助有关部门查原因、查损失并做好善后工作；

(6)完成安保主管临时交办的其他任务。

十四、大门门卫岗位职责说明

1. 着装、佩戴齐全，按规定上岗交接班。

2. 执勤中不准擅自离岗，不准嬉笑打闹，不准看书报杂志、吃东西、睡觉或进行其他与执勤职责无关的事。

3. 执勤要讲文明、讲礼貌，不刁难辱骂群众，处理问题要讲原则、讲方法，态度要和蔼，不急不躁。

4. 认真检查出入车辆，指挥车辆按规定线路行驶，停放要指定位置，不准乱停乱放，确保通道畅通无阻，避免造成交通堵塞。

5. 严格控制外来车辆及闲杂人员、小商贩进入管区；外来车辆进入管区，一律实行收费制度；按规定的标准收取，不准乱收费。

6. 认真履行值班登记制度。值班中发生、处理的各种情况在登记簿上进行详细登记，交接班时移交清楚，责任明确。

7. 执勤中玩忽职守，对工作不负责，造成一定损失的，要追究当班保安员的责任。

8. 积极配合其他班组的保安员，做好安全防范工作，把好辖区大门。

9. 完成安保主管临时交办的其他任务。

十五、巡逻保安员岗位职责说明

1. 维持公司办公场所内外区域的正常工作秩序。

2. 维护公司内部治安秩序，消除隐患于萌芽状态，防患于未然。

3. 加强对重点部位的治安防范，加强防盗工作，及时发现可疑人和事，妥善处理。

4. 监督员工遵守安全守则和其他规则。

5. 加强防火活动，及时发现火灾苗头，并消除之。

6. 对违反治安条例的行为，查清事实，搜集证据向公司或公安机关报告。

7. 配合领导做好下班后值班工作，检查公司办公场所留宿情况。

8. 支持、协助门卫履行职责。

9. 妥善保管配发的安保器械，不得丢失和擅自使用。

10. 正确记录值班日志和案件笔录，及时提出专案报告。

11. 安保人员应做到：

(1)服务领导,听从指挥。加强组织纪律性,遇事勤请示、报告。

(2)坚守岗位、恪尽职守,不脱岗睡岗、不闲聊。

(3)明辨是非,保持警惕,遇到复杂问题,多思多想,对周边情况仔细观察。

(4)遵守制度,文明服务。注意工作方法,着装整洁、态度和气。

(5)坚持原则,机智灵活,做到反映情况快、解决问题快。

(6)不得超越法律私设公堂、打骂、搜身、体罚、拘留,不能触犯个人隐私权。

12. 完成安保部部长临时交办的其他任务。

十六、信息部主管岗位职责说明

1. 全权负责公司信息工作,统一安排、管理信息服务工作,对行政总监负责。

2. 建立运作正常和广泛的信息系统,与公司内外建立良好的合作关系。

3. 对公司经营管理中的各类数据进行深入分析,积极向决策者提出有关经营管理方面的建议,当好总经理的助手。

4. 全面负责信息组的信息设备、设施的管理维护、保管工作,确保各种现代化的信息设备正常运行。

5. 负责对本部门员工的教育、培训,建立一支素质高、纪律严明、反应敏捷的信息采集、服务队伍。

6. 对工作程序、纪律、要求、注意事项做出规定,处理员工的违纪事件。

7. 负责参与公司的重大接待活动,掌握接待活动的程序,了解重要客人的习惯、特别要求等,并提出可行性建议。

8. 与信息服务部门建立良好的关系,在互惠、互利的基础上使本部门的工作运行得更好。

十七、信息员岗位职责说明

1. 在部门经理的领导下,负责本部门日常的信息采集和传送沟通服务工作。

2. 将采集的信息进行归类,迅速、准确、翔实地进行信息传达工作。

3. 除完成部门经理的指派性任务外,信息员还应反应灵敏,及时发现问题,抓住有价值的信息,为部门创造良好的社会和经济效益。

4. 回复客人的信息服务要求,并将服务情况做好详尽的登记。

5. 与外部信息界、新闻媒介建立良好的合作关系。

6. 对客人的信息服务要求,须迅速报信息部经理批准后方可进行采集服务工作,工作的内容、过程和方法均不得违反有关规定,否则造成不良后果要追究其责任。

7. 保护公司的公共财产,爱护仪器设备,正确使用操作程序,如因使用不当造成损坏、遗失的一律视情况定价赔偿。

8. 及时完成领导交代的其他工作。

十八、计算机技术员岗位职责说明

1. 根据电子行业的发展，结合本单位各部门的需要，及时提出引进硬件、软件和先进技术的建议，保证单位计算机管理系统在硬件、软件上得以更新换代。从而不断地扩充管理软件的功能，提高其应用水平，同外部环境保持协调，适应新形势的需要。

2. 做好本单位计算机管理系统软件运作中的故障排除，硬件更换、维护工作，切实保障本单位计算机网络能够全天候运行。负责保养设备，定期检查、清洁设备线路，防止设备线路受到外来的破坏。

3. 负责单位所有计算机的维护工作，包括使用前的设置、运行中的故障排除、有关数据的更改等，保证计算机能够正常运行。

4. 根据主管的安排，及时为单位各部门装配计算机设备，并开发相关的应用软件。

5. 加强专业技术学习，努力掌握计算机应用领域最新发展动态，不断提高业务水平。

6. 掌握计算机的使用原理，具有熟练的操作技能。

7. 负责公司各种内部文件的打印，协助做好文件和指示的传送工作。

8. 保管好各种计算机设备和用品，不可擅自交给他人使用，保持设备的运行正常，减少误差，节约用料。

9. 打印文件须经总经理室批准，善于鉴别文件类型。

10. 遵守文件保密制度，不得泄露文件内容。

11. 不断提高工作水平，及时完成打印工作，加强检查校对，将错误率降到最低限度。

十九、员工宿舍主管岗位职责说明

1. 严格遵守事务部制定的员工宿舍使用规定，执行员工宿舍管理办法，检查和督导员工宿舍领班和服务员定期更换卧具，以保持员工宿舍的清洁卫生。

2. 负责职工宿舍和家属宿舍的安排、管理工作，贯彻执行公司的宿舍管理规定，及时纠正和制止各种违章乱纪行为。

3. 不断完善和改进职工宿舍管理制度，搞好各宿舍的维修保养、安全卫生等管理工作。

4. 保持与保安部和治安管理部门的联系，搞好安全保卫工作，发现可疑情况及时报告，防范违法事件的发生。

5. 按时到各住户检查用水、电数目，上报行政部。

6. 严格遵守各项规章制度，搞好宿舍的管理工作，注意防盗、防火，确保员工生活安全。

7. 负责员工更衣室的管理工作，分配员工更衣柜，督导更衣室服务员保持更衣室的卫生清洁。

8. 制定员工理发室的服务制度，安排工作时间表，检查员工的服务质量和工作态度。

9. 控制员工宿舍、理发室内各种清洁用品的合理使用。

10. 加强对外联系，认真搞好院内卫生和室内卫生，经常检查各宿舍值班员的工作，协调住户间的关系。

11. 严格遵守各项规章制度，以身作则，提高业务工作水平。

二十、员工宿舍管理员岗位职责说明

1. 在宿舍主管的直接领导下工作。

2. 遵守公司一切规章制度，严格考勤，管理好员工宿舍，严格遵守公司宿舍管理制度，对违反员工宿舍管理制度和公司纪律的个别员工提出批评，纠正不良行为，记录在案，必要时报告主管及员工所在部门处理。

3. 负责定期检查各楼层房间卫生及楼层宿舍的安全管理，协助搞好各宿舍的维修保养工作，以确保员工宿舍的清洁和安全。

4. 协助保安维护员工宿舍正常秩序，制止员工在宿舍区内乱扔垃圾、倒脏水，维护宿舍区清洁卫生。

5. 保证员工宿舍区水、电的供应，发现跑、漏情况要及时上报主管通知维修，以保证职工的生活用水、用电。

6. 配合保安密切注意出入人员，发现可疑的事或物要及时处理，注意防盗、防火。

7. 严格执行公司各项规章制度，准时上下班，上班时间不得擅离工作岗位，不做与本岗无关之事，交班要将本班情况向接班人员交代清楚，重要情况及时记录，加强防火、防盗巡视工作。

8. 负责员工宿舍房间钥匙管理。

二十一、医务室主管岗位职责说明

1. 负责公司员工的医疗服务工作，负责医务室行政、医政、药政的管理，制定各项管理措施并落实责任岗位实施。

2. 认真落实上级下达的各项任务，带领医务室全体医务人员完成医疗保健、卫生防疫、防病灭病等工作。

3. 检查督促填写医疗记录本、处方的正确书写等，及时检查每个医生的分工工作是否圆满完成。

4. 做好医务人员的值班安排、合理分派工作，保证 24 小时医务室不离人，为员工提供日夜医疗服务。

5. 认真搞好医疗工作，严格各项医疗费用的报销制度，每月做好购药计划，经总经理批准后方可进药。

6. 建立会议制度，对诊断不明的疾病及时会诊，或联系送医院就诊，以免延误病情，并直接参加医生职能工作。

7. 监督所属医务人员遵守公司各项规章制度，避免医疗事故的发生，避免不必要的损失。

8. 监督医务人员合理用药，节约用药，不讲私情，不谋私利，共同做好医务室工作。

9. 负责医务室人员的出勤和考核，并于每月月底前上报。

二十二、清洁员岗位职责说明

1. 对分管的场所，每天要保证清洁卫生，包括各办公室、楼道、门市、仓库等的卫生。

2. 按时对洗手间、废物箱喷药水或放置卫生药品，保持办公环境的清洁。

3. 晚班负责清除所有的垃圾桶，做好防火工作。

4. 每天上下班前对卫生间进行一次大清洁。

第三节 行政部门的职能与任务

一、行政部门的职能

1. 行政部不仅应在日常事务方面做好上级领导的“参谋和助手”，更应在企业经营理念、管理策略、企业精神、企业文化及用人政策等重大问题上有自己的见解，并且能高屋建瓴地在实际工作中加以贯彻落实，从而真正成为上级领导不可缺少的“高参和臂膀”；

2. 充分沟通、清晰传达，协调各部门之间的工作，保证高效地完成任务；

3. 提供高质量服务，做好各职能部门的后勤工作。

二、行政部门的工作目标

1. 积极配合企业决策管理，起到良好的支持和辅助作用；

2. 协调沟通企业各部门之间的工作，起到良好的枢纽作用；

3. 做好企业内外信息的收集和处理工作，起到良好的参谋作用；

4. 为企业营造最佳工作环境，起到良好的管理作用；

5. 树立企业的良好形象，起到窗口和辐射作用。

三、行政部门各岗位工作权限划分

行政部门各岗位工作权限划分如表 1－1 所示。

表1-1 行政部门各岗位工作权限划分

项次	业务内容	董事长	总经理	行政总监	行政经理	行政主管	行政人员
目标及预算	1. 本部门年度工作目标的制定与修订。		⊙	△	□		
	2. 本部门年度工作目标的追踪与控制。			△	□		
	3. 本部门年度预算的初编。				△		
	4. 本部门年度预算的执行与控制。			△	□	□	
人事	1. 经(副)理以上人员的任免与迁调。	⊙	△	□			
	2. 主管(含主管)以下、主办员以上人员的任免与迁调。		⊙	△	□		
	3. 办事员以下人员的任免与迁调。			⊙	□		
	4. 本部门内人员工作的分配。				⊙		
	5. 本部门编制名额的增减。		⊙	△	□		
	6. 经(副)理的请假与出差:						
	(1)____天以内(含____天)者。			⊙	□		
	(2)超过____天未满____天者。		⊙	△	□		
	(3)超过____天以上者。	⊙	△	△	□		
	7. 主管以下人员的请假与出差:						
	(1)____天以内(含____天)者。				⊙		
	(2)超过____天未满____天者。			⊙	△		
	(3)____天以上者。		⊙	△	△		
	8. 员工的奖惩与考绩:						
	(1)经(副)理以上的人员。	⊙	△	□			
	(2)主管(含主管)以下、主办员以上人员。		⊙	△	□		
	(3)办事员以下人员。			⊙	□		
	9. 员工(包括试用)待遇的核定:						
	(1)经(副)理以上人员。	⊙	△	□			
	(2)主办员、主管、主任、技师。		⊙	△	□		
	(3)办事员以下(含办事员)人员。			⊙	△		
	10. 本部门人员日常工作的督导与训练。				□	□	□
	11. 本部门内人员工作的考核。				⊙	□	
事务	1. 公文、文件收发、处理。					⊙	□
	2. 文件打字、复印、送寄。						□
	3. 文具用品请购。					⊙	□
	4. 文具用品分发、存量管理。						□
	5. 财产管理建档。					⊙	□
	6. 财产年度盘点计划。			⊙	△	△	□
	7. 厂房修缮工程规划。		⊙	△	△	△	□
	8. 公共关系事务处理。			⊙	△	△	□
	9. 电话总机管理。						□
	10. 总务事务流程拟订。			⊙	△		□
	11. 公务车管理调派。			⊙	△		
	12. 安全装备的申请及发放。			⊙	△	△	□
	13. 清洁用品申请及发放。					△	□
	14. 非生产性物品采购制度建立。		⊙	△	△	⊙	□
	15. 非生产性物品采购金额权限:					△	□
	(1)采购未满______元者。				⊙		
	(2)采购未满______元者。			⊙	△	△	□
	(3)采购未满______元者。		⊙	△	△	△	□
	(4)采购______元以上者。	⊙		△	△	△	□

续表

项次	业务内容	董事长	总经理	行政总监	行政经理	行政主管	行政人员
	16. 采购情报资料。					△	□
	17. 国外采购业务。		⊙	⊙	△	⊙	□
	18. 采购发包业务。			△	△	△	□
	19. 表格印制的申请(由总务部统一办理):					△	□
	(1)总额在______元以下者。				⊙		
	(2)总额超过______元者。			⊙	△		□
	20. 参考书籍杂志的请购。				⊙		□
	21. 本部门各项费用的支用:					借支的数额不可逾越企业差旅费支给标准	
	(1)______元以下者。				⊙		□
	(2)超过______元未满______元。			⊙	△		□
	(3)超过______元未满______元者。		⊙	△	□		
	(4)超过______元者。	⊙	△	△	□		
	22. 员工借支的核准:				⊙		
	(1)总额______元以下者。			⊙	△		
	(2)总额超过______元,未满借支人的半月薪额者。		⊙	△	△		
	(3)总额在借支人半月薪额以上、一个月薪额以内者。			△	△		
	(4)总额超过借支人一个月薪额者。				⊙		
	23. 员工借支差旅费的核准。	⊙	△	△	□		
	24. 员工因公出国的核准。						

第 2 章　行政组织结构设计

第一节　行政组织结构类型选择

一、职能型行政组织的结构

职能型行政组织的结构如图 2－1 所示。

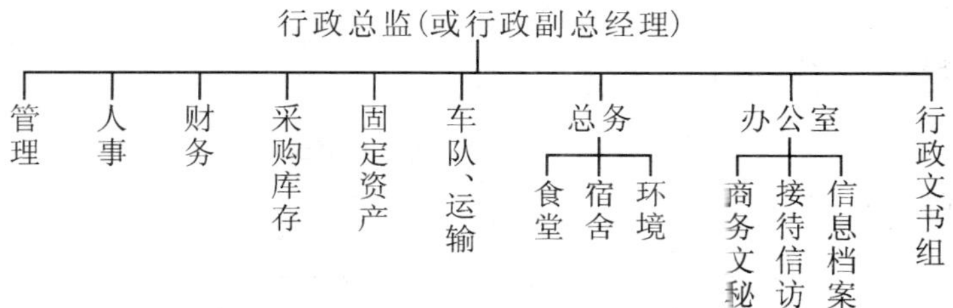

图 2－1　职能型行政组织的结构

职能型行政组织的结构的适用范围及结构特点如下：

1. 适合大、中型综合企业行政管理；

2. 除总务和办公室外，其他部门都可以在一定范围内作为独立的职能部门来对待，总务和办公室主要负责行政管理的事务型工作；

3. 采取该行政组织结构的企业行政总监对管理部、人事部、财务部、采购库存等工作的控制、指导职责降低；

4. 该行政组织结构主要体现不同工作部门的职能，每个部门都有专门的负责人和较固定的岗位。

二、综合型行政组织的结构

综合型行政组织的结构如图 2－2 所示。

综合型行政组织的结构的适用范围及结构特点如下：

1. 适合于小型企业的行政管理需要；

2. 该行政组织结构的功能及职能进行了相对的平衡；

3. 该行政组织结构下的行政总监主要负责企业的政务工作，其他人员大都负责企业行政管理的事务性工作；

4. 该行政组织结构下行政工作范围较广，但工作人员数量较少，往往一个人身兼

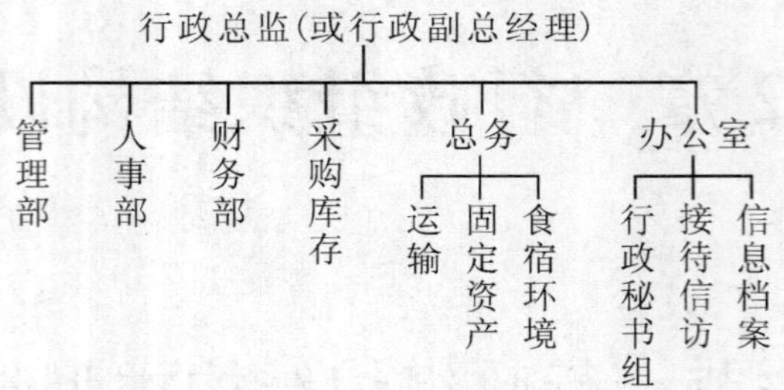

图 2-2　综合型行政组织的结构

数职;

5. 该行政组织结构灵活性、机动性大。

三、混合型行政组织的结构

混合型行政组织的结构如图 2-3 所示。

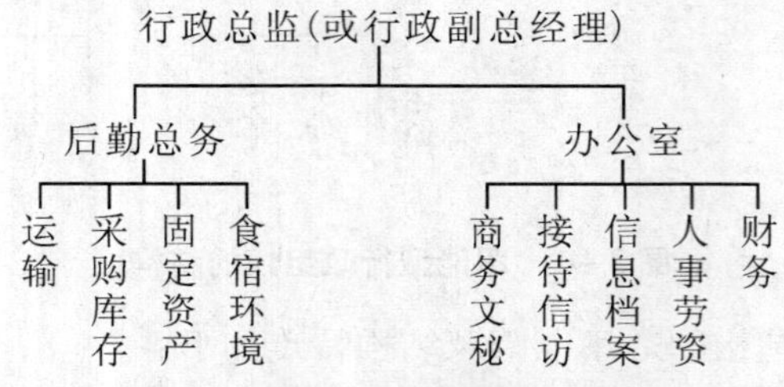

图 2-3　混合型行政组织的结构

混合型行政组织的结构的适用范围及结构特点如下:

1. 适合中小型企业行政管理的需要。

2. 该行政组织结构部分管理事务从总务和办公室独立出来,由专门的工作人员去负责。

3. 该行政组织结构行政总监或行政副总经理主要肩负行政事务的总体管理工作。

4. 行政性工作主要由管理部和行政秘书组负责;事务性工作主要由总务和办公室的人员负责;人事部(或人力资源部)、财务部、采购库存主要按其专业管理体系进行管理,并逐渐从企业行政事务管理工作范围中脱离。

5. 这样的组织结构兼有结构灵活性和职能管理性的双重特点。

第二节　企业行政组织结构设计模板

一、大中型企业行政组织结构设计模板

大中型企业行政组织结构如图 2－4 所示。

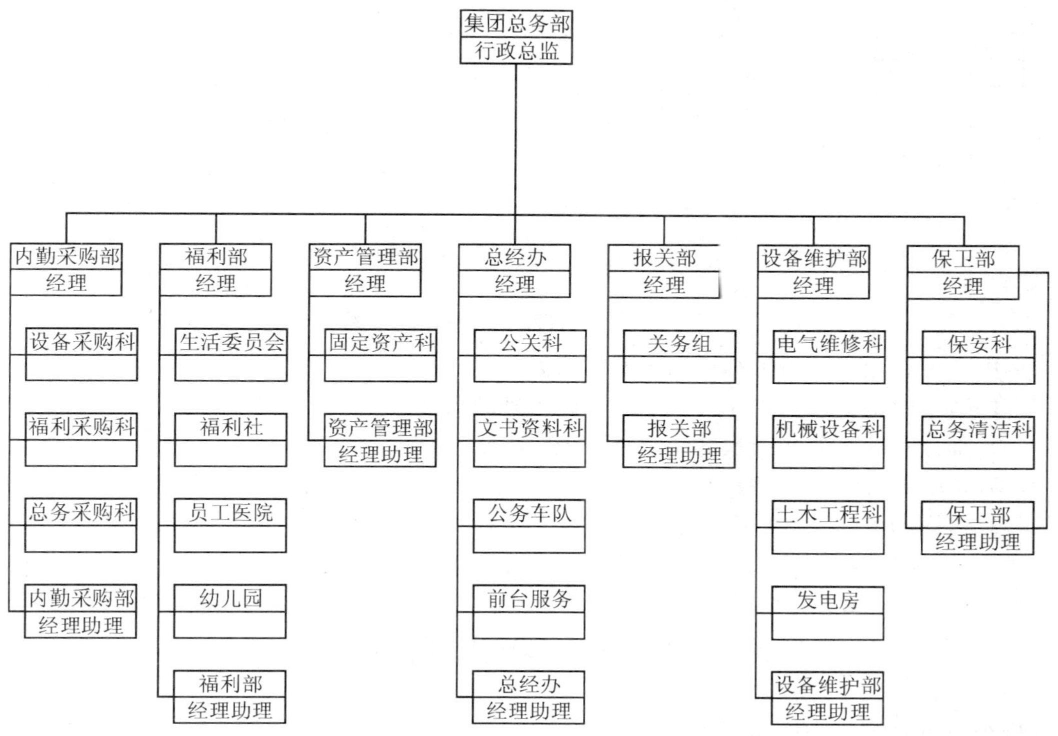

图 2－4　大中型企业行政组织结构

大中型企业行政组织结构的主要特点如下：

1. 适合大中型现代企业行政事务管理的需要。

2. 决策性工作基本上都从企业行政事务管理范围中分离出来，成为独立的职能部门，总务部和总经办主要负责行政管理的事务性工作。

3. 负责企业行政事务管理的企业主要负责人除了对行政管理以外，对其他部门，如管理部、人力资源部、财务部及采购部等工作的控制、指导职责减少。

4. 这种组织结构主要体现不同部门的职能，每个部门都有专门的负责人和相对固定的岗位。

二、中小型企业行政组织结构设计模板

中小型企业行政组织结构如图 2－5 所示。

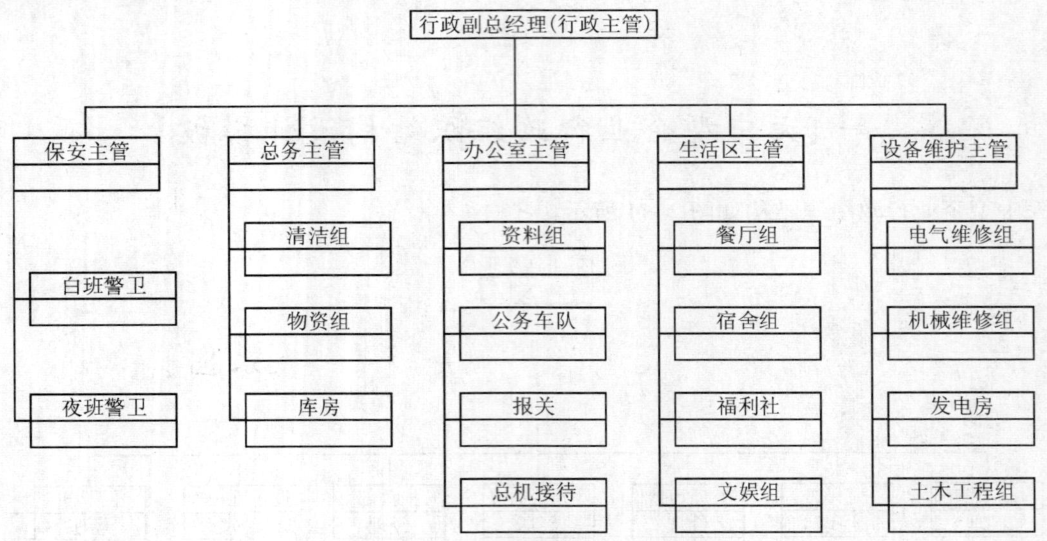

图 2－5　中小型企业行政组织结构

中小型企业行政组织结构的主要特点如下：

1. 适合中小型现代企业行政事务不定管理的需要。
2. 部分管理事务从行政部和办公室独立出来，由专门的人员负责。
3. 行政副总经理（行政主管）和行政助理主要肩负行政事务的总体管理工作。
4. 这样的组织结构具有灵活性和职能管理性的双重特点。

三、小型企业行政组织结构设计模板

小型企业行政组织结构如图 2－6 所示。

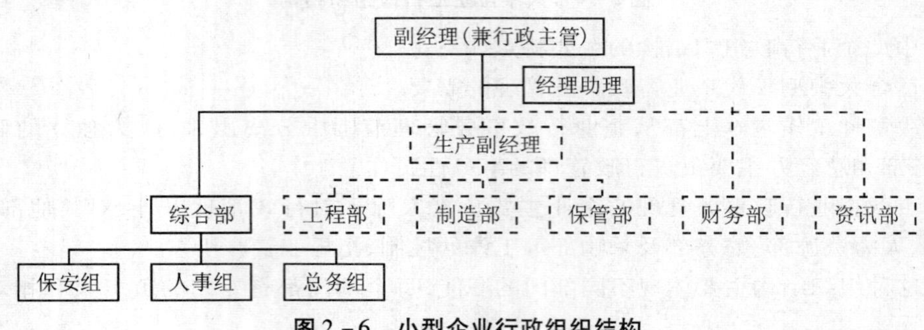

图 2－6　小型企业行政组织结构

小型企业行政组织结构的主要特点如下:

1. 适合于小型现代企业的管理需要。

2. 功能及职能较为综合。

3. 行政副经理或行政主管肩负企业管理的行政管理工作,其他人员负责企业行政管理的事务性工作。

4. 工作范围较广,但工作人员数量较少,往往一人身兼数职。

第三节　行政组织结构设计工作细则

一、行政组织结构设计时应考虑的基本因素

行政组织结构设计时,必须考虑以下因素。

1. 明确组织等级

行政组织结构设计时,在明确权利与责任的基础上设立组织等级结构,但需要具体的规章制度以保证等级结构的可实现性。

2. 统一指挥

每位员工只向一个直接上级负责,可以越级投诉,但不可以越级汇报;可以越级检查,但不可以越级监督。

3. 控制适当的管理幅度

管理者直接控制下属人员的数量应具有一定的限度,一般来说,3 ~6 人比较适合。幅度太大,则无法有效控制;幅度太小,则控制力度又不够或造成人力浪费。

4. 明确授权

企业领导人授权时应使各级人员都明确自己应做什么,报告请示什么,工作成绩如何评定等问题。

5. 责权相应

权力和责任都应在企业的规章制度中明确界定,相互统一。

6. 协调配合

分工后的企业行政不是各自为战、独立操作,而需要密切协调配合,共同为企业的战略目标奋斗。

7. 非人情原则

传统的行政组织崇尚规章制度的约束和程序的规范,不考虑人的情感因素,以避免个人偏好和成见的影响——行为科学的行政组织设计理论。

二、行政组织结构设计时应坚持的基本原则

1. 彻底分权原则

要让基层员工能够对自己的工作负责，同时让基层员工握有解决自己面临问题的主动权，积极参与企业的决策。

2. 人性化原则

要从人性的角度考察企业组织，力图在企业行政组织设计中加入价值、文化、心理等因素，使企业文化真正起到作用。

3. 人本主义原则

毫无疑问，现代企业中人才是企业最核心的竞争力，企业的其他组成要素都围绕着员工进行安排、设计。行政人员的主要职责在于为广大员工提供足够好的工作条件和工作环境。

4. 组织结构形态扁平化原则

这是现代企业的必然趋势，它要求企业尽量减少中层主管的数量，企业行政的重点在于高层的战略把握和实施以及现场管理人员的直接控制与管理。

5. 以员工的心理需要为出发点的原则

将员工视为企业真正的主人，在行政组织结构设计及职位安排时，根据员工的心理需要和个性特点安排工作，最大限度地发挥员工的潜能，满足员工的兴趣、爱好，缩小上下级之间的心理距离。

6. 重视非正式组织原则

非正式组织是企业内部的心理群体，具有很大的情绪感染力和精神号召力。

三、行政组织结构设计的基本要素

企业行政组织设计的基本要素如下：

（一）划分权力

在划分企业行政组织权力时需要把握以下几个原则：

1. 明确责任与权力。

2. 对权力之间进行均衡与制约。

3. 要培养掌权者的民主作风。

（二）劳动分工

劳动分工既可以很好地实现企业目标，又可以充分发挥企业行政人员的聪明才智，减少资源浪费，提高工作效率。

（三）确定管理幅度与层次

影响管理幅度和管理层次的因素主要有领导者的知识、能力、经验，被领导者的素质、业务熟练程度和工作强度，管理业务的复杂程度，所承担任务的绩效要求，工作环境以及信息沟通方式等。

（四）建立部门

建立部门，即部门化，它是企业行政组织建立的基本方式和实现途径，也是企业对专业分工形成的行政活动进行协调的方式。部门化一般有四种方式：功能部门化、产品或服务部门化、用户部门化、地区部门化。

部门化形成企业行政组织的基本构架，为企业行政组织的进一步发展奠定了基础。

四、行政组织结构设计的基本内容

企业行政组织结构设计工作的主要基本内容如下：

（一）职务设计

进行职务设计工作时主要把握两个基本原则：专业化和自主性。

1. 专业化。职务设计专业化是指把企业行政任务进行精细分工，把企业行政目标层层分解，最后每个人只承担很细小、很简单的一项任务。

2. 自主性。职务设计自主性是指行政人员履行职务时，决定自己工作的自由度：将专业化程度高低与自主性程度高低结合起来。

（二）群体设计

群体组合包括部分或全部任务和人员的安排，其具体做法可分为两个阶段：

1. 把整个组织中的工作流程、任务和有关人员的关系图绘制出来，分析任务、人员与工作流程的相关联系。

2. 任务和人员构成活动区，搞清活动区之间的联结关系，确定执行任务的活动组，这种活动组便构成各种群体。

（三）结构设计

进行结构设计工作时需要把握以下六点工作要求：

1. 明晰。在组织结构中，每个人（包括经理和工人）都明确自己处在什么位置，应该做什么，不应该做什么。

2. 经济。企业行政费用要降到最低，以期获得最大效益。

3. 效能。结构设计应能使企业员工的注意力和活动都指向企业的绩效而不是指向企业本身，指向工作成果而不是工作本身。

4. 决策迅速有效。结构设计应能增强决策程序运行的有效性，减少决策的偏差和失误。

5. 稳定性和适应性。企业行政组织结构一经建立，需要一个相对稳定期，同时又要求有高度的适应性。

6. 自我更新。企业行政组织要能够促使员工在工作中学习和发展，顺应新的形势并形成新的观念。

五、行政人员配备与素质要求标准

行政工作由于其独特性，对相应的工作人员也有不同的要求，具体基本要求如下：

1. 具有良好的敬业精神和服务理念。企业行政管理工作大都是重复性、烦琐性工作，只有具有良好敬业精神和为其他员工服务观念的人才能安心于本职工作，把每一件细小的工作做好，才能提高整个企业行政管理的质量和水平。

2. 具有相关知识及经验。管理部、人事部、财务部、行政秘书组的工作人员必须具有专业技术职称、较丰富的相关工作经验和良好的个人素质，既熟悉本职工作且具有一定的工作经验。

3. 具有较强的责任心和全局观念。行政管理工作大都是日常性工作，企业领导不可能每天都布置需要从事的工作，而是要求工作人员发挥各自的主动性，积极承担相应的工作。

4. 具有良好的应变能力和适应能力。企业行政管理结构，可能因为企业状况的变化，相应改变行政管理工作人员的工作范围，而且企业行政管理工作也常会遇到一些突发情况，只有具有良好适应能力和应变能力的人员才能较好地控制企业的行政管理工作。

第二部分

高效的行政事务支持

第3章　行政日常工作规范

第一节　行政协调工作规范

一、行政协调工作性质

协调是管理工作中最重要的工作内容之一，而行政部门作为综合性的职能部门，作为决策者的参谋、助手，其大量的工作就是一些协商工作以及进行组织内部的矛盾与冲突化解。

同时，行政部门作为企业工作信息的汇集中心，一方面要不断地掌握企业领导的各种指示精神；另一方面要密切注意所属各部门和其他相关部门的动态。

行政协调可按照不同的情况，从不同的角度加以分类。根据协调主体在企业中所处的地位不同，可分为高层协调、中层协调和基层协调；根据协调方向的不同，可分为纵向协调和横向协调；根据协调的内容不同，可分为工作协调和人际关系协调。总体而言，企业行政协调可分为外部协调和内部协调两种基本类型。

二、外部行政协调工作内容

外部行政协调工作主要有以下几方面内容：

1. 企业与所在地区之间的关系协调。
2. 企业与银行、投资公司等金融机构之间的关系协调。
3. 企业与上级单位之间的关系协调。
4. 企业与政府部门之间的关系协调。
5. 企业与报社、广播电台、电视台等新闻媒介之间的关系协调。
6. 企业与外商、外资企业、国外公司之间的关系协调。
7. 企业与其产品供应、销售单位之间的关系协调。
8. 企业与同行业其他企业之间的关系协调。

三、内部行政协调工作内容

内部协调工作主要包括以下几方面内容：

1. 企业决策层内部关系的协调；

2. 企业职能部门之间关系的协调；
3. 企业生产部门与非生产部门之间关系的协调；
4. 企业各车间班组之间关系的协调；
5. 企业领导对其所属各部门之间关系的协调；
6. 企业上级部门对下级部门进行监督指导过程中的协调；
7. 企业下级部门向上级部门反映问题、报告情况、请求批示时的协调；
8. 企业各管理层在落实企业经营目标和生产计划时的上下协调。

四、行政协调工作原则

行政协调工作应把握以下几方面工作原则：

1. 局部服从全局

任何协调工作都应从总体目标出发，坚持部门和全局工作的统一，在工作进程中要正确地处理局部与全局的关系。

2. 服务理念

要把服务意识贯穿协调工作的全过程。在具体工作中要做到认真负责、谦虚谨慎、态度诚恳、与人为善、热情周到。

3. 事前调查研究

协调工作经常涉及两个以上部门，调查研究时要兼听各种不同意见，吸取各方面意见的合理成分，综合最佳方案，以求公正、圆满地使各方达到协同一致。

4. 完全依照政策法规

协调工作切忌以感情代替政策，不能意气用事，也不能以个人的好恶来处理矛盾。处理各类矛盾的依据只能是党的有关方针、政策、国家法律、上级指示与本单位的规章制度。在政策、法规面前，矛盾各方一律平等。

5. 服从

办公室的协调是按照企业领导意图实行的协调。因此，要正确把握领导的指示精神，严格按照领导意图办事，不能掺杂个人感情。

6. 注重思想教育

协调要注重思想教育。要教育员工识大体、懂全局，发扬风格。各部门之间要相互支持，相互克制，相互宽容。平时注重思想教育工作，遇到工作上出现矛盾时也便于解决。

7. 平等协商

协调工作实际上是协商调解工作，办公室作为综合单位介入协调工作，它与其他部门的关系，并不是领导与被领导的关系。

8. 以沟通为前提

在日常工作中注意沟通员工思想感情、工作情况，对做好协调工作具有十分重要的作用。

9. 和谐的人际关系

在协调工作进程中，要创造一个和谐、融洽的工作环境，使企业每个人都能感到被尊重与重视。

五、行政协调工作程序

行政协调工作的一般程序如图 3－1 所示。

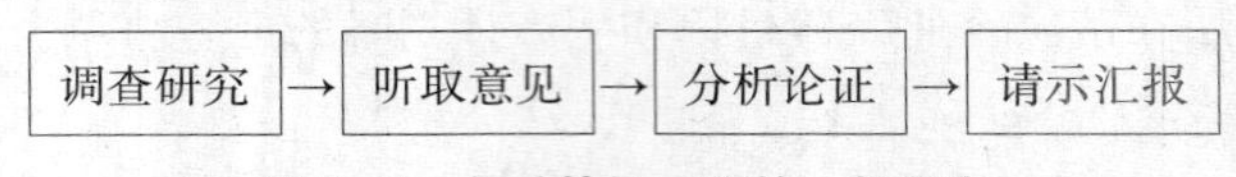

图 3－1 行政协调工作的一般程序

（一）调查研究

调查研究是行政协调工作的第一步，具体方法有以下几种：

1. 档案调查：把有关不协调问题的各种档案资料（包括文字的、图片及音像）都调出来，认真地了解和认识问题的背景材料。

2. 文字调查：让被协调的双方都写出矛盾的前因后果，各自的困难、对问题的认识和各自对解决方案的设想，通过文字调查可以进一步了解不协调部分的所在以及矛盾各方对问题的看法。

3. 问询调查：向矛盾的各方及较熟悉该问题的领导或同事了解事实真相，主要是调查者多问，多听，尽量少发表个人意见，通过这样的调查，了解事情的细枝末节。

4. 实际调查：投入实际的活动中，亲身感受事情发展的经过，切身体会不协调事物的矛盾焦点，从而抓住所协调事物的要害。

（二）听取意见

协调过程必须听取各有关方面的意见，借以交流思想，沟通信息，互相了解：在听取意见时一定要多方听取，应从以下几个方面入手：

1. 为什么会出现这种不协调现象；

2. 当前企业的主要任务是什么；

3. 各方需要申明的意见；

4. 如站在对方位置会怎样做；

5. 对此问题应采取怎样的解决方式比较合适，效果比较好。

（三）分析论证

在协调解决重大问题时，有时有必要对提出的解决意见进行分析论证。一般有以下几个步骤：

1. 根据调查、了解到的情况，每个协调者都可以提出一套或数套协调方案，它们分别是方案 1、方案 2……方案 n。

2. 对提出的每个方案，认真地进行分析和比较，明确每个方案的优点和缺点，有利和弊端。

3. 结合需要协调问题的具体特性和企业当前的主要任务和发展方向，对每个方案进行相互比较和优化。

4. 在对各个方案对比、优化的基础上，逐步优化和完善，最后确定一个最合理、最切实可行的协调方案。

5. 做出结论或仲裁。

（四）请示汇报

在整个协调过程中，进行协调工作的行政事务管理人员要及时向企业领导请示汇报，以便得到领导的支持和指导。

六、冲突管理的任务与方法

（一）企业组织冲突管理是企业组织管理的重要组成部分

据肯尼·托马斯和沃伦·施米特对280名企业管理人员的调查，解决冲突占用了管理者20%的管理时间。如果将管理人员用于企业与政府、社区、消费者间冲突事件的处理所用时间计入其内，则其占用的管理时间远高于这个百分比。在一定程度上，企业组织的管理过程就是对冲突管理的过程。

实践证明，企业组织冲突管理与企业管理中的计划、激励、决策等职能具有同等的重要性。格雷夫斯对此做过专门的调查研究。他列举的25个相关指标中，以管理者处理冲突的能力与他工作效率、事业成功的关系最大。一个成功的、高效率的管理者必须善于处理冲突，化不利为有利，利用冲突带来的机会开拓创新，带动全体成员同心协力实现企业的目标。可见，企业组织冲突管理是企业组织管理的重要组成部分。

（二）企业组织冲突管理的任务

企业组织冲突管理的任务主要包括以下三个方面：一是抵制和防范破坏性冲突的发生，积极限制和消除冲突的破坏作用；二是充分利用冲突带来的创新机会和建设性冲突的有效能量以及一切可以利用的有利条件，实现企业组织的进一步发展；三是保持或制造组织中适度的良性冲突。从以上冲突管理的任务来看，解决冲突或冲突的处理仅是冲突管理内涵的一部分，冲突管理追求的是微观管理效果和宏观战略效果的统一。只有实现二者的统一，才是有效的冲突管理。

（三）企业组织冲突管理的方法

面对组织冲突，管理者切不可"视而不见，听而不闻"，必须实施有效的冲突管理。简言之，冲突管理有以下几种方法：

第一，预防破坏性冲突的措施：科学地进行思想政治工作；提高下属的心理相容性；满足下属的公平需求。

第二，缓和与解决破坏性冲突的方法：正视冲突，解决冲突；帮助双方转化；使用权威力量。权威可以是管理者、技术专家或其他德高望重的人。

第三，鼓励成员进行建设性冲突的措施：鼓励对立面；分别向冲突双方提供信息；适当延长解决冲突的时间，让冲突更加明朗化；人事调整。

七、处理矛盾冲突的原则

一个企业领导人在调解下属冲突之前，首先要做好全面周详的调查研究工作，要分清冲突的性质，摸清冲突产生的原因，是利益之争还是分歧，是误会还是感情纠葛，然后才能对症下药。否则，糊涂官断糊涂案，只会弄巧成拙，更加激化冲突。

要具体处理矛盾时，企业领导人应注意以下几个方面：

（一）要冷静公正、不偏不倚

企业的领导人在对部下冲突进行仲裁时，应该以公平的身份出现。如果过于偏袒一方，被偏袒者自然会拥护你；可是在另一方心里，你将不再有权威性。他对你的裁决将会产生不满，从而为将来的冲突留下隐患。所以，“一碗水要端平”是领导人在处理下属冲突时最起码的原则，尤其是调节利益冲突时，更需要如此。

但要注意，有些下属因为与企业领导有很深的私交或特殊关系，如老同学、老朋友、老邻居等，用这种感情来影响领导人，使其做出有利于他自己的裁决。在这种情况下，作为一个企业领导人尤其要冷静，绝不能带感情色彩去看问题，否则将威信扫地，使自己的裁决永远丧失权威。当其中一方到处炫耀领导与自己的特殊关系时，必须在公开场合予以批评或以适当方式向另一方澄清，消除不良影响。对于下属的观点分歧，企业最高领导人最好保持超然态度，尤其不能介入派别斗争，拉一派打一派。如果企业领导人介入一派，另一派则会以“在野党”自居。他们将不会再服从你的仲裁，相反，还会对你所有的决定加以攻击。在他们的眼里，领导人的地位，将降到对立派领导的地位，而不再是正义和最高仲裁者的代表。领导人只有游离于各派之外，保持超然，才能团结所有人。当然，在某些问题上，人们产生不同看法是很正常的现象，企业领导人必然会有自己的看法，这种看法与某一部分下属相同也是很自然的。但是要注意的是，在表达自己态度时对持不同观点的人绝不能贬低他们，要肯定他们勇于思索的精神，允许其保留意见。要制造一种人人畅所欲言的气氛，尽量避免下属的意见分歧演变为派别对立。

（二）要充分听取双方的意见

中国有句成语：“兼听则明，偏听则暗。”一位领导人在处理下属之间冲突时，最忌讳的就是只听一面之词，然后就武断仲裁。这种做法，很容易出现“冤案”，留下复杂的后遗症。即使偏听之后所做出的判断是正确的，未被听取意见的一方也会心怀不平，会认为领导偏袒对方，这种不满很容易造成感情冲突。在对立情绪之下，即便是合理的裁决，他也不会心服。所以，一个高明的领导人在处理部下冲突时，不要急于表态，要充分听取双方的意见。听取意见可以分别进行，也可以把对立双方召集在一起当面进行。

一般来说，利益冲突最好分别了解情况，避免对立双方碰面，以致激化冲突。如果发现是误会，最好让对立双方碰面，当面阐述理由，以便双方有机会互相沟通信息。有时候根本不需要领导人调解，双方在互相理解之后，误会就会自然地消失。领导人如果能有耐心，冷静地听取各方意见，那么当他裁决之后，裁决不利的一方也会心平气和地听取他的意见，并乐于服从。同时，领导人在下次调解冲突时仍有权威性。但如果因为偏听而出现“冤情”，那么领导人的威信将从此不复存在。

八、调解矛盾冲突的工作原则

调解下属之间的矛盾冲突，应根据不同的情况和不同的对象特点灵活处理。一般来说，常见的方法有以下几种：

（一）晓以大义，帮助下属树立全局观念

这种方法主要用于在为了维护局部利益的下属间所发生的冲突。现代社会化大生产带来一个不可避免的缺陷，这就是使各个专业分工者之间缺乏相互了解。一些下属员工往往只对本职工作熟悉了解，而对其他领域、其他环节的情况了解甚少。这种局限性是产生狭隘本位主义的根源，是局部利益冲突的土壤。当这种利益冲突发生之后，企业领导人应当让冲突的双方站到一个更高的角度，全面了解整个企业生产经营的宏观过程，让他们同时也熟悉其他领域里的情况。

例如：供销部门误了交货期而受到客户指责，于是抱怨生产部门的效率低，而生产部门力不从心，抱怨供销部门所签订的合同中的交货期过于苛刻，双方发生口角。在这种情况下，企业领导人应当让冲突双方了解对方的处境，要让生产部门知道供销部门的苦衷。交货期之所以苛刻，是因为存在市场竞争，如果不能做到在短期内交货，将无法揽到这笔生意，会放走客户。如果不能按时交货，企业将丧失信誉，在今后的竞争中处于不利地位。同时，领导人也应当让供销部门知道生产部门的苦衷。没有按时完成任务，是因为原料供应不上或者经常停电等原因所致。在了解企业整体情况和对方的处境之后，冲突的双方便不难心平气和地坐下来商议解决办法了。因为双方都会明白，单纯指责对方是无济于事的，只有相互配合、密切协助方能解决问题。于是，供销部门在强调准时交货的同时，也将会努力保证原料的供应，而生产部门也会体谅销售环节的难处，以避开停电，采用加班的方式，保证完成任务。事实上，当双方均以企业的整体利益为重时，其心中的怒气也就平息了。

（二）换位思考，促进下属间相互理解

在局部利益的冲突中，冲突双方所犯的错误多半是考虑自己，以自己为中心，而不能体谅对方。让他们互相了解、体谅对方的最好办法，莫过于让他们站在对方的立场上去考虑一下问题。我们仍以上例来说明。调解冲突的企业领导人首先将生产部门经理叫来："如果你来当销售部门经理，你该怎么办？你有什么办法？"可以想象，当他们确确实实地站到对方的角度去替对方打算后，双方可能会立即握手言和，心平气和地协商一种积极的解决冲突的方法。

同时，换位思考也是解决感情冲突的灵丹妙药。例如，某推销员去会计室取款，因嫌会计动作太慢而恶语伤人，会计一怒之下拒不付款，于是由于感情冲突而影响到工作。解决办法是让双方都各让一步，推销员向会计取款，会计迅速付款，并检讨自己以公务相报复的错误，但如果要使双方心甘情愿地让步，最好的办法是双方交换立场。对推销员提问："如果你是会计，对方用这种粗鲁的态度对你，你有什么感想？"对会计问："如果你是推销员，急等着拿钱去付给客户，你急不急？"

这样一来，双方将相互谅解，并很快意识到各自的错误。孔子的名言"己所不欲，勿施于人"，正是设身处地，从他人角度看问题而得出的体会。

（三）折中调和，求同存异求和谐

在很多情况下，冲突的双方均各有道理，但又各执一端，很难明确地判明谁是谁非。在这种时候，折中协调、息事宁人是很好的解决办法。孔子提倡"中庸"确系他的精明之处。例如，在企业某些制度改革的问题上，企业内部分为"激进派"和"稳健派"。激进派指责稳健派保守，稳健派指责激进派莽撞，双方发生观点上的冲突。双方的观点都有道理，而又都各有偏颇。身为企业最高决策人，既不能拉一派打一派，也不能二者皆处罚，聪明的办法是指出："无论激进的观点也好，保守的观点也好，在企业的发展中均有它们存在的价值。"

折中调和方式解决冲突可谓一石数鸟，它具有以下优点：首先，既揭出了双方观点的偏颇之处，又没有打击双方的积极性。其次，使双方都看到了对方观点的合理之处和存在的合理性，消除了非打倒对方才痛快的情结，造成一种百家争鸣、生动活泼的局面。第三，企业领导人保持了自己的超然态度，同时也就保持了自己最高仲裁者的地位，并且可以从各种观点中，取其精华，去其糟粕，汲取各家之长。一般来说，冲突调解的结果是既无全是，也无全非，“各得其所”。

（四）创造轻松气氛

在发生冲突之后，冲突双方之间均抱有成见和敌意，所以在进行调解时，首先要缓和气氛，这时选择场合与时机都很重要。真正解决冲突、调解冲突未必一定要在会议上，有时在餐桌上、俱乐部、家里的客厅等地方效果反而会更好。前一种场合气氛比较严肃，冲突的双方都会处于紧张状态，处处带着防备心理，一被戳到痛处，就会立即剑拔弩张以致激化冲突。在气氛比较轻松的场合中，冲突的双方不带防备心理，比较容易倾听双方的意见和调解人的意见，也比较容易互相谅解。作为冲突的仲裁者，也不应板着像法官一样的面孔，用一副公事公办的口气说话，适当的幽默，在某些场合有利无弊。

（五）冷却降温

冲突发生之初，冲突的双方都会很激动，立即调解往往收效甚微，搞不好，还会火上加油、弄巧成拙。在这种情况下，明智的办法是暂时将双方分开，不要接触，使情绪冷却，头脑清醒之后，再进行调解。这和军事上的道理是一样的，首先要停火，双方不要接触，在各自后退之后，才开始谈判。其实有些感情冲突不需要调解，随着冷却，当事人头脑清醒后，冲突会自然缓和甚至消失。

（六）注意给双方留台阶

在人们的冲突中，经常发生如下的场面：冲突的双方均已知道自己的错误（或有一方意识到错误），但面子上拉不下来，只好死顶硬拼，互不让步。这时作为仲裁者的企业领导要注意给双方台阶下，以免造成僵局。例如：仓库主任与产品质检员发生冲突，后者批评前者质检马虎，前者也抱怨后者吹毛求疵。仲裁者经过分析，认为质检员是有道理的，但为了给仓库主任台阶下，企业领导人可以承担部分责任。例如说：“过去对品质问题不重视，没有一套严密的成文制度，所以造成冲突，作为企业领导人要负一些责任，不过这一次希望你们还是按质检员的标准办事，怎么样？”这样说既讲明了是非，又给仓库主任留了面子，再加上后面用的是商量的口气，仓库主任哪有不顺水推舟的道理。

当然，除了上面谈到的之外，调解冲突最关键的技巧，是说话的艺术。有时候，一句恰到好处的话可以消除所有的冲突。

不过谈话的技巧没有什么模式可循，没有什么经验可依，完全靠具体场合的临场发挥。这就要看企业领导人善解人意的能力和口才。

（七）加强制度建设

调节冲突，若能做到有依据，有章可循，那么很多问题将变得简单。但部门局部利益的冲突，以及摩擦引起的感情冲突，往往是由于无章可循而导致翻脸的后果。例如：上面所举的生产管理人员和品质管理人员的冲突原因，就是因为无法可依。如果有了规章制度，这种冲突可以事先预防，避免发生；就算有了冲突，需要仲裁，也无须多费口舌，解释一下制度规定，根据制度规则就可以解决问题。

若能做到有法可依，仲裁者自然就是公正的化身、权威的代表，不会有偏袒之嫌，同时也可以采取比较强硬的手段来命令双方执行仲裁或调解结果，而不必在“技巧”问题上过多地周旋。

（八）事前预防，加强沟通

俗话说，“防患于未然”，与其等到出现冲突再去调解，还不如将冲突消灭在出现之前。防止下属冲突的最有效办法，就是使他们经常互相沟通信息。首先，可以使他们开阔眼界，了解到其他部门的情况，克服狭隘的本位主义。其次，可以交流思想，取长补短，求同存异。再次，可以增进相互的了解，防止误会的产生和感情的隔阂，这又是一举两得的措施。

第二节　行政沟通工作规范

一、行政沟通的工作目标

沟通是企业管理中的基础性工作，它具有相当重大的作用和意义，沟通在管理中的作用如图 3 －2 所示。

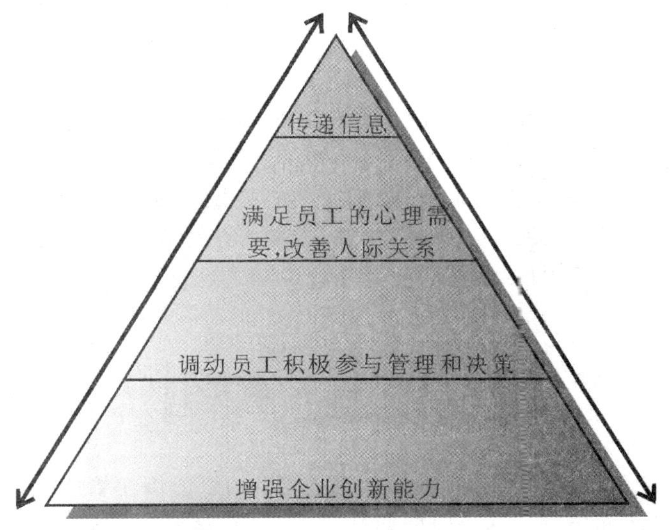

图 3 －2　沟通在管理中的作用

（一）传递信息

一个企业要想顺利成功地开展工作，首先必须获得各种有关环境变化的信息。企业对外的信息沟通可以获得有关外部环境的各种信息和情报资料，如国家的经济战略目标、方针、政策及国内外同类企业的现状和发展趋势、消费市场的动态、社会一般价值观念的趋向等，这样才能确定正确的目标和科学的战略决策，以期在不断变化的环境中求得生存和发展。企业内部的沟通可以了解员工的意见倾向、价值观和劳动结果，他们的积极性源泉和需要，各部门之间的人际关系、管理的效率等，为及时控制、指挥整个组织的运转，实行科学有效的管理提供信息。同时，企业内部各部门、人员间必须进行有效的沟通，以获得其所需要的信息。难以想象，如果制造部门不能及时获得研发部门和市场部门的信息，会造成什么样的后果。此外，企业出台的任何决策，都需要凭借书面的或是口头的，正式或是非正式的沟通方式和渠道传达给适宜的对象。

（二）满足员工的心理需要，改善人际关系

无论是在人们的日常生活还是工作中，人们相互沟通思想和感情是一种重要的心理需要。沟通可以解除人们内心的紧张和怨恨，使人们感到精神舒畅，而且在互相沟通中使双方产生共鸣和同情，增进彼此的了解，改善相互之间的关系。如果一个企业信息沟通渠道堵塞、员工间的意见难以沟通，将使人们产生心理压抑，心中郁闷。这样，不仅影响员工心理健康，还会严重影响企业的工作。因此，管理者必须保证企业内部上下、左右各种沟通渠道的畅通，以利于提高企业内部员工士气，增进人际关系和谐，为企业的顺利发展创造“人和”的条件。

（三）调动员工积极参与管理和决策

在企业管理中，管理者的知识、经验及观念往往影响着员工的知觉、思维和态度，进而改变他们的行为。尤其是当管理者要进行改革时，他的首要任务是通过信息沟通和情感沟通转变职工原有的抵触态度，改变其行为，这样才能实行他们之间的良好合作，搞好企业的管理工作。因此，充分地沟通既可以促进管理者改进管理，又可激励员工的工作热情和参与管理的积极性，使员工提高信心，积极主动地为本企业和本部门的发展献计献策，增强主人翁责任感，从而增强企业内部的凝聚力，使管理工作更富成效，企业蓬勃发展。

（四）增强企业创新能力

在有效的沟通中，沟通者积极讨论，相互启发，共同思考，大胆探索，往往能激发出神奇创意的思维火花。专家座谈法就是明显的例子。

员工对于本企业有着深刻的了解，他们往往能最先发现企业的问题和症结所在。有效的沟通机制使企业各阶层能分享他们的想法，并考虑付诸实施的可能性。这是企业创新的重要来源之一。松下的意见箱制度就充分说明了这一点。

二、行政沟通的工作程序

概而言之，沟通过程就是发送者将信息通过选定的渠道传递给接收者的过程。图 3 - 3 描述了一个简单的沟通过程。这一模型包括 8 个要素：思想 1；编码；通道；译码；思想 2；背景；反馈；噪声。其中思想 1、编码由发送者完成，而译码、思想 2 则是接收者的任务。

（一）编码与译码

编码是发送者将其思想编成一定的文字等语言符号及其他形式的符号。译码则恰恰与之相反，是接收者在接收信息后，将符号化的信息还原为思想，并理解其意义。

完美的沟通，应该是传送者的思想 1 经过编码与译码两个过程后，接收者形成的思想 2 与思想 1 完全吻合，也就是说，编码与译码完全“对称”。“对称”的前提条件是双方

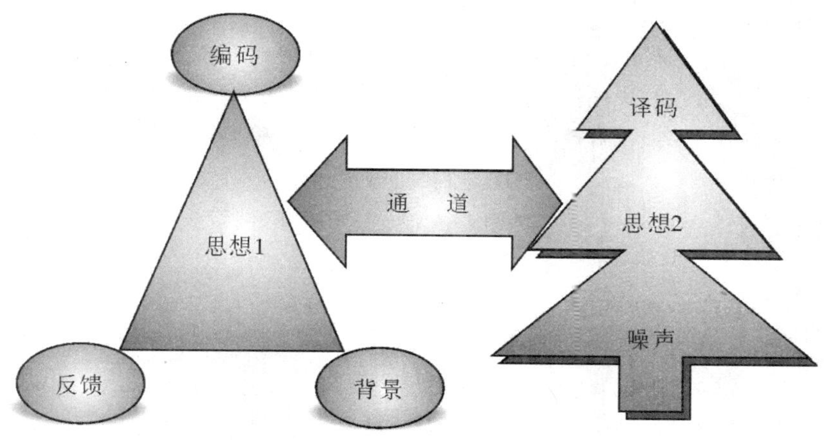

图 3－3　沟通过程模型图

拥有类似的经验，如果双方对信息符号及信息内容缺乏共同经验，则容易缺乏共同语言，从而使编码、译码过程不可避免地出现误差。

因此，甲方在编码过程中必须充分考虑到乙方的经验背景，注重内容、符号对乙方的可读性；乙方在译码过程中也必须在考虑甲方经验背景的条件下进行，这样才能更准确地把握甲方欲表达的真正意图，而不至于曲解、误解其本意。

（二）通道

通道是由发送者用于传递信息的媒介，如面对面交谈、书面通知、电话、电报、计算机网络等。

不同的信息内容要求使用不同的通道。政府工作报告就不宜通过口头形式而应采用正式文件作为通道，邀请朋友吃饭如果采用备忘录形式就显得不伦不类。

有时人们可以使用两种或两种以上的传递渠道，例如，双方可先口头达成一个协议，然后再予以书面认可。由于各种渠道都各有利弊，因此，正确选用恰当的通道对有效的沟通十分重要。

在各种方式的沟通中，影响力最大的，仍然是面对面的原始沟通方式。面对面沟通时，除了语词本身的信息外，还有沟通者整体心理状态的信息。这些信息使得发送者和接收者可以发生情绪上的相互感染。因而，即使是在通信技术高度发达的美国，总统大选时，候选人也总是不辞辛劳地四处奔波去演讲。

（三）背景

沟通总是在一定背景中发生的，任何形式的沟通，都要受到各种环境因素的影响。

一般认为，对沟通过程发生影响的背景因素包括心理背景、物理背景、社会背景与文化背景四个方面，沟通背景的四个方面如图 3－4 所示。

心理背景指沟通双方的情绪和态度。它包含两个方面的内涵：一是沟通者的心情、情绪，处于兴奋、激动状态与处于悲伤、焦虑状态下，沟通者的沟通意愿、沟通行为是截然不同的。后者往往沟通意愿不强烈，思维也处于抑制或混乱状态，编码、译码过程受到干扰。二是沟通者对对方的态度。如果沟通双方彼此敌视或关系淡漠，沟通过程则常由于偏见而出现误差，双方都较难准确地理解对方思想。

物理背景指沟通发生的场所。特定的物理背景往往造成特定的沟通气氛。在一个千人礼堂演讲与在自己办公室里慷慨陈词，其气氛和沟通过程是大相径庭的。

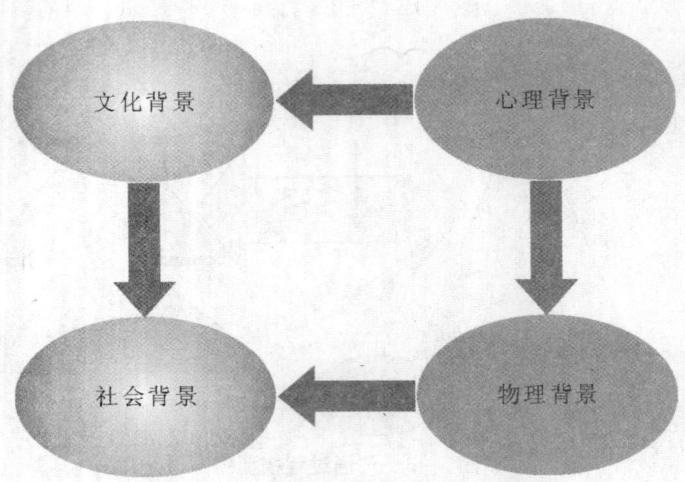

图 3-4　沟通背景的四个方面

社会背景包括两方面的含义:一方面,指沟通双方的社会角色关系。不同的社会角色关系,有着不同的沟通模式。上级可以拍拍你的肩头,告诉你要以厂为家,但你绝不能拍拍他的肩头,告诫他要公而忘私。因为对应于每一种社会角色关系,无论是上下级关系,还是朋友关系,人们都有一种特定的沟通方式预期,只有有关沟通在方式上符合这种预期,才能得到人们的接纳。但是,这种社会角色关系也往往成为沟通的障碍,如下级往往对上级投其所好,报喜不报忧等。这就要求上级能主动改变、消除这种角色预期带来的负面影响。

另一方面,社会背景还包括沟通情境中对沟通发生影响但不直接参加沟通的其他人。例如,自己配偶在场与否,人们与异性沟通的方式是不一样的。丈夫在妻子在场时,与异性保持的距离更大,表情也更冷淡,整个过程变得短暂而匆促。

文化背景指沟通者长期的文化积淀,也是沟通者较稳定的价值取向、思维模式、心理结构的总和。由于它们已转变为我们精神的核心部分而为我们自动保持,是思考、行动的内在依据,因此,通常人们体会不到文化对沟通的影响。实际上,文化影响着每一个人的沟通过程,影响着沟通的每一个环节。当不同文化发生碰撞、交融时,人们往往能发现这种影响。三资企业和跨国公司的管理人员,可能对此深有体会。

例如,由于文化背景的不同,东西方在沟通方式上存在着较大的差异:东方重礼仪、多委婉,西方重独立、多坦率;东方多自我交流、重心领神会,西方少自我交流、重言谈沟通;东方和谐胜于说服,西方说服重于和谐。这些文化差异使得不同文化背景下的管理人员在沟通时遇到不少困难。

(四)反馈

反馈是指接收者把信息返回给发送者,并对信息是否被理解进行核实。反馈是沟通体系中的一个重要方面。在没有得到反馈之前,我们无法确认信息是否已经得到有效的编码、传递和译码。提供反馈有利于增强沟通的有效性。

(五)噪声

噪声是妨碍信息沟通的任何因素,它存在于沟通过程的各个环节,并有可能造成信息失真。比如:模棱两可的语言、难以辨认的字迹、不同的文化背景等都是噪声。

影响信息接收和理解有以下因素,如图 3-5 所示。

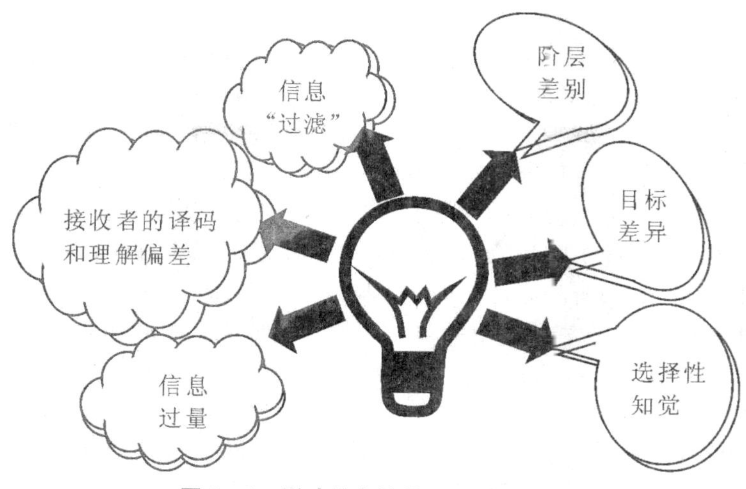

图3－5　影响信息接收和理解的因素

一是选择性知觉。由于每个人的心理结构及需求、意向系统各不相同，这些差异性，直接影响到他们接收信息时知觉的选择性，即往往习惯于对某一部分信息敏感，而对另一部分信息“麻木不仁”、“充耳不闻”。事实上，我们对能印证自己推断、论点的信息常表现出高度的兴趣，而对相反的信息却漠然视之，正如有的学者指出，我们不是看到事实，而是对我们所看到的东西进行解释并称为事实。

二是信息“过滤”。接收者在接收信息时，往往根据自己的理解和需要对信息加以“过滤”。当一个信息传送下来，每经过一个层次，都要产生新的差异，最后则有可能突破了允许极限范围。过滤的程度与组织结构的层次和组织文化密切相关。

三是接收者的译码和理解偏差。由于个人所处社会环境不同，在团队中角色、地位、阅历也各异，从而对同一信息符号的译码、理解都会有差异。即使同一个人，由于接收信息的心情、氛围不同，也会对同一信息有不同解释。

四是信息过量。管理人员在做出决策前需要足够的信息，但如果信息量过于巨大，则过犹不及，使管理者无法分清主次，眉毛胡子一把抓；或是浪费大量时间，坐失良机，沉没于信息的汪洋大海之中。

五是阶层差别。特别需要强调和说明的是，社会地位的差距对沟通产生着十分重大的影响。

六是目标差异。企业内各部门的分目标差异而造成的冲突和互不信任，也往往会干扰他们之间的有效沟通。技术人员与营销人员常常会有意见冲突。前者往往责怪后者提出一些不切合实际的要求，或是不支持高层次的理论研究，而后者则认为前者不能顺应消费趋势潮流的变化。

三、行政沟通的基本工作观念

管理者在从事管理沟通时应树立如下的基本观念：无论我是否同意你的观点，我都将尊重你，给予你说出它的权利，并且以你的观点去理解它，同时将我的观点更有效地与你交换。

如果想进行有效的沟通，必须避免以自己的职务、地位、身份为基础去进行沟通。沟通（communication）一词，与共同（common）、共有（community）、共享（communion）等字很相近，你与他人有多少的“共同”“共有”及“共享”，将决定你与他人沟通的程度。

共同、共有、共享意味着目标、价值、态度和兴趣的共识。如果缺乏共识的感受，而只一味地去尝试沟通是徒劳无益的。一位经理若只站在自己的立场上，而不去考虑职工的利益、兴趣，势必加大与职工间的隔阂，从而给沟通制造了无法逾越的障碍。

应该有向他人表示倾听的诚意。即使不同意对方的观点，也应该如此。每个人都是站在自己心理经验的世界之中，对他（她）而言，他所经历过的才是真实，而不是你所说的。

在沟通过程中，请试着去适应别人的思维架构，并体会他的看法。换而言之，不只是“替他着想”，更要能够想象他的思路，体会他的世界，感受他的感觉。设身处地替他着想，是很有益的。若能和别人一起思考、一同感受则会有更大的收获。在这个过程中，你很可能会遇到“不同意所看到的和听到的”情况。可是，跳出自我立场而进入他人的心境，目的是要了解他人，并不是要同意他人。一旦你体会了他人如何去看事实、如何去看他自己，以及他如何衡量他和你之间的关系，才能避免坠入“和自己说话”的陷阱。

身为一位管理者，你的目标是要沟通，而不是要抬杠。有效的沟通不是斗勇斗智，也不是辩论比赛。如果说话人发觉听话人心不在焉或不以为然时，他就必须改变他的沟通方式。接收者握有“要不要听”和“要不要谈”的决定权。你或许可以强制对方的沟通行为，但是却没有办法指挥对方的反应和态度。

四、企业行政沟通的基本架构

就任何一个企业本身而言，它是一个由若干子系统组成的复杂系统；就其所处的环境而言，它不是一个远离尘世的“孤岛”，需要与外部环境各要素发生千丝万缕的联系。沟通的意义，就在于使企业形成一个整体，同时通过与环境的信息交换维持企业在市场上的生存与发展。管理沟通的基本架构如图 3－6 所示。

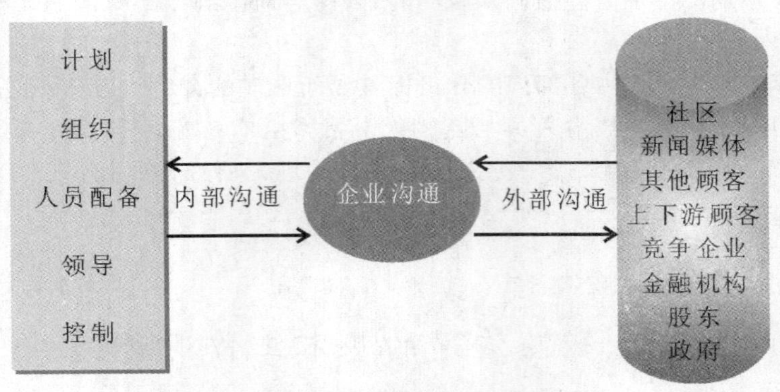

图 3－6　管理沟通的基本架构

五、行政沟通的三个层次

（一）信息层次

信息层次是人际信息沟通的最基本层次。在这个层次上，沟通的双方完成了信息传递和信息反馈的任务，使信息得以交流。在此基础上，彼此产生一定的认识，形成一定的印象。如果信息交流不能实现，则人与人之间不会有相互认识，更谈不上情感交换和行为互动，人际关系就不会建立。如果交往双方的信息沟通出现障碍，人际关系就得不到发展。因此，人们要关心信息交流，哪怕是纯粹的信息交流，要知道情感层次和行为层次都是在这个层次的基础上进行的。

（二）情感层次

在交往中，人们通常要安排一些轻松的活动，如参加舞会或郊游，一起进餐或促膝谈心，以联络感情。在信息交流中，双方对所交流信息的译码和对对方的动机、需求、兴趣、性格、世界观、价值观、定势的感知，都伴随着情感体验。这种情感体验不外乎情感共鸣和情感排斥两种情感状态。当参加交流的个性特征彼此都能被对方接受，就会产生情感共鸣，双方相互吸引，建立起良好的人际关系。如果彼此不接受对方投入的个性特征，就会产生情感排斥，拉大距离，形成疏远或紧张的人际关系。

（三）行为层次

这个层次是交往双方的行为互动层次。人际关系的最终目的是为了引起对方的行为。为了同对方搞好关系，人们也要根据沟通对象对自己的评价期望调整自己的行为。只有不断调整自己的行为，双方才能建立心理相容的关系，否则就会出现人际冲突而导致关系破裂。行为层次是人际信息沟通的最高层次，它是以信息层次和情感层次为基础进行的。

六、行政沟通的四个阶段

从纵向看，人际信息沟通还可以划分为四个阶段，人际沟通的四个阶段如图 3 －7 所示，这四个阶段的连接，社会心理学称为社会渗透过程。

（一）定向阶段

人们根据自己的价值观念、审美观念、需求和动机的心理定式选择沟通对象，双方有愿意接触的愿望，积极搜寻有关对方的信息。在这一阶段，双方仅掌握对方的仪表、姓名、性别、工作单位、职务等基本背景材料，人们只做表面的或浅层的“自我暴露”，竭力掩饰自己的不足之处或可能被对方反感之处，多少有点投其所好的意味（比如，初会对象的男青年都说自己不会吸烟，不会饮酒，双方的性情都显得比较温和，如果一方喜欢什么，再问对方，对方也会说喜欢）。如果双方互感满意，有继续相处的意思，信息沟通就进入下一阶段。

（二）探索情感交换阶段

在这一阶段，双方在基本背景信息的基础上，还有了工作信息的沟通或思想的互动，

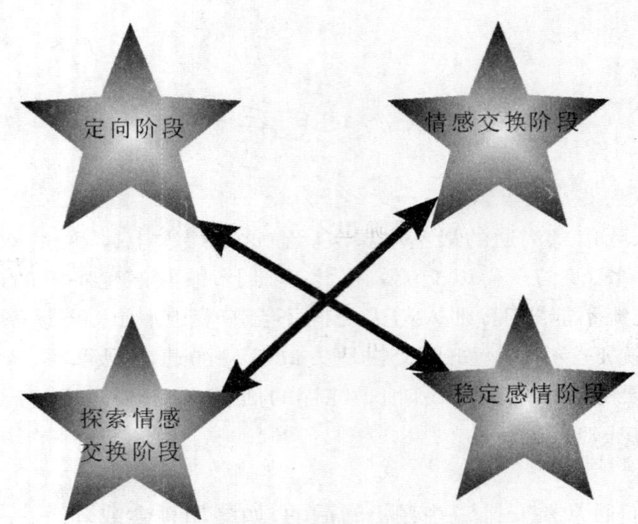

图 3－7　人际沟通的四个阶段

双方主动地表露自己个性中较浅的东西，如兴趣、爱好、特长和一般思想。比起第一阶段，这时的话题和活动逐渐多起来，并摆脱了拘谨、刻板的局面，能够轻松、友好地互动。如果双方互感满意，就会有进一步了解的强烈愿望，沟通向深层发展。

（三）情感交换阶段

在这一阶段，由于经常表露有关“自我”的信息，自我区域明显增大，双方进行了较浓厚的感情交流，很少有保留地表现自己的个性，责任感大大增强，关系的危险度也随之增加。双方都能够较自由地相互赞许或批评对方的行为。这一阶段人际关系的典型表现是朋友人际关系和恋爱人际关系。

（四）稳定感情阶段

在这一阶段，信息互动高度频繁，信息量剧增，沟通方式丰富多彩，“自我暴露”彻底，这一阶段的外部行为表现为相亲相爱，近距离交往等。由自由恋爱而发展的夫妻关系属于这一阶段的人际关系。

在上述四个阶段中，无论哪一阶段出现故障，都可能导致信息沟通的中断或人际关系的破裂。

七、行政沟通的优化

尽管每个组织不可避免地存在着沟通障碍，但情况也不是令人悲观的，因为许多沟通障碍是可以防止和排除的。为此，建议企业管理者从以下几个方面去排除沟通中的障碍，以达到优化组织沟通之目的。

（一）强化沟通意识

管理者要牢固树立“沟通是管理的灵魂”的观念，从战略高度认识优化组织沟通的重大意义。只有在此前提下，管理者才有可能在个人沟通技能、组织建设和制度建设、设备条件等诸环节下功夫，为优化组织沟通创造积极的条件。管理者必须解放思想，辩证地认识先哲所谓“君子讷于言而敏于行”的教诲，清醒地认识到：在现代社会，一个优秀企业家必须既敏于行，又敏于言，善于言。

（二）提高信任度

管理人员在下属中的信任度，对于改善沟通有重要的影响作用。一个有效的管理者，不仅要取得下属对他的信任，而且必须保持这种信任，提高这种信任。管理者在下属人员面前丧失了信任，那他的命令再正确也不会有人去执行，其任何沟通都是无效的。所以，管理者要特别注意言行一致，言必信，行必果，以实际行动来赢得信誉。

提高信任度还体现在管理者应容忍并善于接纳部属的各种内心真实想法，即让部属感到有什么话都敢跟主管说。管理者不可让下属在“报忧”时有惧怕心理，或自己只爱听报喜，不爱听报忧。部属对主管在某一方面的不信任可能会波及其他方面的不信任，因而，管理者尽量在各方面得到员工的信任是有利于相互之间有效沟通的。

（三）认清沟通的目的和意义

管理者在沟通之前应明确沟通的目的，经常自问一下“为何要进行这次沟通？”“我希望在这次沟通中获得什么？”切忌毫无目的的沟通。

此外，还应该认清这次沟通对沟通对象的意义何在，即这次沟通对部属来说有何意义，他能从这次沟通中获得什么。要了解沟通对于部属的意义，就应该认清部属“需要什么”。

一般而言，最容易记忆的信息是一些与接受者相关的或接受者最需要的信息。例如，一位家庭经济紧张的员工对公司有关工资调整的信息会格外关心，所以管理者在沟通时应尽量站在对方的立场上，多考虑对方的利益和需要，这样沟通的效果就会好得多。又如，部属在受到主管的批评之后情绪比较低落，这时主管若能主动与部属谈心，自己的错误自己改正，对对方的错误表示谅解，这样主管与部属之间的沟通关系得到加强，防止隔阂越来越深。

认清沟通的目的和意义，有助于沟通者清晰地表达自己的意图和感情，有效地防止沟通中的盲目倾向，便于沟通者检查沟通效果，从而更好地提高沟通技能，使每一次的沟通都达到所预想的目的。

（四）慎用语言及文字

语言和文字是沟通中信息传递的重要工具，语言文字使月的好坏影响着信息是否能准确迅速的传递，蹩脚的语言表达和拙劣的文字表述都不利于信息的有效传递，不利于沟通的有效进行。

管理者在沟通中应尽量使用通俗易懂的语言。发出的信息能否被接收者理解，在很大程度上依赖于发出信息所用的语言是否通俗易懂，鉴于接收信息的人各不相同，所以沟通者所使用的语言也应因人而异，总之，必须使用接受者最易理解的语言。对容易产生歧义的话语应尽量避免使用，或者对于可能产生误解的话语，作必要的解释说明，表明自己的真实态度和情感，以澄清误解。此外，提高书面语言表达能力，写出一手好文章也是管理者改善沟通的重要途径。首先是要多实践，强迫自己写作再写作；其次是多打草稿，在组织构思、确定材料正确性和文章润色等方面勤下功夫；再次是请文学功底较深的人评阅你的文章，并提出意见，勤于修改。

语言和文字的运用是沟通中的重要内容。管理者应在不断实践中提高语言及文字表达能力，多锻炼，平时多向别人学习，体会别人得体、风趣谈话中的高明之处，提高自己的表达技能。

(五)注意面谈的细节

在面对面双向沟通中,是否能注意到面谈双方的细节通常能反映出一个人沟通技能的高低。面谈的细节包括声调、语气、节奏、面部表情、身体姿势和轻微动作等。一方面,管理者应给予对方合适的表情、动作和态度,并与所要传达的信息内容相配合。如轻松的交谈应面带笑容;真实的立场态度的表达应该显出严肃庄重的样子;在对方陷于忧思时应减缓语速。不同的坐姿、站相、手势也潜在地反映着一个人的个性、气质和态度。在严肃的场合跷着二郎腿与部属交谈,会给对方一种压迫感,有碍于情感的平等交流;在集体会议上或者正式的讨论中,衣冠不整、姿势不雅都会影响员工对管理者的评价,从而对信息的传递也发生阻碍作用。

另一方面,管理者需要给对方的口头语言和身体语言以灵活机动的反应,使沟通对象潜在表现出的需要得以实现。如根据对方频频看表之动作来推断其另有他事,这时应主动中断沟通。又如根据对方对某问题所表现出来的兴趣,喜欢或无奈、厌恶,来决定是否进一步对该问题发表自己的观点见解。

以满足对方需要的适应性原则来指导沟通的进程是改善沟通的重要原则和方法,对面谈细节的注意是了解对方需要的窗口。管理者在沟通中应该随时注意面谈的细节,调节沟通进程,以达到有效沟通之目的。

(六)充分利用反馈信息

反馈是沟通的重要保证措施,没有反馈,管理者无法知道信息是否传递到对象那里。因此,管理者应尽量鼓励反馈,特别是要鼓励那些胆小怕事或腼腆羞涩的沟通对象来反馈,可以常常讲以下一些话:"你能为我提供更多有关……的信息吗?""你已告诉了我一些值得考虑的事情,还有其他想法吗?""对,请继续说。""还有什么?""说得很好,请再大胆一些。"等等,这样,接受者一般会乐意把反馈信息表达出来。

另外,沟通者也应善于从接受者的表情中获得反馈信息,接受者的表情是接受者潜意识的感情流露,这种反馈信息有时是最真实、最确凿的,沟通者应该充分利用。面谈对象的眼神、面部表情、身体姿势通常都暗含着无法用言语表达的态度和心理倾向。如听话者眼睛的随意转动表明他无心听话,或者他认为无关紧要,这时,沟通者就应该调节沟通的进程,如转移话题等。

(七)克服不良习惯

企业管理者在沟通中,应努力克服以下十种不良习惯:

1. 对沟通对象所谈的主题没有兴趣;

2. 被对方的姿态所吸引,而忽略了对方所讲的内容;

3. 当听到与自己意见不同的地方,就过分激动,致使不愿再听下去,把其余的信息也都忽略了;

4. 仅注意事实,而不肯注意原则和推理;

5. 过分重视条理,而对欠条理的人的讲话重视不够;

6. 过分注意造作掩饰、装腔作势,而不重视真情实质;

7. 分心干别的事,心不在焉;

8. 对较难的语言不求甚解;

9. 当对方的语言带有感情时,则听力分散;

10. 在听别人讲话时还要思考别的问题,顾此失彼。

(八)加强组织建设

加强组织建设,积极改善组织结构和组织文化,是优化组织沟通的重要途径。一个能较好发挥沟通功能的组织必须具有以下特点:

第一,组织具有团队精神,民主空气浓厚。特别提倡不同意见的发表,保护有独创性的见解。决策机关能及时而科学地对这些意见做出综合处理。

第二,机构精练,层次简化,职责分明。不管信息来源于组织中的哪个部门,都能由有关的部门做出积极处理。

第三,建立各类人士、职能部门、上下级之间的协商对话制度,定期或不定期地交流对主要问题的看法,增进相互了解,统一基本认识,保证上下沟通与水平沟通都能得到理解。

第四,有信息中心,专门负责信息沟通网络的正常运行,对各类信息认真筛选加工,向决策者输送准确、完整、有用、适量的信息。

美国通用电器公司(简称 GE)第八任总裁韦尔奇上任之后,大刀阔斧地发起了一场“组织改造”运动,撤除了分部层级——介于总裁和公司十三项主要事业之间的执行副总层级,实现了组织扁平化。韦尔奇此举有双重目标:一是将策略规划的功能交给了各事业部;再就是排除了那些妨碍各事业部间以及事业部与总裁间直接接触的障碍,大大优化了组织沟通。为了加强组织沟通,韦尔奇开展了“解决问题”“群策群力”等一系列运动,其最终目标是要把 GE 建设成“无藩篱障碍”的公司,即“内部与对外沟通皆无碍的公司”。韦尔奇认为,建立“无藩篱障碍”的公司必须排除部门、阶层以及区位间的障碍,而且要接近重要的供应商,让他们与 GE 携手合作,贡献智慧,朝着共同的目标——满足客户而努力。要成为市场竞争中的胜利者,必须营造一种文化——让人们能够快速前进、更清楚地与别人沟通,以及让员工能够同心协力服务多元需求的客户。

(九)建立建议和质询制度

通过征求普通员工改进工作的意见来加强上行沟通。它们体现出一种鼓励提出有益的意见,并防止其通过指挥链条被过滤掉的正式意图。建议制度的最简单的例子是利用意见箱,雇员把有关改进的书面意见(通常是无个性特征的)投入箱内。

许多较好的方案是给所提建议已被实际采用的雇员以报酬,并且提供每一项建议得到如何评价的反馈。对于一种能够为公司带来大量赢利的技术性的复杂建议,通常按照预计赢利的百分比付给酬金。例如,不用长期停产付出巨大代价就可完成设备维修的建议。当对被采用的建议进行宣传时(如在组织定期出版的雇员读物中介绍),也可以加强下行沟通,因为雇员接收到了希望何种革新类型的信息。

质询制度提供了一种答复雇员提出的有关组织问题的正式手段。当问题和答复范围广泛时,这种制度可促进双方沟通,并且是最有效的。许多组织在其雇员读物中设有问题和答复专栏,内容包括从津贴到公司股票等各种问题。许多图书馆已经采用类似制度回答读者关于图书馆服务工作的质询。某个图书馆采用了“图书馆问答”的形式,它规定由最有资格的图书馆人员作答。这种问答张贴在图书馆的固定场所,便于其他人了解和利用。

(十)开展雇员调查和调查反馈

对现有雇员的态度和意见进行调查,是一种有利于上行沟通的手段。为使雇员可以自由表达他们的真实观点，调查通常是利用保证无个性特征回答的调查表来进行。雇员们将感到可以自由表达他们的真实观点。一次有效的雇员调查包含雇员确实关心的问题和有益于实际目的的信息。定期调查能帮助经理们察觉到雇员情感方面值得注意的变化。例如，对工资满意程度的急剧下降可能是劳工纠纷的先兆和需要修改补偿合同的信号。

调查结果反馈将加强下行沟通。调查反馈向雇员表明，他们的评论已被管理部门听到和考虑。

（十一）利用计算机网络等先进的信息技术

相对于古代的飞鸽送信和烽烟报警，现代人所拥有的电话、电报、电视、传真、计算机网络等先进的信息技术，大大提高了人们沟通的速度和准确性。在经济全球化浪潮中，所有的企业都必须尽可能充分利用计算机网络等先进的信息技术来武装自己，为优化组织沟通提供物质条件。

第三节　行政经费管理工作规范

一、行政经费管理原则

1. 合理原则。企业行政经费管理应以合理安排资金、及时供应、保证部门需要为原则。在企业有限的财力下，正确处理财务收支活动中所体现的各种经济关系，做到重点突出，协调发展，把有限的资金用到最需要的地方，充分发挥效用，保证企业任务的完成。

2. 节约原则。节约预算经费，首先要抓好企业行政性经费的节约，减少纯消耗性支出，以降低行政管理成本。控制预算也要抓好业务性支出的节约，这种节约主要不是减少业务性支出的绝对数。而是以满足企业发展的需要为前提。节约业务经费的办法主要是提高资金使用效率，即在同等的财力下，通过科学合理的运筹，完成更多的事情，取得更大的业务成果。

3. 监督原则。监督主要是对经费活动的合法性、合理性和有效性进行监督，保证和支持正常经营活动的开展。经费监督应从编制预算开始，整个资金活动要严格按程序进行管理，健全和完善各个环节的财务管理制度，做到办事有计划、拨款有预算、收支有标准、信息有反馈、分析有资料、监督有要求和处理问题有结果。

二、行政经费管理细则

业务费包括差旅费、办公用品费、水电费、取暖费、邮寄费和行政设备维修费等项目。业务费管理应注意以下几点。

（一）应用并管理好各项业务费。业务费是公用经费中的一项，并在其中占有较大的比重，伸缩性也较强，审核业务费时应请有关领导把关，并由各业务部门具体掌握。有条件的企业还可以制定合理的定额，进行定额管理。对于大宗业务费用，应实行专款专用，以保证该项业务工作的正常进行。

（二）明晰各类账目，专项管理。业务费涉及面较广，各类专门经费所需的资金都集中在一起，因此必须分清明细账目，专款专用。

1. 专人负责，监督使用。业务费的使用与管理还必须由财务部门专人负责，并设立相关监督机构与机制，合理使用。

2. 增收节支，发挥最大效能。业务费的使用应依据节约的原则，拓展新的渠道及开展新的业务时，都应从发挥最大效能的角度出发来考虑问题。

（三）勤俭节约，认真做好节支工作。对公务会议费、业务费等专项开支，要从严控制，做到量入为出，精打细算，绝不浪费。

三、行政经费管理制度模板

第一条　办公用品及低值易耗品采购费报销规定

1. 行政部根据计划统一采购、验收和入库，根据发票、入库单报销。

2. 各部门急需或特殊的办公用品，经批准后可自行购买：

单价在__元以下，或总价在____元以下，由行政部长批准；

单价在__元以上，或总价在____元以上，由分管副总批准。购买后，提交发票、实物；经行政部查验入库单及入账单后方可报销。

3. 原则上不予报销办公用品的装卸费用。

第二条　车辆使用费报销规定

1. 车辆使用费包括汽油费、维修费、路桥费、泊车费、打车费、代驾费和驾驶员补贴等。

2. 行政部在掌握车辆维护、用车和油耗情况基础上，制订当月车辆费用开支计划。

3. 汽油费的报销需由驾驶员在发票背面注明行车起始点和路程，由行政部根据里程表、油耗标准、加油时间、加油数量和用车纪录等复核，经行政部长签字验核。

4. 路桥费和洗车费由驾驶员每月汇总报销一次，由行政部根据派车记录复核，经行政部长签字验核。

5. 车辆维修前驾驶员须提出书面报告，说明维修原因和预计费用，报销时在发票上列明详细费用清单，由行政部根据车辆维修情况复核，经行政部长签字验核。

6. 驾驶员行车补助按加班标准计算，每月在工资中列支发放。

第三条　交通费报销规定

1. 交通补贴见公司《补贴津贴标准》。

2. 交通补贴与员工工资一起发放。

3. 员工外勤不能按时返回就餐者可给予误餐补贴。

4. 员工外勤每天交通费标准为________元，经批准可乘坐出租车并予以报销。凡公司派车和未经批准乘坐出租车者，均不予报销外勤交通费。

第四条　应酬招待费报销规定

1. 根据公司对外接待办法等文件中所规定的标准接待。

2. 应酬前须向上级有关领导申请,批准后方可进行。

3. 原则上不允许“先斩后奏”,因特殊原因无法事先申请的,事后须及时报告有关领导。

4. 应酬活动一般在定点酒店、宾馆进行。应酬招待费一般在签单卡签字后按月结算,不得擅自在他处或用现金结算。

第 4 章　企业人事行政管理

第一节　企业人事行政管理工作要点

一、企业人事行政管理的基本内容

企业人事行政管理工作的基本内容主要有：制订人力资源计划、组织人才招聘、进行人才任用与升迁、确定劳动工资与劳动保障等内容。

二、企业人事行政管理的工作特点

人事行政的特点如下：

1. 时效性

人事行政具有较强的时效性。企业在招聘、选拔、培训人员时，一定要讲时间、讲效率。优秀的技术人才和管理人才是宝贵的资源，而这种人力资源供给是十分稀缺的，人才的争夺已成为市场争夺的焦点，因此，选拔录用优秀人才是企业的当务之急。哪家企业能吸引到优秀人才，就会在竞争中处于有利地位。

2. 针对性

在竞争和发展中，当企业迅速扩充时，这就需要招聘员工，以满足企业发展的需要；当企业发展缓慢或面对市场需要收缩时，企业就需要裁员，解聘员工。

3. 利益诱导性

人事行政的利益诱导性就是要正确处理好企业与员工之间的物质利益关系，要把物质利益作为调动员工积极性、创造性的一种重要手段。企业设立岗位责任制、经营责任制，对员工工作能力及业绩进行考评，结合考评情况给予必要的奖惩。企业切实贯彻按劳分配的原则，利用利益的诱导性，依靠员工对个人物质利益的关心，推动员工自觉遵守劳动纪律，提高企业技术水平，提高劳动生产率。企业人事行政中必须建立一套考核测评系统，应当把企业的经营成果同个人的物质利益联系起来。

现代企业注重实行“以人为本”的民主化管理，而企业人事行政直接面对的是有思想、有感情的员工，只有尊重人的基本权利，注重人的价值体现，注重人的需求满足，创造一种宽松的环境，才能发挥人的积极性和创造性，从而为实现企业的发展目标服务。

三、招聘与录用工作总流程

组织人员招聘与录用是一个复杂、完整而又连续的程序化操作过程。这个系统运行的每一个组成部分都是为了保证人员招聘与录用工作的质量，为组织选拔出合格优秀的人才，它直接关系到企业人力资源的形成，是人力资源管理中培训、绩效评估、薪酬、激励、劳动关系、人员流动等工作环境的前提。在整个企业人力资源管理工作中起奠基作用。

招聘录用工作的总流程及具体工作程序见图4－1。

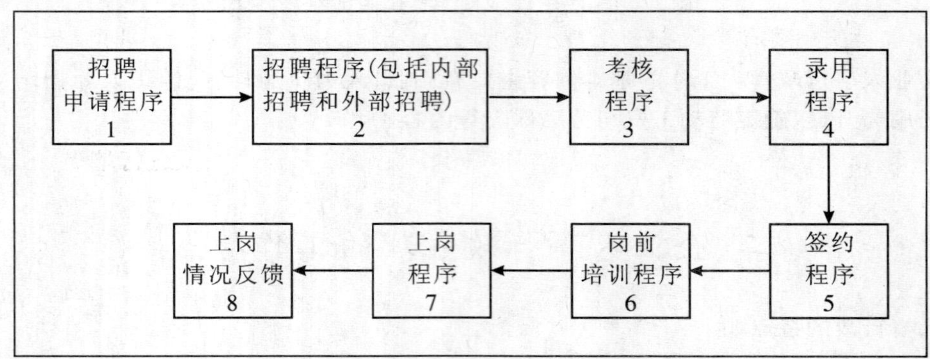

图4－1 招聘录用工作的总流程及具体工作程序

招聘申请的目的在于发挥人力资源管理部门的监督控制作用，避免人员闲置与随意招聘人员。严格执行招聘申请工作，对于提高公司人力资源管理水平有很大的作用。

1. 有利于人力资源管理工作统一进行。有利于实施规范化管理，提高企业人力资源管理水平。

2. 有利于发挥专业人力资源管理人员的才能，招到更合适工作需要的人才，做到人尽其才。

3. 有利于高层领导及时准确地掌握公司人员需求情况，有利于公司的人力资源管理决策科学化。

（一）招聘申请注意事项

1. 严格把关，审核各部门的招聘申请情况。

2. 申请要具体、详尽。

3. 招聘申请工作要尽量集中进行，以减少招聘次数与招聘费用支出。

（二）招聘申请工作程序

人员选聘工作开始于组织中各种岗位产生职位空缺，由此而提出人员增补需求。各中心（部、室）招聘员工，要先向人力资源管理部门递交招聘申请表（包括拟招聘岗位、人数、具体要求等），经人力资源管理部门审核同意后，由人事部统一安排、组织招聘工作。具体工作程序图如图4－2所示。

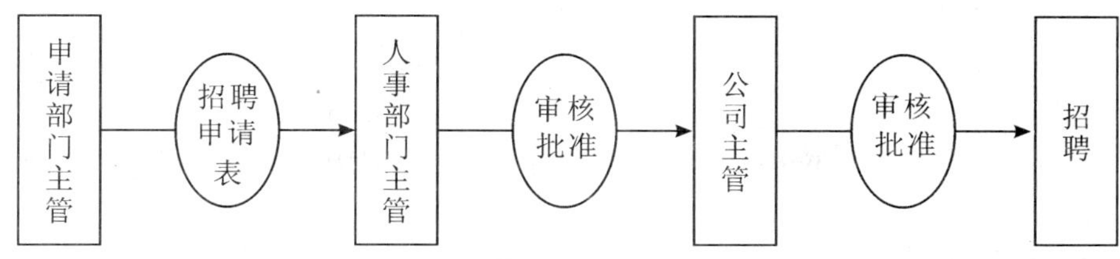

图4-2 招聘申请工作程序图

四、员工培训工作程序

培训程序主要有四个步骤：培训需求分析，制订培训计划，设计培训课程，培训效果评价。

（一）培训需求分析

培训需求分析所要解决的问题是：是否需要培训、需要什么时候进行培训，需要在哪些方面对哪些员工进行培训。

培训需求分析可以在三个层次上进行：员工层次、企业层次、战略层次。

1. 员工层次

主要分析员工个体现在状态与应有状态的差距，在此基础上确定谁需要接受培训及接受什么样的培训。

2. 企业层次

主要通过对企业的目标、资源、环境因素的分析，准确找出企业存在的问题，确定培训是不是解决这类问题最有效的方法。

3. 战略层次

主要集中在企业未来有效运作所必需的知识和技能。为了满足企业未来的发展，应开发什么样的培训项目。培训要与企业的发展目标和远景规划相吻合，不然，培训就失去了重点和方向。

虽然培训需求分析可以从方方面面来展开，但是，培训的落脚点最终还是个人。因此，我们可以针对新员工和老员工的不同情况，采取不同的需求分析方法。对于新员工需要进行哪些培训，可以采用任务分析的方法；对于现职员工需要进行哪些培训，可以采用绩效分析的方法；对于环境变化所带来的对员工的影响，可以采用前瞻性培训需求分析的方法。

（二）培训计划制订

在进行完备和详尽的培训需求分析之后，要有效地实施培训，就必须制订详细的培训计划。

所谓培训计划是按照一定的逻辑顺序排列的记录，它是从组织的战略出发，在全面、客观的培训需求分析基础上做出的对培训时间（When）、培训地点（Where）、培训者（Who）、培训对象（Whom）、培训方式（How）和培训内容（What）等的预先系统设定。

1. 培训计划的作用

（1）它保证不会遗忘主要任务。

(2)它清楚地说明了谁负责、谁有责任、谁有职权。

(3)它预先设定了某项任务与其他任务的依赖关系,这样也就规定了工作职能上的依赖关系。

(4)它是一种尺度,可用于衡量对照各种状态,最后则用于判断项目、管理者及各成员的成败。

(5)它是用做监控、跟踪及控制的重要工具,也是一种交流和管理的工具。

2. 影响培训计划制订的因素

在制订培训计划时,必须顾及以下的因素:

(1)员工的参与。让员工参与设计和决定培训计划,除了加深员工对培训的了解外,还能增加他们对培训计划的兴趣和承诺。此外,员工的参与可使课程设计更切合员工的真实需要。

(2)管理者的参与。各部门主管对于部门内员工的能力及所需何种培训,通常较了解。培训计划者或最高管理阶层对培训计划更清楚,故他们的参与、支持及协助,对计划的成功有很大的帮助。

(3)时间。在制订培训计划时,必须准确预测培训所需时间及该段时间内人手调动是否有可能影响组织的运作。编排课程及培训方法必须严格依照预先拟订的时间表执行。

(4)成本。培训计划必须符合组织的资源限制。有些计划可能很理想,但如果需要庞大的培训经费,就不是每个组织都负担得起的。能否确保经费的来源和能否合理地分配和使用经费,不仅直接关系到培训的规模、水平及程度,而且也关系到培训者与学员能否有很好的心态来对待培训。

3. 培训的方法

(1)讲授法

讲授法,就是教师运用阐述、说明、分析、论证和概括等手段讲授知识内容的培训方法。

这种方法的优点:在相对较短的时间内能向一大批人提供大量的信息,在人、财、物、力和时间等方面都很经济。

这种方法的缺点:比较单调,受训者处于被动地位,参与程度低,与实际工作结合不密切,缺乏一定的针对性。

适用:系统地进行知识的更新与传授。

(2)案例分析法

案例分析法,就是把实际中的真实情景加以典型化处理,编写成供学习者思考和决断的案例,通过独立研究和相互讨论的方式,来提高学习者分析问题和解决问题能力的一种方法。

这里所涉及的案例,一般是对企业内部个体、群体或组织中的一个或几个甚至更多的变量之间相互关系的一种描述和说明。它可以是成功的典范,也可以是失败的总结。

案例分析法是一种调动学习者广泛参与,变单项信息传递为双向交流,变被动学习为主动学习,变注重知识为注重能力的培训方式。

这种方法的优点:生动具体,直观易学,能够集思广益并实现教学相长。

这种方法的缺点:较为费时费力,对教师和学习者的要求较高。

(3)角色扮演法

角色扮演法,就是为受训者提供一种真实的情景,要求一些学习者扮演某些特定的角色并出场表演,其他学习者观看表演,注意与培训目标相关的行为。表演结束后,其他学习者对角色扮演者完成任务的情况进行评价,表演者也可以通过表演时的情感体验来讨论表现出的行为。

运用这种方法,可以帮助学习者处在他人的位置上思考问题,可以体验各类人群的心理感受,训练学习者自我控制能力和随机应变能力,从而提高管理人员处理各类问题的能力。

这种方法一般用于改善人际关系和处理冲突事件的训练。

(4)研讨法

研讨法,就是先由教师综合介绍一些基本概念与原理,然后围绕某一专题进行讨论的培训方式。这种方式是一种运用很普遍的方式,仅次于讲授法,因而它在培训中起着重要的作用。

适用:概念性或原理性知识的把握和学习,通过研究讨论,加强学习者的理解能力,其效果要优于讲授法。

(三)培训课程设计

所谓培训课程设计,就是根据培训的根本目的,对目标、内容、教材、模式、策略、评价、组织、时间、空间这些要素采取不同的方式,做出不同的处理。通过对这些要素的不同选择和处理,就可以设计出各种不同的课程。特别注意以下几点:

1. 培训课程的效益和回报

培训需要投资,而这种投资是进入成本的。因此,最有效的培训课程应该始终把受训者当成资本的一种形式来看待,把培训作为使这种资本保值和增值的一个环节。

2. 培训对象的特点

员工培训的对象是成人,因此,培训课程的设计要充分考虑到成人这一特点,课程的设计要符合成人受训者的认知规律,充分利用他们的优势。

3. 培训课程的岗位相关性

企业中参加培训的员工都有自己的岗位,他们的学习目的性很强,“学以致用”非常明确,因此,在课程设计时要把这种目的性充分考虑到位。

4. 最新科学技术手段的发挥

现代培训课程设计的另一个重要特色就是教学媒体的先进性和多样性,如何结合成人的心理特点和生理特点,运用好各种教学媒体,也是培训课程设计必须要考虑的问题。

(四)培训效果的评估

对培训效果的评价,可以采用以下几个评价指标:

1. 反应

既要测定受训者对培训项目的反应,又要了解培训对象对整个培训项目和项目某些方面的意见和看法。这个指标带有一定的主观性和片面性,只能作参考,不能作为评价的结果。

2. 学习

即测试受训者对所学的原理、技能、态度的理解和掌握程度。这项指标可以用培训后的考试,实际操作测试来考察。

3. 行为

即测定受训者经过培训后在实际岗位工作中行为的改变，以判断所学知识技能对实际工作的影响。这是一项考察培训效果最重要的指标。

4. 成果

即测定受训者对企业经营成果具有何种具体而直接的贡献。可以用统计方法，成本效益分析法来测定。

五、解聘与辞职工作程序

（一）解聘及注意事项

解聘，是指由用人单位首先提出的解除劳动合同的方式。劳动合同的解除应该依照国家的有关法律进行。

要解聘人员，首先由各部门根据员工填写《员工离职通知书》，部门主管签字，提交人力资源管理部门，并通知本人离开本公司。解聘注意事项有：

1. 做出辞退员工的决策之前，应该进行周密的考虑。要保证辞退决策有充分的理由，要分析辞退行为的可能后果，并提前准备必要的应对措施。

2. 要允许被辞退者依法进行申诉，并按照法律的规定，由企业劳动争议调解委员会进行调解。

3. 要与员工进行充分的沟通，让员工了解辞退的原因；在辞退后，不仅要与被辞退者及时沟通，尽量取得其配合，而且要与其他员工进行交流，向他们讲解辞退的缘由，取得他们的理解与支持。

4. 要解聘人员可先在企业内部调剂，如不能调剂再解聘，以防人才流失。

（二）辞职

员工辞职首先由本人提出辞职申请，经部门主管签字后报人事部门，人事部门根据员工本人要求和部门主管意见，提出处理方案，报公司主管批准。批准后，员工凭人力资源管理部门发放的离职人员应办手续清单，办理各种手续。

1. 辞职原因

（1）本企业组织提供的工资待遇与福利没有竞争性。

（2）员工在本企业中看不到提升的机会，只好到别的企业去寻求发展。

（3）人际关系上的矛盾。

（4）企业文化的问题。员工如果觉得所在组织的企业文化不利于自己的个性发展，也有可能提出辞职。

（5）不公平感。如果员工感到他们在企业中没有得到公平的对待，就会降低对企业领导者的信任，降低对企业的认同感和归属感，较严重时会导致辞职。

（6）缺少工作保障。企业自身的发展前景对员工的职业发展具有直接的影响，如果一个企业没有向员工展示明确的发展蓝图以及实现这种蓝图的可行性，员工可能会对企业的生存和发展产生怀疑。一旦员工对企业的前景丧失了信心，他们就会感到自己的工作没有保障，从而产生辞职的念头。

（7）工作压力太大。

（8）员工个人生活中的问题。

2. 辞职管理的注意事项

（1）要调查清楚员工辞职的原因，以作相应的处理。

（2）要注意做好员工的思想工作，尽量减少骨干人员和管理人员的辞职。

（三）解聘和辞职程序

解聘和辞职程序如表4－1所示。

表4－1　解聘和辞职程序

辞职程序	解聘程序
1. 辞职书（员工）	1. 解聘报告（部门负责人）
2. 接收辞职书（部门经理/副经理以上）	2. 商讨/审批
3. 审批	3. 签发解聘书（总经理或店长）
4. 办理离职事项（员工/相关部门）	4. 办理解聘事项（员工/相关部门）
5. 准备资料/结账（人力资源部）	5. 准备资料/结账（人力资源部）
6. 签发离职证明（总经理或店长）	6. 解聘（员工）
7. 离职（员工）	

第二节　企业人事行政管理规范化制度

一、企业行政人事管理纲要

□ 总则

第一条　为使本公司人力资源管理走上正规化、制度化、现代化的道路，在有章可循的情况下提高人力资源管理水平，造就一支高素质的员工队伍，特制定本制度。

第二条　公司的用人原则是：德才兼备，以德为先。

第三条　公司的用人之道是：因事择人，因才使用，保证动态平衡。

第四条　公司人力资源管理基本准则是：公开、公平、公正，有效激励和约束每一个员工。

（一）公开是指强调各项制度的公开性，提高执行的透明度。

（二）公平是指坚持在制度面前人人平等的原则，为每个员工提供平等竞争的机会。

（三）公正是指对每个员工的工作业绩做出客观公正的评价并给予合理的回报，同时赋予员工申诉的权利和机会。

□ 管理机构

第五条 行政人事部是公司从事人力资源管理与开发工作的职能部门，主要职责包括：

（一）依据公司业务实际需要，研究组织职责及权限划分方案及其改进方案。

（二）负责制定公司人力资源战略规划，配合公司经营目标，根据人力分析及人力预测的结果，制订人力资源发展计划。

（三）设计、推行、改进、监督人事管理制度及其作业流程，并确保其有效实施。

（四）建立广泛、畅通的人才输入渠道，储备人才。

（五）建立和维系良好、稳定的劳动用工关系，促进企业与个人的共同发展。

（六）致力于人力资源的可持续开发和利用，强化人力资本的增值。

（七）创造良好的人才成长环境，建立不同时期下高效的人才激励机制及畅通的人才选拔渠道。

（八）致力于组织队伍建设，建立一支具有奉献精神的，精干团结的核心骨干力量。

（九）建立健全人力资源工作程序及制度，确保人力资源工作符合公司发展方向并日趋科学化、规范化。

（十）负责公司定岗定编、调整工作岗位及内容等工作。

（十一）制定公司招聘制度、录用政策并组织实施。

（十二）管理公司劳动用工合同、员工人事档案。

（十三）负责员工异动的管理工作。

（十四）负责员工考勤、人事任免及奖惩工作。

（十五）制定员工的薪资福利政策。

（十六）制定教育培训制度，组织开展员工的教育培训。

（十七）制定人事考核制度，定期组织开展员工的考评，重点是员工的绩效考评。

（十八）负责公司与外部组织或机构的人事协调工作。

（十九）指导、协助各部门，做好人事服务工作。

（二十）其他相关工作。

第六条 公司实行全面人力资源管理，各部门须由第一负责人主管本部门人力资源工作，有义务提高员工工作能力，创造良好条件，发掘员工潜力，同时配合行政人事部传达、宣传人力资源政策，贯彻执行人力资源管理制度，收集反馈信息。

□ 员工及编制

第七条 凡公司聘用的正式、试用、临时、兼职人员，均为公司员工。公司将员工划分为管理人员、技术开发人员、市场营销人员、一般行政人员、工人及其他人员五大类别。公司员工的基本行为规范包括：

（一）热爱祖国，热爱公司。

（二）遵守国家法律、法规，遵守公司各项规章制度。

（三）认同公司文化，与公司同舟共济，维护公司的利益和声誉。

（四）勤奋、敬业、忠诚。

（五）严守公司秘密。

（六）保证公司财产安全。

第八条　行政人事部须就各项工作职责的任务以及工作人员的条件等进行分析研究，制作《职务说明书》，作为员工聘用、管理、考评的依据。

第九条　公司实行定员定岗定编管理，在保证经营运行的前提下控制人力成本。

第十条　根据编制，本公司应定期召开人力检查会，就现有人员工作能力、流动率、缺勤情况及应储备人力与需求人力进行正确、客观的检查及建议，作为行政人事部制订人力计划和开发人力资源的依据。

第十一条　各部门如需增补人员，应先到行政人事部领取并填写《人员增补申请单》，交行政人事部办理。

第十二条　行政人事部受理人员增补申请时，应审查所申请人员是否为编制内需求，其职位、薪资预算是否在控制之内，增补时机是否恰当。审核通过后提出正确的拟办建议，呈总经理审批。

□ 招聘管理

第十三条　公司将招聘划分为计划内招聘、计划外招聘、公司战略性招聘及特殊渠道引进人才。

（一）计划内招聘须经用人部门的上一级领导批准，行政人事部依据人员编制计划实施控制。

（二）计划外招聘由董事长审批。

（三）公司战略性招聘实行专项报批，由总经理提出申请，报经董事长审批。

第十四条　计划内招聘程序

（一）用人部门填写《员工招聘计划书》及《职务说明书》，并提供笔试考卷（针对需要笔试的招聘），报上一级领导审批通过后，在招聘开始前 3 日，送行政人事部。

（二）行政人事部决定招聘方式，并发布招聘信息。

（三）用人部门依据求职者提供的资料进行筛选，确定面试人员名单。

（四）用人部门主持进行面试，行政人事部或公司领导视需要情况参加。

（五）用人部门和行政人事部共同组织笔试。

（六）面试后 3 日内（需笔试的为笔试后 3 日内），用人部门应向行政人事部提交面试评价表或笔试结论。行政人事部收到后，实施终审，终审有权否决。

（七）行政人事部向终审合格的人才发出录用通知书。

（八）员工报到入职。

（九）员工背景调查。

第十五条　计划外招聘程序

计划外招聘首先经董事长批准，然后履行计划内招聘程序。

第十六条　战略性人才招聘程序

（一）行政人事部根据总经理提供的经董事长批准的招聘计划，组成招聘小组。

（二）招聘小组对人才进行初步选择。

（三）用人部门及行政人事部对人才进行面试、笔试。

（四）行政人事部对人才进行终审，终审合格者发出录用通知书。

（五）员工报到入职。

（六）员工背景调查。

第十七条　特殊渠道引进人才的程序

特殊渠道引进人才，限于高级管理人才或具有特殊才能的人才，程序为：

（一）各类渠道直接向董事长推荐人才，或者由行政人事部委托猎头公司搜索人才。

（二）行政人事部组成招聘小组，由董事长亲自主持初试。

（三）素质测试。

（四）招聘小组综合评定，必要时聘请人力资源专家协助。

（五）录用。

（六）行政人事部为人才办理入职手续。

第十八条　经核定录取人员，报到时须携带下列资料：

（一）近期免冠照片。

（二）身份证复印件。

（三）体检表。

（四）毕业证书复印件。

（五）学历证书复印件。

第十九条　行政人事部应引导新入职人员依程序办理下列工作：

（一）领取员工手册及工作卡。

（二）领取考勤卡并向其说明使用方法。

（三）领制服及制服卡。

（四）领储物柜钥匙。

（五）如有需要，填写《住宿申请单》。

（六）登记参加劳保及参加工会。

（七）视情况引导其参观及安排职前训练有关准备工作。

第二十条　公司实行员工担保制度，新进人员报到工作后，应进行第一次对保，以后每年度视有无必要复核一次，并予记录。对保分亲自对保及通信对保两种。被保人如无故离职，导致移交不清，本公司应发“保证责任催告函”，并做好采取司法处理的准备。

第二十一条　人事部依据报到程序办理以下事项：

（一）填写《人员报到记录簿》，登记《人员状况表》。

（二）登记对保名册，安排对保。

（三）填制《薪资通知单》，办理薪酬核定。

（四）收齐报到应缴资料连同甄选名单建立个人资料档案，编号列管。

第二十二条　人才试用规定

（一）除特殊渠道引进的人才外，其余人员试用上岗前，均须接受岗前培训，培训合格后方可上岗。

（二）用人部门负责人有义务对新进人员进行上岗指导。

（三）新员工试用期为 1 ~6 个月。特殊人才经董事长批准可免予试用或缩短试用期。

第二十三条　正式聘用规定

（一）试用期满，直接主管部门严格对照《职务说明书》的任职资格，如实填写《试用员工评定表》并提出意见，意见包括：同意转正、予以辞退、延长试用期。

（二）行政人事部审查，决定是否采纳直接主管部门的意见。

（三）凡需延长试用期限，其直接主管与中层管理人员应详细述说原因。不能胜任者予以辞退，试用期事假达____天者予以辞退，病假达____天者视情况予以辞退或延长试用期，存在迟到、早退达三次或旷工记录者予以辞退。

（四）试用合格者，在出具原单位离职证明后，由行政人事部代表公司与其签订为期1年的聘用合同。

（五）聘用合同期满，按双向选择续签合同。

□ 劳动合同管理

第二十四条　劳动合同是劳动者与用人单位确定劳动关系、明确双方权利和义务的协议，凡在公司工作的员工都必须按规定与公司签订劳动合同。

第二十五条　劳动合同签订规定

（一）试用员工与公司签订《劳动试用协议》，用以明确试用期间双方的权利和义务关系。

（二）临时或兼职员工与公司签订《临时（兼职）劳动协议》，明确双方权利和义务关系。

（三）试用合格，正式聘用的员工在接到由行政人事部通知后____日内到行政人事部签订《劳动合同》。如因特殊原因不能____日内签订劳动合同，应及时说明理由，否则视为自动延长试用期。

第二十六条　劳动合同期限规定

（一）公司高层领导职务15年。

（二）中级管理岗位职务10年。

（三）中级以下管理岗位职务5年，一般技术人员3年，一般行政人员和工人为1年。

（四）正式员工如不愿按要求的年限签订劳动合同，可与公司协商劳动合同年限，协商年限须人力资源总监批准。

第二十七条　签订3年以上劳动合同的员工须承诺保守公司商业机密。

第二十八条　员工首次签订劳动合同时，应书面声明无原单位或已与原单位依法解除劳动合同关系。

第二十九条　在员工劳动合同期满前10日，由行政人事部通知员工本人及用人部门，用人部门根据员工合同期内工作表现确定是否继续聘用该员工，并将结果及时通知行政人事部。行政人事部根据双方续签劳动合同的意愿，通知员工签订劳动合同。员工在接到通知3日内到行政人事部签订劳动合同，逾期不签且未作说明，即视为自动待岗。

第三十条　员工劳动合同期满而原工作部门不同意续签，员工又不能联系到新工作部门的，劳动合同终止；合同期满员工不愿意再在公司工作的，可以终止劳动合同；合同约定的终止条件出现，合同亦应终止。

第三十一条　行政人事部于合同终止当日通知合同终止，员工办理终止劳动合同及离职手续。

第三十二条　在试用期被证明不符合录用条件，或者严重违反公司规章制度、严重失职、营私舞弊，给公司利益造成重大损失，或者被依法追究刑事责任的员工，公司有权随时解除劳动合同。

第三十三条　员工在试用期可以随时要求解除劳动合同,非试用期内要求解除劳动合同应提前30天提出申请,经批准同意后办理离职手续。

第三十四条　员工提出解除劳动合同,在未得到批准和办完解除劳动合同手续前应坚持本岗位工作,不得在外应聘、兼职和就业。

□ 员工档案管理

第三十五条　员工档案包括:

(一)员工求职资料。

(二)职位申请登记表、应聘人员面试评价表、试用员工登记表、新员工声明、试用合同。

(三)身份证、学历证、学位证、外语等级证书、各种资料证以及其他相关证件的复印件。

(四)员工档案照片。

(五)员工转正申请表、员工履历表、声明、劳动合同。

(六)员工异动申请表、异动交接手续。

(七)其他反映员工信息的材料。

第三十六条　公司员工内部档案应及时、全面地收集到行政人事部统一保管;各部门应主动将平时形成的应归档材料及时送交行政人事部保管;驻外机构在当地招聘的人员须建立详细的人事资料存档备查,并将所聘人员的主要个人资料整理汇总后交公司行政人事部存档。

第三十七条　行政人事部对收集的归档材料按规定进行整理、装订并按员工顺序号进行存放保管。为确保档案的准确,每半年对内部档案进行检查、核对,同时不定期查看,做到防蛀、防潮。每年年底清理当年离职员工档案,并将离职员工档案移交公司档案馆保存。

第三十八条　查阅、借阅员工档案的人员须是中级及以上管理人员,且只能查、借其下属的档案。查阅、借阅员工档案的人员须填写“档案查阅(借阅)登记簿”。档案借出时间不超过5个工作日。查阅、借阅档案者负有保密义务和保管责任。

□ 干部任命制度

第三十九条　公司设有行政管理职务、市场管理职务、技术管理职务,每一位员工可以根据自己的情况规划发展方向。

第四十条　担任管理职务的人员必须达到以下要求:

(一)诚实正直,坚持原则,廉洁奉公,一切从公司利益出发,不徇私情。

(二)经测试证明思维能力、领导能力、监控能力、组织能力、自律能力、合作能力、交往能力等均良好,且意识超前。

(三)具备丰富的理论知识和实践经验。高层管理人员需6年以上相关工作经验,中层管理人员需5年以上相关工作经验,中层以下管理人员需3年以上相关工作经验。

(四)上一年度目标任务完成,绩效明显,证明具备较强的管理能力。

第四十一条　干部任命规定

(一)董事、监事由股东会选举产生。

（二）董事长由董事会选举产生。

（三）总经理由董事会任命。

（四）副总经理、财务负责人由总经理提名，经董事会审议通过后任命。

（五）其余管理职务由分管总监（副总经理）提名、行政人事部审查、总经理办公会审议通过后，由人力资源颁发任命书。

□ 员工异动管理

第四十二条　员工异动包括：调动、待岗、休长假、辞职、辞退、资遣、除名等情形。

第四十三条　出现员工异动，原工作部门应监督其及时办理异动手续，若因部门管理不善，离职人员带走公司财物和技术秘密，一概由原工作部门负责人承担责任。

第四十四条　员工异动的主管部门是行政人事部，其他部门无权对员工异动做出批准决定。凡未经行政人事部认可的私自异动均为无效异动，当事人将受到相应处罚。

第四十五条　内部调动是指员工在公司内部的部门变动，调动方式包括两种：

（一）新工作部门因工作需要，经与拟调动员工原部门领导协商同意的员工调动。

（二）员工认为现工作岗位不适合，经与新工作部门联系，并得到原工作部门同意的员工调动。

第四十六条　员工内部调动须经原工作部门领导及上一级领导和新工作部门领导及上一级领导签字同意，公司人力资源总监批准，在办理完异动交接手续后方可到新工作部门上岗。

第四十七条　员工内部调动程序为：

（一）员工调出、调入部门协商调动事宜。

（二）调动员工到行政人事部领取《员工异动申请表》和《员工交接手续登记表》。

（三）调动员工原工作部门领导和上一级领导同意。

（四）办理员工异动交接手续。

（五）报行政人事部批准。

（六）调动员工到新工作部门工作。

第四十八条　员工外调是指因工作需要，本公司员工被公司安排到其他公司协助工作，公司保留其员工资格，但由新公司发放其薪资并解决福利。

（一）员工的外调由公司安排，员工无权主动提出外调。

（二）员工外调须经原工作部门领导和上一级领导同意，经人力资源总监批准和总经理批准，并办理异动交接手续。

（三）员工外调，公司将与员工新公司签订《员工租借协议》。

（四）外调员工外调期满回公司，应由外调单位出具外调期间工作评价，作为员工考评档案存档。

（五）外调员工必须严格保守公司秘密，不得损害公司形象及利益。

第四十九条　员工待岗的情形包括：

（一）正式员工不适合现任工作岗位，被用人部门退回行政人事部，人力资源尚不能另行安排适合工作者。

（二）部门人员精简，被用人部门退回行政人事部，行政人事部尚不能另行安排适合工作者。

（三）接到续签合同，逾期未签，且未说明原因亦未按程序提出离职者。

（四）主动申请待岗获批准者。

第五十条　待岗程序为：

（一）办理员工异动交接手续。

（二）到行政人事部办理待岗手续。

（三）待岗。

第五十一条　待岗期间只发放最低生活费，按当地政府规定标准发放，待岗者待岗期间不享受福利。

第五十二条　待岗者如果在待岗期间另谋职业，须先按辞职程序办理离职手续，否则视为违反双方签订的《劳动合同》。

第五十三条　待岗期限为 3 个月，若待岗期满未能联系到接收单位，按员工辞退办理，特殊情况经人力资源总监批准者可延长待岗时间，但当法律规定可解除劳动合同的条件具备时，应当立即解除劳动合同。

第五十四条　公司正式员工因各种原因较长一段时间不能正常工作，经公司同意，可以保留其在合同期限内的员工资格，当原因消除时允许该员工再次上班，此为休长假。

第五十五条　休长假办理程序为：

（一）休长假员工提前 5 个工作日填报《员工异动申报表》。

（二）原工作部门领导和上一级领导同意。

（三）行政人事部和总经理批准。

（四）办理员工异动交接手续。

（五）签订合同期内休假协议。

（六）休假。

第五十六条　休长假者不连续计算工龄，再次上班时视为试用新员工。

第五十七条　休长假期间不发放工资、津贴，不享受公司福利。

第五十八条　辞职是指员工因本人原因离开公司而与公司终止劳动合同关系。辞职办理程序为：

（一）辞职员工提前 30 天（试用期员工可以不提前）填报《员工异动申报表》。

（二）原工作部门领导和上一级领导同意。

（三）办理员工异动交接手续。

（四）行政人事部批准。

（五）员工离职。

第五十九条　员工辞职手续办理完毕，由行政人事部代表公司与其签订《解除劳动合同协议》。

第六十条　员工辞职必须办理辞职手续，对未提出辞职申请或办理正常辞职手续即离开公司的员工视为自动离职。

（一）对自动离职者，公司将作除名处理。

（二）员工自动离职后，其原工作部门负责人应在 2 日内向行政人事部递交员工异动说明，异动说明应经部门领导签字，并写明员工离岗时间。

（三）员工自动离职，其原工作部门负责人应在 2 日内到财务、物资、金融等职能部门查清该员工是否有财、物问题，如有问题应及时报行政部，由行政部转法律顾问。

第六十一条　员工存在下列情形之一，将被公司辞退：

（一）在试用期内被证明不符合录用条件。

（二）不能胜任应聘工作。

（三）被依法追究刑事责任。

（四）严重违反公司有关规章制度。

（五）待岗达3个月仍无用人部门接收。

（六）1年内两次待岗。

（七）《劳动合同》期满，用人部门不同意续签合同。

此外，公司生产、经营状况发生严重困难或濒临破产，需裁减人员时，公司可辞退员工。

第六十二条　辞退员工程序如下：

（一）部门填报《员工异动申报表》并出具辞退员工事实依据。

（二）部门上一级领导审批同意。

（三）办理员工异动交接手续。

（四）行政人事部批准。

（五）辞退。

第六十三条　中级管理人员辞退，最终审批权属总经理；高级管理人员辞退，最终审批权属董事长。

第六十四条　出现下列情形之一，公司对员工实行资遣：

（一）公司歇业或转让。

（二）公司严重亏损或业务紧缩。

（三）因不可抗力暂停营业1个月以上。

（四）业务性质发生重大变化而原有员工不再适用。

（五）其他特殊原因。

第六十五条　资遣费标准如下：

（一）有效工作时间在1年以内者，发相当于1个月基本工资的资遣费。

（二）有效工作时间1年以上3年以内者，发放相当于3个月基本工资的资遣费。

（三）有效工作时间3年以上的，在发放相当于3个月基本工资的资遣费的同时，每增加1年，增发相当于1个月基本工资的资遣费。

第六十六条　资遣顺序为：首先是在职期间有违纪行为并受到处罚者，其次是工作绩效差者，再次是工龄相对较短者，最后是职务低于他人者。

第六十七条　员工在收到资遣通知后，应于1周内办理离职手续，逾期作辞退处理且不发放资遣费。

第六十八条　当公司再次招聘时，被资遣人员可以优先录用，并且可以连续计算以前工龄。但再遇资遣，只按新工作年限发放资遣费。

第六十九条　员工存在下列情形之一时，公司将予以除名：

（一）自动离职，未按公司规定办理相关辞职手续。

（二）一年内累计旷工达6天或连续旷工3天。

（三）营私舞弊、挪用公款、收受贿赂。

（四）违抗命令或玩忽职守，情节严重。

（五）聚众罢工、怠工、造谣生事、破坏正常工作和生产秩序。

（六）盗用公司印信，或涂改文件，或伪造证件者。

（七）年终考核不合格，经留用考察仍不合格。

（八）在外兼职。

（九）利用公司名义，进行个人技术与经济商贸活动。

（十）泄露公司重大机密。

（十一）在工作中利用职务之便犯有严重经济问题，给公司带来重大损失。

（十二）严重违反公司有关规章制度的其他行为。

第七十条　对拟除名的员工，由相关部门提出书面报告，行政人事部核实，报公司总经理批准后，行政人事部发出除名通报。

□ 考勤制度

第七十一条　工作时间规定

（一）公司实行每周5天工作制，每周工作时间为星期一至星期五。

（二）公司实行的作息时间为：

职工每日工作8小时，每周工作40小时。

第七十二条　病假规定

（一）请病假须持市级以上医院诊断证明。

（二）中级管理人员及以下职位人员，休病假审批权限为：2天以内由分管副总（总监）批准，3～5天由总经理总裁批准，5天以上由董事长批准。

（三）高层领导休病假审批权限为：5天以内须经董事长办公室审批，5天以上须经董事长审批。

（四）职工疾病或非因工负伤连续休假在6个月以内的，企业应按下列标准支付疾病休假工资：

1. 连续工龄不满2年的，按本人工资的60%计发；
2. 连续工龄满2年不满4年的，按本人工资70%计发；
3. 连续工龄满4年不满6年的，按本人工资的80%计发；
4. 连续工龄满6年不满8年的，按本人工资的90%计发；
5. 连续工龄满8年及以上的，按本人工资的100%计发。

（五）职工疾病或非因工负伤连续休假超过6个月的，由企业支付疾病救济费：

1. 连续工龄不满1年的，按本人工资的40%计发；
2. 连续工龄满1年不满3年的，按本人工资的50%计发；
3. 连续工龄满3年及以上的，按本人工资的60%计发。

第七十三条　事假规定

（一）请事假须提前1天向部门负责人提出书面申请，1天之内由部门负责人批准，3天之内由公司分管副总（总监）批准，4～7天由总经理批准，7天以上由董事长批准，获准后报行政人事部备案。

（二）事假无薪。

（三）试用期员工请事假，应延长试用期。

第七十四条　婚假规定

（一）达到法定婚龄的员工（男年满22周岁，女年满20周岁）结婚，凭结婚证可按请假程序请婚假 10 天。

（二）达到法定晚婚年龄的员工（男年满 25 周岁，女年满 23 周岁）结婚，凭结婚证可按请假程序可享受晚婚假 15 天（含 3 天法定婚假）。

（三）婚假须至少提前 1 周申请，经批准后方可休假且一次休完，不得分期休假。

（四）结婚时男女双方不在一地工作的，可视路程远近，另给予路程假。

（五）在探亲假（探父母）期间结婚的，不另给假期。

（六）婚假包括公休假和法定假。

（七）再婚的可享受法定婚假，不能享受晚婚假。

（八）婚假期间工资待遇：在婚假和路程假期间，工资照发。

第七十五条　产假规定

（一）符合国家计划生育政策的被正式聘用的女员工享受产假。

（二）符合国家计划生育政策的被正式聘用的女员工怀孕期间，每月可享受 1 天孕期检查假，该假为有薪假。

（三）符合国家计划生育政策的被正式聘用的女员工产假为 98 天，持医院证明的难产为 113 天，多胞胎生育的，每多一孩，增加产假 15 天。

（四）产前可休假 15 天。产假结束后需续假的，按事假处理。

（五）符合国家计划生育政策的被正式聘用的女员工怀孕 3 个月以上 4 个月以下流产或死产的凭医院证明休假 15 天，怀孕满 4 个月流产的可享受 42 天产假。

（六）妻子分娩，男员工可享受 5 天护理假，护理假无薪。

（七）产假、护理假均须提前一周凭生育指标和结婚证申请。

（八）产假、护理假一次休完，不得分期休假。

第七十六条　丧假规定

员工亲属（父、母、岳父、岳母、公婆、配偶、子女）去世，凭亲属死亡证明复印件或病危通知书休假 5 天，该假为有薪假。

第七十七条　年休假规定

（一）工龄 1 年以上的中级以上管理人员，每年享受 10 天年休假；工龄 1 年以上的中级以下管理人员，每年享受 5 天年休假。

（二）年休假提前一周申请，上级负责人批准后到行政人事部备案。

（三）休假一次休完，不得分期休假。

（四）年休假为有薪假。

第七十八条　迟到、早退规定

（一）上班推迟到岗 30 分钟以内为迟到。

（二）提前离岗 30 分钟以内为早退。

第七十九条　旷工规定

（一）旷工最小计量单位为半天。

（二）迟到或早退 30 分钟以上，视为旷工半天。

（三）无故不到岗，或者不请假不到岗，或者未获准假不到岗为旷工。

第八十条　考勤执行

（一）考勤统一由行政人事部执行，各部门配合执行。

（二）员工上班、下班打卡，不得请人代打卡，不得代他人打卡。

（三）考勤须按时统计，迟报、错报、不报将对考勤员实施处罚。

（四）考勤由稽查部实施监督检查，发现弄虚作假者重处。

第八十一条　考勤处罚

考勤处罚如表4－2所示。

表4－2　考勤处罚

项目 员工类别	迟到或早退			旷工
	一次	两次	三次	
试用员工	扣薪30元	扣薪60元	辞退	辞退
正式员工	扣薪30元	扣薪60元	视旷工半天	按旷工时间扣3倍工资
中层管理人员	扣薪50元	扣薪100元	降薪两级	按旷工时间扣3倍工资，并降薪三级
高层管理人员	扣薪10%	扣薪20%	降职	降职

□ 员工培训

第八十二条　公司员工培训的种类包括：新员工培训、试用转正培训、转岗晋级培训、在职培训和特殊专项岗位培训。

第八十三条　行政人事部负责培训计划的制订

（一）于每年12月底之前，根据公司次年总体经济目标，结合培训需求调查，制订培训目标和计划，报人力资源总监和总经理审批。

（二）各部门应于每年12月15日前提出次年培训需求，报行政人事部。

（三）培训计划的内容包括：培训种类，培训对象和培训目标，培训的时间和地点，培训内容形式，培训教师及培训教材，培训负责人及工作人员，协助部门和负责人，费用预算，培训考核及效果评估。

第八十四条　新员工培训规定

（一）新员工在上岗前，一律参加由行政人事部统一组织的新员工培训。

（二）新员工培训内容包括：企业文化，经营理念，公司发展历史及现状，行业状况，公司组织机构，各部门的功能和业务范围，规章制度，员工行为规范。

（三）新员工培训原则上每月组织一期。行政人事部在培训前3日向应参加培训的新员工所属部门发出培训通知。接到通知后，原则上应组织全部新员工参加，如果特殊情况不能参加培训，应在收到通知后24小时内向行政人事部递交由部门领导批准的报告，经行政人事部审核以后，参加下一期培训。

（四）新员工培训由内部管理人员担任讲师。

（五）新员工培训每期时间为一周，采用讲座、参观、军训三种方式。

（六）新员工培训材料由行政人事部根据授课教师提供的教案及培训录音整理稿编制。

（七）新员工培训结束后，实行统一考试，考试不合格，予以辞退。

（八）行政人事部设计“培训评估表”，于培训结束时交由培训学员填写。行政人事部汇总后对本期培训效果做出评估，包括对培训教师、培训内容、培训形式及技巧和培训实施等各方面评估。

（九）新员工培训合格是转正的重要条件之一，未参加培训的新员工不予转正。

第八十五条　在职培训的规定

（一）在职培训不定期，原则上将时间安排在周六及周日。

（二）公司全体员工每年均须参加培训，并且不低于30课时，培训考试成绩将作为考评依据。

（三）在职培训方式包括：聘请业内资深人士到公司授课、参加学术交流、专家讲座、现场参观考察、交流、研讨、网络远程教学、到同类领先企业研修。

（四）在职培训内容：

1. 管理类职员培训内容包括：市场及技术发展趋势、企业发展案例、企业文件和法规的深入领会及理解、企业管理现状与市场战略、社交、公关、礼仪等。

2. 技术研发类职员培训内容包括：技术发展动态及趋势、新技术发展及运用情况、语言能力的强化、企业文化等。

3. 金融、财务类职员培训内容包括：金融法规、财政法规、税务法规、工商管理法规、金融新运作方式及管理法规、市场发展动态与财务的融合、企业文化在财务运作中的实际应用等。

4. 市场类职员培训内容包括：市场发展动态趋势、市场运作经验及教训、市场行为学、营销学、政府行为学、公共关系、宣传、广告、传媒、企业文化战略、CIS应用等。

（五）后勤服务类职员培训内容：后勤服务与市场的关系、后勤服务与管理的关系、仓储及采供管理、后勤服务与财务的关系、企业文化在后勤服务中的实际运用等。

（六）行政助理类职员培训内容：现代秘书学、公关、礼仪、社交、协调训练、计算机及网络技能培训、文字处理技能、艺术教育和形体训练、企业文化与个人的工作关系。

第八十六条　试用转正培训、转岗晋级培训和特殊专项岗位培训由行政人事部根据需要组织实施。

□ 员工考评

第八十七条　员工考评的目的

（一）公开、公平、公正、客观地分析和评价公司员工的素质、能力及工作实绩，适时向领导提供真实可靠的人力资源管理与开发的相关数据。

（二）通过考评正确实施奖惩，合理配置人力资源，全面提升员工绩效，保障公司的可持续高速发展。

第八十八条　员工考评结构

公司员工考评由业绩考评、能力考评和态度考评三方面构成。

第八十九条　员工考评原则

（一）公开、公平、公正、客观原则。统一考评标准及程序，科学制定考评表及指标，多渠道收集考评信息，及时处理考评投诉。

（二）绝对性评价原则。以事实为依据，按照职务职能标准对员工的工作行为进行评价，而非人与人之间的相对评价。

（三）分析性评价原则。按事先确定的考评要素及重点逐条进行观察、判断、分析和评价，而非对人进行总体评价。

第九十条　考评层次规定

（一）高层管理者由董事会考评。

（二）中层及以下人员实行三方考评，三方成绩汇总为考评最终成绩。此处“三方”指的是直接上级、直接下级、服务部门，三方所占权重分别为30%、30%、40%。

第九十一条　考评期限规定见表4－3。

表4－3　考评期限规定

考评目的	考核期限		考核开始	考核结束	备注
发放日薪	1个月	每月1日~30/31日	次月1日	次月5日	
晋升	1年	1月1日~12月31日	1月16日	2月16日	
提薪	1年	1月1日~12月31日	1月16日	2月16日	
奖励（上半年）	6个月	11月16日~5月15日	5月16日	6月10日	
奖励（下半年）	6个月	5月16日~11月15日	11月16日	12月10日	

第九十二条　员工考核要素及评分规定

考核要素及评分详见表4－4。

表4－4　考核要素及评分表

类别	要素	分值	评分标准
业绩考核（60分）	工作效率	12	优12分、良10分、中6分、合格1分、差0分
	工作质量	12	优12分、良10分、中6分、合格1分、差0分
	工作的严密性	12	优12分、良10分、中6分、合格1分、差0分
	工作改进与改善情况	12	优12分、良10分、中6分、合格1分、差0分
	指导和教育	12	优12分、良10分、中6分、合格1分、差0分
能力考核（30分）	基本知识	3	优3分、良2.5分、中1.5分、合格0.5分、差0分
	基本技能	3	优3分、良2.5分、中1.5分、合格0.5分、差0分
	理解能力	3	优3分、良2.5分、中1.5分、合格0.5分、差0分
	判断能力	3	优3分、良2.5分、中1.5分、合格0.5分、差0分
	创新能力	3	优3分、良2.5分、中1.5分、合格0.5分、差0分
	计划能力	3	优3分、良2.5分、中1.5分、合格0.5分、差0分
	表达能力	3	优3分、良2.5分、中1.5分、合格0.5分、差0分
	协调能力	3	优3分、良2.5分、中1.5分、合格0.5分、差0分
	管理能力	3	优3分、良2.5分、中1.5分、合格0.5分、差0分
	指导能力	3	优3分、良2.5分、中1.5分、合格0.5分、差0分
态度考核（10分）	积极性	2	优2分、良1.5分、中1分、合格0.5分、差0分
	责任感	2	优2分、良1.5分、中1分、合格0.5分、差0分
	合作意识	2	优2分、良1.5分、中1分、合格0.5分、差0分
	服从意识	2	优2分、良1.5分、中1分、合格0.5分、差0分
	成本意识	2	优2分、良1.5分、中1分、合格0.5分、差0分
合计			

第九十三条　绩效考评的程序

（一）考评开始日10天前，行政人事部做好考评准备工作，并成立考评小组，专门组织考评工作的开展。

（二）考评开始日5天前，下达考评通知，要求各部门做好考评准备。

（三）考评实施。

（四）行政人事部审核、整理、复核考评表，计算考评成绩，填写绩效考评成绩统计表，编制并上报绩效考评综合报告。

第九十四条　考评结果的保管与查阅

（一）绩效考评成绩统计表、素质考评成绩统计表以及专项考评资料存入员工档案。

（二）员工履行查阅手续后，可以查阅本人的考评成绩。

（三）考评成绩的查阅按人事档案查阅有关规定执行。

第九十五条　考评申诉规定

（一）被考评者若对考评结果有异议、疑问或有不同意见，可以直接向行政人事部申诉。

（二）行政人事部必须在接到申诉后一周内听取有关考评者的意见，拟定申诉处理意见，经各方协商后通知申诉员工。员工若有异议，可以越级申诉。

□ 工资及福利

第九十六条　公司薪酬管理坚持如下基本原则：

（一）保证生活、安定员工的原则。

（二）有利于能力开发原则。

（三）谋求稳定、合作的劳资关系原则。

（四）工资增长率低于劳动生产增长率，工资增长率低于利润增长率的原则。

（五）综合核定原则，即员工薪酬参考社会物价水平、公司支付能力以及员工担任工作的责任轻重、难易程度及工龄、资历等因素综合核定。

第九十七条　公司实行年薪制与月薪制并存的工资体制。

（一）公司中层以上管理者实行年薪制，其余人员实行月薪制。

（二）年薪分为5个档次15个等级（如表4－5），根据员工实际情况，由董事会确定具体人员的年薪标准。

表4－5　年薪5档15级表

档次	一档			二档			三档			四档			五档		
级次	1	2	3	4	5	6	7	8	9	10	11	12	13	14	15
标准	万	万	万	万	万	万	万	万	万	万	万	万	万	万	万

（三）享受年薪制的员工，年薪的60%按月发放，其余40%在年终时根据目标完成情况核算发放。

（四）享受年薪的员工均须每年与公司签订《目标责任书》，明确目标责任，作为年终考核和发放年薪的重要依据之一。

第九十八条　在实行月薪制的员工中，又分计件工资、提成工资和结构工资。

（一）生产一线人员实行计件工资。

（二）营销一线人员实行提成工资。

（三）其余人员实行结构工资。

第九十九条　实行计件工资的生产一线人员，工资由基本工资和件薪构成。

（一）基本工资根据生产人员技术、资历、工龄等由行政人事部确定。

（二）级次每年调整一次，根据年终考核情况，可升可降，或者维持不变。

（三）件薪按公司《定额手册》规定的具体标准执行，定额手册由技术开发部会同财务、人力资源等部门制定和修订。

第一百条　实行提成工资的营销一线人员，工资由基本工资和提成构成。

（一）基本工资根据营销人员能力、资历、业绩等由行政人事部和营销部确定。

（二）级次每年调整一次，根据年终考核情况，可升可降，或者维持不变。

（三）销售提成比例按照公司《营销管理手册》执行，该标准由营销部会同财务、人力资源等部门制定和修订。

第一〇一条　实行结构工资的员工，工资由岗位工资和绩效工资构成。

（一）行政人事部会同相关部门，依据岗位要求、工作量和难易程度、员工能力和素质、员工前期业绩，对每一位员工实行定级。

（二）员工根据不同级次，享受不同的岗位工资和绩效工资。

（三）级次每年调整一次，根据年终考核情况，可升可降，或者维持不变。

（四）绩效工资根据考核情况发放，最低可以为0元，但不能突破上限。

第一〇二条　实行月薪的员工享受半年奖（每半年发放一次），半年奖金额最低为0元，最高为该员工前6个月平均月收入的2倍，具体金额根据半年考核确定。

第一〇三条　月薪以及年薪按月发放部分，均在每月6日前以银行转账方式发放。

第一〇四条　工资实行保密发放。

第一〇五条　薪资岗位职员须负责工资明细表和总额表的制作、报批、统计、汇总，并于次月初将工资发放总表分别报财务部，同时负有保密的责任，若薪资岗位工作失误造成泄密事件，将对其严惩直至除名。

第一〇六条　工资薪酬实行统一管理，驻外机构人员工资统一由总部核定、发放（每月6日通过银行转账到员工工资卡上）。

第一〇七条　行政人事部在发放工资时，附上工资组成及扣款项目的详细说明，若员工当月工资有误，可到行政人事部查询。

第一〇八条　凡公司正式员工，享有的福利包括：休假、劳动保护、培训、住房补贴、健康检查、社会统筹保险、伤残伤亡抚恤。

第一〇九条　公司福利除休假、培训、健康检查按公司制度执行外，其余均按照国家和地方法规定标准执行。

□ 附则

第一一零条　本制度从颁布之日起执行。

第一一一条 本制度由行政人事部负责解释、修订和补充。

二、员工工作调动管理办法

第一条 要求调动的员工提出调动申请，由本部门负责人审批。

第二条 调入部门负责人对调动申请进行审批。

第三条 调出和调入部门审批同意后，由行政人事部门对调动申请审批，超越权限的报人力资源总监和总经理审批。

第四条 行政人事部门下发调动通知单。

第五条 调出员工办理调动工作交接，调出部门向调入部门办理员工关系移交。

第六条 调入部门做好员工接收工作安排。

第七条 行政人事部门对调动员工工资关系做出调整，并归档。

三、员工辞退管理办法

（一）各用人部门提出辞退员工报告。

（二）分管总监审批后送行政人事部门审核。

（三）行政人事部进行辞退原因调查，调查报告连同辞退报告一并报人力资源总监审批。

（四）超越权限的要报总经理审批。

（五）不同意辞退的

1. 继续从事原工作。

2. 办理内部工作岗位调整。

（六）同意辞退的办理员工辞退手续。

四、劳动保护制度

□ 总则

第一条 劳动保险旨在保证职工因伤、残、病等后的生活以及职工家属的部分待遇。

第二条 劳动保险关系每个职工的利益，有关问题由劳动部门与工会共同协商。

□ 医疗保险

第三条 享受对象为本企业全体职工及直系亲属。

第四条 （手续）必须在本企业办有职工及家属劳动保险证。

第五条 （支付金额）凡属本企业职工医药费均全部由企业负担，职工的直系亲属企业只负担医药费的____%。

□ 职工退休

第六条 （对象）本企业在册正式职工。

第七条 （条件）凡符合下列条件者均应由个人提出申请，视提出者的理由由企业命令退休。

1. 年龄：男年满____岁，女年满____岁。

2. 因伤病致残丧失劳动能力者。

3. 患有不可治愈的疾病，丧失正常思维者。

第八条 （退休金发放标准）在职职工退休金的发放表如表4－6所示。

表4－6 在职职工退休金的发放表

工龄	______年以下	______年～______年	______年～______年	…	______年以上
按工资计退休金	___%	___%	___%	…	100%

第九条 （退休手续）凡退休人员需填写《退休申请表》交劳动部门，命令退休人员由劳动部门填报并记入人事档案，办理各种手续。

第十条 退休金的领取可由职工本人或委托人按月到企业财务部门领取，或由企业转交社会服务机构按月发至本人。

□ 职工退职

第十一条 （适用范围）本企业全体在册正式职工。

第十二条 退职金的计算按退职人员最后某个月的工资额为计算基数。

第十三条 退职金额按照工资基数乘以工作年限系数得之（见表4－7及表4－8）。

表4－7 工资基数和工作年限（一）

工作年限	1～2年	3～5年	5～10年	10～15年	…
工龄系数	2	3	6	10	…

表4－8 工资基数和工作年限（二）

工作年限	1～4年	5年	6年	7年	…
工龄系数	0	1	1.4	1.8	…

第十四条 退职金支付条件：

（一）属于下列情况者按表4－7计算退职金：

1. 非因公病伤不能工作，自动申请退职者；

2. 因公病伤不能工作，自动申请退职者，但享受比上条高一档；

3. 死亡；

4. 因智能丧失，身残体病不能工作由企业解雇者。

（二）属于下列情况者按表 4 - 8 计算退职金：

1. 在本企业工作____年以上自动辞职者；

2. 在本企业工作连续____年以上自动辞职者；

3. 因违法乱纪被企业开除者不给予退职金。

第十五条　支付时间及形式。退职人员办妥退职手续后，即付给一次性退职金，如果退职金金额太大无法一次付清者可以分期付清。

□ 工伤保险

第十六条　（适用范围）凡是企业在册正式职工因工作造成伤残者。

第十七条　（定义）属于下列情况者视为因公受伤：

1. 在企业工作地工作因外部原因受伤者；

2. 在上班途中因外部原因受伤者；

3. 工作时间前后在工作场所内，从事与工作有关的预备性或者收尾性工作受到事故伤害的；

4. 在工作时间和工作场所内，因履行工作职责受到暴力等意外伤害的；

5. 患职业病的；

6. 因工外出期间，由于工作原因受到伤害或者发生事故下落不明的；

7. 在上下班途中，受到非本人主要责任的交通事故或者城市轨道交通、客运轮渡、火车事故伤害的；

8. 法律、行政法规规定应当认定为工伤的其他情形。

9. 职工有下列情形之一的，视同工伤：

（1）在工作时间和工作岗位，突发疾病死亡或者在 48 小时之内经抢救无效死亡的；

（2）在抢险救灾等维护国家利益、公共利益活动中受到伤害的；

（3）职工原在军队服役，因战、因公负伤致残，已取得革命伤残军人证，到用人单位后旧伤复发的。

第十八条　职工有下列情形之一的，不得认定为工伤或者视同工伤：

1. 故意犯罪的；

2. 醉酒或者吸毒的；

3. 自残或者自杀的。

第十九条　（待遇）因公受伤者享受下列保险：

1. 职工发生事故伤害或者按照职业病防治法规定被诊断、鉴定为职业病，所在单位应当自事故伤害发生之日或者被诊断、鉴定为职业病之日起 30 日内，向统筹地区社会保险行政部门提出工伤认定申请。遇有特殊情况，经报社会保险行政部门同意，申请时限可以适当延长。应由省级社会保险行政部门进行工伤认定的事项，根据属地原则由用人单位所在地的设区的市级社会保险行政部门办理。

2. 用人单位未在本条第一款规定的时限内提交工伤认定申请，在此期间发生符合本条例规定的工伤待遇等有关费用由该用人单位负担。

3. 养伤期间除奖金外一切报酬照发；

4. 治疗、养伤期间所花费的医疗费用由企业负担；

5. 养伤期间工龄照常连续计算。

□ 劳保基金的管理

第十九条　基金的管理使用由劳动部门掌握，具体支付由劳动部门与工会共同协商。

第二十条　凡享受劳保待遇者，病、伤、残要有医生诊断书，退、离职要有劳动部门调动凭证。

五、劳动合同

甲方（聘用方）：________________________
公司地址：________________________
法定代表人：________________________

乙方（受聘方）：________________________
性别：________________________
年龄：________________________
身份证号：________________________
现住址：________________________

依照国家有关法律条例，就聘用事宜，订立合同。

第一条　试用期及录用

1. 甲方依照合同条款聘用乙方为员工，乙方工作部门为________职位________工种为________，乙方应经过1～6个月的试用期，在此期间甲、乙任何一方有权终止合同，但必须提前七天通知对方或以7天的工资作为补偿。

2. 试用期满，双方无异议，乙方成为甲方的正式合同制劳务工，甲方将以书面方式给予确认。

3. 乙方试用合格后被正式录用，其试用期应计算在合同有效期内。

第二条　工资及其他补助奖金

1. 甲方根据国家有关规定和企业经营状况实行本企业的等级工资制度，并根据乙方所担负的职务和其他条件确定其相应的工资标准，以银行转账形式支付，按月发放。

2. 甲方根据赢利情况及乙方的行为和工作表现增加工资，如果乙方没达到甲方规定的要求指标，乙方的工资将得不到提升。

3. 甲方（公司主管人员）会同人事部门，对乙方有突出贡献的，甲方将给乙方荣誉或物质奖励。乙方也可由于有突出贡献得到工资和职务级别的提升。

4. 甲方根据本企业利润情况设立年终奖金，可根据员工劳动表现及在单位服务年限发放奖金。

5. 甲方根据政府的有关规定和企业状况，向乙方提供津贴和补助金。

6. 除了法律、法规、规章明确提出的要求补助外，甲方将不再有义务向乙方提供其他补助津贴。

第三条　工作时间及公假

1. 乙方的工作时间每天为 8 小时（不含吃饭时间），每星期工作 5 天或每周工作时间不超过 44 小时，除吃饭时间外，每个工作日不安排其他休息时间。

2. 乙方有权享受法定节假日以及婚假、丧假等有薪假期。甲方如要求乙方在法定节假日工作，在征得乙方同意后，须安排乙方相应的时间轮休，或按国家规定支付乙方加班费。

3. 乙方成为正式员工，在本企业连续工作满 1 年后，可按比例获得每年根据其所担负的职务相应享受____天的有薪年假。

4. 乙方在生病时，经甲方认可的医生及医院证明，过试用期的员工每月可享受有薪病假一天，病假工资超出有薪病假部分的待遇，按政府和单位的有关规定执行。

5. 甲方根据生产经营需要，可调整变动工作时间，包括变更日工作开始和结束的时间，在照顾员工有合理休息时间的情况下，日工作时间可做不连贯的变更，或要求员工在法定节假日及休息日到岗工作。乙方无特殊情况，应积极支持和服从甲方安排，但甲方应严格控制加班加点。

第四条　员工教育

在乙方任职期间，甲方须经常对乙方进行职业道德、业务技术、安全生产及各种规章制度及社会法制教育，乙方应积极接受这些方面的教育。

第五条　工作安排与条件

1. 甲方有权根据工作需要及乙方的能力，合理安排和调整乙方的工作，乙方应服从甲方的管理和安排，在规定的工作时间内按质按量完成甲方指派的工作任务。

2. 甲方须为乙方提供符合国家要求的安全卫生的工作环境，否则乙方有权拒绝工作或终止合同。

第六条　劳动保护

甲方根据生产和工作需要，按国家规定为乙方提供劳动保护用品和保健食品。对女职工经期、孕期、产期和哺乳期提供相应的保护，具体办法按国家有关规定执行。

第七条　劳动保险及福利待遇

1. 甲方按国家劳动保险条例规定，为乙方支付医药费用，病假工资、养老保险费用及工伤保险费用。

2. 甲方根据单位规定提供乙方宿舍和工作餐。

第八条　解除合同

1. 符合下列情况，甲方可以解除劳动合同。

（1）甲方因营业情况发生变化，而多余的职工又不能改换其他工种。

（2）乙方患病或非因工负伤，按规定的医疗期满后，不能从事原工作，也不能调换其他工种。

（3）乙方严重违反企业劳动纪律和规章制度，并造成一定后果，根据企业有关条例和规定应予辞退的，甲方有权随时解除乙方的劳动合同。

(4)乙方因触犯国家法规被拘留，劳动教养、判刑，甲方将作开除处理，劳动合同随之终止。

2. 符合下列情况，乙方可以解除劳动合同。

(1)经国家有关部门确认，劳动安全、卫生条件恶劣，严重危害了乙方身体健康的。

(2)甲方不履行劳动合同或违反国家政策、法规，侵害乙方合法利益。

(3)甲方不按规定支付乙方劳动报酬。

3. 在下列情况下，甲方不得解除劳动合同。

(1)乙方患病或因工负伤，在规定的医疗期内的。

(2)乙方因工负伤或患职业病，正在进行治疗的。

(3)女员工在孕期、产期或哺乳期的。

4. 乙方因工负伤或患职业病、医疗终结经政府有关部门确认为部分丧失劳动能力的，企业应予妥善安置。

5. 任何一方解除劳动合同，一般情况下，必须提前 1 个月通知对方，或以 1 个月的工资作为补偿，解除合同的程序按企业有关规定办理。

6. 乙方在合同期内，持有正当理由，不愿继续在本企业工作时，可以提出辞职，但须提前 1 个月书面通知甲方，经甲方批准后生效。辞职员工如系由企业出资培训，在培训期满后，工作未满合同规定年限的，应赔偿甲方一定的培训费用。

未经甲方同意擅自离职，甲方有权通过政府劳动部门，要求乙方返回工作岗位，并赔偿因此给甲方造成的经济损失。

第九条　劳动纪律

1. 乙方应遵守国家的各项规定和企业的《员工手册》以及单位的各项规章制度。

2. 乙方如触犯刑律，受法律制裁或违反《员工手册》和甲方规定的其他规章制度，甲方有权按《员工手册》等规定，分别给予乙方相应的纪律处分，直至开除；因乙方违反《员工手册》和其他规章制度，造成本企业利益受到损害，如企业声誉的损害、财产的损坏，甲方根据严重程度，可采取一次性罚款措施。

3. 如果乙方违反合同规定，贪污受贿，严重玩忽职守或有不道德、粗鲁行为，引起或预示将引起严重损害到他人人身和财产利益，乙方触犯刑律受到法律制裁等，甲方有权立即予以开除，并不给予“合同补偿金”和“合同履约金”。乙方贪污受贿或损害他人人身和财产利益所造成的损失，由乙方完全承担赔偿责任。

4. 乙方在合同期内和以后，不得向任何人泄露本企业的商业机密信息。乙方在职期间不得同时在与本企业经营相似的企业、团体以及与本企业有业务关系的企业团体兼职。乙方合同终止或其他原因由本企业离职时，应向部门主管人员交回所有与经营有关的文件资料，包括通信、备忘录、顾客清单、图表资料及培训教材等。

第十条　合同的实施和批准

1. 本合同经讨论制定，报经批准，用文字书写，内容以中文为准，合同解释权属本公司人事部。

2. 单位《员工手册》《雇员犯规及警告通告》及其他经济纪律规定均为合同附件，是合同的组成部分。

3. 本合同一经签订，甲、乙双方必须严格遵守，任何一方不得单方面修改合同内容，如有未尽事宜或与政府有关规定抵触时，按政府有关规定处理。

4. 本合同自签订之日生效，有效期为______年，于______年____月____日到期。合同期满前两个月，如双方无异议，本合同自行延长______年。

5. 本合同一式两份，甲乙双方各执一份，经甲乙双方签字（善章）后生效，由甲方上级主管部门和国家劳动管理部门监督执行。

甲方：（签字）

乙方：（签字）

年　　月　　日

第三节　企业人事行政管理实用表单

一、企业人事规划表

企业人事规划表如表4－9所示。

表4－9　企业人事规划表

级别 \ 时间、学历			时间				学历			
			现有	2015年	2016年	2017年	硕士	本科	大专	其他
主管人员	高层	财经								
		营销								
		生产								
		……								
	中层	财经								
		营销								
		生产								
		……								
	基层	财经								
		营销								
		生产								
		……								
	小计									

续表

级别 \ 时间、学历		时间				学历			
		现有	2015 年	2016 年	2017 年	硕士	本科	大专	其他
技术人员	高工								
	工程师								
	助工								
	技术员								
	其他								
	小计								
工人	机工								
	电工								
	维修								
	环保								
	……								
	小计								
合计									

二、人员补充申请表

人员补充申请表如表 4 – 10 所示。

表 4 – 10 人员补充申请表

申请部门			现有编制	
申请增加	人　　数		增加理由、人员岗位和任务说明	
	学历要求			
	专业要求			
	年龄要求			
	性别要求			
	身高要求			
	工作经验			
	到位时间			
人力资源部意见				
分管总监意见				
总经理意见				
相关说明				

三、应聘登记表

应聘登记表如表 4－11 所示。

表 4－11　应聘登记表

应聘职位：　　　　　　　　　　　　　　　　　　　　　　　　年　　月　　日

<table>
<tr><td>姓名</td><td></td><td>性别</td><td></td><td>年龄</td><td></td><td>婚否</td><td></td><td>身高</td><td></td></tr>
<tr><td>血型</td><td></td><td>视力</td><td></td><td>健康状况</td><td></td><td>职称</td><td></td><td>工龄</td><td></td></tr>
<tr><td>毕业学校</td><td colspan="3"></td><td>毕业时间</td><td></td><td>专业</td><td></td><td>专业成果</td><td></td></tr>
<tr><td>通信地址</td><td colspan="3"></td><td>邮编</td><td></td><td>电话</td><td colspan="3"></td></tr>
<tr><td>原工作单位</td><td colspan="3"></td><td>原工种</td><td colspan="5"></td></tr>
<tr><td colspan="10">主要经历</td></tr>
<tr><td colspan="10"></td></tr>
<tr><td colspan="10">专业技能及特长描述</td></tr>
<tr><td colspan="10"></td></tr>
<tr><td>薪资要求</td><td colspan="3"></td><td>住房要求</td><td colspan="5"></td></tr>
<tr><td>到岗时间</td><td colspan="3"></td><td></td><td colspan="5"></td></tr>
<tr><td colspan="10">以下由相关部门填写</td></tr>
<tr><td>面试结论</td><td colspan="9"></td></tr>
<tr><td>复试结论</td><td colspan="9"></td></tr>
<tr><td>笔试成绩</td><td colspan="9"></td></tr>
<tr><td>人力资源部意见</td><td colspan="3"></td><td>用人部门意见</td><td colspan="5"></td></tr>
<tr><td>备注</td><td colspan="9"></td></tr>
</table>

制表：　　　　　　　　　　　　　　　　复核：

四、员工培训计划表

员工培训计划表如表4－12所示。

表4－12 员工培训计划表

培训日期	培训内容	讲师	培训手段	培训地点	费用预算	效果估计	负责人

制表： 复核： 审批：

五、工作调动申请表

工作调动申请表如表 4－13 所示。

表 4－13　工作调动申请表

年　　月　　日

<table>
<tr><td colspan="2">申请人</td><td colspan="2"></td><td>职　务</td><td></td></tr>
<tr><td colspan="2">申请调离单位</td><td colspan="2"></td><td>申请调入单位</td><td></td></tr>
<tr><td>调动理由</td><td colspan="5"></td></tr>
<tr><td>调离单位意见</td><td colspan="5"></td></tr>
<tr><td>调入单位意见</td><td colspan="5"></td></tr>
<tr><td>人力资源部核实</td><td colspan="5"></td></tr>
<tr><td rowspan="2">审批</td><td>原部门主管</td><td>原单位分管领导</td><td>新单位分管领导</td><td>人力资源部</td><td>总经理</td></tr>
<tr><td></td><td></td><td></td><td></td><td></td></tr>
</table>

六、辞职申请表

辞职申请表如表 4－14 所示。

表 4－14　辞职申请表

<table>
<tr><td>姓名</td><td colspan="2"></td><td>单位</td><td colspan="5">组　班</td></tr>
<tr><td>离职原因</td><td colspan="2">□就学
□服兵役
□返乡结婚
□另觅他职
□其他</td><td>申请时间</td><td>年　月　日</td><td>担任职务</td><td colspan="3">□作业员
□副班长
□指导员
□班长
□品管员</td></tr>
<tr><td>核准</td><td>副厂</td><td></td><td>科长</td><td></td><td>组长</td><td></td><td>班长</td><td></td></tr>
<tr><td>交回物品</td><td colspan="8">□工作牌
□制服
□物品箱钥匙
□其他

接收人签字：
年　月　日</td></tr>
<tr><td>离职手续</td><td>总务后勤部</td><td></td><td>工具科</td><td></td><td>财务部</td><td></td><td>人力资源部</td><td></td></tr>
</table>

七、辞退通知单

辞退通知单如表4－15所示。

表4－15　辞退通知单

<table>
<tr><td>姓名</td><td></td><td>职务或岗位</td><td colspan="2"></td></tr>
<tr><td>工作部门</td><td colspan="4"></td></tr>
<tr><td>通知及原因说明</td><td colspan="4">根据　　号文件《　　　　》，因　　　　　　，公司拟辞退你。请你于　　年　　月　　日前主张你的申诉权利，如果逾期不申诉或放弃申诉，则请你于　　年　　月　　日前交接手中的工作，并于　　年　　月　　日到财务部领取辞退补偿金。

人力资源部
年　　月　　日</td></tr>
<tr><td rowspan="2">相关批示</td><td>部门主管意见</td><td>分管领导意见</td><td>人力资源总意见</td><td>总经理意见</td></tr>
<tr><td></td><td></td><td></td><td></td></tr>
</table>

核准：　　　　　　　　复核：　　　　　　　　制表：

第四节　企业人事行政管理规范化细节执行标准

一、人员编制管理流程

1. 行政人事部根据公司各项工作特点进行各部门工作量分析，提出编制草案。

2. 各职能部门就编制草案对本部门编制提出意见，反馈到行政人事部。

3. 行政人事部将修改后的编制草案送交总经理办公会议审议。

4. 如果编制草案审议不通过，则返回行政人事部重新编制，重复上述步骤。如果通过则制定具体的人员编制，并编制职位说明。送交总经理办公会议审议。

5. 如果编制职位说明审议不通过，则返回行政人事部重新编制职位说明；如果通过，则送交总经理审批。

6. 总经理审批后由行政人事部执行编制。

二、用人申请流程

1. 用人部门因调动、流失等原因出现职位空缺后报本部门负责人。

2. 本部门负责人如果认为不影响工作则维持现状，如果认为影响工作则填写用人申请表报分管总监审核。

3. 分管总监如果认为不影响工作则维持现状，如果认为影响工作则同意用人申请。

4. 用人部门将分管总监同意后的申请报行政人事部审核后实施招聘流程。

三、公司招聘流程

（一）用工申请流程由行政人事部门决定招聘程序。

（二）如果行政人事部门认为可以通过内部招聘，则进入公司内部招聘程序。

（三）如果行政人事部门认为应通过外部招聘，则进入公司外部招聘程序。

1. 对外发布招聘启事。

2. 应聘人员报名，填写应聘登记表。

3. 用人部门面试，行政人事部提供相关支持面试。

4. 行政人事部门和用人部门协同进行人员筛选，结果报用人部门分管总监和营销总监审核。

（四）确定最终人选，行政人事部通知录用人员报到。

（五）报到后进入职工作流程，招聘流程结束。

四、新员工入职流程

1. 行政人事部门对新员工建档。

2. 行政人事部门为新员工办理工作证。

3. 行政人事部门向新员工发放员工手册。

4. 行政人事部门配合行政部办理好新员工的有关后勤工作。

5. 行政人事部门对新员工进行相关制度培训。

6. 行政人事部和用人部门配合对新员工进行岗前培训。

7. 行政人事部同新员工签订试用合同，试用合同存档保存。

8. 用人部门向新员工进行工作关系介绍，办理工作交接，进入试用期，试用情况送行政人事部存档。

9. 试用情况报行政人事部门，试用合格者被公司录用，进入试用员工转正流程。

五、培训管理流程

（一）培训管理总体流程

1. 行政人事部制定公司整体培训目标，报总经理办公会议审议。

2. 通过审议后，行政人事部根据各相关部门提出的培训需求进行培训调研。

3. 行政人事部在培训需求调研的基础上制订整体培训计划，报总经理办公会议审议并报总经理审批。

4. 获得批准后，行政人事部门组织相关人员进行教学研究设计并组织实施培训。

5. 培训结束后行政人事部门要对培训效果进行评估。

6. 评估后行政人事部门要写出培训总结报总经理办公会议审核后存档。

（二）培训计划流程

1. 各职能部门根据工作需要提出培训需求报行政人事部。

2. 行政人事部培训主管对需求进行分析，报行政人事部负责人审核。

3. 经行政人事部负责人审核后由各职能部门和培训主管共同商定培训内容，制订整体培训计划，报行政人事部负责人审核。

4. 报人力资源总监和总经理审批。

5. 培训主管设计培训方案，报行政人事部负责人审核。

6. 由培训主管负责实施培训，进入培训实施流程。

（三）培训实施流程

1. 培训方案确定后，行政人事部培训主管开始落实培训时间、地点，下发培训计划通知，同时做好教学准备。

2. 各受训部门做好培训准备和工作安排，通知员工做好受训准备。

3. 行政人事部门根据培训方案实施培训。

4. 培训效果评估。

六、岗位轮换流程

1. 行政人事部门根据员工职业生涯规划，编制轮换计划。

2. 员工原工作部门负责人对轮换提出意见，并征求员工意见，做出是否同意轮换的答复。

3. 接收部门负责人对轮换提出意见，做出是否同意轮换的答复，如同意轮换则做好工作安排，准备接收。

4. 同意轮换的员工填写轮换表办理手续。

5. 行政人事部门向原部门、接收部门下达轮换通知。

6. 员工原工作部门对轮换员工做好工作安排和交接。

7. 轮换员工到新部门报到工作。

第5章　企业员工行为规范

第一节　企业员工行为规范管理工作要点

一、企业员工行为规范管理工作原则

员工守则作为企业内部约束员工行为的基本规则，在制定前，要遵循一定的原则。

企业内部规章制度的效力是以合法为前提的。凡是违法的内部规章制度一律无效。所以在制定员工守则时首先要对国家相关劳动人事法规进行了解和学习，不要编制出违反国家法律、法规的无效的员工守则。比如规定员工在劳动合同期间不能结婚生育，上下班要搜身检查，试用期间员工辞职不发工资，员工入职要交一笔保证金等。这些规定严重侵犯了公民的基本权利，侵犯了员工的合法权益。

要广泛征求企业员工的意见和建议，因为员工守则是企业内部员工规范自己言行的基本准则，以企业内部员工为主体编制出来的规则更具操作性。因此，必须发动全体员工参与，通过民主程序来制定。如通过企业工会组织、职工代表大会或选派员工代表，参与内部规章制度的制定。制定出来以后，还要向全体员工公示，并组织学习和贯彻实施。

在劳动法或其部门法没有规定的情况下，用人单位制定其内部规章制度时要坚持公平、合理、科学的原则，既要考虑员工的利益，又要考虑单位的利益；既要考虑对员工劳动行为的规范和制约，又要考虑对员工劳动积极性的激励。

二、企业员工行为规范管理工作内容

员工守则一般包括以下内容：

（一）员工的道德规范。比如珍惜公司信誉、严谨操守、爱护公物、不得泄露公司机密等行为规范。

（二）员工的考勤制度。其中有工时制度、上下班的规定、打卡规定等。

（三）员工加班值班制度。什么情况下加班、加班的报酬规定、值班的安排等。

（四）休假请假制度。包括平时和法定休假、年休假、婚假、产假、病假、丧假、工伤假、私事休假等。

第二节　企业员工行为规范管理制度

一、员工守则范本

第一条　本公司员工均应遵守下列规定：

(一)准时上下班，对所担负的工作争取时效，不拖延、不积压。

(二)服从上级指挥，如有不同意见，应婉转相告或以书面陈述，一经上级主管决定，应立即遵照执行。

(三)尽忠职守，保守业务上的秘密。

(四)爱护本公司财物，不浪费，不化公为私。

(五)遵守公司一切规章及工作守则。

(六)保持公司信誉，不做任何有损公司信誉的行为。

(七)注意自身品德修养，切戒不良嗜好。

(八)不私自经营与公司业务有关的商业或兼任公司以外的职业。

(九)待人接物要态度谦和，以争取同事及顾客的合作。

(十)严谨操守，不得收受与公司业务有关人士或行号的馈赠、贿赂或向其挪借款项。

第二条　本公司员工因过失或故意使公司遭受损害时，应负赔偿责任。

第三条　本公司工作时间，每周为 40 小时，星期六、星期天及公共假期均休假。业务部门如因采用轮班制，无法于星期六、星期天休息者，可每 7 天给予 2 天的休息，视为例假。

第四条　管理部门的每日上、下班时间，可依季节的变化事先制定，公告实行。业务部门每日工作时间，应视业务需要，制定为一班制或多班轮值制。如采用昼夜轮班制，所有班次，必须一星期调整一次。

第五条　上下班应亲自签到或打卡，不得委托他人代签或代打，如有代签或代打情况发生，双方均以旷工论处。

第六条　员工应严格按要求出勤。

第七条　本公司每日工作时间定为 8 小时，如因工作需要，可依照政府有关规定延长工作时间至 10 小时，所延长时数为加班。

除前项规定外，因天灾事变，季节关系，依照政策有关规定 仍可延长工作时间，但每日总工作时间不得超过 12 小时，其延长之总时间，每月不得超过 44 小时。其加班费依照公司有关规定办理。

第八条　每日下班后及例假日，员工应服从安排值日值宿。

第九条　员工请假，应照下列规定办理：

(一)病假——因病需治疗或休养者可请病假，每年累计不得超过 30 天，可以未请事假及特别休假抵充逾期仍未痊愈的天数，即予停薪留职，但以一年为限。

（二）事假——因私事待理者，可请事假，每年累计不得超过14天，可以特别休假抵充。

（三）婚假——本人结婚，可请婚假10天。

（四）丧假——祖父母、父母或配偶丧亡者，可请丧假8天，外祖父母或配偶的祖父母、父母或子女丧亡者，可请丧假5天。

（五）产假——女性从事人员分娩，可请产假98天（假期中的星期例假均并入计算）。难产为113天，多胞胎每多一孩增产假15天。1～3个月流产的可休假15天，4个月以上流产可享受42天产假。

（六）公假——因参加政府举办的资格考试（不以就业为前提者）、征兵及参加选举者，可请公假，假期依实际需要情况决定。

（七）工伤假——因公受伤可请工伤假，假期依实际需要情况决定。

第十条　请假逾期，除病假依照第九条第（一）款规定办理外，其余均以旷工论处。但因患重病非短期内所能治愈，经医师证明属实者，可视其病况与在公司资历及服务成绩，报请总经理特准延长其病假，最多3个月。事假逾期系因特别或意外事故经提出有力证据者，可请总经理特准延长其事假，最多15天，逾期再按前规定办理。

第十一条　请假期内的薪水，依下列规定支付：

（一）请假未逾规定天数或经延长病事假者，其请假期间内薪水照发。

（二）请公假者薪资照发。

（三）工伤假工资依照劳动保险条例由保险机关支付，并由公司补足其原有收入的差额。

第十二条　从业人员请假，均应填写请假单呈核，病假在7日以上者，应附医师的证明，工伤假应附劳保医院或特约医院的证明。副经理以上人员请假，以及申请特准长病事假者，应呈请总经理核准，其余人员均由其主管核准，必要时可授权下级主管核准。凡未经请假或请假不准而未到者，以旷工论处。

第十三条　旷工一天扣发当日薪资，不足一天照每天8小时比例以小时为单位扣发。

第十四条　第九条（一）、（二）款规定请病、事假的日数，系自每一从业人员报到之日起届满一年计算。全年均未请病、事假者，每年给予一个月的不请假奖金，每请假一天，即扣发该项奖金一天，请病事假逾30天者，不发该项奖金。

第十五条　本公司人员服务满一年者，可依下列规定，给予特别休假：

（一）工作满1年以上未满3年者，每年______日。

（二）工作满3年以上未满5年者，每年______日。

（三）工作满5年以上未满10年者，每年______日。

（四）工作满10年以上者，每满1年加给1日，但休假总数不得超过30日。

第十六条　特别休假，应在不妨碍工作的范围内，由各部门就业务情况排定每人轮流休假，期后施行。如因工作需要，得随时令其销假工作，等工作完毕公务较闲时，补足其应休假期。但如确因工作需要，至年终无法休假者，可按未休日数，计发其与薪水相同的奖金。

二、员工手册范本

××集团员工手册

□ 公司简介(省略)

□ 员工守则

1. 热爱祖国,热爱人民,热爱××集团。
2. 遵纪守法,服从公司管理。
3. 顾全大局,善于合作。
4. 努力学习,踏踏实实做好本职工作,不断提高业务水平。
5. 一切为用户着想,减少人为差错,努力提供优质的产品与服务。
6. 团结互助,尊重他人,树立集体奋斗的良好风尚。
7. 严守公司机密,自觉维护公司安全。
8. 待客热情礼貌,服务周全,维护公司形象。
9. 谦虚谨慎,戒骄戒躁,勇于批评与自我批评。
10. 坚持真理,坚持原则,不做有损公理道德之事。
11. 爱护公司财物,坚持反贪污、反腐败、反盗窃、反浪费。
12. 保持环境整洁,注意仪表、仪容。
13. 加强品德修养,倡导精神文明。

□ 总则

第一条　为使本公司人事作业规范化、制度化和统一化,使公司员工的管理有章可循,提高工作效率和责任感、归属感,特制定本制度。

第二条　适用范围。

(一)本公司员工的管理,除遵照国家和地方有关法令外,都应依据本制度办理。

(二)本制度所称员工,是指本公司聘用的全体从业人员。

(三)本公司如有临时性、短期性、季节性或特定性工作,可聘用临时员工,临时员工的管理依照合同或其他相应规定,或参照本规定办理。

(四)关于试用、实习人员,新进员工的管理参照本规定办理。

□ 录用

第三条　本公司各部门如因工作需要,必须增加人员时,应先依据人员甄选流程提出申请,经本系统总经理或主管副总裁批准后,由人事部门统一纳入招聘计划并办理甄选事宜。

第四条　本公司员工的甄选,以学识、能力、品德、体格及适合工作所需要条件为准。采用考试和面试两种,依实际需要任择其中一种实施或两种并用。

第五条　新进人员经考试或面试合格和审查批准后，由人事部门办理试用手续。原则上员工试用期三个月，期满合格后，方得正式录用，但成绩优秀者，可适当缩短其试用时间。

第六条　试用人员报到时，应向人事部送交以下证件：

（一）毕业证书、学位证书原件及复印件。

（二）技术职务任职资格证书原件及复印件。

（三）身份证原件及复印件。

（四）一寸半身免冠照片两张。

（五）试用同意书。

（六）其他必要的证件。

第七条　凡有下列情形者，不得录用：

（一）剥夺政治权利尚未恢复者。

（二）被判有期徒刑或被通缉，尚未结案者。

（三）吸食毒品或有其他严重不良嗜好者。

（四）贪污、拖欠公款，有记录在案者。

（五）患有精神病或传染病者。

（六）因品行恶劣，曾被政府行政机关惩罚者。

（七）体格检查不合格者。经总裁特许者不在此列。

（八）其他经本公司认定不适合者。

第八条　员工如系临时性、短期性、季节性或特定性工作，视情况与本公司签订《定期工作协议书》，双方共同遵守。

第九条　试用人员如因品行不良，工作欠佳或无故旷职者，可随时停止试用，予以辞退。

第十条　员工录用分派工作后，应立即赴所分配的单位工作，不得无故拖延推诿。

□ 工作

第十一条　员工应遵守本公司一切规章、通告及公告。

第十二条　员工应遵守下列事项：

（一）忠于职守，服从领导，不得有敷衍塞责的行为。

（二）不得经营与本公司类似或职务上有关的业务，不得兼任其他公司的职务。

（三）全体员工必须不断提高自己的工作技能，强化品质意识，圆满完成各级领导交付的工作任务。

（四）不得携带违禁品、危险品或公司规定其他不得带入生产、工作场所的物品进入公司工作场所。

（五）爱护公物，未经许可不得私自将公司财物携出公司。

（六）工作时间不得中途任意离开岗位，如需离开应向主管人员请准后方可离开。

（七）员工应随时注意保持作业地点、宿舍及公司其他场所的环境卫生。

（八）员工在作业时不得怠慢拖延，不得干与本职工作无关的事情。

（九）员工应团结协作，同舟共济，不得有吵闹、斗殴、搭讪攀谈、搬弄是非或其他扰乱公共秩序的行为。

（十）不得假借职权贪污舞弊，收受贿赂，或以公司名义在外招摇撞骗。

（十一）员工对外接洽业务，应坚持有理、有利、有节的原则，不得有损害本公司名誉的行为。

（十二）各级主管应加强自身修养，领导所属员工，同舟共济，提高工作情绪和满意程度，加强员工安全感和归属感。

（十三）按规定时间上下班，不得无故迟到早退。

第十三条　公司实行每日8小时工作制

公司总部：上午：____ ~ ____

　　　　　下午：____ ~ ____

生产总部：上午：____ ~ ____

　　　　　下午：____ ~ ____

以后如有调整，以新公布的工作时间为准。

第十四条　部门经理级以下员工应亲自打卡计时，不得由别人替代打卡或代人打卡，否则双方均按旷工一日处理。

第十五条　实行弹性工作制的，采取由各部门主管记录工作人员的工作时间（含加班时间），本人确认，部门备案的考勤方法。

第十六条　员工如有迟到、早退或旷工等情形，依下列规定处理：

（一）迟到、早退

1. 员工均需按时上下班，工作时间开始后15分钟内到班考为迟到。

2. 工作时间终了前15分钟内下班者为早退。

3. 员工当月内迟到、早退合计每三次以旷职（工）半日论。

4. 超过15分钟后，才打卡者以旷职（工）半日论，因公外出或请假经主管在卡上签字或书面说明者除外。

5. 无故提前15分钟以上下班者，以旷职（工）半日论。因公外出或请假者须经主管签字证明。

6. 上下班而忘打卡者，应由部门在卡上或有效工作时间考核表上签字。

（二）旷职（工）

1. 未经请假或假满未经续假而擅自不到职以旷职（工）论处。

2. 委托或代人打卡或伪造出勤记录者，一经查明属实，双方均以旷职（工）论处。

3. 员工旷职（工），不发薪资及奖金。

4. 连续旷职3日或全月累计旷职6日或一年累计旷职达12日者，予以除名，不发给资遣费。

□ 待遇

第十七条　本公司依照兼顾企业的维持与发展和工作人员生活安定及逐步改善的原则，以贡献定报酬、凭责任定待遇，给予员工合理的报酬和待遇。

第十八条　员工的基本待遇有工资、奖金和伙食补贴、季节补贴。员工成为责任人员后可享有安全退休基金和购房减让基金等待遇。

第十九条　薪资在每月底前发给员工或存入员工在内部银行的账户。新进人员从报到之日起计薪，离职人员自离职之日停薪，按日计算。

□ 休假

第二十条　按国家规定,员工除星期六、星期日休息外,还享有以下有薪假日:

元旦:1 天(1 月 1 日)

春节:3 天(农历除夕、正月初一、正月初二)

妇女节(3 月 8 日),妇女放假半天。

清明节:1 天(4 月 4 日或 5 日)

劳动节:1 天(5 月 1 日)

端午节:1 天(农历五月初五)

中秋节:1 天(农历八月十五)

国庆节:3 天(10 月 1、2、3 日)

由于业务需要,公司可临时安排员工于法定的公休日、休假日照常上班。

第二十一条　一般员工连续工龄满一年,每年可获得探亲假,假期为 15 天。员工探亲假期间,原待遇不变。

第二十二条　成为责任人员的员工实行休假制度,不享受探亲假一次,假期每年为 15 天,可以累积使用,不能提前支用。责任人员休假的路费及食宿费用自理。

第二十三条　探亲可以报销单程飞机经济舱、回程硬座票及长途汽车票,或者是硬卧票,此外超支由本人负责。未婚员工探亲只能探父母,已婚员工探亲只能探配偶。

第二十四条　夫妻在同一城市工作的员工不能享受探亲的路费报销,可以享受假期。连续工龄每满 4 年可报销一次探望父母的路费,不另给探亲假。

第二十五条　员工探亲或休期一般不报销医药费,但经批准带有疗养性休假的员工和因患重病或传染病经县医院证明的,可适当报销医药费。

第二十六条　春节休假或探亲的员工,不在 15 天休假以外再增加春节假,在公司工作的员工按国家法定假日安排休息。需安排加班或值班的按规定发给加班工资或值班补贴,如安排补休,则不计发加班工资和值班补贴。

第二十七条　对于放弃休假或探亲假的员工,公司给予其应休假当月全部收入的奖励。

□ 请假

第二十八条　员工请假和休假可分为八种,其分类、审批及薪资规定见本制度附表。

□ 加班

第二十九条　公司在生产需要时可于工作时间以外,指定员工加班;被指定的员工,除因特殊事由经主管批准者外,不得拒绝。

第三十条　生产系统人员加班,事先由主管人员填写《加班申请表》,经部门经理级人员批准后加班,每人每月加班不得超过 44 小时。

第三十一条　加班费的计算:一般员工加班工作时间记为员工的有效工作时间,以半小时为计算单位,加班工资按原工资标准的 150% 计算。在国家法定节假日加班,有效工作时间按实际加班工作时间的两倍计算,加班工资按原标准的 300% 计算。

第三十二条 责任人员平时加班工作时间，经部门经理认为有效工作时间，不计发加班工资，在考核月度奖金中加以考虑，但在法定节假日加班时，按原工资的200%计发加班工资。

第三十三条 员工如在加班时间内擅离职守，除不计有效工作时间外，就其加班时间按旷职(工)论处。

□ 出差

第三十四条 公司要根据需要安排员工出差，受派遣的员工，无特殊理由应服从安排。

第三十五条 员工出差在外，应注意人身及财物安全，遵章守法，按公司规定的标准和使用交通工具，合理降低出差费用。

第三十六条 公司对出差的员工按规定标准给报销住宿费用和交通费用，并给予一定的生活补贴，具体标准按公司的规定办理。

第三十七条 出差人员返回公司后，应及时向主管述职，并按规定报销或核销相关费用。

□ 培训

第三十八条 为提高公司员工的知识技能及发挥其潜在智能，使公司人力资源能适应本公司日益迅速发展的需要，公司将举行各种教育培训活动，被指定员工，不得无故缺席，确有特殊原因，应按有关请假制度执行。

第三十九条 新员工进入公司后，须接受公司概况与发展的培训以及不同层次、不同类别的岗前专业培训，培训时间应不少于20小时，合格者方可上岗。新员工培训由公司根据人员录用的情况安排，在新员工进入公司后的前3个月内进行，培训不合格者不再继续留用。

第四十条 员工调职前，必须接受将要调往岗位的岗前专业性培训，直到能满足该岗位的上岗要求。特殊情况经将调往部门的主管副总裁同意，可在适当的时间另行安排培训。

第四十一条 对于培训中成绩优秀者，除通报表彰外，可根据情况给予适当物质奖励，未能达到者，可适当延长其培训期。

第四十二条 公司所有员工的培训情况均应登记在相应的《员工培训登记卡》上，《员工培训登记卡》由人事部保存在员工档案内。

第四十三条 公司对员工在业余时间(不影响本职工作和任务的完成)内，在公司外接受教育和培训予以鼓励，并视不同情况给予全额报销学杂费、部分报销学杂费、承认其教育和培训后的学历等资格。

□ 调职

第四十四条 公司基于业务上的需要，可随时调动员工的职务或工作地点，被调员工不得借故拖延或拒不到职。

第四十五条 各部门主管在调动员工时，应充分考虑其个性、学识、能力，务使“人尽其才,才尽其用,才职相称”。

第四十六条　员工接到调动通知书后,限在一月内办妥移交手续,前往新职单位报到。

第四十七条　员工调动,如驻地远者,按出差规定支给差旅费。

□ 保密

第四十八条　员工所掌握的有关公司的信息、资料和成果,应对系统上级领导全部公开,但不得向其他任何个人公开或透露。

第四十九条　员工不得泄露业务或职务上的机密,凡有意见涉及公司的,未经上级领导许可,不得对外发表。

第五十条　明确职责,对于非本人工作职权范围内的机密,做到不打听、不猜测,不参加小道消息的传播。

第五十一条　非经发放部门或文件管理部门允许,员工不得私自复印和复制有关文件。

第五十二条　树立保密意识,涉及公司机密的书籍、资料、信息和成果,员工应妥善保管,若有遗失或失窃,应立即向上级主管汇报。

第五十三条　发现其他员工有泄密行为或非本公司人员有窃取机密行为和动机,应及时阻止并向上级领导汇报。

□ 考核

第五十四条　员工考核分为

(一)试用考绩:员工试用期间(____个月)由试用部门主管负责考核,期满考核合格者,填具《录用人员考核表》,经总经理或主管副总裁批准后正式录用。

(二)平时考核:由各部门依照通用的考核标准和具体的工作指标考核标准进行,通用的考核标准和考核表由人事部与总裁办共同拟制及修订,具体的工作指标考核标准由部门经理负责拟制及修订。部门经理及其以上人员每____个月考核一次,其他人员每____个月考核一次,特殊人员可由主管和副总裁决定其考核的密度。

第五十五条　部门经理以下人员的考核结果由各部门保存,作为确定薪酬、培养晋升的重要依据。部门经理及其以上人员的考核结果由总裁办保存,作为确定部门业绩、对公司的评价、薪酬及奖励、调职的依据。

第五十六条　考核人员,应严守秘密,不得有营私舞弊或贻误行为。

□ 奖惩

第五十七条　员工的奖励分为以下3种。

(一)嘉奖:由员工的直属主管书面提出,部门经理批准,奖给不超过____元的现金或纪念品。

(二)表彰:由员工所在部门经理书面提出,主管副总裁批准,奖给不超过____元的现金或纪念品,同时由主管副总裁签署表彰证书。

(三)特别奖:由员工所在部门的经理书面提出,主管副总裁,相关委员会评议后,总裁批准，并由人事部备案，每年公布一次，员工除奖给一定额度的奖金和发给由公司总裁签署的证书外，还可根据实际情况晋升1～3级工资。

第五十八条　有下列情形之一者，给予嘉奖：

（一）品行端正，工作努力，及时完成重大或特殊事务者。

（二）培训考核，成绩优秀者。

（三）热心服务，有具体事实者。

（四）有显著的善行佳话，足为公司荣誉者。

（五）在艰苦条件下工作，足为楷模者。

（六）节约物料或对废料利用，卓有成效者。

（七）检举违规或损害公司利益者。

（八）发现职责外的故障，予以速报或妥善处理防止损害者。

第五十九条　有下列情形之一者，予以表彰：

（一）对生产或管理制度提出改进建议，经采纳实施，卓有成效者。

（二）遇有灾难，勇于负责，处理得当者。

（三）遇有意外或灾害，奋不顾身，不避危难，因而减小损害者。

（四）维护员工安全，冒险执行任务，确有功绩者。

（五）维护公司或工厂重大利益，避免重大损失者。

（六）有其他重大功绩者。

六十条　有下列情形之一者，授予特别奖：

（一）研究发明，对公司有贡献，并使综合成本降低，利润增加较大者。

（二）兢兢业业，不断改进工作，业绩突出者。

（三）热情为用户服务，经常得到用户书面表扬，为公司赢得很高信誉，成绩突出者。

（四）开发新客户，市场销售成绩显著者。

（五）做出其他特殊贡献，足为全公司表率者。

第六十一条　员工的惩罚分为5种。

（一）罚款：由主管或有关部门负责人书面提出，员工所属部门经理批准后执行。

（二）批评：由员工的主管或有关人员书面提出，报部门备案。

（三）记过：由员工所属经理书面提出，主管副总裁审核、批准，报人事部执行，并下达通知，受记过者同时扣发当月奖金。

（四）降级：由员工所属部门经理书面提出，主管副总裁审核批准后报人事部执行。

（五）除名：由员工所属部门经理书面提出，主管副总裁批准后执行。

第六十二条　有下列情形之一者，予以罚款或批评：

（一）工作时间，擅自在公司推销非本公司产品者。职责所需，经批准者不在此限。

（二）上班时间，躺卧休息，擅离岗位，怠慢工作者。

（三）因个人过失致发生错误，情节轻微者。

（四）妨害工作或团体秩序，情节轻微者。

（五）不服从主管人的合理指导，情节轻微者。

（六）不按规定穿着或佩戴规定上班者。

（七）不能按时完成重大或特殊交办任务者。

（八）对上级指示或有期限的命令，无故未能如期完成。

（九）在工作场所喧哗、吵闹，妨碍他人工作而不听劝告者。

（十）对同事恶意辱骂或诬害、伪证，制造事端者。

（十一）工作中酗酒以致影响自己和他人工作者。

（十二）因疏忽导致机器设备、物品、材料遭受损失或伤及他人，情节较轻者。

（十三）未经许可携带外人到生产和科研场所参观者。

（十四）公司另文规定其他应处罚条款或批评的行为。

第六十三条　有下列情形之一者，予以记过：

（一）擅离职守，致公司受较大损失者。

（二）损毁公司财物，造成较大损失者。

（三）怠慢工作擅自变更作业方法，使公司蒙受较大损失者。

（四）一个月内受到批评超过3次者。

（五）一个月内旷职（工）累计达2日者。

（六）仪器、设备、车辆等和安全性要求较高的工具，未经使用人同意或违反使用制度，擅自操作者。

（七）道德行为不合社会规范，影响公司声誉者。

（八）其他重大违反规定者。

第六十四条　有下列情形之一者，予以降级：

（一）未经许可，兼营与本公司同类业务或在其他单位兼职者，或在外兼营事务，影响本公司公务者。

（二）一年中记过两次者。

（三）散播不利于公司的谣言或挑拨公司与员工的感情，实际影响较轻者。

（四）在工作场所制造私人物件或指使他人制造私人物件者。

第六十五条　有下列情形之一者，予以除名：

（一）对同事暴力威胁、恐吓，影响团体秩序者。

（二）殴打同事，或相互斗殴者。

（三）在公司内赌博者。

（四）偷窃公司或同事财物经查证属实者。

（五）无故损毁公司财物，损失重大，或损毁、涂改公司重要文件者。

（六）在公司服务期间，受刑事处分者。

（七）一年中已降级两次者。

（八）无故旷工3日或全月累计旷工6日或一年旷工累计达12日者。

（九）煽动怠工或罢工者。

（十）吸食毒品或有其他严重不良嗜好者。

（十一）伪造或盗用公司印章者。

（十二）故意泄露公司技术、营业上的机密，致使公司蒙受重大损失者。

（十三）营私舞弊，挪用公款，收受贿赂者。

（十四）利用公司名义在外招摇撞骗，使公司名誉受损害者。

（十五）参加非法组织者。

（十六）有不良行为，道德败坏，严重影响公司声誉或在公司内造成严重不良影响者。

（十七）其他违反法令、规则或规定情节严重者。

□ 福利

第六十六条　试用人员试用期间不享受医疗保险，其医药费自理。

第六十七条　公司为一般员工办理医疗保险（含治疗费、药品费、手术费、住院费等医疗费用）和住房公积金。

第六十八条　责任人员在责任岗位工作期间除享受上述医疗保险费用外，还可报销护理费、疗养费、保健费用。有重大贡献的特别责任人员必要时可去国外治疗，费用全部由公司承担。

第六十九条　公司负责组织新员工进行体检，费用由公司承担。

第七十条　员工服从公司住房安排者，公司予以一定的住房补贴。

第七十一条　本公司依据有关劳动法的规定，发给员工年终奖金，年终奖金的评定方法及额度由公司根据经营情况确定。

□ 资遣

第七十二条　若有下列情形之一，公司可对员工予以资遣：

（一）停业或转让时。

（二）业务紧缩时。

（三）不可抗力暂停工作在一个月以上时。

（四）业务性质变更，有减少员工的必要，又无适当工作可安置时。

（五）员工对所担任的工作确不能胜任，且无法在公司内部调整时。

第七十三条　员工资遣的先后顺序：

（一）历年平均考绩较低者。

（二）工作效率较低者。

（三）在公司服务时间较短，且工作能力较差者。

第七十四条　员工资遣通知日期如下：

（一）在公司工作3个月以内（含3个月）者，随时通知。

（二）在公司工作3个月以上未满一年者，于10日前通知。

（三）在公司工作1年以上未满3年者，于20日前通知。

（四）在公司工作3年以上者，于30日前通知。

第七十五条　员工自行辞职或受处罚被除名者，不按资遣处理。

第七十六条　员工资遣，按下列规定发给资遣费：

（一）在公司工作3个月以内（含3个月）者，按当月实际工作天数计发工资并发给路费____元。

（二）在公司连续工作3个月以上未满一年者，发给其资遣当月的工资，另发给____元路费和____元礼品费。

□ 辞职

第七十七条　员工因故不能继续工作时，应填具《辞职申请》经主管报公司批准后，办理手续。并视需要，开给《离职证明》。

第七十八条　一般员工辞职，需提前一月提出申请：责任人员辞职，根据密级的不同，需提前____~____个月提出辞职申请。

第七十九条　辞职的手续和费用结算，按相关文件和其他公司有关规定办理。

□ 生活与娱乐

第八十条　公司向员工提供部分生活和娱乐用具，并有组织地开展一些娱乐活动，以满足员工的基本需要。

第八十一条　公司鼓励员工自己解决住房问题，并向新员工提供一定的房租补贴以减轻员工的实际困难。

第八十二条　员工租用公司住房时按实际价格缴纳房租、水电费、管理费及其他费用。

第八十三条　向员工提供膳食服务，并按实际价格向员工收取就餐费。

第八十四条　公司设立生活协调委员会来统筹安排和组织员工的文娱活动，各部门也可按生活委员会的安排自行组织员工进行健康的文娱活动，活动经费由生活协调委员会适当补贴。

第八十五条　公司反对员工生活上的腐化，禁止员工参加打麻将之类消磨意志的活动和违反国家法律、法令、法规的活动。

□ 安全与卫生

第八十六条　本公司各单位应随时注意工作环境安全与卫生设施，以维护员工身体健康。

第八十七条　员工应遵守公司有关安全及卫生各项规定，以保护公司和个人的安全。

□ 附则

第八十八条　有关办法的制定：有关本公司员工的(1)国外出差；(2)考核；(3)职位职级晋升；(4)年终奖发放；(5)荣誉；(6)退休；(7)抚恤；(8)各种津贴给付；(9)派赴港澳、国外人员管理等，其方法另行订之。

第八十九条　本制度解释权、修改权归公司总裁办。

第九十条　本制度自颁布之日起生效。

三、企业员工仪容仪表规范

(一)着装

1. 员工上岗时，必须穿着符合工作要求的服装。
2. 任何指定穿着的服装随时保持清洁、平整。
3. 不得穿着褶皱、破损、掉扣的服装上岗。
4. 生产操作型员工上岗需着公司指定的工装。

5. 非生产型员工上岗。如由公司配备，应着公司服装；未配备的亦应该按照公司的要求穿着相应的服装。

6. 员工出席公司组织的重大活动应着西装，佩戴领带及领夹，穿皮鞋，领带长度要适中，领带要结扎得规范美观，保持皮鞋洁净亮泽。

7. 在岗时严禁卷露衣袖、裤腿等不雅穿着。

8. 员工须按公司要求佩戴、显露公司标志。非工作需要，员工一般不将公司配备的工作服装在公司以外穿着。

（二）仪容规范

1. 面带笑容，保持开朗心态，有利于营造和谐、融洽的工作氛围。

2. 保持身体清洁卫生，这不仅是健康的需要，更是文明的表现，有利于与人交往。

3. 头发梳理整齐、面部保持清洁。

4. 男员工不留长发，女员工不化浓妆。

5. 保持唇部润泽，口气清新，以适合近距离交谈。

6. 手部干净，指甲修剪整齐，男员工不留长指甲，女员工不涂抹鲜艳指甲油。

7. 宜使用清新、淡雅的香水。

8. 社交场合不宜戴墨镜（参观、旅游除外）。

9. 女员工不宜佩戴有声响的饰物。

10. 公文包（手提包）外观整洁，男士公文包以黑色为佳。

四、企业员工礼仪举止规范

（一）站姿

1. 抬头、挺胸、收腹、双肩舒展，双目平视。

2. 双臂和手在身体两侧自然下垂，女员工双臂可下垂交叉放于身体前。

3. 女员工站立时，双膝和脚跟要靠紧，双脚呈“V”字形。

4. 男员工站立时，双脚可并拢呈“V”字形，也可分开。分开时双脚应与肩同宽。

5. 站立时，双手不可叉在腰间，不宜放入裤子口袋中，也不宜在胸前抱臂。

6. 站立时双腿不可不停地抖动。

（二）坐姿

1. 从容就座，动作要轻而稳，不宜用力过猛。

2. 就座时，不宜将座椅或沙发坐满，也不宜仅坐在座椅边上。

3. 就座后，上身应保持正直而微前倾，头部平正，双肩放松。

4. 男员工就座后，双手可自然放于膝上，或轻放于座椅扶手上，手心向下，注意手指不要不停地抖动。

5. 女员工就座后双手交叉放于腿上，手心向下。

6. 女员工身着裙装入座时，应先用手将裙子向双腿拢一下。要注意裙子不要被其他东西挂着。

7. 男员工就座后双腿平行分开，不宜超过肩宽；女员工就座后双腿并拢，小腿交叉向后或偏向一侧。注意，双腿不可向前直伸。

8. 若需要同侧边的人交谈，宜将身体稍转向对方。

9. 离座站起时要稳重，可右脚后收半步，然后从容站起。

10. 注意坐下后双腿都不可不停地抖动。

(三)走姿

1. 行走时，上身保持正直，双肩放松，目光平视，双臂自然摆动。男员工注意手不宜放在裤子口袋里。

2. 行走时应从容自然。男员工步伐矫健、有力，女员工步伐自然、优雅。

3. 行走时不宜左顾右盼，脚步不宜太沉重而发出较大声响。

(四)蹲姿

1. 在查看位置较低的事物或拾取物品时，往往需要蹲下，不宜直接弯腰进行。

2. 下蹲时，采取两脚前后交叉的蹲姿：一脚在前，一脚在后。在前面的脚应全脚着地，后脚脚尖着地，脚跟抬起，双腿下压，上身直立，置重心于后脚之上。

3. 下蹲时，女员工要两腿靠紧，如身着裙装，要用手把裙子向双腿拢一下再下蹲。

五、企业员工言行规范

一言一行，一举一动，都是个人形象的展示。员工个人形象是公司整体形象的组成部分，因此，每个员工的言行都是公司形象的体现。热情、礼貌的言行不仅体现出公司员工的整体素质，更体现出公司深厚的文化底蕴。

(一)言谈规范

1. 恰当地称呼他人。在社交场合，无论新朋友还是老朋友，都应称呼对方姓氏加头衔或职称，这是对他人的尊敬。

2. 使用礼貌用语。在受到对方赞扬或帮助时应表示感谢；在打扰或妨碍到别人时应表示歉意；在指称陌生的第三者时应使用“那位先生”“那位女士”等之类称呼。

3. 正式交谈前的寒暄是展开话题的重要手段，寒暄时应选取大家共同感兴趣的话题，避免涉及私人问题或某些敏感话题。

4. 与他人交谈时，不宜出现插入、打断、讽刺、模仿等不礼貌行为。

5. 在交谈过程中，不宜出现过激的言语或过分的玩笑。

6. 在交谈过程中，应合理使用行为语言以配合表达，如微笑、点头等。

7. 交谈时不可用手指点他人。

(二)吸烟规范

1. 工作时间不宜在办公室吸烟，可以到走廊、洗手间等地方吸烟。

2. 如有必要，应在办公区域内适当的地方设置吸烟室。

3. 若有访客欲在办公室吸烟，应向其说明办公室是禁烟区，在征得对方同意后，可到会客室或吸烟室吸烟。

4. 在公共活动场合不宜吸烟。若要吸烟，看有无禁烟警示及烟缸等卫生器具，再考虑是否吸烟。

(三)引导客人规范

1. 在引导的途中，引导者应走在客人的侧前方。若被引导的是一群人，引导者应灵活处理，一般应在最前面的人的侧前方。

2. 指引方向时，右臂伸出，小臂与上臂略成直角，掌心向上，拇指微向内屈，四指并拢伸直，指向所要去的方向。

3. 上楼梯时，引导者应走在客人的后面。

4. 下楼梯时，引导者应走在客人的前面。

5. 若有我方人员不认识的客人来访，引导者应相互介绍，顺序一般是先介绍我方人员给客人。

（四）电梯使用规范

1. 进入电梯时，让客人或领导先入。若是人较多，应注意用手按住电梯按钮以使所有人顺利进入。

2. 在电梯内尽量站成凹形，以方便后进入者。

3. 电梯内空间较小，一般不宜交谈。

4. 出电梯时，应让客人或领导先行，若自己站在门口而同行者又较多，则应先出电梯，按住电梯键，等候他人出来。

5. 不可在电梯内丢放垃圾。

（五）介绍规范

1. 介绍时，应将被介绍人的姓名、职位、单位、职称等介绍清楚。如“某某经理，这位是某某公司某某部经理某某先生”。

2. 介绍时，应先将职位低者介绍给职位高者，将主人介绍给客人，先将男士介绍给女士。

3. 介绍时，应将手心向上，五指并拢，指向被介绍者。

（六）握手

1. 初次见面握手不应握满全手，仅握手指部位即可。

2. 握手时，伸出右手，上身直立微向前倾，目光平视对方，点头致意。

3. 握手力度应适中，力度太轻给人感觉无诚意，太重给人感觉过于鲁莽。

4. 握手时间一般在 3 秒之内，握一两下即可。

5. 如戴有手套，一定要脱掉手套再与对方握手。

6. 通常由年长者、职位高者、上级先伸手发出握手信号。年轻者、职位低者、下级再伸出手与之呼应。

7. 平级男士和女士之间，一定要女士先伸出手，男士再握其手。

8. 握手时切忌抢握，或者交叉相握。

（七）名片使用

1. 在与他人交换名片时，应双手递上，身体微向前躬，手臂高度略与胸齐。规范用语：“我叫 × ×，这是我的名片。”

2. 若想得到对方的名片时，可使用的规范用语为：“如果您方便，请留张名片给我。”

3. 接受名片时，双手接过对方的名片仔细看一遍，慎重收好。切忌随意丢放。

4. 若发现名片上有不认识的字或不理解的内容，则应虚心求教，以避免引起误会。

六、企业员工电话规范

电话是企业与外界交往最重要的方式之一。正确、规范地处理企业内外的电话，能够迅速、有效地树立和传播企业形象。

（一）基本使用规范

1. 电话作为办公工具，尽量避免谈论私事。因私通话时间不宜超过 3 分钟，以保持线路畅通。

2. 拨打长途电话时，须遵守公司关于使用长途电话的管理办法。

3. 通话时，听筒紧贴耳朵，话筒置于唇下约 5 厘米处。

4. 通话时，不宜与第三者岔话。若有重要事情与第三者应答，须按电话"（保持）HOLD"键或用手捂住话筒。

（二）通话礼仪规范

1. 语言简洁明了，言简意赅地将要讲的事情表述出来。若有较多的内容需要表述，应事先拟好电话稿。

2. 语气温和热情，温和热情的语气有利于双方的交流和沟通。

3. 发音清晰、流利，使用标准普通话。公司需要与来自不同地区的客户交往，清晰、流利的普通话有利于双方的有效沟通。

4. 面带微笑。通话时面带微笑，可以给人亲切友好之感，利于营造融洽的谈话气氛。

（三）拨打电话规范

1. 拨打电话时，如果铃响三声以上对方没有摘机，应挂断电话，等候 1 ~2 分钟再拨。

2. 电话拨通后，听到对方摘机，先作自我介绍并证实一下对方的身份。如："您好，我是××公司的××，您这儿是××公司吗?"这样可以使对方很快明确身份，将谈话切入正题。

3. 如所打的电话需要总机接转，应对接线员说："请转××分机。"若要找的人不在：

（1）如需留言，可说："对不起，麻烦您转告××（职务或先生、小姐）。"

（2）如需回电，可以留下自己的电话和姓名。

（3）对于长途电话，不宜要求对方回电，可以约定时间再次通话。

4. 拨错电话，应说："对不起，我打错电话，打搅了。"

5. 通话期间，应把整理的要点准确地表达出来。如果电话掉线，应立即重拨。通话完毕，道一声再见，待对方挂机后，再挂上电话。

（四）接听电话

1. 接电话规范：

（1）铃响两声接听电话。如特殊情况以致电话铃响超过两声以上，接听时须向对方表示歉意。

（2）问候来电者，并作自我介绍。

接电话时，应该先说"早上好""下午好""您好"等问候语。

及时向对方作自我介绍，让来电者知道已经同所要找的人、部门或公司联系上了，可以节省双方通话的时间。

(3)明确来电意图。

听清来电者需找的人、部门或需要解决的事情，及时进行电话转接或做好详细的记录，积极帮助来电者处理。

2. 来电等待规范：

(1)当需要来电等待时，应先告诉对方等待的原因。比如“我需要查找资料”。

(2)当需要来电等待时，要说明需等待的时间：

如果是短暂的等待(最多60秒)，就告诉对方：“请稍等，马上就好”；

如果是长时间的等待(1～3分钟)，应询问对方是否愿意等待；在重新通话时对来电者的等候表示感谢和歉意。规范用语：“对不起，让您久等了……”

如果超过了3分钟，则应问清对方电话号码，并告诉对方，有了消息会及时与他(或她)联系。

3. 接转电话规范：

(1)当来电需要转接时，及时将电话转接到要找的人或部门。

(2)若来电者要找的人不在或要找的部门没有人，询问对方可否联系其他的人或部门，或是否有事情需要转告。

4. 记录留言规范：

如果来电需要留言，一定要认真做好记录，记录完毕后向对方重复一遍，以确保准确无误。这些留言记录应包括：

(1)正确拼写来电人姓名。

(2)准确的联系电话，长途电话应记下区号。

(3)来电的主要内容。

(4)来电的时间以及要联系的人或部门。

5. 结束通话规范：

(1)再次向来电者询问，还需要为他(或她)提供什么帮助。

(2)当来电者表示没有其他事情后，应同对方说“再见”。

(3)在对方挂断电话后再挂机。

(4)在尽可能短的时间内，将电话内容进行处理。

(五)移动电话使用规范

1. 保持手机处于正常状态，以方便联络。

2. 在办公区域内，手机铃声不宜太大，防止影响他人工作。

3. 在办公区域内使用手机，不宜有过分夸张的动作和言语。

4. 在与他人交谈时若需要接听手机，应先向对方表示歉意。

5. 注意在有些场合不宜使用手机，如加油站、飞机上。

6. 会议期间，应将手机调至振动或关机状态。会议期间一般不宜接听手机，对于重要的来电，应到会场外接听。

7. 手机的语言、礼仪规范参照上面的内容。

8. 在拨打手机时，应先询问对方是否方便通话。

9. 若自己处于不利于接听手机的场所，则可告知对方原因，并说明在方便时会回电话给对方。

第三节　企业员工行为规范管理实用表单

一、自我报告表

自我报告表如表 5－1 所示。

表 5－1　自我报告表

<table>
<tr><td>所属单位</td><td colspan="3">部　　科</td><td>出生日期</td><td>年　月　日</td><td>年　　龄</td><td></td></tr>
<tr><td>姓　　名</td><td></td><td>性别</td><td></td><td>进公司日期</td><td></td><td>服务年资</td><td>年</td></tr>
<tr><td>职务满足度</td><td>1. 你的工作情形是？（请查核以下各项）
○相当辛苦　○很轻松
○相当困难　○很简单
○很重要　○不重要
○富有变化　○单纯
○不单纯
○能发挥能力
○不能发挥能力</td><td rowspan="2">上班地点</td><td rowspan="2">5. 对上班地点的意见
○不想调离目前的上班地点
理由：
○想调离上班地点
理由：
第一志愿

第二志愿

调职时间
○最好是现在
○最好是　年　月</td><td>自由意见</td><td>9. 请写出对上司、同事以及对公司的期望</td><td>能力开发的计划</td><td>12. 简单谈一下自我启发计划

13. 将来打算在哪方面发挥自己的能力？</td></tr>
<tr><td rowspan="3">工作方面的希望</td><td>2. 对目前职务的意见
○不想离开现在的职务
○希望离开现在的职务
○视情况而定
○没有意见</td><td rowspan="3">能力开发的计划</td><td>10. 自己在能力方面（包括潜在能力）及性格方面有哪些优点？</td><td>健康状态</td><td>14. 健康状况是否能胜任目前的职务？
○绰绰有余
○大致上还可以
○稍嫌吃力
○相当吃力
○罹患慢性疾病
○恐会旧疾复发（写出病名）</td></tr>
<tr><td>3. 从事这个工作有几年？
目前的职位已有　年　月
在目前的单位已有　年　月</td><td rowspan="2">关心的焦点</td><td>6. 研究的领域、课题等（不论与职务是否有关联、不论是自动或指定皆可）

7. 既有的技术、资格等（同上）</td><td rowspan="2">11. 要提高水平，必须提高哪些能力及性格？</td><td rowspan="2">生活状态</td><td>15. 居住的种类
○自宅○公司宿舍
○租房子○公寓○寄宿

16. 通勤时间　时　分
交通路线及工具</td></tr>
<tr><td>4. 希望的职位
第一志愿
第二志愿</td><td>8. 执行职务上，特别努力的事项有哪些（对工作、对上司、同事、部属等）？</td><td>17. 家庭状况
同住人
扶养家属人</td></tr>
</table>

二、自我评价表

自我评价表如表 5－2 所示。

表 5－2　自我评价表

年　　月　　日

<table>
<tr><td colspan="2">[　　　　　　]的业务
[　　　　　　]</td></tr>
<tr><td colspan="2">主要业务内容
评价 A　　B　　C　　D</td></tr>
<tr><td colspan="2">评价重点</td></tr>
<tr><td colspan="2">检讨重点</td></tr>
<tr><td colspan="2">问题事项
重要程度（高、中、低）</td></tr>
<tr><td>问题点</td><td>原因</td></tr>
<tr><td colspan="2">对策</td></tr>
<tr><td colspan="2">（本日 · 本周）的目标
（本月 · 本年）的目标</td></tr>
<tr><td>重点</td><td>方法</td></tr>
</table>

三、目标工作单

目标工作单如表 5－3 所示。

表 5－3 目标工作单

姓名： 职务： 单位： 共 页 第 页

目标编号	目标	重要性	执行计划所需技术	工作进度									备注
				单位	月份								
					当月	计划							
						实际							
					累计	计划							
						实际							
					当月	计划							
						实际							
					累计	计划							
						实际							
					当月	计划							
						实际							
					累计	计划							
						实际							
主管： 执行人：													

注：①各项目标按重要性顺序排列；

②进度的单位有数值的尽量用数值表示，无数值的用百分率表示。

四、目标管理卡

目标管理卡如表 5－4 所示。

表 5－4 目标管理卡

<table>
<tr><td>单位</td><td colspan="2"></td><td>职位</td><td colspan="2"></td><td>姓名</td><td colspan="2"></td><td>期间</td><td colspan="2">自
年 月 日
至
年 月 日</td><td>直属上司</td><td colspan="2"></td><td>验讫章</td><td></td></tr>
<tr><td>目标项目</td><td colspan="4">1.</td><td colspan="4">2.</td><td colspan="4">3.</td><td colspan="4">4.</td></tr>
<tr><td>具体的内容</td><td colspan="4"></td><td colspan="4"></td><td colspan="4"></td><td colspan="4"></td></tr>
<tr><td>本人对结果的评价</td><td colspan="4"></td><td colspan="4"></td><td colspan="4"></td><td colspan="4"></td></tr>
<tr><td rowspan="2">上司对结果所做的评价及意见</td><td>A 非常努力</td><td>B 颇努力</td><td>C 尚可</td><td>D 有待努力</td><td>A 非常努力</td><td>B 颇努力</td><td>C 尚可</td><td>D 有待努力</td><td>A 非常努力</td><td>B 颇努力</td><td>C 尚可</td><td>D 有待努力</td><td>A 非常努力</td><td>B 颇努力</td><td>C 尚可</td><td>D 有待努力</td></tr>
<tr><td colspan="16">意见</td></tr>
</table>

五、主要计划表

主要计划表如表 5－5 所示。

表 5－5　主要计划表

<table>
<tr><td>计划名称</td><td colspan="2">[　　　　　　　　]</td><td>单位
姓名</td><td colspan="2"></td></tr>
<tr><td>主题目标</td><td colspan="5"></td></tr>
<tr><td>人员</td><td colspan="2"></td><td>组别</td><td colspan="2"></td></tr>
<tr><td>领导者</td><td colspan="2"></td><td>协助者
（助理）</td><td colspan="2"></td></tr>
<tr><td>行动计划</td><td colspan="5"></td></tr>
<tr><td>步骤</td><td colspan="5"></td></tr>
<tr><td>日程表</td><td colspan="5">（记载进步状况）　完成率（%）
→开始　□月□日　20
→中程目标　□月□日　40
→（修正目标）　□月□日　60
→（延长）　□月□日　80
→完成　□月□日　100</td></tr>
<tr><td>成果</td><td colspan="5"></td></tr>
<tr><td>检测</td><td colspan="2"></td><td>第二次展开</td><td colspan="2"></td></tr>
<tr><td colspan="2">预算</td><td colspan="2">修正预算</td><td colspan="2">结算</td></tr>
</table>

六、工作计划 6W2H 分析表

工作计划 6W2H 分析表如表 5－6 所示。

表 5－6　工作计划 6W2H 分析表

WHY	为何做这件事？ （动机）		□已确认 □不充分 □再确认
WHAT	目的为何？ （目标）		□已确认 □不充分 □再确认
WHERE	在何处实施？ （场所、地区、单位）		□已确认 □不充分 □再确认
WHO	由谁执行？ 与谁执行？ （负责人、协助者）		□已确认 □不充分 □再确认
WHICH	哪一个提案？ （选择、挑选）		□已确认 □不充分 □再确认
WHEN	截止期限？ （期限、完成日期）		□已确认 □不充分 □再确认
HOW	如何执行？ （方法、执行方案）		□已确认 □不充分 □再确认
HOW MUCH	花费多少？ （预算、价格）		□已确认 □不充分 □再确认
问题点	有无缺点？ 有无问题点？ 有无注意事项？		□已确认 □不充分 □再确认
对策	想象所有的可能性并加以检测		□已确认 □不充分 □再确认

七、工作记录表

工作记录表如表 5 – 7 所示。

表 5 – 7 工作记录表

单位：________

研究人员姓　　名	工作记录						备注
	月　日（一）	月　日（二）	月　日（三）	月　日（四）	月　日（五）	月　日（六）	

八、日程表

日程表如表 5－8 所示。

表 5－8　日程表

时间	日（星期　　）
6 7 8	
9 10 11 12 13 14 15 16	
17 18 19 20	
21 22	
备忘录	

九、日程检查表

日程检查表如表 5－9 所示。

表 5－9 日程检查表

科　　　　　姓名
□1. 是否优先拟定当日（本周、当月、今年）的重要事项
□2. 是否考虑步骤、准备程序后再拟定
□3. 是否能在自己规定的时间内完成
□4. 是否就其课题、目标来分配时间
□5. 是否考虑到自己的状况
□6. 访问或面谈时，是否把握重点
□7. 访问或面谈时，是否提早出门
□8. 访问或面谈时，是否预测到拖延的时间
□9. 遇到紧急事情时，是否有考虑应对方法
□10. 是否考虑对方时间会变更
□11. 时间或日程变更时，是否有人可以协助
□12. 日程表修正后，是否仔细检查一遍
□13. 工作进度是否有调整的余地
□14. 是否不到最后不放弃
□15. 是否在前一天（周、日、年）决定第二天（周、月、年）的计划

第6章　企业公共关系管理

第一节　企业公共关系管理工作要点

一、企业公关操作流程

第一条　目的

为设计和制定合理的公关操作程序，选定可行的公关方案，有效地促进公司公关目标的达成，特制定本流程。

第二条　公关操作的基本要求

（一）从公司长远利益出发，合理规划每项工作。

（二）适时调整公关企划方案。

（三）操作流程要符合公司要求与需要。

（四）职责明确。

第三条　善于创造和把握公关机会，确实把握机会的线索、方针和行为规范，寻找新的经营机会和经营领域。

第四条　有效配置公司现有资源，不断完善公关方案。

第五条　公关要突出人的主观能动性和自觉适应性，灵活地根据市场环境和公司现有状况，组合相关的公关企划资源，不断调整公关活动。

第六条　公关操作流程

（一）公关主题的确定

1. 列举公关企划问题。

2. 明确公关企划目标。

3. 确定公关企划主题。

（二）公关所需资料的收集与分析

1. 现有资料收集。

2. 市场状况调查。

3. 资料审核。

4. 资料分析。

（三）公关创意的产生

1. 创意方法的选择。

2. 公关创意方案的制订。

（四）可行性公关方案的选择

1. 选择衡量标准。

2. 公关方案的对比评估。

3. 确定最终方案。

(五)公关方案的模拟与评估

1. 公关的预算评估。

2. 公关的进度控制。

3. 公关的效果评估。

二、接待来访工作流程

接待来访工作流程如下:

1. 起立招呼,使用礼貌用语。

2. 让座倒茶。

3. 询问来访人姓名、单位、身份、来访目的、是否预约。

4. 决定接待对象和方式:秘书接待、有关部门接待、领导接待。

5. 是否安排工作餐或宴请订餐。

6. 接待完毕,礼貌送客。

7. 按宾客身份分送至办公室门口、楼(电)梯口、公司大门口。

8. 填写访客记录,必要时向领导汇报。

第二节　企业公共关系管理规范化制度

一、企业对外接待办法

第一条　总则

(一)对外接待是公司行政事务和公关活动的重要部分,为使对外接待工作规范有序,具有统一的公司形象,特制定本办法。

(二)本办法适用于全公司各部门。

第二条　对外接待范围

(一)本办法规定的接待范围主要是公司及所属各部门,以及各子、分公司经营管理活动所必需的接送、食宿、购票、会谈和陪同参观等方面的安排和工作。

(二)接待的对象分为内宾和外宾。

第三条　对外接待部门

(一)公司行政部为公司负责接待的职能部门。

(二)遇到重大接待工作和活动,可由总经理室协调若干部门共同完成此项工作,有关部门要积极主动配合。

第四条　对外接待原则

接待应遵循“平等、对口、节约、周到、保密”的原则，使客人高兴而来、满意而去。

（一）平等原则。对来宾无论职务高低，都要平等相待、落落大方、不卑不亢。一般情况下，级别与权限相等，同级别出面，特殊情况高规格接待。

（二）对口原则。各职能部门对口接待。综合性接待时各部门应予以配合。

（三）节约原则。内部成本效益核算。招待来宾从简，不铺张浪费，不重复宴请，主方人数不多于宾客人数。

（四）周到原则。接待程度应衔接周密，接待方式应完善，以礼相待，使客人感到热情、周到。

（五）保密原则。向不定期来宾介绍情况，注意保守公司情况、国家机密。重要会议要有记录。巧妙回避不宜回答的问题。

第五条　接待规格的确定

（一）高规格接待，陪客比来宾职务高一些。适用于上级机关派员来人、其他企事业单位来员洽商重要事宜、下属企业领导来访汇报情况。

（二）对等接待。适用于一般性接待活动。

（三）低规格接待，陪客比来宾职务低一些。适用于经常性业务往来。

第六条　接待礼仪

（一）见面。原则为主动、热情、礼貌。

（二）接待。主动起迎，问明来意。

（三）安排交谈地点：

1. 根据来客来意和身份，安排适当地点（办公室、接待室、会议室）进行交谈。

2. 手头正忙，一时难以抽身时，应向客人说明暂请他人代接待或另商时间。

3. 切忌让客人久候而无人问津。

4. 客户提出与国家领导或他人交谈，应立即联络，并将客人引至约定地点等候会面，介绍后再行离开。

第七条　引见

（一）首先向领导介绍客人（单位、职务、姓名）。

（二）引见顺序：

1. 把身份低、年龄轻的人介绍给身份高、年纪大的。

2. 按职务高低，依次介绍一行来客。

3. 职务相同，先介绍年纪大的。

4. 领导与来宾见面交谈后，对客人原定日程有变化的，与客人共同协商安排。

第八条　行路

（一）陪同客人行路，请客人行于自己右侧。

（二）乘坐车、上下楼梯、电梯，礼让在先，主动开关门。

（三）自己处于主陪地位，应并排在客人旁边，不要落在后边。

第九条　其他

（一）穿着不得过于随便，按规定着装，衣着整洁，有风度。

（二）主动照顾来宾中的老人、妇女、儿童和残障人士。

（三）尊重属不同国家和民族来宾的风俗习惯和礼节。

（四）因故未能准时赴约，尽早通知对方，并以适当的方式致歉。

第十条　接待内容和程序

（一）接待内宾

1. 接受任务。弄清来宾的基本情况：单位、人数、姓名、性别、职务和使命、抵离时间、乘坐交通工具及车次或航班。

2. 布置接待。提出接待意见：接待部门、人员、规格、方式、安排、费用预算，并报请上级批准。

3. 迎接安排。根据来宾身份、人数、性别，预订招待所或宾馆，安排好伙食标准、进餐方式、时间、地点，按抵达时间，派人派车迎接。

4. 看望、商议日程。来宾住下后，公司有关人员前往看望，表示欢迎和问候，了解来访日程和目的，商定活动日程并通知有关部门。

5. 安排有关领导会见。按接待规格和礼仪，安排有关领导去住所看望，接待人员安排会见地点、时间、陪同人员。

6. 组织活动实施。按参观、考察目的，组织业务部门向客人介绍情况，参观现场；对上级检查，安排汇报、座谈会。

7. 送别。根据客人意见，预定车、船、机票，协助客人结算食宿账目，话别送行，派人派车送至车站、码头或机场。

8. 小结。每次较大规模接待完成后进行一次小结，以便总结经验、改进后续工作。

（二）接待外宾

接待内容与程序基本相同，主要内容和注意点为：

1. 迎送

（1）安排迎送陪同人员和译员，要有与外宾身份相当的对口、对等人员迎送。

（2）对身份较高的外宾，事先应在机场（车站、码头）安排贵宾休息室，并备有饮料。

2. 会见会谈

（1）会见会谈的时间、地点、双方人员名单应至少提前1天通知对方，并尽量不改变计划；会见时，我方主要人员要高于或等于外宾身份；会谈时，身份一般对等。

（2）我方人员应提前到达，并在门口迎送。

（3）对会见会谈场所、座位事先精心安排，留定座位。双方人员较多、场所较大时，宜装扩音系统，桌上放置中外文座位卡。

（4）会见的座位排列：外宾在右边，我方人员坐左边。团长安排在我方主谈人右手第一位，副团长坐第二位，其他外宾可依次随便落座。

（5）会谈时用长桌的，中外各一方，请外宾坐上方，我方主谈人坐自己一方的中间位置。

（6）如有合影，事先安排合影图。合影一般主人居正中，按礼宾次序，以主人右手为上，主客双方间隔排列。

3. 宴请

（1）有宴会（早宴、午宴、晚宴）、招待会（冷餐会和酒会）、茶话会、工作进餐等类别。

（2）举办何种宴请活动，根据活动目的、对象、经费开支等因素确定。

（三）文艺晚会

根据活动目的、外宾兴趣、接受能力，安排和选定节目，根据客人身份安排好座位。一般以第七排、第八排座位为佳。

（四）参观游览

根据来访目的、性质、外宾意愿和兴趣，选择有针对性的游览项目，安排身份相当的陪同人员和解说员、导游。

（五）接待标准

1. 用餐标准

（1）招待官员、关系户，____ ~ ____元/人/餐。

（2）较重要官员、关系户，____ ~ ____元/人/餐。

（3）地方一般干部、外单位来人，____ ~ ____元/人/餐。

（4）公司分支机构来人____元左右/人/餐。

（5）常客按员工标准。

2. 住宿安排

（1）重要官员，____ ~ ____元/天，由总经理审批。

（2）较重要官员，____ ~ ____元/天，由总经理审批。

（3）公司分支机构按公司标准。

（4）常客自愿。

第十一条　附则

涉及重大接待活动，需部门协调执行。

二、企业参观管理规定

第一条　来本公司参观者必须事先与办公室主任预约，并如实填写《参观公司申请书》。

第二条　行政总监对《参观公司申请书》进行审核，一经批准即转交办公室主任。

第三条　由办公室主任填写参观内容、范围与路线，然后交行政总监审批。

第四条　凡持有公司印制的《公司参观许可证》者，有资格进入公司参观。

第五条　凡合乎下列条例，并经行政总监许可者，有资格进入公司参观。

1. 事先与本公司总部或其他事业部门联系过，并征得有关部门许可者。

2. 公司主要客户及其介绍给本公司的人。

3. 政府机构、社会公众团体及其介绍给本公司的人。

4. 其他希望参观者。

第六条　申请者必须向公司行政部出示《公司参观许可证》以及《参观公司申请书》，领取“参观者胸卡”。行政部在参观公司申请书上填写《许可编号》，转交门卫。

第七条　一般情况下禁止外来参观者在作业现场拍照。

第八条　参观者如果对所参观某机械设备感兴趣，希望拍摄该设备的照片，必须向办公室主任请示。

第九条　办公室主任可以在获得该生产主管同意的前提下，指定专人针对所需部分进行拍照并以公文形式把照片寄给参观者主管。

第十条　为防止所拍摄照片被过量复制，应由所在生产部保管底片。

第十一条　本公司设备的照片，不得擅自公开刊登，如果有必要刊登，必须事先请示公司工程部。

三、企业来宾管理接待制度

□ 总则

第一条　为规范本公司参观制度，维护本公司保密利益，同时促进公共关系、扩大宣传效果，特制定本制度，所有来公司参观者及带领参观者应遵守本制度。

□ 参观种类

第二条　团体参观：机关单位或社会团体约定来厂参观者。

第三条　贵宾参观：政府首长、社会名流以及国内外各大企业负责人经公司允准来厂参观者。

第四条　普通参观：一般客户或业务有关人员来厂参观者。

第五条　临时参观：因业务需要临时决定来厂参观者。

□ 接待方式

第六条　团体来我公司参观，原则上在公司会客室接待，无特殊情况不安排宴请，如有宴请需要，须经行政总监批准，参观时的陪同人员由行政部协调相关部门决定。

第七条　贵宾来我公司参观，按公司规定以咖啡、西点、冷饮、烟茶或其他方式招待，并由公司高级人员陪同或由相关部门主管陪同。

第八条　普通参观，则以烟茶招待，由管理部或有关部门派员陪同。

第九条　临时参观同上条。

□ 参观规则

第十条　贵宾参观及团体参观由公司核准并于参观前三日将《参观通知单》填送各工地管理部门，凭单办理接待，如事出之急应先以电话通知，后补通知单。

第十一条　普通参观由各部门经理核准，并于参观前一日将《参观通知单》填送工地，以利接待，但参观涉及两个部门以上者，应依照团体参观办理。

第十二条　临时参观由各部门经（副）理核定，并于参观前一小时以电话通知各工地管理部办理接待，如参观涉及两个部门以上者，应请管理部协调办理。

第十三条　未经核准的参观人员，一律拒绝参观，擅自带领参观人员参观者，按泄露商业机密论处。

第十四条　参观人员除特准者外，一律谢绝拍照，并由陪同参观人员作委婉说明。

□ 附则

第十五条　本制度如有未尽事宜随时检查修正。

第十六条　本制度呈报公司核准后公布施行。

四、对外接待费用管理制度

□ 总则

第一条　为规范本公司接待费用使用，减少不必要的开支，杜绝大吃大喝和奢侈浪费现象，特制定本制度。

第二条　与本公司有业务往来的客户、供应商、融资方以及其他外部关系者接待费（包括交际费与招待费）的开支一律按本制度执行。

第三条　本公司所有人员在接待外部关系中所产生接待费的申请、批准、记账、结算等，一律按本规定的手续办理。如未经本制度许可或未按本制度相关程序办理，所产生的费用财务部不得予以报销。

第四条　本公司所有人员在对外接待时一律按本规定执行，不得擅自或任意动用接待和交际费用开支。

□ 范围

第五条　在对外接待过程中，由于会议组织、研究讨论、招待交际、宴请、典礼、捐赠等行为产生的费用，可以纳入接待费中。

□ 细则

第六条　本公司所有招待费用的申办必须有真实明确的用途及目的。公司的营业、采购、融资以及其他经营，有其客观的目的性，任何接待上的开支不得背离经营上的目的与要求。

第七条　本公司所有招待费用的申办必须本着最小支出、最大成果的原则，充分考虑和认清第一次接待的目的和接待的方法，合理接待，有效使用经费开支。

第八条　各级责任者或主管领导，必须充分审核每一次接待任务与接待方式，给予接待任务的担当者以适当的指示。

□ 开支

第九条　本公司各部门都必须进行接待费预算，并在预算范围内开支。预算按过去的平均实绩来确定。

第十条　接待次数原则上每人每日不得超过 2 次，但 100 元以下的开支不在其列。同样内容与对象的接待应尽量避免，不要重复接待。

第十一条　对重要的关系户要设立接待卡，详细记载其嗜好、兴趣与特点等。有关接待卡的填写与保管，另行规定。

第十二条　接待的目的按下列原则分类，并在《接待申请及报告书》上写明规定的"接待目的"：

1. 招待新交易伙伴关系户。
2. 庆祝合作关系的建立。
3. 销售收入提高后的致谢。
4. 出访时的请客。
5. 来访时的招待。
6. 接纳各种建议后的致谢。
7. 达到各种目的后的致谢。
8. 重要的节日或庆典。

第十三条　接待按对象、目的以及场合，分为以下三档：

1. A 档（特别重要和重大的接待）。
2. B 档（比较重要和重大的接待）。
3. C 档（一般的接待）。

第十四条　接待场所根据接待档次确定，分为"高""中""低"三类场所。

1. 高（适合于 A 档接待规格），主要指高级的饭店、餐馆、美食中心。
2. 中（适合于 B 档接待规格），略低于"高"档水平的中高档餐馆。
3. 低（适合于 C 档接待规格），主要指中低档大众用餐场所。

□ 附则

第十五条　接待当事人根据具体情况，判断是否需要接待或招待，并填写公司规定的"接待申请及报告书"，向主管领导正式提出申请，主管允许后加盖印章，送交行政总监审核。

第十六条　行政总监根据申请表内容进行审核，批准后加盖印章。行政总监审批权限的上限为一次____元，超过审批权限，必须上报总裁批准。

第十七条　接待费由行政部直接支付给申请部门及申请人。行政部依据申请内容以及相应的接待档次与场所，支付一定的费用。申请部门应在规定的时间内，将收据和发票凭证，连同申请书一起送回行政部进行结算。

第十八条　在接待工作结束后 15 日内，必须到行政部结算，如果没有收据或开支凭证，一切费用由本人承担。

五、招待用餐管理规定

□ 用餐程序

第一条　各部门在公司安排用餐须报总经理批准，并提前将报告送交订餐部。报告要列明招待单位、时间、标准、人数及餐厅名称。

第二条　在职员食堂用餐，经接待部门的经理批准后，直接在该部门秘书处领取餐券用餐。

第三条　如遇特殊情况，可口头请示，同意后先用餐，再补办手续。

□ 用餐标准

第四条　餐费标准。营业餐厅用餐标准分为 A、B、C 三个档次（酒水除外）。也可按以上标准零点，但须在报告上说明。

第五条　一般客人用 C 档，较重要客人为 B 档，重要客人为 A 档。

□ 酒水标准

第六条　除有明确批示外，招待一律只供应适量的本地啤酒及饮料。其余如香烟、洋酒、葡萄酒、烈酒、冰激凌等须经批准后方可按量供应。

□ 用餐后的核算

第七条　所有招待用餐和饮料，接待部门须及时注明并签字。

第八条　职员食堂月底将招待用餐数核准无误后，交财务部拨款。

第九条　对不符合手续、不按规定办理的用餐招待，各有关岗位可以拒绝提供服务，并将追究有关人员的责任。

六、公关实施准则

□ 制定公关目标的准则

第一条　公关目标的确定应与公众的利益和社会准则相一致。

第二条　所确定的公关目标应与公司的总体目标一致。

第三条　所确定的公关目标应表现为某项工作所要取得结果的具体描述，实现目标的时间必须有明确的规定。

第四条　所确定的目标，在时间限制、效果指标等问题上要切实可行。

第五条　所确定的目标要简明扼要，一个目标只能包含一个结果。

□ 确定和分析公众

第六条　确定目标公众是对公众认识的第一步，通过“谁被卷入这一问题”“谁会影响这一问题”“谁受这一问题的影响”等来确定对象公众。

第七条　全面分析公众对公司的期望和要求，与公司利益加以权衡，以此来确定公关目标的层次。这是公关工作能否切中要害、能否成功的关键。

第八条　在对目标公众调研和对象公众期望要求分析的基础上，进一步将各构成要素细分，并将其与期望要求做出相关分析，以便更深入了解目标公众，确保具体公关方案的科学性。

□ 确定公关信息

第九条 确定信息的目的是为了制定出符合公关目标、符合公共关系传播的规律和要求的传播内容。确定信息的主要依据是公关活动目标的内容、公关活动对象的分析资料、公关传播的基本原则和规律等。

公关信息的确定应注意以下几个问题：

（一）信息要适合于实现公关目标的要求。

（二）信息的确定要有明确的主题。在同一个公关活动中所传播的信息都要围绕着一个统一的主题、统一的基调来进行宣传。提供给各种不同媒介的信息，也要围绕着主题来宣传。

（三）对主题的表达必须清楚明了，有明显的个性特征并易于记忆。

（四）应注意平等的态度，应把公关对象视为平等的朋友。从事公益活动或赞助活动的宣传，应体现对社会高度的责任感。

（五）信息要确保真实，不能做有意的夸大或片面的宣传。

（六）信息要尽可能适合所要利用媒介的传播特点。

（七）信息要依据受众的特点来确定。对受众的需求、兴趣、好恶、接受能力等都应充分考虑，以保证传播效果。

□ 确定传播渠道

第十条 渠道选择和媒介战略的制定要从公关的目标和对象的传播行为，接触媒介的特点出发，综合考虑信息特点的限制和需要，考虑不同类型的媒介本身所具有的不同功能以及财力等问题。

（一）传播渠道选择的程序。

1. 考虑对不同传播方式的选择。

2. 考虑对不同类型媒介的选择。

3. 考虑具体媒介的特点。

4. 考虑具体媒介的特定时间、特定空间在内容、质量上的不同特点，对受众的不同影响力。

（二）传播渠道选择的注意事项。

1. 传播渠道的选择要适合对象公众的传播行为，要考虑媒介与公关对象的接近性。具体确定传播渠道时，要尽可能选择公关对象最常接触的、最容易接触的和最愿意接触的媒介。

2. 传播渠道的选择要与所要传播信息的特点、要求相适应。

3. 选择媒介要和公司的承受力相一致。

4. 确定媒介战略时，要注意利用媒介组合的优势和媒介运用的策略问题。

□ 公关计划的制订

第十一条 在确定了公关目标和对公众、信息、媒介等基本问题进行深入分析的基础上，围绕目标，依据研究结果，进一步着手研究编制可供实施的公关计划。

（一）制订公关计划的原则。

1. 公关计划应与公司的经营管理计划、市场环境相吻合。

2. 公关计划应有重点。应着重抓一至两个重要问题解决，切忌面面俱到、平均用力，要尽可能避免把摊子铺得太大而顾此失彼。

3. 公关计划应注意平衡性。公关工作应突出重点，解决当前急需解决的问题。公关工作同时也应特别注意公司的长远利益，兼顾重点对象与一般对象。

4. 公关计划要考虑承上启下的连续性。公关工作切忌靠心血来潮大干一场，虎头蛇尾，一个计划一个调。公关计划应通盘考虑以前的基础和今后的发展。

5. 公关计划要具有一定的弹性。公关计划工作带有一定的预测性质、难以精确计量，因此，在具体的活动项目完成的时间、任务指标和经费预算上都要留有一定的余地。

6. 公关计划的制订要注意创新。要根据环境的不断变化而变化，不断推出新计划，不可因循守旧。

（二）公关计划的基本内容。

1. 某一时期的战略规划。概括制定出总目标和完成总目标最主要的措施、条件以及分阶段实现目标的设想等，对具体的活动不做出规定。这是一种战略指导性计划。

2. 跨年度公关计划。围绕着某一公关问题而特别制订规模较大的公关活动计划。计划中的各阶段、各项目的目标、内容、时间等都要求具体、明确。

3. 年度公关工作计划。这是围绕一年的公关工作目标而形成的具体工作计划。计划要求具体、明确和可操作性。

4. 专项公关活动的实施计划方案。专项公关活动实施的计划方案是为公关计划中各具体项目的开展而制订的。为使这些项目的实施能统筹安排，有章可循，专项计划方案应包括如下内容：项目名称及项目的目标，项目的负责人、实施者及各自的责任，项目筹备、实施的程序设计和时间表，项目所涉及的对象及各种条件分析，项目所需的传播媒介、器材设备、外部环境等，项目的经费预算，项目的成果考核标准和考核方法。

（三）编制实施公关计划的工作程序表。

编制出计划实施所采取的具体步骤，使公关计划具体化、可操作。

□ 公共关系的预算编制

第十二条 公共关系预算的基本构成包括以下几种：

（一）人工报酬。公关活动是智力投资，费用的主要部分是用来支付公关人员的工资。

（二）活动费用。包括日常活动和特定计划公关活动所需的经费，如办公费、房租、水电、电传电话、通信、招待记者来宾、接待应酬、参观、展览、公关报道、广告及各种宣传项目、为公关提供的各种教育培训和服务项目、公关调研项目、公关赞助项目以及一切外出活动的交通差旅等费用。

（三）器材设备费。包括美工器材、摄影设备和材料，编辑印刷各种组织刊物和各种报告的设备材料、各种视听器材、展览设施和用品等各种费用。

（四）临时费用。用于突发事件，从财力上保证公关的应变能力。

第十三条 公共关系预算应注意以下问题：

(一)公共关系预算要以公关实际需要和公司经济承受能力为准则。采用比率抽成预算,应随实际变化,不断调整比率。根据实际需要做预算时,要考虑到公司的实际承受能力,使预算真正切实可行。

(二)公关预算要留有余地,公关的重点和方向随形势变化而改变,故预算时应设临时费用,以备不期之需。此外,预算时还应考虑到一年内或一段时间内人工费、物价等因素的变化,适当留有余地。

(三)专款专用。公关有关拨款的预算是以完成预定目标为依据的,故其预算拨款仅能用于公关活动,其他部门或事项不可随意占用。

(四)公关预算要主动争取外界资助。公关预算除了依靠公司拨款外,还要努力争取社会组织的协助、支持。

□ 对公关计划方案的事前检查

第十四条　事前检查要对计划中所规定方案实施过程的每一步骤都进行检查,既包括对计划本身的检查,也包括对用来实施计划、方案的各种具体手段的检查。

七、媒介关系处理办法

□ 总则

第一条　为加强同新闻媒介的联系,做好公司的宣传工作,特制定本办法。

第二条　新闻媒介对公司具有重要作用,公司应该主动加强与新闻媒介的联系。

第三条　公司应主动向新闻媒介提供信息。

第四条　公司公关人员要有新闻头脑,善于捕捉新闻、发现新闻,撰写具有新闻价值的稿件,运用传播手段,及时提供信息给新闻媒介,把公司重大事件告诉广大公众。新闻稿力求文字精练,情节生动,以吸引公众。

第五条　公司的一些重大活动,应邀请新闻媒介有关人士参加,为他们提供采访、报道的机会。

第六条　公关人员要有丰富的想象力,协助公司决策层制造新闻事件,并进行宣传报道。

□ 与媒介联系的原则

第七条　开诚布公原则。与新闻界打交道,最佳的策略是诚实。如果公关人员在坏消息上是诚实的,那么在好消息上就更有可能得到信任。

第八条　公平对待原则。公关人员不能偏爱某个新闻渠道,而忽略其他新闻渠道。同时,现场新闻应该尽可能迅速地发布出去,让媒介来决定要公开哪些部分。

第九条　提供服务原则。获得新闻记者合作的最迅速、最有把握的方式就是在他们需要时,以他们可以方便使用的方式,为他们提供有新闻价值的、具有趣味性和及时性的资料。

第十条　理解支持原则。新闻界的工作有自己的原则和方式，不能把公司愿望强加于新闻工作者。

第十一条　适度原则。

（一）尊重新闻记者的新闻标准。

（二）保证媒介新闻及时发送。

□ 与媒介合作的要求

第十二条　从公众利益的角度处理问题。

第十三条　公关人员提供给媒介的新闻，应做到标题简短、醒目，避免使用过多的专业术语及省略语，以增强稿件的可读性。

第十四条　新闻稿先讲重要内容。对于记者提问，要首先宣布最有新闻价值的内容，然后列举支持公司最初声明的具体例子或者证据。

第十五条　与记者谈话应谨慎并注意保持气氛，要理解新闻记者所处的地位及职业心理。

第十六条　如果记者的问题是直截了当的，回答也应该是直截了当的。

□ 与媒介联系的方法

第十七条　举行记者招待会。记者招待会便于更好地进行双向沟通，是公司处理好与媒介关系的重要方法。要使记者招待会取得成功，必须做好以下几项准备工作：

（一）确定记者招待会的主题，一般是公司的重大事件。

（二）选择合适的时间、地点。

（三）确定邀请范围、对象和名单，提前发出请柬。

（四）选择主持人或发言人，提前准备好发言稿及有关图片、文字、音像资料、实物模型等，为记者准备报道资料。

（五）准备录音、录像、摄影等工具，便于记者采访。

（六）安排足够的接待、服务人员，为记者提供后勤服务。

（七）会后注意总结经验教训，分析招待会的得失，建立起档案资料。同时，注意收集记者们登载的消息和报道，评估招待会的成果。

第十八条　邀请新闻界人士参观访问。邀请新闻界人士参观访问，是与新闻媒介建立良好关系的有效方法。通过参观访问、实地观察，可增加新闻界人士对公司的感性认识，获得宣传报道的第一手材料。

八、开业典礼管理制度

第一条　目的。

给社会、公众留下深刻、美好的“第一印象”，最大限度地扩大知名度和影响力。

第二条　操作流程。

（一）精心拟订邀请宾客名单。该名单由企业领导增删核准，提前送达。对重要贵宾须个别关照，确保与会。

（二）拟订典礼程序。一般为宣布开始、宣读贵宾名单、贵宾致贺词、致答谢词、剪彩、揭牌几项。

（三）事先确定致贺词人、致答词人，草撰贺、答词文稿。

（四）事先确定剪彩人员名单。

（五）安排一些余兴节目，如题词，或锣鼓、舞狮耍龙、秧歌等民俗活动。

（六）典礼仪式后，组织参观生产、经营、服务现场，或进行优惠、义卖活动。

（七）座谈、留言、个别拜访，广泛征求意见和建议，整理留言簿和摄像、录音资料。

第三条 注意事项。

（一）体现热烈、隆重（或简朴）、喜庆、欢快的气氛。

（二）精心组织，确保万无一失，多制订几套后备应急方案。

（三）所有宾客无论地位高低，均不得懈怠。对围观群众也以礼相待。

（四）公关人员应准备充分、善于鼓动、周到热情、指挥有序。

九、新闻发布会管理制度

第一条 新闻发布会的筹备。

（一）确定会议主题。首先要从新闻媒介和社会公众的角度出发，确定会议的主题和信息发布的最佳时机。然后再进一步考虑这个主题是否非常重要，是否具有新闻价值，能否对公众产生重大影响，此时召开信息发布会是否适宜等。

（二）选择会议主持人和发言人。主持人和发言人必须具有较高的文化修养和口头表达能力，对提问能做到头脑清醒、反应机敏。会议的主持人一般应由具有较高专业技巧的人担任。会议的发言人一般应是公司董事长或总经理，发布会前应进行必要的模拟训练。

（三）准备发言稿和报道提纲。

1. 必须先在公司内部统一口径，然后组织专门小组负责起草发言稿，全面、认真地收集有关资料，写出准确、生动的发言稿。

2. 应围绕主题，准备好宣传辅助材料，包括文字、照片、实物、模型等材料，以便在会上分发、展示或播放，以增强发言效果。

（四）选择会议地点和举办时间。

1. 举行新闻发布会要选择一个适宜的地点，不宜在办公室举行。会场要具备必要的照明设备、视听设备和通信设备等。会场要安静，不受电话干扰，要有舒适的座椅。

2. 选择会议的时机，应尽量避免节假日、重大社会活动和其他重大新闻发布的日子。时间安排要考虑到媒介的截稿时间，会议程序应安排紧凑，避免冷场或混乱局面。

3. 会议时间一般应控制在 1 小时以内，与会议无关或过长的提问应予以制止，会议应有正式结尾。

（五）选择邀请记者的范围。

邀请的记者覆盖面要广，都要照顾到，对所有记者要一视同仁。

（六）组织参观和宴请的准备。

1. 发布会前后，可配合主题组织记者进行参观活动，请记者进行深入采访，有关参观活动事宜应在会前就安排好，并派专人接待、介绍情况。

2. 会后可邀请记者共进工作餐，利用非正式交谈的机会，相互沟通，融洽与新闻界的关系，解决发布会中没有解决的问题。

（七）制定会议费用预算。

应根据所举行新闻发布会的规格和规模制订费用预算，并留有余地，以备急用。

第二条　新闻发布会的召开。

（一）会议主持人要充分发挥主持和组织作用。

主持人言谈要庄重，有涵养、有幽默感，要尊重别人的发言和提问，同时要控制好会场气氛，把握主题范围，维持会议秩序，掌握会议时间。

（二）所发布的消息必须准确无误，如有错误应及时予以更正。

（三）应安排足够的接待员，设立签到处，并派专人引导记者前往会场。会议组织人员应佩戴胸卡，与会记者应发给写有姓名和新闻机构名称的胸牌，会议桌与餐桌要分清主次，排好顺序，避免混乱或不愉快的情况出现。

第三条　新闻发布会后的工作。

（一）整理出新闻发布会的记录材料，总结经验和不足，并作为资料保存。

（二）收集到会记者在新闻媒介上所做的报道，进行归类分析，总结经验得失。

（三）收集与会者的反应，了解记者及所属媒介对公司所发稿中的内容及倾向性等。

（四）对于因故未能参加发布会的新闻机构，可提供有关背景资料、会议记录材料与图片、报道提纲等。

第三节　企业公共关系管理实用表单

一、介绍信

介绍信如表 6 - 1 所示。

表 6 - 1　介绍信

：
兹介绍我公司　　　　同志等　　　　人（系我公司　　　　　），前往贵处联系　　　　　　事宜，请接洽。
此致
敬礼
××××××公司（盖章）
年　　月　　日

二、请柬

请柬如表6－2所示。

表6－2 请柬

同志： 我公司定于　　月　　日　　时举办　　　，届时敬请光临。 此致 敬礼 ××××××公司（盖章） 年　月　日 地址：　　　　电话：　　　　联系人：

三、出席典礼邀请函

出席典礼邀请函如表6－3所示。

表6－3 邀请函

谨定于　　年　　月　　日（星期　）　　时整在　　　举行 典礼。 恭请 ×××市 ××××局长莅临主礼 ××××会总裁 演讲及颁奖 敬候 光临指导 ××××会馆 主席××××敬约

四、贵宾接待日程表

贵宾接待日程表如表6－4所示。

表 6－4　贵宾接待日程表

		荣誉董事长	董事长	总经理	A 常务董事	B 常务董事	C 常务董事	D 常务董事
星期一	AM	____××公司来访	____××公司来访	____内部常务董事				
	AM	____～____演讲会（于××饭店）		____内部洽谈；____××报社采访	____到××公司访问；____到××公司拜访			
星期二	AM	____××公司有客来访	____常务会议					
	PM			____××公司有客来访				
星期三	AM	____××公司有客来访；____公司举行酒会	____公司有客来访；公司举行酒会（由荣誉董事长主持）	____有客来访（董事长陪同）	×航××班机____起飞			
	PM		____××饭店来访；____报社采访；____洽谈（由××常务董事主持）		到××地出差			

五、公务联系单

公务联系单如表 6－5 所示。

表 6－5　公务联系单

速级	
密级	

送抵时间	
姓名	
已阅签字	
转出时间	
联　系　事　项	
签　复	
填发人：	年　月　日　午　时

六、参观申请登记表

参观申请登记表如表 6－6 所示。

表 6－6　参观申请登记表

接待部门：________　　　　　　　　　　　　　　年　月　日填

<table>
<tr><td rowspan="5">主要参观人</td><td colspan="6">姓　名</td><td colspan="3">性别</td><td colspan="2">单　位</td><td>职务</td></tr>
<tr><td colspan="6"></td><td colspan="3"></td><td colspan="2"></td><td></td></tr>
<tr><td colspan="6"></td><td colspan="3"></td><td colspan="2"></td><td></td></tr>
<tr><td colspan="6"></td><td colspan="3"></td><td colspan="2"></td><td></td></tr>
<tr><td colspan="12"></td></tr>
<tr><td>合计人数</td><td colspan="2">人</td><td colspan="2">介绍人</td><td colspan="2"></td><td colspan="5">介绍人保证事项</td><td></td></tr>
<tr><td>参观时间</td><td colspan="5"></td><td colspan="2">引导人</td><td colspan="5"></td></tr>
<tr><td>参观场所</td><td colspan="12"></td></tr>
<tr><td>守卫签章</td><td>入厂</td><td colspan="2">时　分</td><td>守卫</td><td colspan="2"></td><td colspan="2">出厂</td><td colspan="2">时　分</td><td>守卫</td><td></td></tr>
<tr><td>备注</td><td colspan="6"></td><td colspan="2">胸章号码</td><td colspan="4"></td></tr>
</table>

总务部经理：________　　申请人：________

七、参观许可证

参观许可证如表 6－7 所示。

表 6－7　参观许可证

许可编号：
发证日期：
参观单位：

续表

<table>
<tr><td colspan="6">参观者姓名：
职务：
单位：</td></tr>
<tr><td colspan="6">参观区域：</td></tr>
<tr><td colspan="6">参观内容：</td></tr>
<tr><td colspan="6">参观目的：</td></tr>
<tr><td colspan="6">参观路线：</td></tr>
<tr><td>副总裁</td><td>生产经理</td><td>公关经理</td><td>工程经理</td><td>销售经理</td><td>受理印章</td></tr>
</table>

八、来宾来厂通知单

来宾来厂通知单如表 6－8 所示。

表 6－8　来宾来厂通知单

<table>
<tr><td>接访部门</td><td></td><td>主要接访人</td><td></td><td>接访人电话</td><td></td></tr>
<tr><td>来厂日期</td><td></td><td>在厂期限</td><td></td><td>交通工具</td><td>□自备车辆
□派车接送</td></tr>
<tr><td rowspan="2">来宾姓名</td><td rowspan="2"></td><td rowspan="2">单位</td><td rowspan="2"></td><td>职　务</td><td></td></tr>
<tr><td>电　话</td><td></td></tr>
<tr><td>来厂
事由</td><td colspan="5"></td></tr>
<tr><td colspan="6">请通知以下人员接访：</td></tr>
<tr><td colspan="6">请服务台准备事项</td></tr>
</table>

<table>
<tr><td></td><td>第一会客室</td><td rowspan="2"></td><td rowspan="2">简报</td><td rowspan="2"></td><td rowspan="2">产品
说明</td><td></td><td>咖啡</td><td rowspan="2"></td><td rowspan="2">普通中餐</td><td rowspan="2"></td><td rowspan="2">特制中餐</td></tr>
<tr><td></td><td>第二会客室</td><td></td><td>茶</td></tr>
</table>

九、接待用餐申请表

接待用餐申请表如表 6－9 所示。

表 6－9　接待用餐申请表

年　月　日

接待负责人		部门		职务	
来宾负责人		单位		职务	

续表

来宾人数		用餐时间		陪客人数	
接待事由					
用餐规格					

厂长:________ 经理:________ 主管:________ 经办人:________

十、接待申请及报告表

接待申请及报告表如表6-10所示。

表6-10 接待申请及报告表

<table>
<tr><td rowspan="5">接待申请</td><td colspan="2">接待时间:</td><td colspan="2">申请人:</td></tr>
<tr><td colspan="2">接待对象(企业):</td><td colspan="2">接待理由:</td></tr>
<tr><td colspan="2">接待场所:</td><td colspan="2">接待内容:</td></tr>
<tr><td colspan="2">出席人数:</td><td colspan="2">接待档次:</td></tr>
<tr><td colspan="2">预算金额:</td><td colspan="2">其他:</td></tr>
<tr><td rowspan="5">接待报告</td><td>在何处接待</td><td colspan="2">支出额</td><td rowspan="5">备注:</td></tr>
<tr><td></td><td colspan="2"></td></tr>
<tr><td></td><td colspan="2"></td></tr>
<tr><td></td><td colspan="2"></td></tr>
<tr><td></td><td colspan="2"></td></tr>
</table>

十一、公关工作计划表

公关工作计划表如表6-11所示。

表6-11 公关工作计划表

公关计划名称		实施部门	
公关主题			
公关人员		公关组别	

续表

公关主管		其他人员	
公关计划安排			
进度安排	起止时间	工作内容	工作要求
公关主题			
近期工作			
中期工作			
目标修正			
长期工作			
长期目标修正			
成果			
完成情况			
预算		结算	

十二、公关预算表

公关预算表如表 6－12 所示。

表 6－12　公关预算表

活动名称	
开展日期	
接待费用预算	
会议费用预算	
宣传费用预算	
人工费用预算	
媒体费用预算	
设备费用预算	
活动经费预算	
其他费用预算	
合计	

十三、公关调查表

公关调查表如表 6－13 所示。

表 6－13　公关调查表

调查方式	预计目标	实施时间	调查数量	结果分析
抽样调查				
典型调查				
个案调查				
民意调查				
电话调查				
访问调查				
文献调查				
邮件调查				
专家咨询				

第四节　企业公共关系管理规范化细节执行标准

一、展览会规范化工作标准

第一条　确定展览会的主题和目的。展览会的主题和目的决定着在展览会中使用的沟通方法和接待形式等，故展览会筹备应确定总编，构思总设计，使各部分有机衔接。

第二条　确定参展单位、参展项目和展览会的类型。采用广告或发出邀请的形式来吸引参加展出的单位。广告和邀请信应写清楚展览会的宗旨、展览会项目类型、估计参观者的人数和类型、展览会的要求及费用预算等，给潜在参展单位提供决策所需的资料。

第三条　明确参观者类型。根据参观者对展出项目的了解程度，分别提供较为专业化和普及性的资料。

第四条　选择展览的地点。选择展览地点要考虑到参观者方便、环境适宜、辅助设施易配置等因素。

第五条　培训展览会的工作人员。必须对展览会的工作人员即讲解员、接待员和服务员等进行良好的公共关系培训，并就展览内容进行必要的专业知识培训。

第六条　准备展览会的辅助设施和相关服务。

第七条　成立专门对外发布新闻的机构，负责和新闻界进行联系。要制订新闻发布的计划，充分发掘展览会中有新闻价值的东西，写成稿件予以发表，扩大展览会的影响。

第八条　准备展览会所需的各种辅助宣传资料，如宣传册、二维码、公众号等。

第九条　确定展览会的费用预算。具体列出展览会的各项费用，进行核算，有计划地分配各项资金。

第十条　应设计展览会的标志，准备展览会的纪念品，为宣传提供方便的工具。

第十一条　搞好展览会效果的评估。

（一）在展厅内放置公众留言簿和相关二维码，主动征求意见。

（二）现场召开观众座谈会，收集观众的意见和想法。

（三）现场举办有关展览内容的知识竞赛，当场发题，当场解答，当场发奖等。

（四）会后发放调查问卷或登门访问，了解展览会的实际效果。

二、参观活动规范化工作标准

第一条　公关策划人员应通过开展参观活动向公众宣传，以扩大公司的知名度和美誉度，提高公司经营管理的透明度，提高员工士气和凝聚力。

第二条　开放参观接待对象。

（一）员工家属和社区居民。

（二）营业团体。生产协作者、原料供应商、经销商、运输公司等。

（三）股东公众。股东、股票经纪人、金融评论专家。

（四）其他职业集团。金融机构、律师协会、新闻界团体、保险公司、卫生检查机构、环境保护机构。

（五）行政机关。各级政府部门、上级主管部门等，舆论领袖。科技教育文化单位：研究所的研究人员、高等院校的师生、各类学术团体及文化机构。

（六）各种慈善机构与社会福利团体。

（七）海外人士。

第三条　对外开放参观的内容，要服从于参观的目的与要求，实事求是，结合参观者的特点和需求，视参观者的需求与兴趣而定。

第四条　开放参观的实施流程。

（一）制订计划。制订计划在上年度就应准备，或至少应提前 3 个月着手筹备，不能仓促开放。策划时要制订出活动计划的纲要，推行该计划的详细时间表和具体工作人员的指派任命。

（二）成立专门机构。建立各种专门机构，尽可能让更多的员工承担部分工作，以增强员工的参与感，激发员工的工作积极性。

（三）准备参观项目。公司事先准备好计划中预定参观的项目，以给参观者一个良好的企业形象，公关策划人员也可以适当安排一些节目，以激发参观者的兴趣。

（四）安排交通路线。在发请柬时应另附详细说明，指明停车场和具体的交通路线。此外，还应设立交通标志，对主要的设施用标志牌予以说明，整个参观路线要有统一的布置设计，以显示出公司良好的管理素质。

（五）安排引导人员。对引导人员或者解说人员事先要进行认真选择、培训，引导人员应佩戴印有公司名称和个人姓名的标牌，应有礼貌地介绍参观的内容，认真回答来宾提问。

（六）实施宣传、策划人员应充分重视宣传工作。一方面用新闻媒介来扩大影响和知名度；另一方面对公司内部员工做好宣传工作，使每个人都自觉参与宣传。

（七）准备纪念品。纪念品不要太贵重，关键是要精美。

（八）结束后的答谢工作。活动结束后，要及时对所有参加活动的员工致谢，采用书面答谢形式，感谢大家的辛勤劳动、积极配合。

三、接听电话工作要点

第一条　响铃时。电话铃声响起后，应尽快拿起话筒。在电话铃声响起三次之内，必须有人接听电话，以免引起客户失望或不悦。

第二条　找人时。来电话指名找人，应迅速把电话转给要找的人。如果不在，应明确告诉对方，如果需要留言，必须做好记录。

第三条　接听时。一般由最低职位的职员接听，但新职员对企业情况并不熟知，因此不要抢接电话，以免“一问三不知”，给客户留下不良印象。

第四条　声小时。对方说话声小，不能大声叫嚷，而要有礼貌地告诉对方：“对不起，声音有点小”。

第五条　通话时。通话时如有其他客户进来，不得置之不理，应点头致意。如果需要与同事讲话，应有礼貌地说：“请您稍等”，然后捂住送话筒，小声交谈。

第六条　中断时。通话中突然中断，应该立即挂上电话，再次接通后要表示歉意。

第七条　挂断时。打完电话，不要自己先挂断电话，应等对方挂断后再轻轻放下话筒。

第八条　高峰时。在业务通话高峰时，尽量不要往外打电话，不要占线时间太长，并且设法告诉客户：“现在正是电话高峰时期，对不起……”

第7章 企业考勤管理

第一节 企业考勤管理工作要点

一、考勤的目的

对公司而言,做好考勤管理有以下优势:

1. 能使员工的工作效率得到有效发挥。首先有的缺勤是不可避免的,但很多缺勤是由于一些没必要的原因造成;其次能让出勤良好的员工摆正工作心态,认真做事。一个完善的考勤管理系统能给员工提供一个公平的工作环境。

2. 能使公司在解决缺勤问题中完善自己。有些问题并不完全出在员工身上,管理人员也必须从自身找到根源并有效解决。

3. 有利于公司制度的贯彻执行。考勤管理还能影响公司内部的其他细节管理,比如加班管理、文件管理等。

4. 能提高员工的凝聚力。在对缺勤进行管理时,公司如果能了解员工缺勤原因并能有效解决,就能增强员工对公司的认同感和归属感,能提高员工的工作积极性和主动性。

二、考勤的工作流程

考勤流程如图7-1所示。

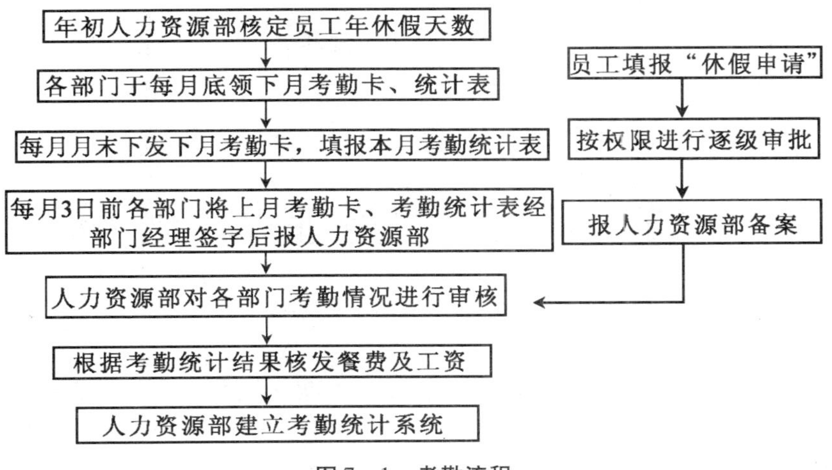

图7-1 考勤流程

加班流程如图 7－2 所示。

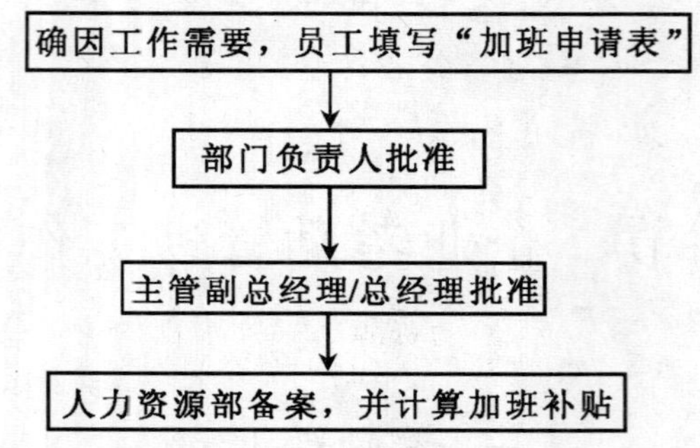

图 7－2　加班流程

休假流程如图 7－3 所示。

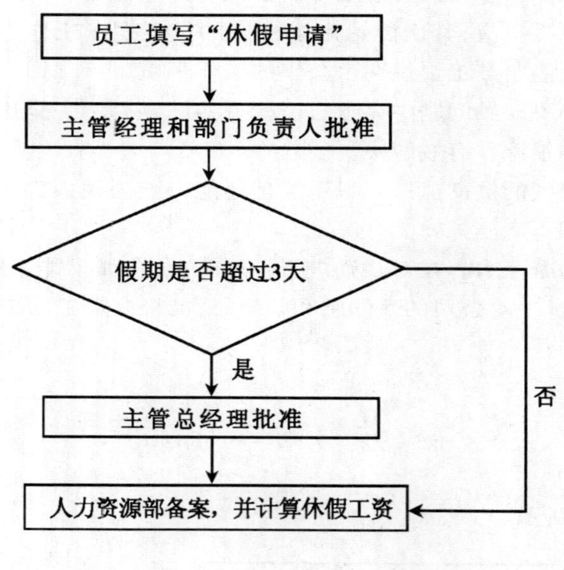

图 7－3　休假流程

第二节　企业考勤管理规范化制度

一、企业考勤管理规定

第一条　为加强公司员工考勤管理，特制定本规定。

第二条　本规定适用于公司总部，各下属全资或控股企业可参照执行或另行规定，各企业自定的考勤管理规定须由总公司规范化管理委员会审核签发。

第三条　员工正常工作时间为上午____时____分至____时，下午____时____分至____时，每周六、日不上班，因季节变化需调整工作时间时由总裁办公室另行通知。

第四条　公司员工一律实行上下班打卡登记制度。

第五条　所有员工上下班均需亲自打卡，任何人不得替代他人或由他人替代打卡，违犯此条规定者，替代双方均给予记过一次的处分。

第六条　公司每天安排人员监督员工上下班打卡，并负责将员工出勤情况报告值班领导，由值班领导报至人力资源部，人力资源部据此核发全勤奖及填报员工考勤表。

第七条　所有人员须先到公司打卡报到后，方能外出办理各项业务。特殊情况需经主管领导签卡批准，不办理批准手续者，按迟到或旷工处理。

第八条　上班时间开始后5～30分钟内到班者，按迟到论处，超过30分钟以上者，按旷工半日论处。提前30分钟以内下班者按早退论处，超过30分钟者按旷工半天论处。

第九条　员工外出办理业务前须向本部门负责人（或其授权人）申明外出原因及返回公司时间，否则按外出办私事处理。

第十条　上班时间外出办私事者，一经发现，即扣除当月全勤奖，并给予警告一次的处分。

第十一条　员工一个月内迟到、早退累计达3次者扣发全勤奖50%，达5次者扣发100%全勤奖，并给予一次警告处分。

第十二条　员工无故旷工半日者，扣发当月全勤奖，并给予一次警告处分，每月累计3天旷工者，扣除当月工资，并给予记过一次处分，无故旷工达一星期以上者，给予除名处分。

第十三条　员工因公出差，须事先填写出差登记表，副经理以下人员由部门经理批准；各部门经理出差由主管领导批准；高层管理人员出差须报经总裁或董事长批准，工作紧急无法向总裁或董事长申请时，须在董事长秘书室备案，到达出差地后应及时与公司取得联系。

第十四条　出差人员应于出差前先办理出差登记手续并交至人力资源部备案。凡过期或未填写出差登记表者不再补发全勤奖，不予报销出差费用，特殊情况须报总经理审批。

第十五条　当月全勤者，获得全勤奖金____元。

二、员工考勤及休假制度模板

为了维持良好的生产秩序，提高劳动生产率，保证通信生产工作的顺利进行；为了使员工保持良好的身体素质和旺盛的精力，努力做好本职工作，并考虑员工与家属团聚的问题，根据国家有关规定，结合公司的实际情况，特制定本规定。

（一）考勤

1. 考勤内容

（1）上班时间已到而未到岗者，即为迟到。

（2）未到下班时间而提前离岗者，即为早退。

(3)工作时间未经领导批准离开工作岗位者,即为擅离职守。

(4)迟到、早退或擅离职守超过30分钟,或未经准假而不到班者,均为旷工。

2. 考勤须知

(1)对有迟到、早退、擅离职守现象的员工,应进行教育,屡教不改者,给予适当的纪律处分。如有造成严重后果的,应追究其责任。

(2)对旷工者,应责成其做出书面检讨,并按下表计扣工资,扣发当月各项奖金。旷工2天以上,每增加一天,加扣年终奖10%。连续旷工15天,或一年内累计旷工超过30天,或旷工虽未达到上述天数,但次数较多,情节严重的,均应做除名处理,参见表7-1。

表7-1 旷工处理办法

旷工天数	0.5天	1天	1.5天	2天	一年累计旷工13天	连续旷工15天	一年累计旷工30天以上
扣工资 岗位+技能	25%	50%	75%	100%	扣年终 各项奖金	除 名	除 名

(3)留职察看期间,只发岗位工资及各项补贴。

3. 请假办法

(1)公假

经公司批准脱产参加会议、学习、出差、从事社会活动、工会活动均属公假;经公司指定或批准休养、参观、访问的模范人物或代表,以及因工(公)负伤人员在医疗期间,根据实际情况核给公假。

(2)调遣假

员工异地调动,有家属随迁的,不超过6天,调往边远地区的,不超过14天。员工单人赴调不超过3天,赴调途中所需行程时间,按其实际需要核给,不计算假期。特区内调动一般不超过1天。

如有非经常性事务,需员工本人办理或参加的,如迁居、开家长会等,各单位可考虑到工作安排及员工的需要,酌情处理,不计算假期。

4. 因工作需要积累工时工休,一般应在当月补休,如确因工作一时不能安排补休的,经部门经理同意可适当推迟,可保留至当年底。员工调动工作,原则上不能将积累的工休延至新的工作岗位。

5. 因工作需要,加班或无法安排休息的人员,须经部门经理批准或人事部核准,以补发加班费的形式予以补偿。补偿办法:(岗位工资+技能工资)÷25.5天×1.5×加班天数。法定假日加班费按(岗位工资+技能工资)÷25.5天×2×加班天数计算。

(二)休假

1. 员工休假必须服从组织安排,并按规定逐级审批,报人事部批准。室主任由部门经理安排休假,部门经理由总经理安排休假。

2. 员工申请休假须提前一周填写《有薪假期申请表》或《无薪假期申请表》,送交人事部审批。未接到休假通知单,不得擅自休假,否则按旷工处理,因特殊原因本人不能亲自办理的,应提前托人或电话告假,如事前未提出请假,事后补交病假单之类的一律无效。

3. 婚假。

员工申请婚假,须在本公司办理休婚假手续,并以领取结婚证日期为准。婚假假期

10 天，晚婚假 15 天（晚婚条件：女满 23 周岁，男满 25 周岁）。如到外地（指配偶工作所在地，不含旅行结婚）结婚的，根据在途往返时间核给路程假。

4. 丧假。

员工的直系亲属（祖父母、父母、配偶、子女，以及依靠本人供养的弟妹、养父母、岳父母、公婆）死亡，给予假期 3 天。员工到外地办理丧事，可根据实际路程所需时间，另给路程假。

5. 产假、计划生育假。

（1）女工产假按表 7－2 标准核给。

表 7－2　女工产假表

假期内容	假期天数	说 明
产假	98 天	难产或双胞增加 15 天
流产假	15 天	未满 4 个月，享受 15 天产假； 满 4 个月，享受 42 天产假

（2）临时工产假 56 天，临时工产假期间发给 60% 的工资。

（3）产妇如遇实际困难，可请哺乳假至婴儿一周岁，哺乳假工资按本人（岗位 + 技能工资）75% 发给，并据此比例计发房补，其他补贴照发。

（4）接受节育手术者，经医生证明，分别给予以下假期：

· 放置宫内节育器的，自手术之日起休息 3 日，手术后 7 日内不从事重体力劳动；

· 经计划生育部门批准取宫内节育器的，休息 2 日；

· 输精管结扎的，休息 7 日，输卵管结扎的，休息 21 日；

· 怀孕不满 3 个月人工流产的，休息 15 天，4 个月以上的，休息 42 天；

· 同时施行两种节育手术的，合并计算假期，如遇特殊情况需增加假期时，由医生确定。

6. 病假。

（1）员工因病或非因工（公）负伤，经公司指定的医疗单位证明确定不能坚持工作，可参考医生建议，根据实际情况核给病假。

（2）病假期间的待遇按国家劳动保险条例规定办理（参见表 7－3、表 7－4）。病假 3 天内不扣工资，4 天以上按（岗位工资 + 技能工资）÷30 天计扣工资。

（3）长期病休人员，从病休时起，一年内的任何时间累计超过 6 个月（或 153 个工作日），从超过之日起，停发工资，改发疾病救济费。累计办法：每月以 24 日为截止日期往前推 12 个月，凡在这 12 个月内病休累计达 6 个月（或 153 个工作日）时，从超过之日起停发工资，改发疾病救济费。

（4）凡领取疾病救济费者，如病愈需要复工时，经医生证明，先行试复工 2 个月。在试工期，又患病累计休息 15 天以上者，停止试工，停发（病假）工资，发给疾病救济费。试复工期满，连续工作 2 个月以上者，若再次患病，休息时间可重新累计计算。

表 7－3　病假期间待遇 1

连续工龄	不满 2 年	满 2 年 不满 4 年	满 4 年 不满 6 年	满 6 年 不满 8 年	满 8 年 以上
6 个月以内病假工资 （岗位工资 + 技能工资）	60%	70%	80%	90%	100%

表7-4 病假期间待遇2

连续工龄	不满1年	满1年不满3年	满3年以上
连续病假6个月以上、救济费（岗位工资+技能工资）	40%	50%	60%

7. 事假。

员工因个人事务，必须亲自处理的，根据工作安排以及本人的实际需要酌情核给。请事假员工按（岗位工资+技能工资）÷30天计扣工资。

8. 探亲假。

（1）员工结婚时，分居两地，又不能在公休假日团聚的，每年可享受一次探望配偶假，假期为30天。

（2）未婚员工探望父母每年一次，假期为20天。如因工作需要，当年无法安排的，可以2年给假一次，假期为45天。

（3）已婚员工探望父母假，每4年一次，假期为20天。

（4）员工有生身父母，又有养父母的，只能探望一方（以供养关系为主）。

（5）大专院校分配来的毕业生，新招合同工人，在实习、试用期间不能享受探亲假，满一年后才能享受探亲假。外单位调进公司的员工要满半年，才能享受探亲假。

（6）员工配偶已离婚或死亡，尚未再婚的，按未婚员工待遇处理。员工配偶、父母均已死亡，又未重新结婚，而且身边没有子女者，如有16岁以下未成年子女寄养在外地的，按未婚员工探亲假处理。

（7）员工探亲假期不包括路程假，但包括公休假日和法定节假日，路程假根据实际需要核给。

（8）员工探亲休假期间患病时，其病休天数仍作为享受探亲假计算，原规定的休假天数不能顺延。如果员工因患急病、重病、假期期满后不能按期返回的，其延期返回的天数可根据县级以上医疗单位的证明，按病假处理。

（9）员工因各种原因在当年与配偶团聚3个月以上的，不再享受一年一次探亲假。

（10）探亲假原则上不能分期使用，确因生产、工作需要分期使用的，经人事部批准，可分期使用，跨年度作废。路程假只给一次，往返路费只报销一次。

9. 年假。

（1）休假范围及条件：凡参加工作（不含借调人员、临时工和劳务工）满5年以上的员工均实行休假规定，参见表7-5。

表7-5 休假规定

参加工作时间	满1年 不满10年	满10年 不满20年	满20年
每年休假时间	5天	10天	15天

全国劳动模范、部省级劳动模范，不论参加工作年限的长短，均享受休假两周待遇；有突出贡献的知识分子，经企业领导批准可适当放宽工龄限制。

(2)享受年休假的几项规定:

·按国家有关规定享受探亲假、婚丧假、生育假的员工,不影响享受年休假。

·全脱产学习满一年的员工,不享受当年的年休假;累计学习满半年不满一年的员工,可享受休假,其假期减半。

·病事假累计超过2个月或工伤假超过半年的员工,工作累计满10年不满20年的,请病假累计3个月以上的员工,当年不再享受年休假。累计工作满20年的职工,请病假累计4个月以上的,或旷工2天,当年不再享受年休假。

·受各类警告以上处分的员工,取消一年的休假,受各类察看处分的员工,察看期间不享受年休假。对个别表现不好或完不成生产任务的员工,各部门领导有权取消其年休假待遇,上报人事部备案。

·年休假时间的计算包括公休假日,不包括法定假日。

·凡外单位、外系统调入的人员,从报到之日起,满半年后方可享受年休假。

(三)说明。

1. 本规定从发布之日起执行,以前有关规定与本规定相抵触的地方,按本规定执行。执行以后如上级有新的规定另行通知。

2. 本规定的解释权在公司人事部。

三、员工加班规定

(一)加班手续

1. 一般员工加班。

(1)管理部门人员加班一律由科长级主管报请主任级主管指派后填加班单。

(2)生产部门人员加班,先由管理(组)科根据生产工时需要拟定加班部门及人数经生产部门同意后,由领班排班(无管理(组)科者由各科自行决定)报主任级主管核定,并将加班时间内的生产量由领班记载于工作单上。

(3)训练计划内必需的加班,须副总经理核准后方能加班。

(4)以上人员的加班费,须于当日下午____时前送交人事部,以备查核。

2. 科长级主管加班。

(1)各部门于假日或夜间加班,其工作紧急而较为重要者,主管人员应亲自前来督导,夜间督导最迟至____时止。

(2)主管加班不必填加班单,只需打卡即可。

(二)加班考核

1. 一般员工。

(1)生产部门于加班的次日,由管理(组)科,按其加班工时,依生产标准计算其工作是否相符,如有不符现象应通知人事单位照比例扣除其加班工时,至于每日的加班时数,则由所属单位主管填入工卡小计栏内,并予签证。

(2)管理部门其直属主管对其加班情况亦应切实核查,如有敷衍未达预期效果时,可免除其加班薪资加成。

2. 科长级主管如有应加班而未加班,致使工作积压延误情形者,由主任级主管专案考核，同样情形达两次者应改调其他职务，并取消其职务加薪。

（三）加班薪资

1. 主管：各科主管因已领有职务加薪，故不再另给加班费，但准报车资（有公交车可达者不得报支计程车资）及误餐费。

2. 其他人员：不论月薪或日薪人员凡有加班均按下列程序发给加班薪资。

（1）平日加班，给付本人工资的150%。

（2）公休加班按平日加班计算方法200%给付加班薪资。

（3）新年休假期内，因情形特殊而加班，凡正式员工一律支付本人工资的300%。

（四）加班工时计算

1. 区分为三班与二班制，其配档如下。

2. 以上三班或二班的工作，如锅炉、熔炉及机械操作不能停机者，在每餐时间内须酌留一至两名员工看守，并应在现场进餐，不得远离工作岗位，违者以擅离岗位论，其进餐的时间可按连续加班计算。

3. 其他工作人员每日均以8小时计算，如需延续加班者，其计算方法应扣除每餐____分钟（夜点亦同），即等于加班时间，不得借任何理由要求进餐时间为加班时间。

4. 凡需日夜班工作者，应由各单位主管每周予以调换一次，务以劳逸均等为原则。

（五）不得报支加班费人员

1. 公差外出已支领出差费者。

2. 推销人员不论何时何日从事推销，均不得报支加班费。

3. 门房、守夜、交通车司机、厨工因工作情形有别，其薪资给予已包括工作时间因素在内以及另有规定，故不得报支加班费。

（六）注意事项

1. 加班的操作人员超过____人时，应派领班负责领导，超过____人时应派职员督导。

2. 公休假日尽可能避免临时工加班，尤其不得指派临时工单独加班。

3. 分派加班，每班连续不超过12小时，全月不超过46小时。

（七）加班请假

1. 操作人员如有特别事故不能加班时，应事先向领班声明（没有具体事实不得故意推诿），否则一经派定即须按时加班。

2. 连续加班阶段，如因病因事不能继续工作时，应向领班或值日值夜人员填写请假单请假。

3. 公休假日加班，于到班前发生事故不能加班者，应以电话向值日人员请假，次日上班后再交具证明或叙明具体事实，填单补假（注明加班请假字样），此项请假不予列入考勤。

（八）在加班时间中如因机械故障一时无法修复或其他重大原因不能继续工作时，值日值夜人员可分配其他工作或提前下班。

（九）公休假日加班，中午休息时间与平日同。

（十）凡加班人员于加班时不按规定工作，有偷懒、睡觉、擅离工作岗位或变相赌博者，一经查获，记过或记大过。

（十一）本细则经经理级会议研讨通过并呈总经理核准后实施。

四、员工出勤制度

第一条　为规范本公司员工出勤纪律，保障公司及员工合法权益，依国家劳动法的规定并参考公司业务上所需的工作时间，本公司员工（包括试用期员工）都应遵循本制度。

第二条　总公司员工工作时间如下：

（一）星期一至星期五，上午____到中午____，下午____到____。

（二）星期六，从上午____到中午____。

第三条　公司所属工厂员工工作时间如下：

（一）星期一至星期五，上午____到____，下午____到____。

（二）星期六，采取双周轮休制，其工作时间与前项规定相同。

第四条　特殊勤务人员。

（一）警卫、临时雇员、计时人员等的出勤时间，由各所属部门主管人员视其业务需要个别制定，并送交人事部备查。

（二）其他从事特殊职务人员的出勤时间，应视工作上的需要由人事部另行制定。若因业务上需要不得不延长其工作时间，则须依规定给付超时勤务津贴。

第五条　如有在正常工作日内迟到、早退或在规定勤务时间私自外出在____分钟以内者，则视为缺勤一次；缺勤____分钟以上者，一律按缺勤两次计，每缺勤一次扣除____小时工资，并列入出勤考绩范围。

第六条　本公司员工因病请假而缺勤时，须提交医院证明（请假在一日以内则免），并按实际缺勤日数的总和，根据日工资额减半扣除。

第七条　员工因私人事由不得不亲自处理时，应于请假前____日内提出申请，并视实际缺勤日数金额扣除。

第八条　因业务工作负伤或疾病而缺勤时，应于一周内提交医院证明，工资则仍照常给付，但工资给付原则上以一年为限。

第九条　下列特别休假时，工资仍照常给付：

（一）婚假、丧假。

（二）年度带薪休假。

（三）行使公民权时。

（四）公司例会时。

（五）星期例假日。

（六）法定休假日。

（七）女职员的产假。

（八）休假日加班后补休。

（九）公假。

第十条　执行轮班制工作的员工的休假，由各部门主管人员编排后，交由行政部建档管理。

五、员工个人考勤行为规范

第一条　本公司所有员工都应遵守公司考勤管理制度，并对自身的考勤状况负责，严格按照《公司考勤管理制度》规范工作行为。

第二条　本公司所有员工有责任、有义务学习《公司考勤管理制度》。如对制度不理解，应向部门考勤员咨询。因员工本人对制度的理解有误而导致个人的考勤记录异常，考勤员有权不作特例处理，并按相应的考勤管理制度执行。

第三条　本公司所有员工在填写考勤单据时，应按要求格式及内容规范填写。如因员工本人单据填写有误而导致个人的考勤记录异常，考勤员有权不作异常记录的处理。

第四条　本公司所有员工应对本人的考勤状况负责，如有外出公干、请假、加班、忘刷卡等情况发生，应主动填写相应考勤单据。如果条件允许，员工本人应亲自填写考勤单据，不应委托他人代填。

第五条　对部门考勤员反馈的异常考勤记录，员工本人应在____个工作日内回复原因或说明情况。因员工个人原因而使异常考勤记录的处理时间延滞导致员工本人的经济损失，考勤员有权不再处理考勤异常记录，人力资源部有权不补发缺勤扣款。

第六条　本公司所有员工如外出公干、请假、调休申请时间超过实际时间，员工本人应在到岗后____个工作日内主动到考勤员处销假。如因员工没有及时销假而导致本人的考勤记录失真及经济损失，考勤员有权不再修改考勤记录，人力资源部有权不补发缺勤扣款。

第七条　如发生员工对本人的考勤记录弄虚作假，将视情况轻重给予相应级别的纪律处分。

六、员工考勤细则

第一条　本公司所有员工必须按规定时间上（下）班，并打考勤卡，漏打者不论其原因如何，均以迟到或早退论。

第二条　本公司所有员工上班超过规定时间且在15分钟以内，记为迟到。

第三条　本公司所有员工上班超过规定时间15分钟至1小时以内，记为旷工1小时。

第四条　本公司所有员工上班超过规定时间1小时至2小时以内，记为旷工2小时。

第五条　本公司所有员工上班超过规定时间2小时则记为旷工半日。

第六条　本公司所有员工员工未到规定时间提前下班，时间在15分钟以内，记为早退。

第七条　本公司所有员工员工未到规定时间提前下班时间超过15分钟，记为旷工半日。

第八条　本公司所有员工如因私事需请事假，应在前一日下午____时前申请，经上级主管查实认可，并核准后方为有效，一次不得超过____天。

第九条　本公司所有员工全年累计事假不得超过____天，超过视为旷工。

第十条　如事后申请事假视为旷工，但遇偶发事故，应于____日内检具证明，提出申请经上级主管或行政人员查明属实后准予补假。

第十一条　凡请假事当月累计____小时以内，计扣半天工资，超过____小时至____小时以内按一天计扣。

第十二条　本公司所有员工因病请假一天者，最迟应于请假的翌日提出申请，经上级主管签核后将请假卡送交行政部登记。

第十三条　请病假一天以内者免附医师证明，但当月连续请假一天以上或累计逾一天者必须检具当日就医的劳保或公立医院证明（私人医院无效）。

第十四条　全年病假累计不得超过____天，届满时因病情严重经公立或劳保医院医师诊断必须继续疗养者，可酌给特别病假，但以____个月为限。现住院者，以一年为限。

第十五条　当月请病假一天者，本薪照给（超过一天以上比照前事假第四款办理）。

第十六条　员工请假核准权限：部门经理有权批假____天，____天以上报行政部主管批准。

第十七条　各单位员工于工作中，因故外出：

（一）公差派遣。

（二）因病或紧急事故。

以上必须外出应先请准给假，并依规定填具请假卡由主管核签出具放行条，打卡外出逾 3 分钟至 1 小时内，为 1 小时假，1 小时至 2 小时内，为 2 小时假，以此类推。其上中、夜班者或单位主管不在公司内时，则向值班经理，请准给假。

第十八条　其他零星事务，不予准假，擅自外出者，依公司规定处理。

第十九条　凡与公司业务无直接关系的公出或开会，应由上级主管核准后提经行政主管，在不影响工作原则下核给公假。

第二十条　公司内各项团体可由主办单位专案签准，在前条规定原则下酌给公假，至工会、福利会、妇互会等会务接洽，除因时限或临时需要者外，以下午 3 时以后联系协调为原则并应向主管报备，必要时申请出厂条打卡外出。

七、员工请假制度

第一条　逾上下午上班时间到班在半小时以内的，即视为迟到一次。

第二条　到班时间在上下午上班时间后半小时以上的，即视为请假半天，应即补办请假手续，并照常上班工作。

第三条　在工作时间内因业务上的需要而离开工作场所或早退外出时，应事先报请直属主管核准。如是因私事而离开工作场所，或早退外出时，应办理请假手续。

第四条　因天灾、人祸或其他人力不可抗拒的情况而迟到，经提出报告且查明确实者，或报经核准后而早退的，可免按迟到早退计算。

第五条　职员因私事或疾病而请假时，应依规定觅妥经办事务代理人并填写请假单，于事先报请主管核准。

第六条　病假及____日以下的事假应由各部门经理核准，____日以上事假应由各部门经理核转总经理室核准。

第七条　病假逾____日以上时，应随同请假单检附医师诊断书。诊断书逾期时应立即补具新诊断书。公司认为必要时，可指定医师重新开具诊断书。

第八条　职员请假，除因病及遇有人力不可抗拒情形，不能先行报准的，可于事后补办请假手续外，其余非经核准不得先行离职，否则以旷职论。虽经请假但假满不到班且未续假的，也以旷职论。

第九条　职员请假期间内如遇有公休日或休假日不得扣除计算。

第三节　企业考勤管理实用表单

一、员工签到卡

员工签到卡如表7－6所示。

表7－6　员工签到卡

月　日　星期（　）

顺序	姓名	签到	上班时间	备注	顺序	姓名	签到	上班时间	备注	备注
1					16					
2					17					
3					18					
4					19					
5					20					
6					21					
7					22					
8					23					
9					24					
10					25					
11					26					
12					27					
13					28					
14					29					
15					30					
行政部统计	请假人员			出差人员				迟到		
	旷工人员			应出勤人数				实出勤人数		
	出差人数			请假人数				出勤率		

二、员工考勤记录单

员工考勤记录单如表 7－7 所示。

表 7－7　员工考勤记录单

员工编号	出勤	休假	假别					迟到	早退	旷职	公差
			事假	病假	公假	婚假	丧假				
	天数	天数	天数	天数	天数	天数	天数	天数	天数	天数	

三、月度考勤统计表

月度考勤统计表如表 7－8 所示。

表 7－8　月度考勤统计表

序号	姓名	出勤天数	假类	天数	迟到早退	出差天数	备注

填写要点：
1. 出勤天数依据员工考勤表统计；
2. 假类指病假、事假、公假、婚丧假、休假等；
3. 迟到早退以次数计；
4. 备注主要填写未尽事项。
本表以单页形式使用，由行政助理统计填写。

四、员工加班申请表

员工加班申请单如表7－9所示。

表7－9　员工加班申请表

填表时间：　　年　月　日

部　门		姓　名	
加班事由			
申请加班 时　　间	从　年　月　日　　时起 至　年　月　日　　时止	实际加班 时　　间	从　年　月　日　　时起 至　年　月　日　　时止
部　门 经　理			
财务经理		常务副 总经理	

五、员工请假单

员工请假单如表7－10所示。

表7－10　员工请假单

部门		职务		姓名	
请假类别 □休假(或假)　□公假　□病假　□事假　□其他(请说明)					
请假时间 自　年　月　日　时至　年　月　日　时总共请假　天　小时					
主管部门意见					
□准　主管签字 □不准(请述明理由) 职位：　　日期：					

六、加班记录表

加班记录表如表 7 – 11 所示。

表 7 – 11　加班记录表

部门：

日期	事由	加班人	从何时到何时	加班时长	核准人

部门签字：　　　　　　　　　　　　　　　　　　　　　　　　年　月　日

1. 使用流程：部门加班人填写加班记录表，加班后由核准人确认，每月统计后部门主管签字人事部门留存。

2. 使用范围：公司普通员工加班登记。

3. 使用要点：(1)公司中高级职员超时工作不算作加班；(2)核准人为有权签署加班意见的人；(3)严格控制加班。

4. 本表在各部门使用，每月统计后送人事部。

第四节　企业考勤管理规范化组节执行标准

一、考勤员工作标准

(一)随着考勤系统操作权限的分散及考勤工作流程的变更，考勤员的工作职责将随之作相应调整。考勤员的工作从原来的面向人力资源管理部改为直接面向各系统，主要从事公司的组织结构管理、时间管理及部分人员基本信息的维护。

(二)组织结构管理

1. 保证系统中的部门组织结构与实际情况一致，确保部门隶属关系与部门名称的准确性。

2. 及时反馈系统中部门组织结构的变更信息。

3. 有关部门组织结构的变更，包括：部门增减合并、隶属关系变更、名称变更等，应随时以管理部(或一级部门)联络单的形式在 5 个工作日内将变更信息反馈至人力资源管理部。同时应注明发生变更的部门人员归属情况。

(三)时间管理

1. 对公司员工的考勤状况进行有效管理,为相关部门提供有借鉴意义的统计数据,辅助人事管理。

2. 监督员工严格执行公司相关的考勤管理制度,及时、准确地维护系统考勤数据,使其真实反映员工的考勤状况。

(1)考勤数据的审核与及时录入。对本部门员工忘刷卡、外出公干、请假、销假、加班原始数据进行及时审核和录入。在条件允许的情况下,外出公干、请假及加班的原始数据可通过相应的电子流直接录入系统。考勤数据的录入,应在有效单据到达后2个工作日内完成。

(2)考勤异常情况的处理。人力资源部每天定时在SAP系统中处理员工的考勤记录,各部门考勤员应每天定时查询1次,并跟踪异常情况的原因,在2个工作日内完成对异常情况的处理。

(3)负责对公司考勤管理制度的宣传与咨询,受理部门员工考勤状况查询。

(4)有驻外机构(办事处、研究所等)的部门,应在每月第3个工作日上报驻外机构人员的考勤报表及加(值)班汇总表。

(四)人员基本信息维护

1. 确保系统中相关人员基本信息的准确性。

2. 及时维护系统中人员的班次、上班地点、职类、职位及职位代码信息。

3. 对于本部门人员的班次、上班地点、职类、职位及职位代码信息的变更。

二、考勤员操作行为规范

(一)考勤系统操作权限分散管理后,各部门考勤员将直接面对SAP系统进行数据处理。为规范考勤员系统操作行业,特制定本规范。

(二)处罚规定

1. 所有系统数据的增删、修改,必须以书面单据为依据。没有书面单据的数据变更将追究操作者责任,并视其情节轻重给予责任人三级纪律处分。

2. 考勤员的工作应以《考勤员工作职责》及《公司考勤管理制度》为指导,对公司的考勤管理制度应熟练掌握并严格执行。如因个人对制度的理解有误或有意徇私舞弊而使员工的考勤数据失真,视其情节轻重给予责任人三级或二级纪律处分。

3. 因考勤员失职,如误操作、未及时处理员工的异常考勤记录等,而导致员工个人的经济损失,将在下一发薪月补发员工个人的误扣款,同时对责任人作等额扣款处理,并给予三级纪律处分。

4. 因考勤员态度恶劣或对考勤制度不了解,而发生员工对考勤员投诉的事件,有效投诉发生1次,对责任人通报批评;有效投诉发生2次,对责任人罚款____元;有效投诉发生3次以上(含3次),每次罚款____元。

5. 同一责任人纪律处分每发生3次,记一级纪律处分1次。

(三)奖励措施

1. 行政部将定期组织优秀考勤员的评选活动,嘉奖在考勤工作中表现突出的优秀考勤员。

评选时间:每年 6 月、12 月左右分别组织评选 1 次。

评选范围:全公司考勤员。

评选资格:

A. 从事考勤工作达半年以上。

B. 工作作风严谨、态度认真、责任心强。

C. 本部门考勤制度的宣传与考勤流程的推动效果好。

D. 本部门考勤数据错误率低于 0.1%。

E. 工作上无不良记录。

评选方式:采用公司评选与部门评选相结合、评选优秀个人与评选优秀集体相结合的方式。

奖励方式:

A. 荣誉奖与安全退休金挂钩。

B. 统一颁发获奖证书、纪念品或其他等同奖励形式。

C. 请荣誉部协助对评选结果的宣传。

D. 以精神奖励为主,物质奖励为辅。

2. 对兼职考勤员(秘书)的工作表现将定期向各管理部(秘书处)反馈,为秘书任职资格提供参考依据。

三、管理者考勤单据审批规范

(一)考勤系统操作权限分散管理后,各级管理者将成为考勤单据审批程序的最终监控点。经相应级别主管审批通过的考勤单据将直接作为系统考勤数据的原始依据。为督促管理者公正严明地执行公司考勤管理制度,及时有效地行使审批权限,特制定本规范。

(二)管理者在行使审批权限时必须以《公司考勤管理制度》为指导,公正严明地执行考勤管理制度。如因管理者审批单据不严格而使员工的考勤记录失真,将视情节轻重给予责任人三级或二级纪律处分。

(三)管理者应在既定的权限范围内行使审批权。如发现管理者越权审批的现象,将视情节轻重给予责任人三级或二级纪律处分。

(四)原则上,有效考勤单据(书面或电子件)到达后,管理者应在 2 个有效工作日内反馈处理意见(同意或驳回)。如因出差、培训等原因而无法审批单据,则应提前授权相关人员代为审批。因管理者审批延滞而导致员工个人的考勤记录异常及经济损失,将调整员工的异常考勤记录,并在下一发薪月补发员工个人的误扣款,同时对责任人作等额扣款处理,并给予三级纪律处分。

(五)同一责任人纪律处分每发生 3 次,记一级纪律处分 1 次。

四、部门经理考勤规范

（一）部门经理和副经理须按企业规定的上班时间提前到岗，总经理办公室负责考勤。

（二）因病、因事不能上班者，提前到总经理办公室请假并说明原因，或事前打电话，办公室记录备案。

（三）因公外出，事前通知总经理办公室，并说明外出原因，记录在案。

（四）因病、因事、因公不到岗又未及时说明者，按旷工处理。

（五）总经理办公室严格统计考勤，每月及时上报总经理。

（六）部门经理考勤情况将作为考评及工作绩效的依据之一。

五、员工考勤打卡标准

为加强员工考勤的管理，培养公平、公开、公正的竞争环境，决定自××××年××月××日起实行员工考勤打卡制度。具体执行标准如下：

（一）所有在本公司上班的员工，都应参加考勤打卡。

（二）考勤卡每人一张，个人保管，重复使用，不得遗失，并远离磁场。如有损坏和遗失，本人应支付购卡成本费____元。

（三）任何打卡需由本人亲临打卡现场操作，任何人不得代为打卡，否则，发现一次对打卡人和代打卡人均在月度考核中扣____分。

（四）考勤卡资料的输入和录入暂由人事部负责。

（五）考勤结果由办公室每月公布一次。

（六）在打卡现场提供记录本，凡有事请假或因公事不及打卡的人员，在24小时内填写记录本，对未填写记录本的人员，一律以打卡记录为准。

（七）对迟到和旷工员工的处理，按有关制度实行。

第8章　企业值班管理

第一节　企业值班管理工作要点

一、值班管理工作准则

第一条　坚守工作岗位，不得擅离职守，不做与值班无关的事情。

第二条　熟悉业务，认真钻研，提高水平。文明值班、积极妥善地处理好职责范围内的一切事务。

第三条　重大、紧急和超出职责范围的事务，应及时向上级指挥部门、公司领导汇报和请示，以便把工作做好。

第四条　履行安全责任，保守机密，不得向无关人员泄露有关公司内部的情况。

第五条　维护好值班室秩序，保持整洁卫生，禁止在工作时间大声喧哗，无关人员不得随便进入值班室，爱护公物，杜绝浪费。

第六条　坚持批评与自我批评。团结互助，互相尊重。

第七条　特殊情况需换班或代班者，必须经办公室主任或值班主管同意，否则责任自负。

第八条　按规定时间交接班，不得迟到早退，并在交班前写好值班记录，以便分清责任。

二、值班管理注意事项

（一）临时发生事件及各项必要措施。

（二）指挥监督保安人员。

（三）预防灾害、盗窃及其他危机事项。

（四）随时注意清洁卫生、安全措施与公务保密。

（五）公司交办的各项事宜。

第二节 企业值班管理规范化制度

一、企业值班管理制度模板

□ 目的

第一条 为保障公司正常工作秩序不间断和财物安全，特制定本制度。

□ 值班体制

第二条 门卫值班。公司依据自身情况，设立门卫值班制度，24 小时值班。

第三条 值日。公司依据自身情况，设立公司或部门值日制度。

第四条 领导值班。公司依据自身情况，设立公司领导值班制度。

□ 门卫值班

第五条 目的：维护公司工作秩序，防止公司财产遭受损失。

第六条 实行分班制，保证 24 小时有人值班。

第七条 值班要点：

（一）保证通信系统畅通。

（二）防止公司财物失窃。

（三）及时排除公司火灾、漏水事故。

（四）监查下班后公司人员进出情况。

（五）接待来宾，保存邮件。

□ 值日

第八条 目的：维护公司日常工作秩序，及时联络、处理事务。

第九条 一般以工作时间为责任时间。

第十条 值班要点：

（一）巡察办公场所保洁情况。

（二）打开水等后勤事务。

（三）电话记录、处理、转送。

（四）领导交办任务。

□ 领导值班

第十一条　目的：以公司业务工作为主。

第十二条　一般以下班时间或节假日为值班时间。

第十三条　值班要点：

(一)接待下班后来客。

(二)处理未完成工作。

(三)处置下班后的突发、紧急事件。

(四)值班人员接打值班电话，应记录来电时间、单位、授话人、主要内容。

(五)值班人员接待来宾要记录来访时间、单位、来访人、主要内容，提出处理意见。

(六)值班人员要按规定准确填写值班日志。

□ 值班规定

第十四条　遵守值班纪律，按时交接班，有事须先请假，以便安排临时替班人员。无关人员不得在值班室留宿。

第十五条　值班时坚守岗位，不得聚众打牌、看电视、瞌睡，不给坏人可乘之机。

第十六条　在规定的时间内加强巡视，做好防盗、防火、防灾工作，尤其加强对重点部位的监管。

第十七条　接待来宾外松内紧、热情招呼，具有高度警惕性，善于鉴别来人意图，要守口如瓶，不能随便乱说公司情况。

第十八条　值班人员应密切关注领导活动行踪，遇到紧急情况即能与其取得联系。须将公安、消防、医院、供水、供气、供电、通信等部门及火车、船、飞机、出租车的地址、电话、路线等信息置于明显处，以备应急需要。

第十九条　遇到紧急事件，首先要冷静，敢于负责。一方面大胆采取应急措施，以免贻误；另一方面及时上报主管领导或向公安部门报警。

第二十条　加大节假日值班力量，由公司领导带班，征求下属同意后排定值班表，印发各有关部门和人员。

第二十一条　根据需要，可安排公司司机值班或待班，一有用车需求，能在最短时间内抵达用车地点，如有必要可为其配备移动通信工具。

第二十二条　根据需要，可安排公司单身员工多兼值班工作，并给予适当的加班补贴。

□ 值班室管理规定

第二十三条　坚守工作岗位，不得擅离职守，不做与值班无关的事情。

第二十四条　熟悉业务，认真钻研，提高业务水平。文明值班，积极妥善地处理好职责范围内的一切业务。

第二十五条　重大、紧急和超出职责范围内的业务，应及时向上级业务指挥部门、公司领导汇报和请示，以便把工作做好。

第二十六条　加强安全责任，保守机密，不得向无关人员泄露有关公司内部的情况。

第二十七条　维护好室内秩序。做到室内整洁卫生，禁止在工作时间大声喧哗，无关人员不得随便进入值班室。爱护公物，杜绝浪费。

第二十八条　坚持批评与自我批评。团结互助，互相尊重。

第二十九条　遇有特殊情况需换班或代班者必须经室主任或值班主管同意，否则责任自负。

第三十条　按规定时间交接班，不得迟到早退，并在交班前写好值班记录，以便分清责任。

□ 值班接听电话注意事项

第三十一条　礼貌相待。不论打进、接入电话，应主动通报公司名称、职务、姓名，如对方未通报，应客气询问清楚。

第三十二条　使用语言文明，切忌粗声粗气。

第三十三条　对重要或较长的电话内容，可请对方复述一遍。

第三十四条　对要求接通公司领导电话的，首先问清对方的单位名称、职务、姓名，然后婉转回答"请您稍等，我给您找一下"之类的话再处置。

第三十五条　对打听事情、咨询类的电话要态度和蔼、礼貌对待、恰到好处地回答。

第三十六条　除紧急情况随时报告外，一般将若干电话内容集中到一起，有条理地予以报告。

□ 附则

第三十七条　领导值班为工作内容之一，门卫值班为正常工作制，必要时可予轮休。

第三十八条　本制度由总务后勤部解释、补充、执行，经总经理批准颁行。

二、总台值班管理规定

第一条　本公司总台及各楼层值班秘书，统称值班文员。

第二条　本公司值班文员上班须着工作装、化淡妆。

第三条　值班文员要按以下程序工作：

（一）______到公司，穿工作服，检查打卡机，挂领导值班牌，开空调机（夏天）；

（二）______站立迎候员工上班，主动递送卡片；

（三）______收卡。由公司派车接送上班的员工，因堵车或其他非主观原因不能准时上班的，不以迟到论，但要注明原因。

第四条　值班文员对待本公司其他同事或来访本公司客人要礼貌大方，热情周到。

第五条　值班文员对来找高层领导的客人，要问清事先有无预约，并主动通知被找领导；客人到领导办公室后，应主动递送茶水；客人离开后，应及时收拾茶杯。

第六条　各楼层的文员，应视本楼层的具体情况，参照总台的工作程序做好工作。

第七条　文员要保持会议室的整洁，早晚各检查一次。会议室有会议时，应事先做好清洁工作，并主动给参加会议的人员倒茶水。会议结束后，立即清理会议室。

第八条　值班文员应推迟30分钟下班，各楼层文员下班前应先关好空调整机并检查各办公室，发现里面没有人时，应锁门关灯，做到人离灯灭。如有员工确因工作需要须加班时，要告知其离开时通知总台。当天值班的总台文员，亦应在员工下班后巡逻楼层，确保安全后，方可离开。

第九条　值班文员违反本制度或其他相关工作制度的，视情节给予其批评，或处以____元以上，____元以下罚款，屡教不改者，扣除当月奖金直至给予辞退处理。

三、企业安保人员执勤制度

第一条　为规范本公司安全保卫制度，保障本公司的日常安全管理，特制定本制度。

第二条　本公司安保人员均应按照本制度进行日常工作。

第三条　本公司实行24小时不间断执勤，其各班服勤时间，由安保部订定呈准公布实施。

第四条　安保人员需要负责工厂及办公处所各种事故的预防、警戒及厂区(房)巡逻事项。

第五条　安保人员需要负责工厂及办公处所突发事故的应急处理。

第六条　安保人员需要负责进出工厂及办公处所人员的管制、联络登记事项。

第七条　安保人员需要负责进出本公司及工厂车辆的管制事项。

第八条　安保人员需要负责进出公司及工厂物品的查验及放行。

第九条　安保人员需要负责防止窃盗，协助维持公司办公处所秩序。

第十条　安保人员应绝对服从上级命令，切实执行任务，不得偏袒徇私。

第十一条　安保人员平时应谨言慎行，执行职务时态度和蔼严正，不亢不卑。

第十二条　安保人员执勤中应整肃服装仪容，应急及防身器具等应随身佩带，或储备齐全，以应不时之需。

第十三条　安保人员执勤中应时刻提高警觉，遇有重大灾变时，更应临危不乱，果断敏捷，作适当处置，并立即报告上级。

第十四条　安保人员执勤中应严守岗位，不得擅离职守或酗酒、闲聊、阅读书报、睡觉。

第十五条　安保人员应熟悉工厂内各处水、电、燃料、开关、门锁及消防器材放置地点，以免临急慌乱，对重要路口电灯、门窗、篱墙等有缺损的，即应建议厂务单位处理。

第十六条　安保人员应管制入厂人、物、车辆，对未挂识别证或未办妥入厂手续者，一概不准入厂，并绝对禁止携(夹)带违禁品入厂，除工厂需料外对危险或易燃品应严拒携入。

第十七条　安保人员应遵照巡逻路线按时或不定时巡逻工厂各处。

第十八条　交换班时，应将注意事项交代清楚，并将服勤中所见重要事项或事故，以及巡逻时间等登(列)入“安保日志簿”，检附有关资料逐日分呈厂单位及安保部核阅。

第十九条　安保人员应辅导本公司其他员工遵守各项规定，并制止不法行为的发生，维持工厂及办公处所秩序。

第二十条　安保人员应确实管制员工上下班，做好迟到、早退、加班人员的考勤卡记录。

第二十一条　本公司员工因公或事（病）假离厂时，安保人员应切实查验公出申请书或请假记录卡，始允其外出，并在公出单或到工卡上记录离厂、回厂时间以备查考。

第二十二条　各级人员公出或事（病）假之核准权责由各厂制定列表送安保室执行。

第二十三条　经副理以上人员由安保登记进出。

第二十四条　本公司安保人员在上班时间内除公事接洽外，一律谢绝会客。

第二十五条　外界来宾到厂接洽业务或参观访问，以及厂商的营业、采购、检查、安装人员等应至安保室办理入厂手续，发给来宾证，并联络有关单位接待。非经厂单位人员接待，不得任其进入厂区。

第二十六条　假日加班人员或因事需进厂者，应凭厂务单位所送名单核对相符后，准予进厂。本厂科长（含副科长）以上人员须登记后进厂。

第二十七条　公司或其他各厂同仁须凭识别证办理登记后进厂。

第二十八条　厂内住宿人员，在勤务时间外，凭住宿证进出工厂，但夜间不按规定时间出入厂者，应即通知舍监室处理。

第二十九条　物品放行应凭核准的放行单核对无误才可放行。

第三十条　离厂人员经安保人员查获有私带公物或他人物品嫌疑者，暂扣物品，并以下列程序处理：

1. 记录携带人所属单位、姓名、时间、地点。

2. 由携带者亲书理由，注明品名、数量，由何处取得等。

3. 情况严重时，不得让当事人离厂，并速呈报处理。

第三十一条　厂内住宿人员携带个人物品出厂时，按下列规定处理：

1. 携带行李、包裹、提箱等大件物品者，应凭舍监室开具的放行单放行。

2. 携带一般日常用品者，由安保人员查验后放行。

第三十二条　本公司员工及一般外宾不准携带照相机进厂，遇有特殊情况，如参观、访问或外籍人员携带照相机者，应按厂单位主管所示处理。

第三十三条　本公司其他员工进入工厂上班不准携带与本公司产品相似的产品，厂内住宿人员如因需要，经厂务单位开立证明单者（注明品种、型号）准予携带进厂。携带产品出厂者，应凭厂务单位开立的物品放行单，经查验无误后放行。

第三十四条　本厂各型车辆（汽车、机车）出厂，凭厂单位的核派单放行。

第三十五条　外宾车辆进入工厂，除随车人员按本准则第十条及第十一条办理外，依下列规定处理：

1. 持有证明来厂交货或提货车辆，准予驶入厂区内有关处所。

2. 一般接洽业务或参观访问，以及厂商营业、采购、检查、安装等人员所乘车辆，一律按指定位置依序停放，不按规定者，安保应即时纠正。

第三十六条　进出工厂车辆一律应检查，进厂车辆应注意有无载有违禁、危险或易燃物品，出厂车辆载有货物时，应凭放行单查验无误后放行。

第三十七条　发现盗窃时，以收回失窃物为首要，并应立即呈请处理。

第三十八条　安保人员应熟练安全装备的使用。了解配置地点，紧急事件发生时应镇静并以最有效方法使损失降到最低，不可慌张误事，视情况按下列程序处理：

1. 判断情况若尚可镇压消除时，速采取行动，并报告上级及通知厂务单位。

2. 判断事故无法镇压，应急速通报有关单位。

3. 日间灾害急报有关主管，夜间灾害急报公安部门，消防单位或救难单位。

第三十九条　夜间或休假日近邻发生灾难时，应将所知及判断是否波及本厂等情况，迅速通报有关主管。

第三节　企业值班管理实用表单

一、值班登记表

值班登记表如表 8－1 所示。

表 8－1　值班登记表

日期	值班员	起讫时间	班别	合计次数

主管　　　　　　　　　　制表

注：班别是指早、中、晚、夜、公休日、节假日。

二、值班记录表

值班记录表如表 8－2 所示。

表 8－2　值班记录表

年　月　日星期　　　时　分起至　时　分止				
值班人			带班领导	
应办事项				
函电收件总数				
重要记事	时间	地点	内容	联系人

三、值班替换申请书

值班替换申请书如表8－3所示。

表8－3　值班替换申请书

本人因　　　　而不能担　　　年　　月　　日值班任务，拟请　　　　　先生同意代行职务，请审核批准是荷。 　　呈 　　经理 代理人员　　　　　　　　签章 原值班人员　　　　　　　签章 　　　　　　　　　　　　　　　　　　　　　　　　　年　　月　　日

第四节　企业值班管理规范化细节执行标准

一、值班时间细则

（一）本公司员工值班，其时间规定如下：

1. 自星期一至星期五每日上午____时起至下午下班时间止。

2. 例假日、日班，上午____时起至下午____时止（可随办公时间的变更而变更）。夜班，下午____时起至次日上午____时止。

（二）员工值班安排表由人事行政部编排，于上月底公布并通知值班人员按时值班。

（三）值班员工应按规定时间在指定场所连续执行任务，不得中途停歇或随意外出，并须在公司指定的地方食宿。

（四）值班员工遇有事情发生可先进行处理，事后分别报告。

（五）如遇其职权不能处理的，应立即呈报并请示主管领导办理。

二、值班事项处理标准

（一）属于职权范围内的可即时处理。

（二）非职权所及，视其性质立即联系有关部门负责人处理。

（三）密件或限时信件应立即原封保管，于上班时呈送有关领导。

（四）值班员工应将值班时所处理的事项填具值班报告表，于交班时送主管领导转呈核查，报告表另定。

三、值班奖励与惩罚标准

（一）值班员工如遇紧急事件处理得当，使公司减少损失者，公司视其情节给予嘉奖。

（二）值班员工在值班时间内，擅离职守应给予记大过处分，因情节严重造成损失者，从重论处。

（三）值班员工因病或其他原因不能值班，应先行请假或请其他员工代理并呈准。出差时亦同，代理者应承担一切责任。

第9章 企业差旅管理

第一节 企业差旅管理工作要点

一、员工出差办理程序

员工出差依下列程序办理：

1. 出差前应填写《出差申请单》。出差期限由派遣负责人视情况需要事前予以核定，并依据程序核实。

2. 出差人凭核准的《出差申请单》向会计部暂支相当数额的差旅费，返回后一周内填具“差旅费报销单”，并结清暂支款，未于一周内报销者，财务应于当月工资中先予扣回，等报销时再行核付。

二、员工出差审核权核定

出差的审核决定权限如下：

1. 国内出差。____日内由部门经理核准，____日以上由主管副总经理核准，部门经理以上人员一律由总经理核准。

2. 国外出差一律由总经理核准。

第二节 企业差旅管理规范化制度

一、企业员工出差管理办法模板

□ 国内部分

第一条 本公司以及所属工厂及营业所的员工因公奉派国内出差办理公务者，依本办法规定发给差旅费。

第二条　本公司员工乘坐火车、轮船、飞机按表9－1的标准发给交通费。

表9－1　出差交通费标准

职称	火车	轮船	飞机	备注
主管级	软卧	头等	头等	1. 代理职称的职员比照高一职等人员的标准支给。 2. 练习生、雇员、工友比照三等以下职员的标准支给。
一般职员以下	硬卧 动车、高铁	一等	经济	

（一）乘坐火车及长途汽车，原则上应出具铁路局、公路局或汽车公司的购票证明单，如因故未能取得购票证明单者，由出差人出具凭单。

（二）乘坐轮船应出具轮船公司或旅行社的购票证明单或船票存根。

（三）因急要公务必须搭乘飞机者应事先报准并凭飞机票根报支旅费。

（四）搭乘公司交通工具者，不得再报支交通费。

第三条　员工出差的膳食、住宿、杂费按下列标准核发：

（一）主管级：每日____元。

（二）一般级：每日____元。

第四条　出差期间因公支出的下列费用，准予按实报销 并依下列规定办理：

（一）乘坐计程车原则上应取得汽车公司开具的统一发票，无法取得者由出差人员出具凭单为凭。

（二）电报电话费应出具电信局的收据为凭。

（三）邮费应出具邮局的证明为凭。

（四）因公宴客的费用，应出具统一发票或贴足印花的正式收据为凭。

（五）因公携带的行李运费，应出具正式的运费收据为凭。

第五条　员工出差，应由派遣出差单位的主管填写通知单一式两份，递请核准后，一份送秘书处登记出差日期，一份由出差人凭以预借或报支旅费（按照规定格式逐项填写）。

第六条　员工出差销差后3日内应填具《出差旅费报支单》，送请各单位主管核实后递请秘书处审核，总经理核准后，出纳人员方得凭以报支。

第七条　员工出差前，须凭核准的派遣出差通知单预借旅费，于出差完毕报支旅费时扣回。

第八条　市内及短程（____日内）出差人员，除按实报支车资外，另可报支误餐费。

（一）下午____时以后销差者准报午餐。

（二）下午____时以后销差者准加报晚餐。

（三）不得再报支加班费。

第九条　奉令调遣的人员，可以比照以上有关条文报支交通费、膳食费（一天）及行李运费。

第十条　调遣人员若在公司用膳，则不得报支误餐费。

第十一条　调遣人员若超过一天以上但不能视为出差的，可以由公司酌情予以补贴。

□ 国外部分

第十二条 本公司员工奉派出国人员，除薪金照领外，并准予报支差旅费，其标准如下：

（一）凡出国往返于公司指定地点的交通费按实报支，自行观光的交通费自理。

（二）膳、宿、杂费按当时行情，并依国税局出差规定在报支额度内支给。

（三）派遣在同城市持续驻留 30 日以上者自第 31 日起按上列标准 8 折支给。

第十三条 受政府或其他机构聘请（派遣）出国考察或实习的本公司人员已在受聘或派遣的机构支领差旅费者，不得再向本公司支领差旅费。

第十四条 出差期间因公支出应取得正式收据并按实报销，其无法取得正式收据的零星付款可以以出差人签呈为准。

第十五条 如因公务原因必须支付的费用而超过日用费规定者可以呈请总经理核发特别津贴。

第十六条 国外差旅费报销办法仍比照本办法第五条至第七条规定办理。

□ 附则

第十七条 下级员工与上级员工一起出差时，下级员工可比照上级员工标准支给。

第十八条 本公司董事、监察人及顾问的差旅费比照经理级标准支给。

第十九条 膳、宿费的支领标准，因物价的变动，可以由总经理随时通令调整。

第二十条 本办法经董事会核定后实行，修改时亦同。

二、企业员工出差管理规定模板

第一条 为加强出差费用的管理，特制定本规定。

第二条 员工出差程序办理（参见“一、员工出差办理程序”）。

第三条 出差的审核决定权限如下：

（一）国内出差。____日内由部门经理核准，____日以上由主管副总经理核准，部门经理以上人员一律由总经理核准。

（二）国外出差，一律由总经理核准。

第四条 出差不得报支加班费，但假日出差酌情予以计薪。

第五条 出差途中除因病或遇意外灾害，或因工作实际需要电话联系，请示批准延时外，不得因私事或借故延长出差时间，否则除不予报销差旅费外，并依情节轻重处理。

第六条 差旅费分为交通费、住宿费、膳食费、通信费、交际费等，其标准另定。

第七条 出差费用的报销：

（一）交通费、住宿费按标准报销，超标自付，欠标不补。

（二）膳食费按标准领取。

（三）通信费以邮局凭证报销。

（四）交际费由领导核定，凭据报销。

三、企业员工出差实施细则

（一）本公司员工因公务需要，受命出差国内外（包括迁调）皆依照本章规定办理。

（二）员工出差均依各单位主管命令或指示，视实际需要，限定日期呈请总经理核准后执行。

（三）出差员工应于出发前，依式填写规定表格，通知总务组登记，如特殊情形事前未及办理时，须尽快补填表格，送交登记。

（四）员工出差可按实报支差旅费，除特殊情况，经总经理核准者外，超标自付。

（五）员工出差前，可按实际需要预借旅费，其预借款额经由各主管初审，呈请总经理核准后暂付，出差完毕，向总务组销差后应于____日内呈报核销，如____日后，仍未报支者，财务部应将该员工预借旅费在薪金中先予扣回，待报支时，再行核付。

（六）员工在本市及郊区或其他同日可往返之出差按实支给交通费及误餐费。

（七）员工出差在一日以上，其另有不满一日之旅费，无论出发或返回日均给付一半，有乘夜车往返者，不另支住宿费。

（八）交通费包括旅程中必需的车船费用，按实际报支，其他零星用费均在膳杂费内开支，不得另行报支。

（九）凡因公拍发邮电及特别公务，临时雇用人力、车马等项所支出的必要费用，另列特别费用内可按实凭证报支。

（十）员工出差除中途患病及自然不可抗拒因素，并有确实证明者外，不得任意改变起程日期，或延长出差时间。但事后经总经理特准者例外。

（十一）员工差旅费，应据实提供收据，予以核发，如发现虚报不实，除将所领费用追回外，并视情节之轻重，酌予惩处。

（十二）员工出差事前、事后及旅途中所应填写的一切表格及应办手续另定。

四、员工出国管理办法

（一）凡本公司员工因公经核准出国者，皆依本办法规定办理。

（二）因公奉派出国人员，于出国前须先立承诺书（见表9－2），言明按期归国并继续为公司服务，如在返国____年内自动辞职者，愿无条件赔偿出国期间费用除以____年平均数额之差，并放弃先诉抗辩权。

（三）出国人员返国后，应于____星期之内书面提呈出国经过及观感心得。必要时，由总经理安排时间，向公司内有关部门人员讲解心得及工作计划方针。

（四）国外差旅费报支标准如表9－3所示。

（五）奉派出国人员，出国期间其薪金照常领取，并可预支核定日数的差旅费。

（六）出国人员应按照规定期限归国，并于返国后____日内交具有关凭证向财务部报销，因故拖延不归或费用开支经审核不合格者，概由出国人员自行负担。

（七）出国人员在国外旅行，应以规定路程为限，规定以外路程差旅费如经总经理核准者，准予报销。

（八）出国接受技术训练或受国内外厂商机构补助人员，其差旅费如已由有关单位支给者，其支给部分不得再向公司申请，但厂商供给费用低于本办法所订费用，其差额可由公司补助。

（九）本办法经经理级会议通过呈总经理核定公布实施，其修改或补充亦同。

表9－2　承诺书

承诺书

年　月　日

立承诺书人　　　　　因公经××股份有限公司派遣出国，谨保证：

（一）按期归国返回公司工作。

（二）返国后三年内决不自动离职，如有违背，愿依贵公司所订之办法负责赔偿，保证人愿负担一切连带赔偿责任，并放弃先诉抗辩权。

××股份有限公司

立承诺书人：

连带保证人：

地　址：　　　　　　　　身份证号：

表9－3　国外出差差旅费报支标准

职别	膳宿杂费		因公交际费	交通费
	欧、美、澳 非、中东	日韩 东南亚		
董事长 董监事 总经理 副总经理	实支	实支	附据实支	附据实支
顾问、厂长、 副厂长、 各部室经理	$24/日	$20/日	以核准者为限，并凭单据报销	机票以三等客舱为限，并凭据报销
一般员工	$20/日	$16/日	以核准者为限并凭单据报销	机票以三等客舱为限，并凭据报销

说明：1. 因公出国者，其手续由总务部代为办理。

2. 在同一地区内停留30日以上者，自第31日起，膳宿杂费以8折计算。

3. 低职人员随同高职出国者，其费用可酌实情比照高职人员报支。

4. 美金币值如有变动，可视该地区汇率调整。

五、差旅费支给制度

□ 总则

第一条 为规范本公司差旅费支给制度，杜绝侵占公司财物的现象，特制定本制度。

第二条 本公司所有差旅费的补助、申请、领取等事项依悉按照本制度办理。

第三条 本公司的所有出差行为可分为如下三种：

（一）当日出差：出差当日可能往返者。

（二）远途出差：出差须在外住宿者。

（三）国外出差：赴国外出差者。

□ 当日出差

第四条 本公司员工由于业务需要申请当日出差时，由其上级主管核准。

第五条 当日出差如延误正餐时间一小时以上则支给____元午餐补助。但外勤已支津贴人员不支给午餐补助。

第六条 当日出差除依前条规定支给午餐补助外不另支付差旅费。

第七条 当日出差的交通费、打车费等凭乘车证明或网上支付订单可实报实销。

第八条 当日出差人员须于当日返回，不得在外住宿。但因实际需要，事先经上级主管核准者按远途出差办理。

□ 远途出差

第九条 本公司员工因业务需要远途出差时须事先填报《出差申请书》，经部门主管核准后方可出差。

第十条 远途出差的员工得在《出差申请书》后，依照实际情况填报《出差旅费预算表》，向财务单位预借旅费。

第十一条 出差人员因急病或不可抗力因素导致无法在预定期限返回销差而经调查属实继续支给差旅费。

第十二条 出差人员须于返回后三日内填具《员工出差旅费报销单》请领差旅费。

第十三条 出差人员所乘坐的交通工具除公司车辆外，以火车、长途车为一般原则。因急事经协理以上人员核准方可乘坐飞机。

第十四条 出差人员的交通费凭乘车证明以实费计算支给。因乘坐出租汽车、三轮车，无法取得乘车证明者，须经部门主管核准后实报实销。

第十五条 使用公司交通车辆或借用车辆者不得申领交通费。

第十六条 员工远途出差旅费，按表 9 - 4 所示标准支给。

表 9－4 远途差旅费标准模板

单位:元

职级	董事长	常务监察人 常务董事	监察人董事	协理 副总经理 总经理	正管理师 正工程师 经理	管理师 工程师 副理	副管理师 副工程师 正副科长	其他 人员
当日								
住宿费	实支	实支	实支	实支				

第十七条 远途出差如乘坐夜间(晚9时以后,早6时以前)的车次,住宿费减半支给。

第十八条 出差人员每日须做出差日报向各直属主管报告。

第十九条 住宿费按出差人员在外住宿日数定额支给。

第二十条 出差人员住宿费必须取得住宿费凭证,但住宿在自宅(含其他住宅)或本公司招待所未取得住宿费凭证者减半支给住宿费。

第二十一条 与经理以上人员随行,其住宿费不够时须呈经上级人员核准,凭住宿费支给凭证支给予上级人员同等住宿费或实费。

第二十二条 各分支机构人员因业务需要或受命到总公司述职,比照远途出差支给住宿费。但支领外勤津贴人员不得支给住宿费。

□ 国外出差旅费报支办法

第二十三条 本公司员工奉命或因业务需要出差国外时,必须填具“出差申请书”记明出差日程,出差目的地及出差要务等呈由董事长核准。

第二十四条 国外出差人员得凭核准之出差申请书预编出差费概算,于出国前向财务部预借旅费。

第二十五条 国外出差人员渡航费,董事长、总经理须按头等舱位实额支给,其他人员均按二等舱位实额支给。

第二十六条 国外出差人员差旅费,按表9－5所示标准支给。

表 9－5 国外差旅费标准模板

单位:美元

职级	董事长	常务董监事 董监事 总经理 副总经理 协理	副经理 正管理师 正工程师 管理师 工程师	正副科长 副管理师 副工程师	其他人员
费用					

注:1. 上列金额系赴东南亚、日本之旅费标准。赴欧美者,按级另加20%。

2. 但供住宿者,按上列标准每日减支10美元。

第二十七条 表9－5所示差旅费包括在出差地交通费、住宿费及各项杂费。

第二十八条 国外出差去程当日不论何时起程概以一天计算,回程当日不论何时返回均不予计算出差天数。

□ 附则

第二十九条 本制度经董事会通过后施行，修改时亦同。

第三十条 本制度如有未尽事宜可随时修改。

六、某机关差旅费管理规定

□ 住宿费

第一条 2017 年 1 月 1 日起，中央和国家机关差旅费执行新的标准。公务员出差时的“吃住行”皆有严格的标准红线。一旦违规，即可能被通报处分。具体规定如下：

1. 部级

部级及以上干部，每天住宿费，按照出差的不同城市规定为：北京、上海，每天住宿费为 1100 元；江苏、浙江、福建、厦门、河南、广东、深圳、四川、云南等省，900 元；天津、河北、山西、内蒙古、辽宁、大连、吉林、黑龙江、宁波、安徽、江西、山东、青岛、湖北、湖南、广西、海南、重庆、贵州、西藏、陕西、甘肃、青海、宁夏、新疆等省市，800 元。

2. 司局级

司局级干部，每天住宿费，按照出差的不同城市规定为：北京市 650 元；上海市 600 元；广东省、深圳市 550 元；浙江省、厦门市、海南省、西藏、青海省 500 元；大连市、江苏省、青岛市 490 元；天津市、山西省、辽宁省、福建省、山东省、河南省、湖北省、重庆市、新疆、云南省 480 元；江西省、广西、四川省、贵州省、甘肃省、宁夏 470 元；内蒙古、安徽省、陕西省 460 元；河北省、吉林省、黑龙江省、宁波市、湖南省 450 元。

3. 其他人员

北京市、上海市 500 元；广东省、深圳市 450 元；浙江省、厦门市 400 元；天津市、江苏省、福建省、山东省、青岛市、河南省、云南省 380 元；重庆市、四川省、贵州省 370 元；河北省、山西省、内蒙古、辽宁省、大连市、吉林省、黑龙江省、宁波市、安徽省、江西省、湖北省、湖南省、广西、海南省、西藏、陕西省、甘肃省、青海省、宁夏、新疆 350 元。

其中，大连市、黑龙江省、青岛市、海南省、西藏、青海省都有淡旺季浮动标准：大连市、黑龙江省每年的 7 – 9 月份，各级住宿标准浮动上调 20%；海南省每年 11 月到次年 2 月，各级住宿标准浮动上调 30%；西藏、青海每年 6 – 9 月各级住宿标准浮动上调 50%。

第二条 住宿费按实际住宿天数计算，实际住宿费超过以上限额部分原则上由个人负担，特殊情况下须经公司领导特批方可报销，低于规定的节约部分奖励个人 50%。

第三条 开会统一安排住宿时，有会议证明者，可按实报销。

第四条 住宿费一律凭单据报销。

第五条 住宿费已由接待方提供的，一律不再报销。

□ 交通费

第六条 部级以上干部出差可乘飞机头等舱和轮船一等舱，司局级领导可乘飞机经济舱、火车软席、软卧、高铁(动车)一等座、全列软席列车一等软座、轮船二等舱;其他人员出差一般乘坐火车硬席、硬座、硬卧、高铁(动车)二等座全列软席列车二等软座、轮船三等舱,因工作需要乘飞机的,须事先经公司主管财务领导批准,乘坐经济舱。

第七条　出差外地的市内交通费实行包干使用,每人每天80元,不再报销车票。在国内出差一般不准乘出租车,情况特殊时可由部门领导在出租车票据背面签字特批,方可报销,但不再发给市内交通费。

第八条　乘火车过夜或时间超过12小时的,可购同席卧铺,未购卧票的,按实际乘坐火车硬座票价的一定比例(特快或高铁或动车50%、慢车或直快60%)发给个人。按规定可乘飞机而改乘火车的,可将差价的50%发给个人。

第九条　陪外宾出差,因工作原因需要与外宾同乘车(船、飞机)、同住饭店的,经总经理批准,可按实报销。

□ 伙食补助费

第十条　出差每人每天的伙食补助标准一律为一般地区100元,西藏、青海、新疆等地每天120元。参加会议、培训班等,已有伙食补助的不再计发伙食补助费,如没有,可凭证明取伙食补助。

第十一条　长期(一个月以上)驻外省市人员,每人每天伙食补助标准为100元。

第十二条　部门设在总公司大厦外部,且没有食堂和就餐条件的,每个工作日发伙食补助100元。

第十三条　出差人员一律不发夜餐费、加班费。

□ 职工探亲路费

第十四条　职工探亲须事前填写“探亲申请单”,经部门领导签字、公司领导审批、办公室备案,方可办理借款和报销。

第十五条　年满____岁以上,并途中连续乘车超过____小时的探亲职工,可乘硬席卧铺,如未乘卧铺,可比照差旅费报销办法给予补助。不具备以上条件的职工探亲报硬座票价,乘船报四等舱位票价。

第十六条　享受一年一次探亲假的职工,报销一次往返路费。享受四年一次探亲假的职工,探亲路费在本人标准工资(岗位工资+工龄工资)30%以内的,由本人自理,超过部分单位报销。

□ 其他费用

第十七条　火车费、订票手续费、电话费、电报费等凭单据按实报销,出差期间的游览和非工作需要的参观所支一切费用均由个人自理。

第十八条　工作人员到远郊区、县出差,按到外地出差的规定办理。

七、企业差旅费报销制度

□ 总则

第一条　为控制费用，提高效率，规范出差人员的审批及报销程序，结合本公司的实际情况，特制定本制度。

第二条　本制度适用于公司国内出差的报销及外地长驻人员。

□ 审批办法

第三条　出差申请程序：因工作需要出差，无论是否借款，出差前均应填写《出差申请单》，明确出差任务、出行路线、逗留时间及随行人员等相关事宜，出差申请单应由部门负责人、分管领导审核签字。若同次出差任务涉及多部门员工的，应按部门分别填制出差申请单。未经过审批的，不予借支和报销差旅费。出差申请单由财务部留存，并作为部门费用考核依据。

第四条　如要借款，应填写《领款单》，根据出差申请单确定借款金额。领款单凭出差申请单经财务部部长（____元以上须经财务总监）审核批准方可执行。同时财务部实行“前账不清，后账不借”的原则。

第五条　差旅费报销程序：经批准出差办事人员，应如实填写《差旅费报销单》，并列明事由、时间、线路后交部门负责人、分管领导审核签字，再交财务部审核签字，按《××费用报销程序》予以报销（领导班子成员出差费用须经董事长审核签字）。除按规定可报出租车费的人员外，其他人员如要乘坐出租车，应事前向部门领导请示同意，报销时由董事长签字认可。

□ 出差标准

第六条　乘坐交通工具标准如表9－6所示。

表9－6　乘坐交通工具标准

级别 项目	公司领导	中层干部	安装维修及其他工作人员
飞机	经济舱	特殊情况经董事长批准可报销	
水翼船	特殊情况经董事长批准可报销		
火车	硬卧（软卧）	软座（硬座）	
轮船	二等舱	三等舱	四等舱
市内出租车	按实报销	特殊情况经董事长批准报销	

第七条　员工分类标准：

第一类：公司领导指公司领导班子成员；

第二类：中层干部及高级职称人员；

第三类：工作人员指公司除一、二、四类之外的其他员工；

第四类：安装维修人员。

□ 差旅费报销原则

第八条　区内出差不论时间长短，均不发给出差补助费。由于工作原因不能回家或公司食堂就餐的，可发给误餐补助费，标准为：早餐____元，中晚餐各____元。但每天报销的误餐费不得超过两餐。

第九条　住宿费报销条件：按出差的实际天数凭正式发票计算报销，实际住宿费超过规定限额标准的部分由出差人员自理，低于限额的部分，80%计算给个人，无住宿单据的一律按限额标准的70%计算给个人。

第十条　以下人员不实行市内交通费包干办法：

1. 在外地参加各种训练班（含学习）的人员。

2. 自带交通工具或接待单位提供交通工具的出差人员。

3. 其他不宜实行本办法的出差人员。

第十一条　出差乘坐火车、轮船，符合从晚上____点到次日晨____时之间，在车、船上过夜，或连续乘车、船超过12小时的可以购买规定标准的卧铺，符合以上规定未买卧铺票的，按本人实际乘坐火车的硬席座位票价的下列比例发给补贴：

1. 慢车和直快列车按其硬席座位票价的60%计发补贴；特快列车非空调车按其硬席座位票价的50%计发补贴、空调车按其硬席座位票价的30%计发补贴。

2. 乘坐四等舱位以下（含四等舱位）的分别按实际乘坐舱位票价的一定比例计发补贴，其中四等舱位按票价的30%、五等卧席按票价的40%、五等散席按票价的60%计发补贴。

第十二条　出差期间，若发生招待费，报销时须单独填报，要求写明发生费用原因，被招待对象及其联系电话和就餐金额。

第十三条　出差补助天数实行：按出差自然（以日历为准）天数补助。

第十四条　各部门派往外地长驻人员，路途按出差标准报销，到达驻地后按以下标准实行包干：

1. 重庆、成都按实际天数每人每天____元包干。

2. 武汉、无锡等地，按实际天数每人每天____元包干。

3. 京、津、沪、穗地区按实际天数每人每天____元包干。

第十五条　出差的行程路线须与出差申请单上标明路线相符。不得乘坐旅游轮船和旅游专线的汽车，不得绕行。违反规定的，其超出标准的金额，自行承担，并扣减多行走天数已计列的伙食补助和发生的其他费用，且多行走的天数按旷工处理。

第十六条　出差人员一般不得乘坐飞机，经批准才能乘坐飞机，其乘坐往返机场的专线客车费用可凭票报销，不在市内交通费包干的范围。

第十七条　出外学习、培训和参加会议的人员，如果主办单位统一安排食宿，食宿费已包含学习、培训、会议费用中的，凭会议证明和发票，在审核后按实报销，不再另报住宿费和伙食补助费。如经审查，发现有弄虚作假者，按多报住宿费和伙食补助费的____倍罚款，并给予其所在部门或分管领导2倍罚款。

第十八条　严格控制出差人数，给多派人出差的部门领导处以多派人出差费用的__倍罚款。

第十九条　出差人员应在回公司后___天内报账，需延期报销的应有书面申请并有部门领导和分管领导审批。否则按应报金额的10%罚款，同时对部门领导罚款每次____元。

第二十条　出差人员随车(包括因工作需要随货车)乘坐到目的地，未发生车船费，除按规定报销出差各项补贴外，可额外给予补助，补助标准为：重庆市范围内(除万州区，梁平、云阳、开县、忠县外不予补助)按一天补助，补助标准____元/天；四川、湖南、湖北、陕西、河南、贵州按二天补助，补助标准____元/天；其他地区按三天补助，补助标准____元/天。

第二十一条　异地公司工作人员，路途按出差标准报销，在深圳工作期间按正常上班计薪。

□ 附则

第二十二条　本规定从20××年×月×日起执行。各子公司应参照本制度，制定本公司差旅费管理办法，并报总公司批准后执行。

第三节　企业差旅管理实用表单

一、年度出差计划表

年度出差计划表如表9－7所示。

表9－7　年度出差计划表

部门：

时间	出差计划												费用小计
	时间	地点	费用	时间	地点	费用	时间	地点	费用	时间	地点	费用	
1月													
2月													
3月													
4月													
5月													
6月													
7月													
8月													
9月													
10月													
11月													
12月													
费用合计													

二、出差申请单

出差申请单如表9－8所示。

表9－8　出差申请单

出差人员姓名		职务	
同行人员姓名		职务	
出差地点			
出差路线			
出发时间		返回时间	
交通工具			
出差事由			
介绍信编号		借款金额	
部门批示			
办公室批示			
人力资源部批示			
以下为回来后填写			
是否已交书面报告		材料是否归档	
实用差旅费		报账时间	
直接上级批示			

三、出差派遣表

出差派遣表如表 9－9 所示。

表 9－9　出差派遣表

出差地点			
出差人员			
出差路线			
出发时间		返回时间	
交通工具			
出差任务			
介绍信编号		借款金额	
办公室批示			
人力资源部批示			
部门批示			
以下为回来后填写			
是否已交书面报告		材料是否归档	
使用差旅费		报账时间	
直接上级批示			

四、出差登记表

出差登记表如表9－10所示。

表9－10 出差登记表

出差人：______
部门：______
前往：______
事由：______
计划出差时间：______
返回时间：______
联系地址与电话：______
您出差时谁接替您的工作：______
批准人：______
备注：______

五、出差资料交接清单

出差资料交接清单如表9－11所示。

表9－11 出差资料交接清单

<table>
<tr><th colspan="2">资料名称</th><th colspan="2">内容摘要</th><th colspan="2">页数</th></tr>
<tr><td colspan="2"></td><td colspan="2"></td><td colspan="2"></td></tr>
<tr><td colspan="2"></td><td colspan="2"></td><td colspan="2"></td></tr>
<tr><td colspan="2"></td><td colspan="2"></td><td colspan="2"></td></tr>
<tr><td colspan="2"></td><td colspan="2"></td><td colspan="2"></td></tr>
<tr><td colspan="2"></td><td colspan="2"></td><td colspan="2"></td></tr>
<tr><td>交出人</td><td></td><td>接收人</td><td></td><td>日期</td><td></td></tr>
</table>

注：本单一式两份，交、接人各一份。

六、差旅开支清单

差旅开支清单如表 9－12 所示。

表 9－12　差旅开支清单

出差人姓名：　　　　部门：　　　　年　月　日

费用项目	金额（元）	单据张数	无单据情况说明
合计			
承诺	以上费用均属实，并与派遣单（申请单）要求相符。签字：		

派遣部门审核人：　　　　部门经理：　　　　出差人：

七、出差报告书（非营销人员适用）

出差报告书（非营销人员适用）如表 9－13 所示。

表 9－13　出差报告书（非营销人员适用）

出差人姓名：　　　　部门：　　　　年　月　日

目的
地点
期间
目标
实绩
感想、意见
附件 1：费用计算表共　　页 附件 2：资料共　　页

八、出差报告书(营销人员适用)

出差报告书(营销人员适用)如表 9-14 所示。

表 9-14　出差报告书(营销人员适用)

年　月　日

<table>
<tr><th>时间</th><th colspan="2">访问对象</th><th>报告事项</th><th>订货量及收据号</th><th>差旅费及相关证明</th></tr>
<tr><td rowspan="5"></td><td>客户名称</td><td></td><td rowspan="5"></td><td rowspan="5"></td><td rowspan="5"></td></tr>
<tr><td>地址</td><td></td></tr>
<tr><td>电话</td><td></td></tr>
<tr><td>目的</td><td></td></tr>
<tr><td>接洽人</td><td></td></tr>
<tr><td rowspan="5"></td><td>客户名称</td><td></td><td rowspan="5"></td><td rowspan="5"></td><td rowspan="5"></td></tr>
<tr><td>地址</td><td></td></tr>
<tr><td>电话</td><td></td></tr>
<tr><td>目的</td><td></td></tr>
<tr><td>接洽人</td><td></td></tr>
</table>

出差人:　　　直接主管:　　　销售部经理:

九、差旅费报销单

差旅费报销单如表 9-15 所示。

表 9-15　差旅费报销单

部门:　　　厂(部)　　　科　　　　　　年　月　日

<table>
<tr><th rowspan="2">月　日</th><th colspan="2">地　点</th><th rowspan="2">车　费</th><th rowspan="2">膳　费</th><th rowspan="2">住　宿</th><th rowspan="2">其　他</th><th rowspan="2">合　计</th><th rowspan="2">说　明</th></tr>
<tr><th>起</th><th>讫</th></tr>
<tr><td></td><td></td><td></td><td></td><td></td><td></td><td></td><td></td><td></td></tr>
<tr><td></td><td></td><td></td><td></td><td></td><td></td><td></td><td></td><td></td></tr>
<tr><td></td><td></td><td></td><td></td><td></td><td></td><td></td><td></td><td></td></tr>
<tr><td></td><td></td><td></td><td></td><td></td><td></td><td></td><td></td><td></td></tr>
<tr><td colspan="2">旅费总额</td><td colspan="2"></td><td>暂支旅费额</td><td></td><td colspan="2">应付(收)额</td><td></td></tr>
</table>

经理:　　　会计:　　　主管:　　　出差人:

十、差旅费清单

差旅费清单如表9－16所示。

表9－16　差旅费清单

<table>
<tr><td colspan="4">姓　名</td><td></td><td colspan="2">出差日期</td><td colspan="3">年　月　日起至　年　月　日</td></tr>
<tr><td colspan="4">出差事由</td><td colspan="4"></td><td>职　称</td><td></td></tr>
<tr><td>年</td><td>月</td><td>日</td><td>起讫地点</td><td>交通工具</td><td>交通费</td><td>住宿费</td><td>膳食费</td><td>其　他</td><td>总　额</td></tr>
<tr><td></td><td></td><td></td><td></td><td></td><td></td><td></td><td></td><td></td><td></td></tr>
<tr><td></td><td></td><td></td><td></td><td></td><td></td><td></td><td></td><td></td><td></td></tr>
<tr><td></td><td></td><td></td><td></td><td></td><td></td><td></td><td></td><td></td><td></td></tr>
<tr><td></td><td></td><td></td><td></td><td></td><td></td><td></td><td></td><td></td><td></td></tr>
<tr><td colspan="5">合计</td><td colspan="5"></td></tr>
<tr><td colspan="10">金额(大写)</td></tr>
</table>

十一、出差费用计算表

出差费用计算表如表9－17所示。

表9－17　出差费用计算表

出差费用计算表　　科(签章)

项目	费用	有无证据
借支	元	
机票费用	元	
交通费	元	
住宿费	元	
餐费	元	
交际费	元	
邮电费	元	
资料费	元	
翻译费	元	
合计	元	
扣除	元	
总计	元	

十二、国外出差费用明细报表

国外出差费用明细报表如表9－18所示。

表9－18 国外出差费用明细报表

姓名： 单位： 日期：

<table>
<tr><td colspan="2">出发地</td><td colspan="5"></td><td colspan="3">事由</td><td></td></tr>
<tr><td colspan="2" rowspan="3">航空行程</td><td colspan="4">出发</td><td colspan="5">回国</td></tr>
<tr><td>月 日</td><td>时间</td><td colspan="2">班次</td><td>月 日</td><td colspan="3">时间</td><td>班次</td></tr>
<tr><td></td><td></td><td colspan="2"></td><td></td><td colspan="3"></td><td></td></tr>
<tr><td rowspan="5">旅费清单</td><td colspan="2" rowspan="2">类别</td><td rowspan="2">单价</td><td rowspan="2">天数</td><td colspan="4">金额</td><td colspan="2" rowspan="2">摘要</td></tr>
<tr><td>外币</td><td colspan="3">本币（换算）</td></tr>
<tr><td colspan="2">准备金</td><td></td><td></td><td></td><td colspan="3"></td><td colspan="2"></td></tr>
<tr><td colspan="2">出国旅费</td><td></td><td></td><td></td><td colspan="3"></td><td colspan="2"></td></tr>
<tr><td colspan="2">出国手续费</td><td></td><td></td><td></td><td colspan="3"></td><td colspan="2"></td></tr>
<tr><td rowspan="6">旅费清单</td><td colspan="2">出国交通费</td><td></td><td></td><td></td><td colspan="3"></td><td colspan="2"></td></tr>
<tr><td rowspan="4">停留期间旅费</td><td>交通费</td><td></td><td></td><td></td><td colspan="3"></td><td colspan="2"></td></tr>
<tr><td>住宿费</td><td></td><td></td><td></td><td colspan="3"></td><td colspan="2"></td></tr>
<tr><td>伙食费</td><td></td><td></td><td></td><td colspan="3"></td><td colspan="2"></td></tr>
<tr><td>杂费</td><td></td><td></td><td></td><td colspan="3"></td><td colspan="2"></td></tr>
<tr><td colspan="4">合计</td><td></td><td colspan="3"></td><td colspan="2"></td></tr>
<tr><td colspan="3">原支领金额</td><td colspan="2">支出</td><td colspan="3">金额</td><td colspan="3">不足额</td></tr>
<tr><td colspan="3">元</td><td colspan="2">元</td><td colspan="3">元</td><td colspan="3">元</td></tr>
<tr><td colspan="2">类别</td><td colspan="3">支付额</td><td>金额</td><td colspan="2">支付月日</td><td colspan="2">借方</td><td>贷方</td></tr>
<tr><td colspan="2"></td><td colspan="3"></td><td></td><td colspan="2"></td><td colspan="2"></td><td></td></tr>
<tr><td colspan="2"></td><td colspan="3"></td><td></td><td colspan="2"></td><td colspan="2"></td><td></td></tr>
<tr><td colspan="2"></td><td colspan="3"></td><td></td><td colspan="2"></td><td colspan="2"></td><td></td></tr>
</table>

总经理： 人事主管： 单位主管： 申请人：

第四节　企业差旅管理规范化细节执行标准

一、国内出差差旅费费用标准

1. 交通费标准

公司员工乘坐火车、轮船、飞机按照下列标准发给交通费：

(1)乘坐火车及长途汽车，原则上应出具铁路局、公路局或汽车公司的票根，如因故未能取得购票凭证者，由出差人填写凭单。

(2)乘坐轮船应出具轮船公司或旅行社的购票证明单或船票存根。

(3)因紧急公务需搭乘飞机者应事先报告并凭飞机票根报销旅费。

(4)搭乘公司的交通工具者，不得再报支交通费。

(5)凡因公拍发邮电及特别公务临时雇用车辆等支出，另列特别费用内按实凭证报支。

(6)因公宴客的费用应出具统一发票。

(7)因公携带的行李运费，应出具正式的运费收据。

2. 差旅费支领及报销

(1)员工出差前，凭核准的派遣出差通知单预领差旅费，于出差完毕报支差旅费时扣回。

(2)员工销差后3日内应填具《差旅费报支单》，送请各单位主管核实后递请秘书审核，总经理核准后，出纳人员方可凭以报支。

(3)市内及短程(1日内)出差人员，除按实报支车费外，另可报支误餐费。

· 下午1时以后销差者准报午餐。

· 晚8时以后销差者准加报晚餐。

· 不得再报支加班费。

· 奉令调遣的人员，可以比照以上有关规定报支交通费、膳食费(一天)及行李运费。

· 调遣人员若在公司用餐，则不得报支误餐费。

· 调遣人员若超过一天以上但不能视为出差的，可以由公司酌情予以补贴。

· 出差不得报支加班费，但假日出差酌情予以计薪。

二、国外出差差旅费费用标准

1. 差旅费标准

公司员工奉派出国，除薪金照领外，并准予报支差旅费，其标准如下：

(1)凡出国往返于公司指定地点的交通费按实报支,自行观光的交通费自理。

(2)膳、宿、杂费按当时行情,并依国家有关出差规定在报支额度内支付。

(3)派遣在同城市持续驻留30日以上者自第31日起按上列标准的80%支付。

2. 差旅费支领及报销

(1)受政府或其他机构聘请(派遣)出国考察或实习的公司员工已在受聘或派遣的机构支领出差旅费者,不得再向公司支领差旅费。

(2)出差期间因公支出应取得正式收据并按时报销,其无法取得正式收据的款项可以以出差人签呈为准。

(3)如因公务原因必须支付的费用且超过日用费规定者可以呈请总经理核发特别津贴。

三、特殊情况费用标准处理原则

1. 下级员工与上级员工一起出差时,下级员工可比照上级员工的标准支付。

2. 公司董事、监察人及顾问的差旅费比照经理级标准支付。

3. 膳、宿费的支领标准,因物价的变动,可以由总经理随时通令调整。

4. 出差途中除因病或遇意外灾害,或因实际工作需要请示批准延时外,不得因私事或借故延长出差时间。否则,除不予报销差旅费外,并依情节轻重予以处理。

第三部分

到位的行政办公管理

第 10 章　日常行政办公室事务管理

第一节　企业行政办公室事务管理工作要点

一、办公室事务管理基本原则

企业办公室应当根据企业的实际需要和自身工作的客观要求，制定出一系列合理有效的规章制度，使企业办公室工作不断科学化、制度化和规范化。企业办公室必须采取以下管理原则：

1. 责任管理

在明确办公室总任务的前提下，把责任分解到每个成员，克服工作的随意性和盲目性。

2. 规范化管理

办公室的每项工作都要严格遵循规章制度，并不断总结经验，使制度更加完善。如事务处理要按照制定的程序进行。

3. 常规化管理

要明确规定周、月、季、年的常规工作，如每周的厂务会议安排，月度的工作总结，年度的生产计划以及固定假日的常规工作等。

4. 自动化管理

要提高办公室的工作效率，必须随着现代科学技术的发展，不断引进现代化的办公设备和技术，如计算机、复印机、扫描仪、投影仪、传真机、传呼机以及缩微技术等。

办公室工作涉及面广，大到辅助决策，小到打水扫地，面对如此繁杂的工作，要想管理有序，提高效能，就必须采取有效的管理方法。

二、办公室事务管理基本要求

办公室的规模是按照企业的具体情况而定的，包括企业的规模、行业情况等，但无论是办公室的规模如何，是什么名称，办公室是协助高层领导办理专门事项，起辅助和协调整个工作部门的作用，所以要做好办公室的工作，必须注意以下三方面的要求：

1. 要有全局思想

企业的各个部门和全体成员只有经过统一指挥和整体规划，才能充分发挥各自的独立功能，产生整体效益，实现企业总体经济目标。企业办公室是企业行政机构的有机组成部分，它所从事的管理活动同样是服务于企业的总体目标，服务于企业整体利益的。

这就要求企业办公室人员在工作时必须培养全局观念，从企业的整体需要出发，以企业的最高效益为自己的工作宗旨。

2. 要有高度的参与意识

办公室作为企业领导的参谋和助手，经常直接参与或间接服务于企业的经营决策，处于不可替代的地位。办公室的工作人员必须具有强烈的参谋意识，在企业的行政决策、经营管理、公共关系、信息沟通等各个方面当好领导的助手，充分发挥企业办公室在企业行政管理活动中的作用。

3. 要有强烈的效率观念

只有讲究效率、讲究质量的企业，才能在激烈的市场竞争中获得成功。因此，企业办公室每个成员都必须树立效率观念和时间观念，把工作效率和工作质量作为自己的最高目标，力求处理事情迅速准确，达到事半功倍的效果。

三、办公室物品管理工作内容

办公物品一般是指本企业办公所需的各种物品。它的种类繁多，大致可分为以下三类：办公用具，包括办公桌、座椅、沙发、档案柜、书架、杂志架、衣架、台灯和卡片架等；办公设备，属于文书方面的有计算机、印刷机、复印机、扫描仪、投影仪、照相机、录像机、收录机、扩音机等，属于计算方面的有计算尺、计算器等，属于通信方面的有电报机、电话机、传真机、电视机和对讲机等，另外，还有办公室的钟表、装订机等；办公书籍，即办公必备的图书资料，如地图、字典、图表、法规、工作手册等。搞好办公物品的管理，要注意抓好采购、保管、发放使用三个环节，具体可参见第10章相关内容。

第二节　企业行政办公室事务管理规范化制度

一、办公室布置规范

□ 办公布局

第一条　办公布局应合理、美观，便于内部公务沟通和信息有效流转，便于外来人员办事。

第二条　办公布局应注意与外界接触较多部门，如收发室、传达室等，应设置在公司办公区域入口处。

第三条　办公布局应注意行政、综合协调部门，应设置在办公区域的中心位置。

第四条　办公布局应注意财务、计算机网络中心、机要、档案等部门，应设在办公区域的最里处。

第五条　办公布局应注意联系密切的部门，如党、团、工会，应就近安排在一起。

□ 办公空间设置

第六条　办公空间设置应符合公司经营风格，最大限度地发挥办公空间效能。

第七条　办公空间设置应营造人性化的办公氛围，有利于卫生清扫和消防安全。

第八条　在办公空间设置时，根据公司形象识别系统（CIS）方案，为办公场所选用相应的标志颜色和主、辅助色。

第九条　在办公空间设置时，办公桌的排列应按直线对称的原则和工作流程的顺序，其流径以最接近直线为宜，防止逆流与交叉现象。

第十条　在办公空间设置时，各座位间的通道要适当。

第十一条　在办公空间设置时，光线应来自左前方，以保护视力。

第十二条　在办公空间设置时，常用的设备应放在使用者的近处。

第十三条　在办公空间设置时，各部门铭牌在合适位置钉挂。

第十四条　在办公空间设置时，办公桌、柜、箱、橱顶上不得乱堆文件、杂物。

第十五条　在办公空间设置时，总经理等高级人员办公间应设于办公室一端，用落地玻璃隔间。

第十六条　在办公空间设置时，各部门座位采用同一方向（列），前排为职工、中排为主管、后排为部门经理。

第十七条　在办公空间设置时，接待外来访客频繁的员工，座位靠近总台或入门处。

第十八条　在办公空间设置时，总台附近设长沙发和茶几接待来宾，在总经理套间内或旁边设会议室或洽谈室。

第十九条　在办公空间设置时，办公桌单独排列，如确因场地需要，两桌可并排。

第二十条　在办公空间设置时，办公室中央办公区每一办公桌可用隔板隔成半封闭个人工作间。

第二十一条　在办公空间设置时，财会和行政秘书（打字、档案）应设独立的小办公间。

□ 办公设备

第二十二条　办公设备的置购应把握有助于提高工作效率和效益的原则，符合人机工程原理，减少人员疲劳，不损害健康。

第二十三条　办公设备包括：办公桌、沙发、茶几、计算机（主机、打印机、扫描仪）、网络系统、复印机、装帧（订）机、塑封机、文件破碎机、传真机、电话设备、电话总机、单机、手机、投影仪、音响、扩声系统、录音机、照相机、摄像机、工作台灯、文件柜、保险箱、冷热饮水器、空气清新机、加湿器、除湿机、吸尘器、干衣机、衣架、更衣柜微波炉、冰箱等。

□ 办公环境

第二十四条　确保办公室的光照条件，使之有适量的光度和光质。

第二十五条　确保办公室的通风条件，使之空气流通，不浑浊。

第二十六条　办公区域不应有较大噪声，禁止用高音喇叭广播，保持相对安静。

第二十七条　办公场所谢绝以员工个人为目标的各类商品的上门推销。

第二十八条　办公区域在工间和午休时，可播放以轻音乐为主的背景音乐。

第二十九条　搞好办公场所的卫生保洁工作。

第 三 十 条　在办公室外广植花草，插绿、种绿，美化环境。

第三十一条　与毗邻企事业单位和睦相处、团结互助，建立良好社区关系。

二、办公室用品管理制度模板

第一条　本公司办公用品、办公设备、低值易耗品、通信设备的采购、保管与发放，由公司行政部全权负责。

第二条　办公物品的申请及购置遵循以下程序：各部门将所需办公用品提前 10 个工作日报至行政部，行政部根据实际用量和库存情况制订购置计划，经总裁批准后购置。

第三条　通信设备、特需办公用品和低值易耗品，须经主管总裁批准，由行政部负责购置，然后记入备用品保管账目。

第四条　备用品发放采取定期发放制度，每月的____日和____日办理，其他时间不予办理。

第五条　本公司的备用品保管实行“三清、两齐、三一致”，即材料清、账目清、数量清，摆放整齐、库房整齐，账、卡、物一致，做到日清月结。

第六条　本公司的备用品仓库由行政部负责，备用品入库需根据《入库单》严格检查品种、数量、质量、规格、单价是否与进货相符，按手续验收入库，登记入账。

第七条　在日清月结的条件下，月末必须对所有单据按部门统计，及时转到财务部结算。

第八条　各部门设立耐用办公用品档案卡，由行政部定期检查使用情况，如非正常损坏或丢失，由当事人赔偿。

第九条　行政部负责收回公司调离人员的办公用品和物品。

第十条　行政部建立公司固定资产总账，对每件物品要进行编号，每年进行一次普查。

三、办公室用品发放规定

第一条　为规范本公司办公用品的发放，减少办公用品损耗量，特制定本规定。

第二条　公司各部门在领取、使用办公用品时，应严格遵守节约、高效利用的原则。

第三条　各部门办公用品应指定专人管理。

第四条　各部门应于每月____日前将下月所需办公用品计划报行政部。行政部于每月 5 日前一次性发放各部门所需办公用品。

第五条　采购人员须根据计划需要采购，保证供应。

第六条　办公用品入库和发放应及时记账，做到账物相符。

第七条　任何人未经允许不得进入办公用品库房，不得挪用办公用品及其他物资。库房要做到类别清楚、码放整齐。

第八条　加强库房管理和消防工作，防止失盗、失火。

四、办公室文具管理制度模板

第一条　为使本公司办公文具用品管理规范化，特制定本制度。

第二条　本制度所称办公文具分为消耗品、管理消耗品及管理品三种，具体定义如下：

1. 消耗品：铅笔、刀片、胶水、胶带、大头针、图钉、笔记本、复写纸、卷宗、标签、便条纸、信纸、橡皮、夹子等。

2. 管理消耗品：签字笔、荧光笔、修正液、电池、直线纸等。

3. 管理品：剪刀、美工刀、订书机、打孔机、钢笔、打码机、姓名章、日期章、计算器、印泥等。

第三条　本公司的文具用品分为个人领用与部门领用两种。个人领用指个人使用保管的用品，如圆珠笔、橡皮、直尺等。部门领用指本部门共同使用的用品，如打孔机、订书机、打码机等。

第四条　本公司的消耗品可依据历史记录（如以过去半年耗用平均数）、经验法则（估计消耗时间）设定领用管理基准（如圆珠笔每月每人发放一支），并可随部门或人员的工作状况调整发放时间。

第五条　本公司的消耗品应限定人员使用，自第三次发放起，必须以旧品替换新品，但纯消耗品（如直线纸）不在此限。

第六条　本公司的管理品移交时如有故障或损坏，应以旧换新，如遗失应由个人或部门赔偿、自购。

第七条　本公司文具的申请应于每月____日由各部门提出《文具用品申请单》，交行政部统一采购，并于次月一日发放，但管理性文具的申请不受上述时间限制。

第八条　本公司各部门设立“文具用品领用记录卡”，由管理部统一保管，在文具领用时作登记使用，并控制文具领用状况。

第九条　文具用品一般由管理部向文具批发商采购，其中必需品、采购不易或耗用量大的物品，应酌量库存，管理部无法采购的特殊文具，可以经管理部同意并授权各部门自行采购。

第十条　新进人员到职时由该部门提出文具申请单向管理部领取文具，并列入领用卡，人员离职时，应将剩余文具一并交还管理部。

五、工作服管理制度模板

第一条　根据公司内部的实际需求，行政部负责联系工作服的选料制作、发放与保管。

第二条　发放工作服时，要手续齐全，填制领存卡，以防止冒领和丢失。

第三条　公司工作服由员工个人自行保管，要保持其整洁、完好。

第四条　任何人不得对工作服私自改制式样、装饰。

第五条　员工工作服统一由企业按规定时间清洗。办公室人员每季洗一次；一线员工每两月洗一次。

第六条　员工内部调动，经人事部审批后，领用新岗位工作服。

第七条　因个人原因损坏工作服，在照价赔偿后，补领新工作服。

第八条　员工调出本企业，按一定标准折价收款，不再收回工作服。

第三节　企业行政办公室事务管理实用表单

一、文具用品一览表

文具用品一览表如表 10－1 所示。

表 10－1　文具用品一览表

文具名称	规格	单位	单价（元）	代号	文具名称	规格	单位	单价（元）	代号
修正液					订书钉（大）				
胶水					订书钉（中）				
图钉					订书钉（小）				
曲别针					公文袋（大）				
印台	红				公文袋（小）				
印台	蓝				黑袋子				
印台	黑				便笺				
印油	红				笔记本				
印油	蓝				圆珠笔	蓝			
印油	黑				圆珠笔	红			

续表

文具名称	规格	单位	单价（元）	代号	文具名称	规格	单位	单价（元）	代号
印　泥					签字笔	蓝			
投影片					签字笔	黑			
投影笔					签字笔	红			
胶带台					笔芯	蓝			
胶　带					笔芯	黑			
复写纸					笔芯	红			
中式卷宗					电池	5号			
强力夹					电池	7号			
强簧夹					剪刀				
订书机（大）					胶水				
订书机（中）					计算器				
订书机（小）					直尺				

二、办公用品需求计划表

办公用品需求计划表如表10－2所示。

表10－2　办公用品需求计划表

单位：________　　　　人数：________

个人领用类（每人每月50元）							业务领用类						
办公用品名称	代号	单位	数量	单价	金额	备注	办公用品名称	代号	单位	数量	单价	金额	备注
小计：							小计：						
预算金额： 实际金额：　　部门主管：　　科长：　　经办人：													

三、办公用品请购单

办公用品请购单如表 10－3 所示。

表 10－3　办公用品请购单

财管字第　　　　　　号

填单日期　　年　　月　　日

物品名称	规格	用途	单位	数量	需用日期	估计价值	签注
请购部门负责人意见： 年　月　日			部经理办公室主任意见： 年　月　日			总经理批准： 年　月　日	

四、办公用品登记卡

办公用品登记卡如表 10－4 所示。

表 10－4　办公用品登记卡

管理部门：总经理办公室

使用部门：____________

名　称：	编号：						
规　格：	厂名或牌名：						
构　造：	附属设备：						
存放地点：	使用年限：						
原　价：	增加价值：						
日期	摘要	凭证号数	单位	数量	增加	减损	结存
年　月　日							
年　月　日							
年　月　日							
年　月　日							

五、办公用品领用卡

办公用品领用卡如表 10－5 所示。

表 10－5　办公用品领用卡

姓名：__________　　　　部门：__________

文具名称	日期	单位	数量	主管签章	领用登记	备注

六、办公用品耗用统计表

办公用品耗用统计表如表 10－6 所示。

表 10－6　办公用品耗用统计表

部门		上月耗用金额（元）	本月耗用金额（元）	差异额（元）	差异率（%）	人数	说明	部门		上月耗用金额（元）	本月耗用金额（元）	差异额（元）	差异率（%）	人数	说明
代号	名称							代号	名称						

总务部经理：__________　　　　经办人：__________

注：差异额为本月耗用金额减去上月耗用金额的之差。

七、办公用品盘存报告表

办公用品盘存报告表如表10－7所示。

表10－7 办公用品盘存报告表

年 月 日

编号	名称	规格	单位	单价	上期结存		本期购进	本 期发放数	上期结存		备注
					数量	金额			数量	金额	

主管：________ 保管员：________

第四节 企业行政办公室事务管理规范化细节执行标准

一、办公室事务管理方法——调查研究法

调查研究既是企业行政工作的一项基础工作，又是办公室管理的重要方法。

办公室管理要想坚持理论与实际的结合，要想为领导提供对决策有用的信息，起草的法规、计划等文件符合客观实际，正确地处理人民群众的来信来访，无一不需要进行调查研究。具备调查研究的正确方法和有关技巧，是办公室领导及全体工作人员必须掌握的基本工作方法。

办公室进行调查研究的具体步骤是：

1. 确定调研题目。调查研究是一种有目的的活动，题目的选定至关重要，因为它对调查研究起着方向性作用。题目要选择对全面工作有指导意义的，要选取领导和群众普遍关心和急需解决的；要选取那些工作中遇到困难，一时拿不准主意的；要选取对于中心工作具有关键意义的。

2. 组织力量。领导要身体力行，率先调查研究，办公室的秘书部门、研究部门更应该

积极行动。要与有关部门配合开展调查研究，建立调查研究协作网，聘任特约调研员。

3. 选用科学的调研方法。如专题调查法、普遍调查法、抽样调查法、民意测验法等。调查的形式也应多样化，如召开座谈会、现场观摩、问卷答题、个别谈话等。

4. 调查必须研究。只有经过办公室人员运用对立统一的观点，采取科学的手段对材料进行归纳、分析、综合等深入细致的研究处理后，才能得出符合客观实际的结果。

二、办公室事务管理方法——弹钢琴法

办公室管理也和弹钢琴一样，在总任务已定的前提下，要学会把握管理的主旋律，通过全体成员的密切配合，才能弹奏办公室管理这部钢琴。

1. 要学会统筹全局，把握本质。管理者要有系统观念，统掌全部琴键，无论哪项工作，无论处于什么职位的人，都要以办公室管理的整体目标为出发点和归宿，在服务上狠下功夫，把个人目标自觉地与组织目标统一起来，把局部利益和全局利益统一起来，围绕办公室协力工作。办公室应通过自己的有效协调，使其他部门的工作都为实现组织的整体目标而开展。

2. 抓准、抓紧中心。办公室工作有主有次，有急有缓，有时主要工作不一定是急需要办的，急办的工作也不一定是主要工作。所以办公室的各种工作交叉在一起，这就要求管理者能够抓住一定时期内的中心工作。为了集中重点力量保证中心任务的完成，办公室管理不能平均、分散地使用力量。如办公室要筹备一个大型会议，那么在这段时间里，就要围绕这个中心工作部署力量，全力以赴地保证会议顺利进行。

3. 坚持抓住中心工作带动一般工作。办公室管理中，要反对“单打一”的思想和工作倾向，坚持抓中心工作带动一般工作的原则，既要全力以赴抓中心工作，又要分出适当力量兼顾一般正常工作。中心工作和一般工作也不是一成不变的，在不同的条件下它们可以相互转化，当一个中心工作告一段落时，必须按照已经发展变化了的客观情况，及时转换工作中心。

第11章　企业会议管理

第一节　会议管理工作要点

一、会议管理应该把握的原则

会议是企业议事、决策的主要方式，是保证企业正常运行的必要手段。会议的目的在于集思广益，促进沟通，统一思想，提高行动能力，进而解决问题。因此，会议必须遵循以下原则进行：

1. 高效原则

会议的首要目标是解决问题，这就要求会议要少而精，组织效率高。企业无论召开什么样的会议，都要坚持少而精的原则。可开可不开的会议坚决不开，必须召开的会议，要精而简，讲求效率。

2. 充分原则

会议不论大小，都应充分准备。会前应围绕会议的议题和目的进行调查研究，了解整个企业、有关部门和员工的意见及看法，准备好有关文件和材料。开会不搞突然袭击，不打无准备之仗。

3. 节约原则

企业召开会议要厉行节约，不讲排场，不追求形式，紧密围绕会议相关内容进行安排，切忌把会议作为休闲娱乐的活动。同时，会议的准备、组织安排也不能铺张浪费，与会议召开无关的内容和物品一律不在考虑范围内。

二、会议数量控制的工作要点

会议数量控制的工作要点如下：

1. 优化工作方式，根据实际工作需求来选择适当的工作方式，如会议、面谈、现场指导、电话沟通、制发文件等。

2. 明确责权范围，使各级领导者能在自己的职责范围内独立工作，不必事事集体研究讨论，处处协调商量。

3. 无明确议题的会不准开。

4. 可开可不开的会议一律不准开。

5. 议题能用个别打电话、面谈或发文发电方式有效解决的会议不准开。

6. 无实质性内容的会议一律不准开。

7. 纯礼节性的会尽量少开。

8. 准备不充分的会议不准开。

9. 已有明确决议的会议不重复开。

10. 能合并的会议(性质相近、内容重复、相互包含、工作量较小)不准单独开。

11. 照搬照抄上级会议而无明确任务,不解决实际问题的会议不准开。

12. 伙食、住宿及其他费用超标的会议不准开,公费旅游性质的会议一律不许开。

13. 建立会议协调安排机制,由综合部门统一协调安排各部门召开的会议。

14. 合并召开有关会议,避免会出多门,重复浪费。

15. 全面控制会议质量,提高会议效果,避免或减少连锁会议。

16. 对例行会议作定期检查分析,取消已无存在价值的例会,合并功能不高的例会。

三、会议质量控制的工作要点

会议质量控制的工作要点如下:

(一)建立会议质量评判标准

一个会议质量的优劣可以由以下标准来进行评判:

1. 会议召开的必要性。

2. 会议目的的正确性。

3. 会议召开的时间是否合适。

4. 会议规模是否适度。

5. 会议节奏是否紧凑。

6. 会议准备是否充分。

7. 会议进程是否有序。

8. 会议掌控是否有科学的方法与技巧。

9. 会议是否能够实现最初目标。

(二)采取有针对性的措施

1. 贯彻会议审批程序,控制会议的性质、规格及时间。

2. 进行充分的会议准备,明确会议目的、宗旨、议题,掌握有关文件材料并做好发言准备,不开无准备的会。

3. 控制会议人数,不允许无关人员参加会议,尽量将人数控制在能有效交流信息、形成法定有效决议即可的最低限度内。

4. 保证会场秩序,尽最大可能为会议创造各种有利的物质条件、环境条件、卫生条件。

5. 充分运用现代化技术手段,灵活运用图板、实物、模型、照片、广播、电话、录音、录像等用具和设备,提高信息传递的效率与质量,节约时间,缩短会议,提高会议效果。

6. 主持人和参会者应具有足够的权利和明确的责任,以保证议而有决,决而有行。

7. 提高会议主持人控制会议进程的能力与水平,使其掌握有效主持会议的规则与技巧。

8. 议题应集中,不宜太多,日程务必高度紧凑,尽量缩短时间,保证参会者能集中精力。

9. 以切实可行的制度和措施监督会议决议的执行过程，避免只开会而不管不问效果的情况，以保证会议有效。

四、会议进程控制的工作要点

会议进程控制的工作要点如下：

1. 会议召开者在会前须认真研读会议材料，熟悉议题和议程，并对参会者的构成情况及基本意见倾向有大概的认识。

2. 会议主持人必须明确会议开始和结束的时间，做到准时开会和散会，如有必要更改时间应进行提前说明。

3. 采取适当的方式鼓励与会者积极发言表达自己的观点，创建畅所欲言的会议环境。

4. 与会者需要把握不能强迫他人接受自己看法的会议精神，尽量避免发生争论。

5. 会议中，上级的批评要有建议性，避免伤害发言者的积极性。

6. 在组织讨论时，应规定讨论与不讨论的界限，给每位参会者以平等的发言机会和权利。

7. 会议组织者应及时对会议中的各种发言进行比较、鉴别、综合、分析和总结。

8. 会议组织者应声音洪亮，举止得体，有一定感染力，忌多余的动作，如揉眼睛、玩文具、搔头抖腿等。

9. 当会场出现混乱时，应保持镇静，及时采取措施结束混乱状态，切不可自由放任。

10. 会议较长时，应安排短暂的休息并掌握好时机，不要安排在发言高潮，特别是某一问题或其中某一方面的讨论尚未结束时。

11. 应以各种方法和措施，避免或减少参会者中途退席，其中的核心人物应力争不出现中途退席的情况。

12. 除非必要，一般不宜变更议程。

13. 当时机成熟时，应适时终止讨论或辩论，及时确认结论，形成决议，一个议题结束后应立即转换议题，以免延误时间或节外生枝。

14. 多议题会议的议题安排次序应科学合理，一般情况下，需要大家开动脑筋，集中献计献策的议题应放在会议前半部分进行。

15. 注意创造与会议性质相适应的会议气氛，科学安排会议中的高潮与低潮，及时分发会议文件材料，监督工作人员及时认真地做好会议记录。

五、明确参会人员的工作要点

明确参会人员的工作要点如下：

1. 与会者是否对会议的目标负有直接或间接责任。

2. 与会者在中心议题方面是否具备专门的知识与经验，是否能有助于议题的深化。

3. 与会者是否与会后的行动直接相关。

4. 与会者是否有能力或有权力达成决议。

5. 与会者是否多余或可有可无。

6. 与会者是否会妨碍会议总体成效,是否会对他人造成心理压力,影响他人发言的质量。

7. 与会者是否能全身心投入会议。

六、选择开会地点工作要点

选择开会地点工作要点如下:

1. 为了便于参会者能按时到会,会址必须考虑距离上的远近及方便。

2. 为了参会者能够长时间保持清醒头脑,集中精力参与会议,会场内外必须保持安静,要有良好的通风和照明设施,以及室温调控装置。

3. 会场的空间必须适宜,平均每个与会者拥有 2 平方米为宜。空间过大,冷冷清清,会议气势会受影响。空间过小,容易产生拥挤沉闷感,会议效果也会受到影响。

七、选择会议时间工作要点

选择会议时间工作要点如下:

1. 会议的时间应选在全体参会者方便开会的时间段。

2. 选择参会者中关键人物的最佳时间开会,确保关键人物集中精力开好会议。

3. 恰当安排会议时间,避免与企业最重要的经营活动冲突,避免会议打乱企业工作的正常运行程序。

4. 保证生产经营活动中的关键人物,能有充足的时间做出安排,不至于因出席会议而影响企业效益或工作效率。

5. 把握好会议的时间,力求开短会,在很短的时间内能集中精力,达到最大效果。

6. 议程如果太长,连续开会时间超过半天,就应设法分两个时间段开会。

7. 应该注意把握开会的时机,时效性很强的会议,要尽早安排。

8. 需要酝酿和深思熟虑的会议,可以延后召开。

八、拟定议事日程工作要点

拟定议事日程工作要点如下:

1. 重要的、紧急的议案或事项,必须优先列在整个议事日程的前项。反之,靠后讨论。

2. 必须合理分配各项议案或事项的时间。特别重要的事项,留出足够的时间,必要时标出各议案的时间分配，以便会议主席及参会者控制时间。

3. 每次会议议程不必太杂，内容不必太多，以提高会议的效率。必要时可以考虑分两次会议，或分阶段讨论同一议案。

4. 议程的目的是为了提醒参会者注意，为开好会议早做准备。所以，议程应提前几天交予每位参会者，也可把会议通知与议程同时通知参会者。

5. 如果会议很重要或很复杂，在时间充足的情况下，可以事先要求参会者做相关准备，并指定时间提交参会者建议。归纳汇总的意见可以附在成文的议事日程上，送发给全体参会者。

6. 提前送发与议程有关的会议资料，以减少会议讨论的时间。

7. 会议持续两个小时以上者，应考虑在会议中间安排休息时间。并注意在会议结束后，留出一定的社交时间。

九、会场布置工作要点

会场布置工作要点如下：

1. 会场空间安排以便于参会者进出和流动为前提，并使整个会场格局紧凑和谐。

2. 会议座位的安排应考虑到会议的目的。会议的目的，有单向传递信息的，包括发布新闻、下达指标、做报告、传达精神等；有多向讨论问题，包括审议、决议与联谊等；有双向沟通交流，包括传授知识、教育教训、解释某事、提问题与答疑等。

第二节　会议管理规范化制度

一、企业会议管理制度模板

□ 总则

为改进作风，减少会议，缩短会议时间，提高会议质量，特制定本制度。

□ 会议分类及组织

第一条　全厂会议归纳为四类：

（一）厂级会议：主要包括党政领导（扩大）会、全厂干部会、全厂班组长会、全厂党员大会、全厂团员大会、全厂员工大会、全厂技术人员会以及各种代表大会。应分别报请党委或厂部批准后，由党、政、工、团等办事部门分别负责组织召开。

（二）专业会议：系全厂性的技术、业务综合会（如经营活动分析会、质量分析会、生产技术准备会、生产调度会、安全工作会等），由分管厂领导批准，主管业务科室负责组织。

（三）系统和部门工作会：各车间、科室、党支部召开的工作会，如车间办工会、科务会、党支部会、车间（科室）职工大会等由各车间科室、党支部领导决定召开并负责组织。

（四）班组（小组）会：由各党、工、团小组长或行政班组长决定并主持召开。

第二条　上级或外单位在我厂召开的会议（如现场会、报告会、办公会等）或厂际业务会（如联营洽谈会，用户座谈会等）一律由厂办受理安排，有关业务对口科室协助做好会务工作。

□ 会议安排

第三条　例会的安排。为避免会议过多或重复，全厂正常性的会议一律纳入例会制，原则上要按例行规定的时间、地点、内容、组织召开。例行会议安排如下：

（一）行政技术会议

1. 厂长办公会：研究、部署行政工作，讨论决定全厂行政工作重大问题。

2. 厂务会：总结评价当月生产行政工作情况，安排布置下月工作任务。

3. 班组长以上干部大会（或全厂员工大会）：总结上季（半年、全年）工作情况、部署本季（半年、新年）工作任务，表彰奖励先进集体、个人。

4. 经营活动分析会：汇报、分析工厂计划执行情况和经营活动成果，评价各方面的工作情况，肯定成绩，指出矛盾，提出改进措施，不断提高工厂经济效益。

5. 质量分析会：汇报、总结上月产品质量情况，讨论分析质量事故（问题）、研究决定质量改进措施。

6. 安全工作会（含治安、消防工作）：汇报总结前季安全生产、治安、消防工作情况，分析处理事故，检查分析事故隐患，研究确定安全防范措施。

7. 技术工作会（含生产技术准备会）：汇报、总结当月技术改造，新产品开发、科研、技术和日常生产技术准备工作计划完成情况，布置下月技术工作任务、研究确定解决有关技术问题的措施方案。

8. 生产调度会：调度、平衡生产进度、研究解决各车间科室不能自行解决的重大问题。

9. 科务会：检查、总结、布置工作。

10. 车间办公会：检查、总结、布置工作。

11. 班组会：检查、总结、布置工作。

12. 班组（科室）班前会：对昨天工作进行讲评，布置当日工作任务和注意事项。

（二）各类代表大会

1. 员工代表大会。

2. 车间（部门）员工大会（或员工代表小组会）。

3. 党员代表大会。

4. 团员代表大会。

5. 科协会员代表大会。

6. 企协会员代表大会。

（三）民主管理会议

1. 工厂管理委员会。

2. 厂长、党委书记、工会主席联席会。

3. 生产管理委员会。

4. 生活福利委员会。

（四）论文、成果发布会

1. 科协年会。

2. 企协年会。

3. 思想政治工作研究会年会。

4. 厂 QC（质量控制）成果发布会。

5. 科技成果发布会。

6. 信息发布会。

7. 企管成果发布会。

第四条　其他会议的安排

凡涉及多个车间（科室）负责人参加的各种会议，均须于会议召开前，经部门或分管厂领导批准后，报厂长办公室（以下简称厂办）汇总，并由厂办统一安排，方可召开。

第五条　厂办每周六应将全厂例会和各种临时会议，统一平衡编制会议计划并打印发到厂领导和各车间、科室及有关服务人员。

第六条　凡厂办已列入计划的会议，如需改期，或遇特殊情况需安排其他会议时，召集单位应提前____天报请厂办调整会议计划。未经厂办同意，任何人不得随便打乱正常会议计划。

第七条　对于准备不充分、重复性、作用不大的会议，厂办有权拒绝安排。

第八条　对于参加人员相同、内容接近、时间相适的几个会议，厂办有权安排合并召开。

第九条　各部门会期必须服从全厂统一安排，各部门小会不应安排在全厂例会同期召开，与会人员不发生时间上的冲突除外，应坚持小会服从大会，局部服从整体的原则。

□ 会议的准备

第十条　所有会议主持人和召集单位与会人员都应分别做好有关准备工作。（包括拟好会议议程、提案、汇报总结提纲，发言要点，工作计划草案，决议决定草案，落实会场，备好座位、茶具茶水、奖品、纪念品，通知与会人等）。

二、开会准备事务细则

（一）拟定会议工作方案

一般应包括会议记录简报工作、会议经费预算、食宿安排、保卫和保密工作等。

（二）选定、安排议题

（三）拟定会议议程、日程和程序

（四）准备会议文件、报告

日常工作会议的文件、报告，主要应由各职能部门起草准备。

（五）提出与会人员名单

（六）编排分组

参加会议人员名单确定之后，要对与会人员进行编组，即按照一定的规律将全体与会人员划分若干小组，以方便讨论问题。

（七）选定、布置会场

1. 选定会场。会场的选择，要结合开会人数、会议内容等综合考虑。在有条件的情况下，主要考虑下列因素：第一，会场大小适中，以每人平均 2～3 平方米为宜。太大显得松散，过小则拥挤。第二，会场地点适中。第三，会场附属设施齐全，包括照明、通信、卫生、服务、电话、扩音、录音等。

2. 布置会场。不同的会议，要求有不同的布置形式。座谈会会场要求和谐融洽，纪念性会议会场要求隆重典雅，日常工作会议会场要求简单实用。

（八）制发会议证件

会议证件是表明与会议相关人员身份权利和义务的证明。

（九）发布会议通知

各项会议准备工作基本就绪后，要尽早发出开会通知，以便与会人员提前做好准备。

（十）制定会议须知

会议须知的内容主要包括请假制度、会客制度、安全要求、作息时间和其他注意事项。

（十一）负责会议报到

（十二）会议秘书工作机构的设置和工作人员的调配

日常工作性会议、小型会议，一般由办公室或业务处室工作人员负责会议工作。规模较大且又较重要的会议，需组织精干有力的工作班子或成立大会秘书处，下设若干工作小组，如秘书组、文件组、宣传报道组、交通组等，明确分工，各负其责，保证会议顺利进行。

三、会中事务细则

（一）会议签到。各参加会议人员在签到处签到，在会议报到表或特设的签到簿上签名。

（二）引导座次，由会议服务人员引导到相应座位上就座。

（三）安排发言，由会议主持宣布会议议程，安排发言。

（四）会议记录，由会议文书人员将会议发言状况及相关事项记入会议记录簿。

（五）会议服务，由会议服务人员主管安排会议的服务工作，具体包括茶水准备、更换，紧急事项处理。

四、会后事务细则

（一）资料整理归档。会议结束后及时整理相关资料，需要处理的事项，填写会议事务处理表经主管领导批示后转发有关部门处理。其他资料分类存档。

（二）会议总结，制作简报。会议形成的决议，尽快制定成文，发放到相关单位。可以制成单位简报或写海报。

（三）会议秘书部门应于会后撰写该会议的会议备忘录和会议纪要。

五、会议管理细则

（一）提高会议成效的要领

1. 要严格遵守会议的开始时间。

2. 要在会议开始就议题的要旨做一番简洁的说明。

3. 要把会议事项的进行顺序与时间的分配预先告知与会者。

4. 在会议进行中要注意如下事项：

(1)发言内容是否偏离了议题。

(2)发言内容是否出于个人的利害。

(3)是否全体人员都专心聆听发言。

(4)是否发言者过于集中于某些人。

(5)是否有从头到尾都没有发过言的人。

(6)是否某个人的发言过于冗长。

(7)发言的内容是否朝着结论推进。

5. 应当引导在预定时间内做出结论。

6. 在必须延长会议时间时，应取得大家的同意，并决定延长的时间。

7. 应当把整理出来的结论交给全体人员表决确认。

8. 应当把决议付诸实行的程序理出，加以确认。

（二）会议禁忌事项

1. 发言时不可长篇大论，滔滔不绝（原则上以 3 分钟为限）。

2. 不能从头到尾沉默到底，一言不发。

3. 不可取用不正确的资料。

4. 不要仅谈期待性的预测。

5. 不可做人身攻击。

6. 不可打断他人的发言。

7. 不可不懂装懂，胡言乱语。

8. 不要谈到抽象论或观念论。

9. 不可对发言者吹毛求疵。

10. 不要中途离席。

六、会议制定程序

会议是公司讨论决定重要事宜、沟通信息的重要手段之一，是任何公司不可缺少的活动。要使各类会议顺利进行，收到较好的效果，就要规范地进行会议准备、召开、会后事务处理等项工作。

制定会议程序，首先对本公司的会议体系进行分析，确定公司日常需要召开的各种会议名称、要求，制成例行会议一览表，然后按会议的层次或性质分类，分别确定各类会议的程序和具体时间安排，如图 11－1 所示。

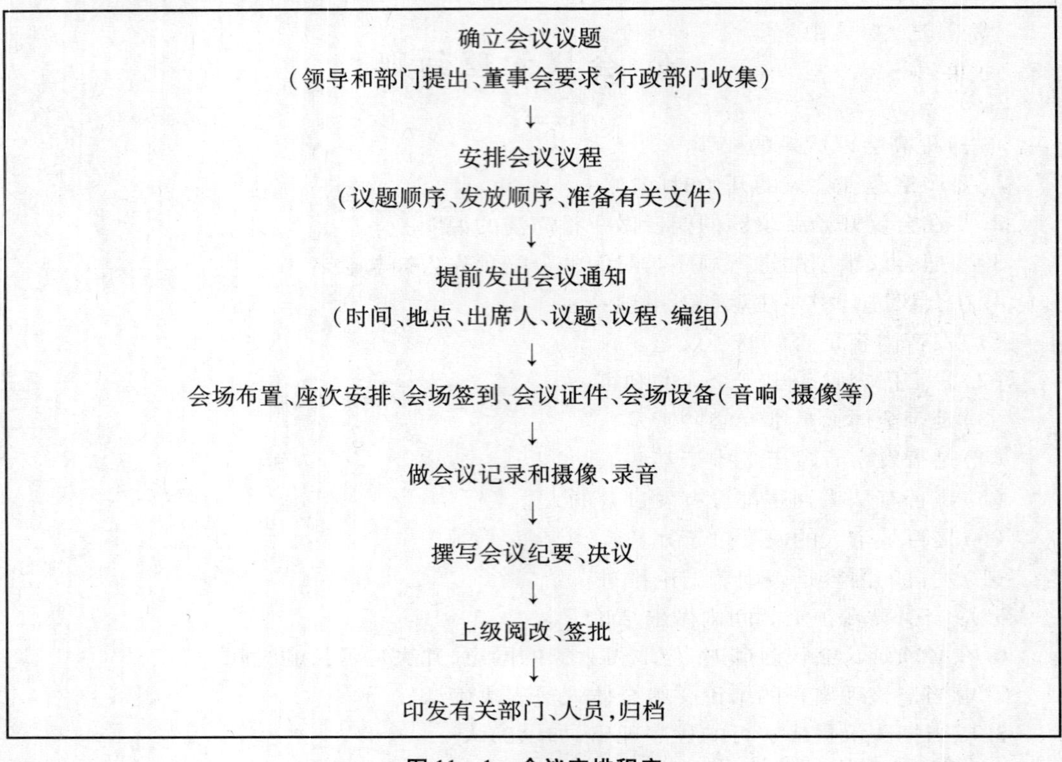

图 11－1　会议安排程序

各项会议通知应在开会 3 天以前发出，固定日期的例会，如遇法定节假日，应顺延。会议的时间地点如不固定，则由主持人事先决定通知。各类例行会议的记录人应由专人负责。特殊情况或其他非例行会议的记录，由主持人负责制定。规定例会除遇重大事件，均须依照时间进行。

七、企业例会管理制度模板

□ 总则

第一条　为配合会议制度的实施，规范例会的组织召开，特制订本规定。

第二条　本规定所指例会分为总经理办公例会、系统例会、部门例会、班前讲、班后评例会及月度预算分析与平衡例会。

□ 例会管理

第三条　结合实际情况各主管副处长每月召开一次所辖员工大会。

第四条　各部门员工及主管人员在例会上要汇报近期的工作进展情况，包括在工作中遇到的困难以及进一步开展工作计划。

第五条　例会中予以讨论、协商解决问题的办法，明确下阶段工作计划和目标，对取得的成果给予肯定。

第六条　与会人员必须认真严肃对待会议，禁止无故缺席、早退或无理取闹；关闭携带的通信工具。

第七条　如无特殊情况，全体人员必须准时出席例会，因故不能到会者，须事先向主管副处长请假，连续两次缺席视为旷会一次，累计两次旷会取消参会资格。

第八条　参加会议时每个人都要端正态度，认真听取他人意见并有权进行发言，提出合理化建议。

第九条　处长或副处长可根据工作具体情况召开紧急会议，时间另行安排。

□ 总经理办公例会

第十条　总经理办公例会由总经理负责召集和主持，如总经理因特殊原因不能履行本职时，由总经理指定一名总监召集和主持。

第十一条　总经理办公例会于每周第一个工作日上午____～____召开，如有变动，由办公室主任提前通知。

第十二条　例会会议地点为总经理室。

第十三条　与会人员总监级别（含）以上管理人员，办公室主任列席参加。

第十四条　会议议程：主持人宣布开会，与会人员按财务、营销、售后、行政、其他部门（如有）的顺序汇报上周工作情况及本周工作计划，提出工作中的具体问题，主持人解答问题，做出总结，通报有关精神，做出具体工作安排，宣布散会。

第十五条　会议考勤和记录由总经理秘书负责，中午前整理出会议纪要由主持人签发，下午____前将纪要发送到每位与会人员处。

第十六条　办公室主任负责对会议纪要执行督办。

□ 系统例会

第十七条　系统例会由系统总监召集和主持，如总监因特殊原因不能履行本职时，由总监授权人员召集和主持。

第十八条　系统例会于每周第一个工作日下午____～____召开，如有变动，由系统总监提前通知。

第十九条　例会地点在总监办公室。

第二十条　与会人员为各部门主管级别（含）以上管理人员。

第二十一条　会议议程为主持人宣布开会，传达总经理办公例会精神及其他上级指示。

第二十二条　各部门经理依次汇报上周工作情况和本周工作计划，提出工作中的具体问题，主管补充发言，主持人解答问题，做出总结，做具体工作安排，宣布散会。

第二十三条　会议记录与考勤由系统总监指定人员(固定)进行,会后整理出会议纪要由主持人签发,当日下班前发送到每位与会人员及行政管理部办公室处。

第二十四条　会议主持人负责对会议纪要进行督办。

□ 部门例会

第二十五条　部门例会由部门经理召集和主持,如部门经理因特殊原因不能履行本职时,由部门经理授权人员召集和主持。

第二十六条　部门例会每月初不定期召开,具体时间由部门经理确定后,提前通知与会人员。

第二十七条　例会地点在各部门办公室。

第二十八条　与会人员为本部门全体人员。

第二十九条　会议议程为主持人宣布开会,传达上级指示,总结本月工作计划完成情况,布置下月工作计划,相关人员补充发言,主持人解答问题,做出总结,做具体工作安排,宣布散会。

第三十条　会议记录与考勤由部门经理指定专人进行,会后整理出会议纪要,由主持人签发,当日下班前发送到每位与会人员及本系统总监、行政管理部办公室处。

第三十一条　会议主持人负责对会议纪要进行督办。

□ 班前讲、班后评例会

第三十二条　班前讲、班后评例会主要针对各营业部。

第三十三条　班前讲、班后评例会由各营业部主管负责召集主持和考勤。

第三十四条　每班次开始前(完成后)十分钟,列队站立进行。

第三十五条　会议地点为现场(营业厅内)。

第三十六条　与会人员为营业厅全体员工。

第三十七条　会议议程:营业部主管宣布开会,传达上级有关精神(如有),安排当天工作,强调劳动纪律等项工作,员工提问,营业部主管解答,宣布散会。

□ 月度预算分析与平衡例会

第三十八条　月度预算分析与平衡例会由财务总监负责召集和主持。

第三十九条　月度预算分析与平衡例会每月____日上午____~____定期召开,由办公室下达会议通知。

第四十条　与会人员为各系统总监、管理会计部经理、财务会计部经理、办公室主任和有关人员。

第四十一条　会议议程:主持人宣布开会,管理会计部经理总结当月预算执行情况,说明下月预算安排。

第四十二条　与会人员提问,财务总监平衡,并最终确定各部门下月预算费用。

第四十三条　月度预算分析与平衡例会的考勤和记录由秘书室主管负责,在会议后四小时内整理出会议纪要,由主持人签发,发至全体与会人员并上报总经理。

第四十四条　办公室主任负责对会议纪要进行督办。

□ 附则

第四十五条　例会要按规定定期召开，不得连续三次中断。

第四十六条　本制度由办公室制订，报总经理批准后施行，修改时亦同。

第四十七条　本制度由办公室负责检查督办。

第四十八条　本制度施行后，既有的类似规章制度自行终止，其他与本制度相抵触的规定以本制度为准。

第四十九条　本制度自颁布之日起施行。

八、会场纪律规定

第一条　凡属各职权范围内能够协调解决的问题，一律不得提交上一级会议研究审定。

第二条　提交会议研究的议题，由主办科室或牵头科室协调并提出具体意见。

第三条　准时参加会议，不得无故迟到或中途离会，有事必须在会前向有关领导请假。

第四条　参会时一律关闭通信工具。

第五条　注意保密，不向会议无关人员谈论会议讨论情况。

九、会议事务处理规定

第一条　会议计划检查要点如表 11－1 所示。

表 11－1　会议计划检查要点

项目	审核备注
会议名称	
开会地点	
开会日期	
开会时间	
会议宗旨及议题	
与会单位、人员	
人　　数	
主 持 人	
会议如集单位	
会议主要工作人员	
与会者应备资料	
会场标示资料	
召集者拟分发资料	

第二条 会议筹备审核要点如表11－2所示。

表11－2 会议筹备审核要点

项目		审核备注
会议目的	本次的会议是否确实需要？（是否是一次偏重于形式的例行会议？有没有其他更好的解决方法？）	
	开会的目的是否明确？	
会议要领	开会的时机、时间是否妥当？	
	开会的地点场所是否合适？	
	邀请对象是否恰当？	
开会通知	与会人员是否已得到通知？	
	开会的主旨、议题是否通知与会人员？	
	与会人员是否已就议题做好准备？	
	是否要求与会人员事先备妥有关资料？	
会议准备	是否已拟就议题的进行顺序及时间的分配？	
	是否应分发参考资料？准备工作是否已完全充分？	
	是否已安排好会议记录？	
	是否使用幻灯机或摄像机等设备？	

第三条 会议活动细节审核要点：

1. 活动的主旨。
2. 活动的规范。
3. 预算。
4. 招待对象的层次。
5. 总人数（查邀请回函）。
6. 活动日期及时间（注意是否与其他同业的活动冲突）。
7. 活动天数。
8. 筹备单位。
9. 活动负责人。
10. 活动作业明细分工表。
11. 会场的预订（主会场、分会场、洽谈室、展示室、来宾休息室、演艺人员休息室）。
12. 制作来宾名册（姓名、地址、公司名称、电话、职务等的核对）。
13. 邀请函（信封、邀请卡、回函明信片的定制张数、投递日期）。
14. 纪念品（纪念品的选定、包装、定制数量）。
15. 交通工具（飞机、火车、汽车）。
16. 酬谢费（给司机、演艺人员等）。
17. 会场布置（主席台、会标、灯光、音响效果、录音、座次、台下座位、应急疏散方案、茶水饮料供应）。
18. 宴会的形式（餐桌入座式、自助餐入座式、半入座式自助餐）。
19. 看板、标示板类（欢迎看板、大门看板、方向标示、应急疏散方案、茶水饮料供应）。

20. 拍照摄影(纪念照片、快照、纪录摄影)。

21. 选择桌子(圆桌或方桌)。

22. 座位顺序(桌面标示卡、桌面标示卡的书写)。

23. 胸章、名牌(颜色、大小、种类的选定)。

24. 新闻(新闻稿、文字记者、摄影记者、摄像记者及电源准备)。

25. 资料的收发。

26. 住宿安排(安排来宾的住宿、领导人的住宿、工作人员的住宿、预订房间、妥善分配房间)。

27. 特设专用柜台。

28. 支付的负担范围(住宿、餐费、取用冰箱内的食物费用等)。

29. 安排用餐(住宿者的用餐事宜、来宾的用餐、服务人员的用餐、演艺人员的用餐)。

30. 活动行程(司仪开场白、主持人致辞、来宾致辞、宣读贺电、致谢词、活动行程说明、播放背景音乐)。

31. 服务柜台的工作(来宾出缺席确认、发放胸章、发放活动行程表、引导来宾到休息室、发放纪念品、设置临时电话)。

32. 支付旅馆费用(支付的日期,汇款、前来收款、当天支付现金,出纳员)。

第三节　会议管理实用表单

一、会议程序范例表 1

会议程序范例表 1,如表 11 -3 所示。

表 11 -3　会议程序范例表 1

会议名称	会议步骤	时间安排
联谊会	提前通知相关客户,发出会议拟定议程、会务安排、邀请函及回执	
	根据回执情况,安排会议服务有关事项	
	选择会议形式,座谈会还是茶话会等	
	冷餐会(茶点、宴会)	
	安排参观,听取客户的宝贵意见和意向	
	赠送纪念品,留存来宾资料	

续表

会议名称	会议步骤	时间安排
总经理办公会	部门子公司有无情况报告	
	各部门协调需交总经理办公讨论会的事项	
	上次议案追案	
	未决议事项复议	
	重要事宜表决	
	主持人结论	
年终、半年工作会	宣布会议开始，奏国歌（大型、庄严会议）	
	由主持人宣读会议程序	
	行政第一负责人做工作报告，各主管领导作专业报告讨论工作报告	
	专题发言	
	公司领导总结讲话	
	会议结束	

二、会议程序范例表2

会议程序范例表2，如表11－4所示。

表11－4　会议程序范例表2

会议名称	讨论事项	召集人	列席表	固定参加人员	不固定参加人员	会议日期	备注

三、会议程序范例表3

会议程序范例表3，如表11－5所示。

表11－5　会议程序范例表3

会议名称	召集单位	地点	日期、时间	议题	与会人数	备注
1						
2						
3						

四、会议室使用申请表

会议室使用申请表如表 11－6 所示。

表 11－6 会议室使用申请表

<table>
<tr><th>会议名称</th><th>日期</th><th>时间</th><th>地点</th><th>人数</th><th>备注</th></tr>
<tr><td></td><td></td><td></td><td></td><td></td><td rowspan="3"></td></tr>
<tr><td></td><td></td><td></td><td></td><td></td></tr>
<tr><td></td><td></td><td></td><td></td><td></td></tr>
<tr><td colspan="3">申请使用单位</td><td colspan="3">管理单位</td></tr>
<tr><td>单位名称</td><td>填表人</td><td>主管</td><td>管理人</td><td>主任</td><td>副经理</td></tr>
<tr><td></td><td></td><td></td><td></td><td></td><td></td></tr>
</table>

五、会议通知

会议通知如表 11－7 所示。

表 11－7 会议通知

部门：

谨定于　　年　　月　　日　　午　　时　　分召开　　　　会议，需要以下人员参加：

请准时参加。

随本通知送提案书一份，若有提案，请填写提案书后于开会前提交。

此致

敬礼

会议组委会名称

年　　月　　日

六、会议报到表

会议报到表如表 11－8 所示。

表 11－8 会议报到表

单位名称	应到人数	实到人数	领队签字	备注

七、会议记录簿

会议记录簿如表 11－9 所示。

表 11－9 会议记录簿

记录人: 填写日期: 年 月 日

<table>
<tr><td>会议名称</td><td colspan="2"></td><td>主持人</td><td></td></tr>
<tr><td>开会地点</td><td colspan="2"></td><td>时间</td><td></td></tr>
<tr><td>参加人员</td><td colspan="2"></td><td>总人数</td><td></td></tr>
<tr><td>主持人报告摘要</td><td colspan="4"></td></tr>
<tr><td>例行报告摘要</td><td colspan="4"></td></tr>
<tr><td>讨论事项及结论</td><td colspan="4"></td></tr>
</table>

八、会议事务处理表

会议事务处理表如表 11－10 所示。

表 11－10 会议事务处理表

填写日期: 年 月 日

<table>
<tr><td>会议名称</td><td></td><td>主持人</td><td></td></tr>
<tr><td>开会地点</td><td></td><td>时间</td><td></td></tr>
<tr><td>会议内容摘要</td><td colspan="3"></td></tr>
<tr><td>会议决议事项</td><td colspan="3"></td></tr>
<tr><td>事务处理方案</td><td colspan="3"></td></tr>
<tr><td>事务处理结果</td><td colspan="3"></td></tr>
</table>

九、会议备忘录

会议备忘录如表 11 －11 所示。

表 11 －11　会议备忘录

会议备忘录
会议名称： 会议时间：　　年　　月　　日至　　年　　月　　日　　时 会议地点： 会议内容：   会议主持人： 会议嘉宾： 会议记录：   会议决议事项及发布方式： 会议未决议事项及原因： 其他未记录在案但需备忘的事项： 会议秘书：　　　　　　会务负责人： 总负责人签字：

十、会议纪要表

会议纪要表如表 11 －12 所示。

表 11 －12　会议纪要表

会议纪要表
会议名称： 会议时间： 会议地点： 出席人员：   列席人员：   会议主持人： 会议记录人： 纪要整理人： 会议内容：   会议决议：

十一、会议准备表

会议准备表如表 11－13 所示。

表 11－13　会议准备表

会议名称		（检查）
日　　期		
地　　点		
出 席 者		
主 办 者		
出席者之性格倾向		
会议目的		
希望意见一致之事		
情　　报		
资　　料		
进行步骤		
时间分配		
分配工作		
准备布置		
费用・经费		
［记载事项］		

十二、会议决定确认表

会议决定确认表如表 11 - 14 所示。

表 11 - 14　会议决定确认表

<table>
<tr><td colspan="5">□决定事项</td></tr>
<tr><td colspan="5">□决定内容</td></tr>
<tr><td>□条件</td><td></td><td>□目标</td><td></td><td>□注意事项</td></tr>
<tr><td colspan="5">□实施方法
□执行负责人</td></tr>
<tr><td colspan="5">□标语　　　　□参考资料</td></tr>
</table>

十三、会议未决事项检讨表

会议未决事项检讨表如表 11 - 15 所示。

表 11 - 15　会议未决事项检讨表

<table>
<tr><td colspan="4">月　　日[　　　　　　　　　　]未决事项</td></tr>
<tr><td>内　　容</td><td>说　　明</td><td>提 议 者</td><td>处　　理</td></tr>
<tr><td></td><td></td><td></td><td></td></tr>
<tr><td></td><td></td><td></td><td></td></tr>
<tr><td></td><td></td><td></td><td></td></tr>
<tr><td colspan="4">[检讨]</td></tr>
<tr><td colspan="4">[资料]</td></tr>
</table>

十四、会议活动审核表

会议活动审核表如表 11 – 16 所示。

表 11 – 16　会议活动审核表

项目	审核	项目	审核
1. 活动的主旨 2. 活动的规范 3. 预算 4. 招待对象的层次 5. 总人数（查邀请回函） 6. 活动日期及时间（注意是否与其他同业的活动冲突） 7. 活动天数 8. 筹备单位 9. 活动负责人 10. 活动作业明细分工表 11. 会场的预订 主会场 分会场 洽谈室 展示室 来宾休息室 工作人员休息室 演艺人员休息室 12. 制作来宾名册 姓名、地址、公司名称、电话、职务等的核对 13. 邀请函 信封 邀请卡 回函明信片 纪念品 停车场 指引标示 餐券 订制张数（多印 20% 的备份） 信封书写 投递日期（应在活动日期的前 2 ~ 3 个星期前寄达对方）		14. 纪念品 纪念品的选定 包装 外包装书写 礼品题款 姓名书写 蝴蝶结等装饰 礼品包装 定制数量（要多出 20% 的备份） 15. 交通工具方面 飞机 火车 汽车 16. 酬谢费（给司机、演艺人员等） 17. 会场布置 主席台 会标 灯光 音响效果、录音 座次 台下座位 应急疏散方案 茶水饮料供应 18. 宴会的形式 餐桌入座式 自助餐入座式 半入座式自助餐 鸡尾酒立食式自助餐 立食式鸡尾酒会 19. 料理样式 20. 雕冰（原色、彩色） 21. 饮料 国产白酒	

续表

项目	审核	项目	审核
鸡尾酒 啤酒(瓶装或扎啤) 饮料类 22. 香烟 23. 菜单的印刷 24. 花饰 花篮 桌上花饰 雕冰花饰 胸花 赠用花束 典礼台花饰 吊挂花饰 蜡烛 展示品饰花 25. 园景制作 本式园景 东方园景 租借盆景 a　观叶盆景 b　观花盆景 茶几 遮阳伞 26. 看板、标示板类 欢迎看板 大门看板 方向标示 专用停车场标示牌 展示商品说明标牌 社徽、商标看板 27. 拍照摄影方面 纪念照片 快照 记录摄影 28. 选择桌子(圆桌或方桌) 29. 座位顺序 桌面标示卡 桌面标示卡的书写 30. 胸章、名牌方面 颜色、大小、种类的选定		公司名称 职务、姓名的书写 31. 女服务员着装 洋装 旗袍 各国民族的衣着 32. 新闻 新闻稿 文字记者 摄影记者 摄像记者及电源准备 33. 资料的收发 34. 住宿安排 安排来宾的住宿(套房、单人房、双人房) 领导人的住宿 工作人员的住宿 预订房间 妥善分配房间 35. 特设专用柜台 36. 支付的负担范围(住宿、餐费、取用冰箱内的食物费用、电话费等) 37. 安排用餐 住宿者的用餐事宜 来宾、司机的用餐 服务人员的用餐 演艺人员、乐队的用餐 38. 活动行程 司仪开场白 主持人致辞 来宾致辞 宣读贺电 致谢词 活动行程说明 播放背景音乐 放映宣传影片、幻灯片 39. 服务柜台的工作 来宾出缺席确认 发放胸章 发放活动行程表	

续表

项目	审核	项目	审核
引导来宾到休息室		邀请函、DM 的制作	
发放座位牌		游艺节目	
发放纪念品		选择搬运公司	
设置临时电话		迁入计划(当天或前一天)	
来宾签名纪念		装设计划(当天或前一天)	
40. 表演节目的总预算		a 展示商品	
本单元的活动安排		b 展示器具	
节目策划及演出		c 电气工程、安装工程	
节目执导		制服	
节目主持人		解说体系	
舞台灯光		a 海报(宣传册、画页等)	
舞台装备		b 说明书	
音响		c 解说员(或主持人)	
41. 新的工厂、公司落成庆祝喜宴		d 说明标示牌	
停车场		e 实地表演	
收付柜台		迁出计划(当天或隔天)	
向导、招待、解说人员		茶水点心	
活动行程表		用餐问题	
指引标示		洽谈室	
说明标示牌		接待记者采访人员	
茶水点心的招待		43. 支付旅馆费用	
工厂、公司落成说明		支付的日期	
接待记者采访人员		汇款、前来收款、当天支付现金	
接送交通工具		出纳员	
联络有关官方机构			
电气能源			
冷暖器设备			
桌椅			
桌巾			
照明设备			
音响设备			
游艺节目			
纪念品			
会场布置			
料理、饮料			
服务人员			
42. 展示会			
会场布置			
演出计划			
展示、装饰计划			

十五、年度会议计划表

年度会议计划表如表 11 - 17 所示。

表 11 - 17　年度会议计划表

会议名称	
开会地点	
开会日期	
开会时间	
会议宗旨及议题	
与会单位、人员	
人　　数	
主 持 人	
会议召集单位	
会议主要工作人员	
与会者应备资料	
会场标示资料	
召集者拟分发资料	

十六、会议功能分析表

会议功能分析表如表 11－18 所示。

表 11－18　会议功能分析表

目的	□1. 是否正确把握会议的目的、成员？	1. 目的 2. 主题 3. 前例
出席者	□2. 是否确认过出席者名单？	1. 其观点 2. 性格倾向 3. 发言的习惯
会场	□3. 是否确认会场、日期？	1. 会场在哪里？ 2. 日期 3. 席位顺序
议题	□4. 是否事先针对议题加以检讨？	1. 议题是什么？ 2. 其资料 3. 检讨
发言	□5. 是否检讨过发方的时机、内容？	1. 该发言的时机是 2. 误发言的内容为 3. 发言是否精简？
质询	□6. 是否检讨过应质询与被质询的事？	1. 想质询的事是什么？ 2. 时机为 3. 可能被质询的事是什么？
协助	□7. 对主席或协调者的协调态度如何？	1. 是否协助主席？ 2. 是否协助相同立场的人？ 3. 表示赞同时态度是否明确？
流程	□8. 是否很灵敏地抓住会议的流程？	1. 对会议的气氛是否很敏感？ 2. 对会议的流程是否很敏锐？ 3. 是否能引导会议的流程？
幽默	□9. 是否认识到会议中，幽默是一张最好的王牌？	1. 是否能缓和开会中的气氛？ 2. 是否能适度幽默地发言？ 3. 是否错失了幽默发言的时机？

十七、会议成效分析表

会议成效分析表如表 11 － 19 所示。

表 11 － 19　会议成效分析表

□1. 会议是否按计划进行?
□2. 会议的目的及议题是否彻底?
□3. 会场或设备是否适切?
□4. 必要的资料是否齐全?
□5. 会议是否按计划时间散会?
□6. 全体人员是否了解主题?
□7. 开始时,是否简要地叙述议题的重点?
□8. 开会时的气氛是否很热烈?
□9. 会议讨论时,是否有偏离议题的论点?
□10. 是否有很多生动且建设性的发言?
□11. 参加人员是否有所抱怨?
[记载事项]

十八、例行会议一览表

例行会议一览表如表 11 – 20 所示。

表 11 – 20　例行会议一览表

会议名称	讨论事项	召集人	列席人	固定参加人员	不固定参加人员	会议日期	备注
产销会议	产销配合事项	副总经理		厂长 业务经理 生管科长 制造科长 业务科长	品管科长 技术科长	每周一次	
质量管理会议	质量改进检讨	厂长 副厂长		品管科长 生管科长 制造科长		每两周一次	
厂务会议	讨论各种厂务	厂长		各科科长		每周一、四下午	
效率检讨会议	检讨效率及奖金事宜	副厂长					
科务会议	检讨科内生产问题	各科科长		各组组厂		每周二次	
进度会议	检讨修订进度	各科科长		各组组厂		每周一次	随同科务会议召开
各种联系会议	讨论各种联系事项					不定期视需要而定	

十九、会议用品及设备申请表

会议用品及设备申请表如表 11－21 所示。

表 11－21 会议用品及设备申请表

<table>
<tr><td colspan="2">会议名称</td><td colspan="4"></td></tr>
<tr><td colspan="2">召集单位</td><td colspan="4">负责人</td></tr>
<tr><td colspan="2">设备名称</td><td>单位</td><td>数量</td><td>规格</td><td>备注</td></tr>
<tr><td rowspan="7">一般设备</td><td>桌子</td><td></td><td></td><td></td><td></td></tr>
<tr><td>椅子</td><td></td><td></td><td></td><td></td></tr>
<tr><td>黑板</td><td></td><td></td><td></td><td></td></tr>
<tr><td>黑板架</td><td></td><td></td><td></td><td></td></tr>
<tr><td>讲台</td><td></td><td></td><td></td><td></td></tr>
<tr><td>茶杯</td><td></td><td></td><td></td><td></td></tr>
<tr><td>烟灰缸</td><td></td><td></td><td></td><td></td></tr>
<tr><td rowspan="2">文具</td><td>笔</td><td></td><td></td><td></td><td></td></tr>
<tr><td>纸张</td><td></td><td></td><td></td><td></td></tr>
<tr><td rowspan="7">电器设备</td><td>摄影机</td><td></td><td></td><td></td><td></td></tr>
<tr><td>投影仪</td><td></td><td></td><td></td><td></td></tr>
<tr><td>幻灯机</td><td></td><td></td><td></td><td></td></tr>
<tr><td>录音机</td><td></td><td></td><td></td><td></td></tr>
<tr><td>麦克风</td><td></td><td></td><td></td><td></td></tr>
<tr><td>放映机</td><td></td><td></td><td></td><td></td></tr>
<tr><td>插座</td><td></td><td></td><td></td><td></td></tr>
<tr><td>其他设备</td><td></td><td></td><td></td><td></td><td></td></tr>
</table>

第四节　会议管理规范化细节执行标准

一、会议通知工作执行标准

会议通知工作执行标准：

1. 会议通知的书写要求文字简练、清楚、没有歧义。

2. 会议通知的书写要求全面、周到，没有漏项。

3. 在电话通知的同时要求留下书面通知的底稿。

4. 会议通知的内容要求明确范围、出席对象、职务。

5. 在正式通知前，可先向会议关键人员发预备通知。

6. 通知的正文下面，要注明联系人姓名、联系电话。

7. 会议通知的信封应注明是"会议通知"，并要注明送到日期，这样可以作为急件及时递送和通知，避免误时误事。

8. 重要会议的会议通知发出后，还应跟踪落实，与参加会议人员联系，确认通知是否已收到，了解对方能否出席会议。特别是对会议中的关键人物，务必落实。

二、会议签到工作执行标准

会议签到工作执行标准如下：

1. 簿式签到

签到人员要求签署自己的姓名、职务、所代表的单位等。

2. 会议工作人员代为签到

会议工作人员事先制定好参加本次会议的名单，会前在到会人名单后画上记号，表示到会，缺席和请假人员也要用规定的记号表示。如用"√"表示到会，用"×"表示缺席，用"○"表示请假等。

3. 证卡签到

签证卡上一般印有会议的名称、日期、座次号、编号等，会议工作人员将印好的签到证事先发给每位参会人员，参会人员在签证卡上签字，进入会场时，将签证卡交给会议工作人员，表示到会。

4. 座次表签到方法

会议工作人员按照会议模型，事先制定好座次表，并在座次表上按要求填上参会人员姓名和座位号码。

5. 计算机签到

计算机签到快速、准确、简便，参加会议的人员进入会场时，只要把特制的卡片放到签到机内即可。

三、会场服务工作执行标准

会场服务工作执行标准如下：

1. 引导座位

大多数会议，参会者的座位都是事先安排好的，参会者应对号入座，或者将会场划分为若干区域，以部门为单位集中就座。

2. 分发会议文件材料

会议中所需要的文件材料，会议工作人员应及时、准确地分发到每位参会者手中。

3. 内外联系、传递信息

会议进行中，并不是与外界隔绝，而是需要会议工作人员进行内外联系，传递信息。

4. 维持会场秩序

如制止与会议无关的人员进入会场，保证会议地点安全。会议进行时如发生混乱局面，会议工作人员要及时制止和调停。

5. 处理临时交办事项

会议进程中，可能发生一些意想不到的临时变动，会议工作人员应及时向领导请示，并对领导的指示采取应急措施，妥善处理。

6. 其他服务工作

及时准备好会议期间所需的物品，如笔和纸张等。保证会场光线充足，保持会场清洁卫生，会场摄影留念等。时间较长的会议还要准备好茶水。

四、会议记录工作执行标准

会议记录一般有两种方法：一种是摘要记录，一种是详细记录。通常日常性的工作会议多采用摘要记录。摘要记录是抓住重点，摘录要义，如发言要点、结论、会议通过的决议、决定等。摘要记录对记录人员素质要求较高，记录人员在记录时必须迅速做出分析概括，抓住重点，领会要义，明白取舍，既要准确地表达发言者的中心意思，又要做到简明扼要。会议的重点一般都是领导的发言、会议的决定、决议。

详细记录要求有言必录，不但要记录要点，而且要按照原话的方式记录论述要点的材料和证据。做详细记录要求速度快，记录者精力集中，思想不能分散，否则就不能全面、准确、详细地记录会议内容。为了快速准确和全面详细记录，可采用速记符号或借助录音笔，会后再进行整理，原始记录和录音片段作原始资料保存。

会议记录要求真实、准确、完整。做好会议记录，不仅要求记录人员有认真、负责的态度，而且要求记录人员有一定秘书工作的专业知识和实践经验。会议记录人员必须熟悉会议的情况，明确会议的宗旨和基本精神，否则会影响记录人员迅速地对会议内容做出完整准确的记录。

五、会议简报编写工作执行标准

会议记录是会议的第一手材料，是会议内容的真实反映。现场记录者必须记录速度快，精力集中，特别是详细记录，有话必录。有些即兴发言的记录口头语较多，这就需要对会议记录做及时整理，会议记录人员不可能书写工整，整理时要对会议记录做全面检查，对错字、别字、漏字、字迹不清的地方和其他遗漏进行改正和补写，把速记符号变为文字，简写的专门术语也要补充完整，还应将发言人的口头语改为书面语言。语句不通顺、条理不清楚和表达不清的地方，要及时找到有关人员核对。

在整理会议记录的基础上，认真撰写后就形成会议简报。会议简报是为了交流情况、提高会议的质量。会议简报要真实地反映会议情况，文字要简练，篇幅要短小，选择会议中的一些重要问题。会议简报的写作方法主要有两种：

1. 指导式写法，即采用新闻报道的形式，反映会议情况，这种写法要求简报编写者对会议情况进行综合分析，摘取有价值的内容。

2. 转发式写法，即直接登载某些代表的发言，在其前面加上一定的“按语”或“评论”，以强调转发内容的意义。

简报印制数量和发送范围应视简报内容而定。简报发送前，一些重要的发言，要送发言者检阅，避免曲解原意。会议简报编排时，应编上整个会议的总顺序期号，以便为以后的分类归档工作带来方便。

六、会务总结工作执行标准

会议能否开得好，是否达到应有的目的，同会议组织和服务工作的水平有着直接的关系。一些重要会议或大型会议结束后，负责会务工作的办公室领导，应该及时召集全体会议工作人员，对整个会议的组织与服务工作进行全面总结，以积累经验，找出不足，从而明确今后搞好同类型会议组织与服务工作的关键。

会务总结一般是以开总结会形式进行，全体会务工作人员都要参加。一些重要会议，如果领导有具体要求，还需要在开好总结会的基础上，写出书面的会务工作总结，并交有关领导审阅后，作为大会的文件资料，连同会议记录、会议简报、会议文件等，一并作为完整的案卷归入档案。

在进行会务总结的过程中，主持会议组织与服务工作的工作人员，应对会议组织服务过程中的有功人员和有关部门进行表彰和奖励，慰问那些为搞好会务工作日夜辛劳的工作人员。同时，在进行会务工作总结时，也要对会议组织与服务工作整个过程中出现的漏洞与差错，做出总结和检查，使全体人员吸取教训，避免今后再次发生类似的情况。必要时，还可写出总结报告，上报领导或入卷归档存查。

七、会议纪要撰写工作执行标准

会议纪要的内容可分为两部分。第一部分是会议的情况简述，用精练语言介绍会议的时间、地点、参加会议的人员，开会的原因和目的，会议讨论的问题以及会议结果，以便人们对会议有整体了解，会议情况简述要简明扼要，篇幅不要过多；第二部分阐述会议主要精神，是将来对会议精神贯彻执行的依据，这部分是会议纪要的主体，具体阐述会议讨论的问题、基本结论、会议所做出的正式决定等。

会议纪要的写作要求为纪实、扼要：纪实就是忠于会议实际。扼要，就是对会议基本精神的提炼和概括，既要反映会议讨论的情况和企业领导的指示精神，又要做到综合全面，条理清楚，有主有次，不能写成会议记录。

会议纪要是为宣传、贯彻会议主旨服务的，因此撰写好会议纪要的前提和关键在于了解、理解会议宗旨，必须选择（无缺席）参加会议并对会议有充分了解的秘书人员撰写会议纪要，也可事先确定好撰写会议纪要的人，使负责撰写会议纪要的人有意识地坚持参加会议、积极地从发言和简报中搜集素材，并在会议进行到一定阶段就拟出纪要的轮廓，进一步收集资料，广泛征求意见。

根据会议的性质和情况，纪要的写法和详略也不尽相同，有的纪要需交代一些情况，写得较详细，有的只需直接写出决定的事项即可。

会议纪要写好后经领导和有关人员审阅通过后，应及时发给参会人员以及和涉及会议内容的有关部门。印发会议纪要也有两种方式：一是将会议纪要全文印发给参会人员和有关部门；二是只摘录有关部分印发给参会人员和有关部门。具体采用哪种方式，视情况而定：如果会议纪要的内容具有较强的机密性，为保密起见，可以不印发会议纪要全文，只摘录有关部分印发给参会人员和有关部门，以防泄密。如果只摘录会议纪要的部分内容，一般需要加上引言和上、下款，以便使意思更清楚，才能分发给各部门和参会人员。印发会议纪要和通知可编顺序号，并视会议内容注明密级。

八、会议文件资料收退工作执行标准

通常重要会议的参会人员，在会议结束时，根据规定将会议上发的文件清理并退回会议秘书处。此项工作主要在机密程度较高的会议结束时或会议结束后做。重要会议文件清退原因是：

1. 文件内容是高度机密的，长久存放在个人手中，可能会遗失和泄密。

2. 会议文件，特别是领导在会议上的即席讲话、参会人员的即席发言不宜扩散。

3. 有些属草稿或参考性的，甚至某些与会议的精神、决议不完全相符的文件，泄露出去将影响会议精神的传达贯彻。

收退会议文件可采取多种方法。在召开较大型会议的时候，开具目录清单是一种行之有效的收退文件办法。就是说，在会议将结束前，会议工作人员把应退文件的目录清单，发给参会人员，请他们在会后按照目录清单把应退文件退回。会议一结束，工作人员要利用一切办法马上催退，如打电话催退、亲自催收等，直到退完退清为止。

九、会议决议检查催办工作执行标准

对会议议定事项检查催办，是为了使会议精神落到实处，同时也是信息反馈的一条重要渠道，以便主管领导及时掌握会议决定的各事项的办理情况，了解办理过程中出现的新问题、新情况，并有针对性地采取措施、加以解决，保证会议议定事项办理工作的顺利进行。因此检查催办工作是会后工作中不可缺少的关键环节。

做好检查催办工作必须依靠科学的方法和制度的保障：

1. 加强催办人员的责任感，健全各项责任制，明确分工，责任到人，一人负责一项或几项催办工作，并设专人负责催办工作，及时了解催办的事项，及时解决出现的问题。

2. 健全登记制度，建立催办登记簿，列出检查催办的事项，由催办人员根据情况，定期记载催办事项的进展状况。

3. 要建立反映汇报制度。催办人员可采用口头汇报、书面汇报、专题报告等多种方式，定期或不定期向领导汇报催办事项的进行情况，遇到紧急情况应立即反映，不能耽误。对于一些重大问题要向领导请示，要听从领导的指示。

检查催办的具体办法多种多样，常用的有下发催办通知单、打电话催办、直接派人检查催办等。

做好催办工作，要突出重点，着力抓好重点事项和重点环节，兼顾其他事项和环节。催办人员进行催办工作，不仅要发挥自己的主观能动性、积极性，还要注意取得领导的支持和帮助。

第12章　企业文书管理

第一节　企业文书管理工作要点

一、企业公文的主要类别

企业公文的主要类别如下：

1. 请示

请上级指示和批准，用“请示”。

2. 报告

向上级机关汇报工作，反映情况，用“报告”。

3. 指示

对下级机关布置工作，阐明工作活动的指导原则，用“指示”。

4. 布告、公告、通告

对公众公布应当遵守或周知的事项，用“布告”。

向国内外宣布重大事件，用“公告”。

在一定范围内公布应当遵守或周知的事件，用“通告”。

5. 批复

答复请示事项，用“批复”。

6. 通知

传达上级的指示，要求下级办理或需要知道的事项，批转下级的公文或转发上级、同级和不相隶属单位的公文，用“通知”。

7. 通报

表扬好人好事，批评错误，传达重要情况以及需要所属各单位知道的事项，用“通报”。

8. 决定、决议

对某些问题或重大行动做出安排，用“决定”。

经过会议讨论通过，要求贯彻执行的事项，用“决议”。

9. 函

平行的或不相隶属的单位之间互相商洽工作，向有关主管部门请示批准等询问和答复问题，用“函”。

10. 会议纪要

传达会议议定事项和主要精神，要求有关单位共同遵守执行的，用“会议纪要”。

二、企业公文的一般格式

公文格式一般包括:标题、主送单位(部门)、正文、附件、单位印章、发文时间、抄送(抄报)单位(部门)、公文字号、主题词等。

1. 公文的标题应当准确、简要地概括公文的主要内容,并标明发文单位和公文种类。除批转法规性文件外,公文标题一般不加书名号和其他标点符号。

2. 向上级请示的公文,一般只写一个主送单位(部门)。如果需要上报另一个上级单位(部门)时,可以用抄报的形式。

3. 发文时间,以领导签发日期为准;联合行文,以最后单位签发的日期为准。

4. 公文字号一般包括单位代号、年号、顺序号。几个单位联名发文,只标明主办单位(部门)的公文编号。

5. 公文如有附件,应当在正文之后、单位名称之前,注明附件的名称和件数。

6. 收、发文单位(部门)应写单位(部门)全称或规范化简称。联合发文,应将主办单位(部门)排列在前。

7. 文字一律从左至右横写横排。

8. 公文纸一般用 16 开的纸,在左侧装订。"通告"等用纸大小,根据实际需要确定。

三、企业公文处理程序

公文处理,是公司对公文及公文运行过程的管理。为了保证公文准确、迅速、安全地运转和传递,以充分地发挥公文的作用,应遵循一定的程序和规则。

(一)收文处理

一般包括登记、分办、拟办、批办、催办等程序。

1. 上级发来的文件及注有密级的简报、电报、资料和平级发来的文件,均由文秘人员统一签收、开拆、登记、呈阅、分发并按不同类别进行分类处理。其中内容重要的急件,及时呈送领导阅批,如领导出差,立即送办公室领导处理。

2. 承办人应根据文件规定的传阅范围或领导指示,安排传阅或办理。领导人之间不宜直接横向传递,以免积压或传失。

3. 凡需办理的公文,应先送办公室主任签批意见,再分送给有关部门办理或送领导批示后办理。办公室主任在签批公文时,认为无须送领导阅批的一般性公文,可根据公文内容和性质直接批有关部门阅办。各单位收到急件时,应在 3 天内答复并退回文件,一般要办理的文件,一周内应办理并退回文件,最迟不能超过 15 天。需要研究而不能马上处理的,也要先书面或口头简要回复。

4. 加强公文检查催办工作。文秘人员对有领导批示的公文及本公司发出的文件,要认真督促、催办,以防积压或漏办。各分公司、各部门对上级发出的文件,需要汇报贯彻执行情况的,要及时检查反馈。

5. 领导参加重要会议带回的文件,在汇报和传达后,应将会议文件交文秘人员立卷归档。

（二）发文处理

一般包括拟稿、审稿、签发、缮印、校对、用印、封发等程序。

1. 草拟公文的要求：

（1）要符合国家的方针、政策、法律、法令和上级的有关规定。如提出新的政策规定，应尽量与原来的有关政策相衔接，并加以说明。

（2）情况要确实，观点要明确，文字要精练，条理要清楚，层次要分明，标点符号要正确，篇幅要力求简短。

（3）引用的公文要写明发文机关、公文编号、标题和发文时间。

（4）草拟公文必须使用统一格式的公文稿纸，文件字迹要清楚，文面应保持整洁，凡是文面凌乱不清的，要重新清稿。

（5）数字的写法。正式文件中，除文件编号、统计表、计划表、序号、日期、专用术语和百分比必须用阿拉伯数字书写外，其他用汉字书写。

（6）章节序数的写法。一般应按下列顺序排列：第一层为："一"，第二层为"（一）"，第三层为"1"，第四层为"（1）"，第五层为"①"。

（7）不要滥用简称。年月日、人名、地名、文件名称、事物名称等，一般不要简称。

2. 公文审核。公司的文稿在送领导签发前，应由起草文件部门负责人审核后送办公室核稿。以工会、社团名义发文的，由董事会和分管领导审核。

审核的重点：

（1）是否需要行文。

（2）是否符合国家的方针、政策、法律、法令，与本单位发过的公文是否衔接。

（3）提出的要求和措施是否明确具体、切实可行。

（4）处理程序是否完备，行文关系、公文格式是否符合规定。

（5）文字叙述是否符合文法和逻辑，标点符号是否正确。

审核时如发现不妥之处，必须进行修改，属于重要的原则性的问题，应退回原承办单位修改，改动过大的，要重新抄写。

3. 公文签发。公司行政文件，由分管副总经理签署意见后，由总经理签发。工会、社团的一般性文件，由分管领导签发，重要文件，由最高行政领导签发。

4. 公文拟稿、改稿和签发，一律用钢笔，禁止使用铅笔和圆珠笔。

5. 签发后的公文不得再作任何修改。若确需修改，必须重新送签。

6. 公文签发后，由文秘室负责打印、盖章、装订、登记、分发。打印文件要美观大方，符合公文格式。装订要整齐牢固，不漏页、错页、粘页。印章盖在年、月、日的中上方，上沿不压正文，下沿略压年、月、日，如正文末页无空当，可另起一空白页注上日期盖章，并在该页的左上方标明"此页无正文"字样。

7. 公文校对以原稿为准，非承办人不得擅自改动原文。校对未发现的差错，由校对人员负责；校对后，打字员没有改正的，由打字员负责。

第二节 企业文书管理规范化制度

一、企业公文收发规定

第一条 本公司的对外公开文件由行政部门负责起草和审核，由公司总裁签发，各部门的文件由各部门负责起草行政部负责审核，总裁签发。

第二条 本公司所有文件经总裁签发后，送行政部门统一安排打印，打印后送回起草部门校对，校对无误方能复印、盖章。

第三条 本公司所有文件和原稿，由行政部分类归档，保存备查。

第四条 本公司所有机密文件，核稿人应该注明“机密”字样，并标注报送范围，由专人印制、报送。

第五条 除机密文件外，本公司所有文件统一由行政部负责发送。送件人应将文件内容、报送日期、部门、接件人等事项登记清楚，并向文件签发人报告报送结果。

第六条 本公司所有外来文件由行政部派专人负责签收，并分类登记。

第七条 传阅文件由行政部派专人负责收回，对领导指示的文件，办公室应及时组织传达和落实。

二、企业公文管理制度模板

□ 总则

第一条 为提高本公司的工作效率，切实减少文件沟通中的各种浪费，充分发挥文件在各项工作中的指导作用，特制定本制度。

第二条 本公司所有文件由行政部负责管理，文件管理的主要内容包括：上级函、电、来文，同级函、电、来文，本公司上报下发的各种文件、资料。

□ 收文管理

第三条 凡来公司的公启文件均由公司收发员登记签收后分别交各部门相关人员拆封。在签收和拆封时，收发员和负责秘书均需注意检查封口和邮戳。对开口和邮票撕毁函件应查明原因，对密件开口和国外信函邮票被撕应拒绝签收。

第四条 对上级机要部门发来的文件，要进行信封、文件、文号、机要编号的“四对口”核定，如果其中一项不对口，应立即报告上级机要部门，并登记差错文件的文号。

第五条 行政部秘书对上级来文拆封后应及时附上“文件处理传阅单”，并分类登记编号、保管。

第六条 本公司外出人员开会带回的文件及资料应及时分别送交行政部秘书进行登记编号保管，不得个人保存。

第七条 凡正式文件均需分别由行政主管根据文件内容和性质阅签后，由秘书分送承办部门阅办，重要文件应呈送总裁亲自阅批后分送承办部门阅办。为避免文件积压误事，一般应在当天阅签完，紧急文件要即阅即办。

第八条 一般函、电、单据等，分别由前台秘书直接分转处理。

第九条 为加速文件运转，秘书应在当天或第二天将文件送到总裁办公室和承办部门，如关系到两个以上业务部门，应按批示次序依次传阅，最迟不得超过两天（特殊情况例外）。

第十条 传阅文件应严格遵守传阅范围和保密规定，不得将有密级的文件带回家、宿舍和公共场所，也不得将文件转借其他人阅看。对尚未传达的文件不得向外泄露内容。

第十一条 阅读文件应抓紧时间，当天阅完后应在下班前将文件交行政部，阅批文件一般不得超过两天，阅后应签名以示负责。如有领导“批示”、“拟办意见”两办应责成有关部门和人员按文件所提要求和领导批示办理有关事宜。

第十二条 阅文时不得抄录全文，不得任意取走文件夹内任何文件及附件，如确系工作需要，要办理借阅手续，以防止丢失泄密。

第十三条 行政秘书对文件负有催办检查督促的责任，承办部门接到文件、函电应立即指定专人办理。不得将文件压放分散，如需备查，应按照有关保密规定，并征得行政总监同意后，予以复印或摘抄，原件应及时归档周转。

□ 发文管理

第十四条 本公司上报下发正式文件的权力分别集中在总裁办公室和行政部，各部门一律不得自行向上、向下发送正式文件。

第十五条 各部门需要向上反映汇报重要情况或向下安排布置重要工作要求，发文应分别向总裁办公室、行政部提出发文申请，并将文件底稿分别交行政部审核。

第十六条 凡是以总裁办公室、行政部名义发出的文件、通告、决定、决议、请示、报告、编写的会议纪要和会议简报，均属发文范围。

第十七条 总裁办公室、行政部下发文件主要用于：

1. 公布全公司的规章制度；
2. 转发上级文件或根据上级文件精神制定的公司文件；
3. 公布公司体制机构变动或干部任免事项；
4. 公布全公司性的重大生产、技术、经营管理、政治工作、生活福利等工作的决定；
5. 发布有关奖惩决定和通报；
6. 其他有关全公司的重大事项。

□ 发文程序与要求

第十八条 各部门需要发文，应事先分别向总裁办公室、行政部提出申请。

第十九条　总裁办公室、行政部同意发文时，主办单位应以党的方针、政策和国家法令，上级指示或工作实际需要草拟文件初稿。

第二十条　草拟文稿必须从全公司角度出发，做到情况确实、观点鲜明、条理清楚、层次分明、文字简练、标点符号正确、书写工整。严禁使用铅笔、圆珠笔、红墨水和彩笔书写。

第二十一条　文稿拟就后，拟稿人应填附发文稿纸首页，详细写明文件标题、发送范围、印刷份数、拟稿单位与拟稿人，并签名、盖章、标定日期和密级。

第二十二条　秘书处应根据总裁办公室、行政部的要求和上级有关指示精神，有关文件规定，对文稿进行审查和修改。对涂改不清、文字错漏严重、内容不妥、格式不符的文稿应退回拟稿部门重新拟稿。

第二十三条　经行政部审查修改后的文稿，送部门主管领导核稿（对文稿内容、质量负责）。

第二十四条　对审核时修改较多，有碍打印和存档的文稿，应由拟稿部门重新写清楚。

第二十五条　需经会签的文稿，应在交付打印前送会签部门会签。

第二十六条　文稿审核会签后，按批准权限的规定分别呈送总裁办公室、行政部领导审定批准签发。

第二十七条　经领导批准签发后的文稿交两办机要秘书统一编号送打字室打印。

第二十八条　文件打印清样，应由拟稿人校对，校对人员应在发文稿上签名。

第二十九条　文件打字后，由行政部派专人按数印刷，再由两办机要秘书发并检查落实情况，对印刷质量不好的文件，应拒绝盖印分发。

□ 文件的借阅和清退

第三十条　各部门有关工作人员因工作需要借阅一般文件，需经本部门负责人签写便条，对有密级的文件须两办主任同意后方可借阅。

第三十一条　借阅文件应严格履行借阅登记手续，就地阅看，按时归还。任何人不得将文件带走或全文抄录，不允许拆卷和在文件上勾画等。

第三十二条　行政部秘书对承办的公文应抓紧催办，应定期对事情已经办妥的本公司文件和上级要求限期清退的文件，进行收缴清退工作。（一般为月底一小清，季末一中清、年终一总清）。如发现文件丢失，必须及时查明原因和责任者，并如实向领导报告。

第三十三条　各部门应指定一位责任心强的同志负责文件收交、保管、保密、催办检查工作。

□ 文件的立卷与归档

第三十四条　文件的归档范围。

1. 凡有关公司整体内容的文件统一分别由行政部负责归档。

2. 业务科室，各部门日常工作中形成的活动资料，由各业务科室、部门负责立卷归档。

第三十五条　立卷要求：

1. 文件立卷应按照内容、名称、作者、时间顺序，分门别类地进行整理归档。

2. 立卷时,要求把文件的批复、正本、底稿、主件、附件收集齐全,保持文件、材料的完整性。

3. 要坚持平时立卷与年终立卷归档相结合的原则。重要工作、重要会议形成的文件材料,要及时立卷归档。

4. 上年度形成的文件材料,要求在下年度 5 月份以前整理完。6 月份正式向档案馆(室)移交,清单一式两份。(接交单位各留存一份备查)。

□ 文件的销毁

第三十六条　对于多余、重复、过时和无保存价值的文件,行政部应定期清理造册,并按上级有关规定,办理申请销毁手续。

三、企业文印室管理规定

第一条　本公司的文件打印坚持以下原则:有打印必要时方予打印,内部传递的简单请示报告或非正式通知及公告,在公司内部局域网络内公开即可,无须打印。

第二条　如有对外发文的工作需要,由起草人定稿并校正,经有批准发文权的领导签字同意后方准打印。

第三条　凡属私人资料范围者,不得在公司打印、复印或用公司传真机递送。

第四条　文印室工作人员对收到的文件资料,应及时给有关部门、人员送发,或及时通知有关人员到文印室来拿取,不得延误。

第五条　文印室工作人员应树立严格的保密观念,不得随意将打印、复印或传真资料中有关商业秘密或公司管理中须保密的事项透露给他人,不得截留任何文件。

第六条　文印室对送来打印、复印、传真的文件资料,应做好登记,并在月终作统计核算。

第七条　文印室工作人员初次违反上述规定的,给予批评并处 50 元以下罚款,屡教不改或给公司造成不良的社会影响或较大经济损失的,处 50 元以上罚款直至辞退。

四、企业邮件、函电收发制度

第一条　全厂公私报刊、外来邮件、外发公启、函电由厂收发室负责收发。

第二条　各部门因公需外发函、电,经办人员应于每天下午 × × 点以前将函件、电报底稿送到收发室,另填写挂号、平信、电报外发登记表。

第三条　每天下午 × × 点以前,厂收发室应将当天外发函、电清点,累计送交邮局寄发。

第四条　外来邮件一律经厂收发室签收分发。

第五条　凡挂号、纸包、包裹单、汇款单、货运单等由收发室通知收件人到收发室当面签收。

第六条　一般公启函、电和厂内职工私人信件，由收发室开具清单分放到各单位信、报箱内。

第七条　私人不明平信一律放到信架(信袋)内，由个人自取。

第八条　不论公私邮件收发室应随到随清，及时分发，不得丢失损坏，搁置延误，对国外来函应检封口、邮戳，如发现拆封或邮票被撕应拒绝签收，并向邮局反映，查明缘由。

第九条　凡挂号信、汇款单、包裹单、货运单等的收件人，在收发室通知发出后，应随即到收发室领取邮单，并及时去邮局取款取件。超期罚款，收发室概不负责。

第十条　收发员每天对邮局送来的报刊应对照邮局分送清单分类清点，发现有差错应及时登记并要求补缺退余。

第十一条　收发员收到邮局送来的报刊后应及时分发，不得耽搁延误。收发员清点分发报刊时间为××小时，任何人不得进入收发室。

第十二条　每天分发到各单位信报箱的报刊应随附分发清单。

第十三条　各单位应固定专人按时领取报刊和公启函电。领取时，要对照分发清单清点检实签名，发现差错，应当面向收发员提出增补退换要求，并进行差错登记。当面未提出，则视为分发无差错。

第十四条　收发员应坚守工作岗位，法定节假日、应有人值班，周末休息应采取换休形式。

第十五条　收发室内外应保持整齐清洁。

第十六条　收发室由行政部门负责管理，其工作质量由行政主管进行检查、考核，并承担责任。

五、公文管理细则

第一条　本公司公文，是传达贯彻上级指示精神、请示和答复问题，指导或商洽工作的重要工具。

第二条　本公司公文，实行统一管理。公文的管理，要做到规范、准确、及时、安全。行文单位，要克服官僚主义和文牍主义。

第三条　各部室、各单位及各有关人员，对公文中涉及国家、政府或本公司应保密的事项，必须严守机密，不准随便向他人泄露。

第四条　公文保密等级分为：绝密、机密、秘密三种，其他为一般文件。绝密、机密文件打印一定要用专用磁盘。绝密文件只能印一份，由起草人送有阅文资格的人员传阅；机密文件按审阅人数打印，阅完后由起草人收回归档；秘密文件由阅文人妥善保管。

第五条　公司发文的程序为：拟稿、审核(部门领导)、签发(公司领导)打印、发文、催办、立卷、归档、销毁等。

公司收文的处理程序为：收文、分文、传送、催办、立卷、归档。

第六条　草拟公文应注意以下事项：

1. 内容要符合党和国家的路线、方针、政策、法律、法令及地方性行政规章。

2. 反映情况要客观，实事求是。

3. 文字要准确、精练，条理要清楚，层次要分明，结构要紧密，用语要规范。

4. 人、地、物名、引文及时间要具体、准确。

第七条　各级领导对送来的公文要及时阅批。急件的，当天批复；一般文件的，三天内批复。

第八条　各级领导阅、批公文应仔细认真，阅完后要签名并注明日期，不得圈阅。需要签署具体意见的，要明确、具体。

第九条　公司所有发文，发文单位应有存档，并将文件原稿（经领导签字）审核稿件连同正本二份送总裁办档案室存档。有领导指示的，还应附批复件。

第十条　收文由总裁办公室统一负责。总裁办收文后，应先做好归类、登记，然后根据文件的内容，分送有关领导阅示。阅示完毕后，由总裁办收回归档。所有文件发放，一定要有登记、签收手续。

第十一条　公司发文，一定要由总裁办统一编号：

1. 以公司名义对外发文，一律×××字（××年）××号；

2. 公司党总支发文，用××党字（××年）××号；

3. 以工会、共青团、妇联名义发文，用××政字（××年）××号；

4. 公司监事会发文，用××监字（××年）××号；

5. 董事局发文，用××董字（××年）××号；

6. 董事局委员会发文，用××董×字（××年）××号；

7. 董事局委员会所属机构发文，用××董××字（××年）××号；

8. 其他管理部门的发文，用×××字（××年）××号。

第十二条　红头文件，只适用于需遵照执行的制度、规定、决定、决议、纪要、任命等，其他文件一般用公司信笺印发。

六、图书管理制度模板

第一条　本公司所有图书的购进、保管、整理、外借与归还等事务均按本制度办理。

第二条　行政部相关人员应长期关注公司员工的学习及工作需要，为企业经营业务研究提供资料以及提高员工的素质，负责对图书市场的调查研究，寻找合适的图书。

第三条　行政部必须每季度整理出一份图书目录，提供给各部门主管，并且按月把新进图书情况通知各部门。

第四条　行政部购买图书应依照“图书购买计划”和各部门的实际需要来进行。

第五条　购买图书的各个环节进行控制与检查权赋予行政部主管。

第六条　行政主管制定购买图书预算，在接收图书时支付现金，结清图书书款。

第七条　行政部设立专职图书保管员，对图书进行分类、整理与借阅工作。凡新购进的图书应贴上标签，进行编号。

第八条　所有图书都必须按图书管理卡要求进行登记，注明购入时间、著作名称、作者姓名、出版社名称、出版年月以及其他必要的项目。并把卡片分类放入各索引柜内，以便检索。

第九条　每册图书都必须附借阅卡及装卡纸袋，并把装卡纸袋贴在封底的内侧。

第十条　所有图书都必须在封面、目录和第一页上，以及在图书中间的两三处，加盖企业印章。

第十一条　所有新进图书，都必须在登记册上做好登记，写明新进日期、著作名称、作者、出版社、分类与编号、页数及价格等重要项目。

第十二条　每年按图书管理卡，对书架中的全部图书进行一次清点与核对。保管员在清点与核对前，停止图书外借，并要求全部被借出图书都交回放上书架。

第十三条　如果图书丢失，或者需要捐赠与处理，必须填写"报废、报损单"，向图书室主管做出报告，按上级主管指示行事。

第十四条　必须经常整理图书管理卡，把已经不存在或被清理掉的图书的管理卡挑出来，单独保存。

第十五条　本制度的制定、修改与废除，由行政部提议，常务董事决定。

七、资料室管理制度模板

第一条　为规范公司资料管理，为公司员工提供进修、研习充分的资料保障，特制定本制度。

第二条　凡有关公司业务及工作研习方面之资料，如《技术手册》《零件手册》《零件价目表》《技术通报》《技术图表》《技术性刊物》《参考书籍》及《技术性说明书》等，属本资料室管理范围。

第三条　凡本资料室资料资料室内部统一管理，本资料室只对本公司员工开放，所有资料概不外借。

第四条　资料的使用依照各部门的实际需要并提出申请，资料室工作人员根据申请适量供给之。资料发给后，各部门应由部门主管或指定人员负责保管。

第五条　凡资料内容出现明显错误或已过时，行政部应予收回销毁，各部门不得自行处理或遗赠他人。

第六条　资料室内所有现存资料，应依资料的性质予以分类后归档。

第七条　资料因遗失或残缺不全导致无法使用时，行政部应即以内部联络函通知技术生产部申请补充。

第九条　对于本公司员工业务研习及使用技术有直接帮助的参考书籍，各部门人员可以向行政部申请选购。

第十条　凡对本公司员工业务研习及使用技术有直接帮助的技术性刊物（期刊），经部门主管和行政部主管共同核准后，由行政部订阅，经归档登记后寄发各相关部门。

八、图书借阅管理制度模板

第一条　为营造良好学习氛围，丰富员工业余文化生活，提升员工整体文化素养，合理管制图书借阅工作，特制订此管理规定。

第二条　凡本公司图书由行政部内部统一管理，图书室只对本公司员工开放，所有资料概不外借。

第三条　行政部负责图书的借阅管理。

第四条　图书室所有图书应由行政部专人编号登记入册，并编制目录卡供本公司员工查阅。

第五条　每年____月、____月由行政部负责图书室的盘点与清查。

第六条　公共参考图书、辞典、珍贵图书概不外借，如工作需要或其他原因必须借阅者则通过正常借阅程序且当天归还。一般书刊、报纸可随意阅览，但不能带出图书室或撕剪，阅读完毕后放回原位。

第七条　每周二、周五____～____为图书借阅时间。

第八条　公司所有图书借阅者仅限公司在职员工。员工在借阅书籍时必须先查览目录卡，做好登记，征得图书管理员同意后方可外借，每次最多借阅一册，最长时间不得超过2周，若未能读完需办理续借手续。

第九条　员工在阅读过程中，应爱护书籍，不得在书中批改、圈点、画线、折角、涂写。如有破损或遗失处3倍以上罚款。

九、内部刊物管理制度模板

□ 总则

第一条　为使本公司内部刊物管理更规范，使本公司内部刊物起到应有作用，特制定本制度。

第二条　本公司内部刊物之所有事务，包括编辑、发行与管理悉按本制度办理。

□ 目的

第三条　本公司内部刊物的发行可以使全体员工通过一个统一、正式的渠道了解公司有关经营活动的全部信息与情报。

第四条　本公司内部刊物的发行可以大规模持久地进行职工间的沟通，增强职工间的团结。

第五条　通过公司内部刊物的发行，为全体员工共同参与提供了一个平台，有利于提高全体员工的士气。

□ 发行

第六条　公司内刊物以公司名称为基本定语，然后加刊物性质名称。

第七条　本公司内部刊物的发行日为每月的____日。

□ 管理

第八条　本公司内部刊物的总负责人为行政部经理。行政部经理必须明确制定编辑方针，对编辑会议及编辑主任传达编辑方针与意图、精神，把握编辑方向，并且在原则上确定公司刊物的主要版面与内容。

第九条　内部刊物的编委由各部门派代表担任。

第十条　编委会主任由行政部经理选拔并正式任命。

□ 组织

第十一条　编辑会议由编委会主任召集、主持召开，并就编辑计划、方针及举措等编辑、出版、发行与分配事宜进行审议与合议。编委会成员对此进行监督与评价。

第十二条　公司内部刊物发行上的一切经费由本公司负担。但是，编委会主任必须在会计年度开始前，对全部及分项开支进行概预算，并向总务部长做出报告。

第十三条　公司内部刊物原则上只向公司职工、管理者，以及员工家属进行约稿。但是，在有必要向外部第三者约稿情况下，必须经过编辑计划会议讨论做出决定。向外部约稿，须给予一定的酬金，由本公司负担。

第十四条　编委会主任及编委成员的任期，原则上为一年。

第十五条　公司内部刊物原则上免费分发给公司管理者、职工、家属以及公司外部的关系户，必要时可向其他外部机构与个人送发。

第三节　企业文书管理实用表单

一、企业公文实用表格——请示

企业公文实用表格——请示，如表 12－1 所示。

表 12－1　请示

××公司

××公司/部门

关于××××的请示

××部门：

（正文）

当否，请批复。

××公司/部门

年　　月　　日

抄送：________________

二、企业公文实用表格——报告

企业公文实用表格——报告，如表12－2所示。

表12－2　报告

××公司

××公司/部门

关于××××的××报告

××部门：

（正文）

××公司/部门

年　　月　　日

抄送：______________________________

三、企业公文实用表格——决议

企业公文实用表格——决议，如表12－3所示。

表12－3　决议

××公司文件

总发办字［×］第［×］号　　签发人：

××会关于××××决议

（　　年　月　日××会议通过）

××部门：

（正文）

年　　月　　日

主题词______________________________

抄送：______________________________

××公司

年　　月　　日

（共印××份）

四、企业公文实用表格——决定

企业公文实用表格——决定，如表 12 - 4 所示。

表 12 - 4 决定

××公司文件

总发办字[×]第[×]号　　签发人：

关于××××决议

（正文）

年　月　日

主题词________________

抄送：________________

××公司

年　月　日

（共印××份）

五、企业公文实用表格——批复

企业公文实用表格——批复，如表 12 - 5 所示。

表 12 - 5 批复

××公司文件

×函[×]第×号

××公司关于××××公司的批复

××××公司（部门）

你公司（部）于××××年×月×日×法[××]号请示收悉。现批复如下：

（正文）

年　月　日

主题词________________

抄送：________________

××公司

年　月　日

（共印××份）

六、企业公文实用表格——通知

企业公文实用表格——通知，如表 12 - 6 所示。

表 12 - 6　通知

××公司文件

总发办字[×]第[×]号　　签发人：

关于××××的通知

总公司中心(部、室)、各分公司、子公司：

(正文)

年　月　日

主题词________________

抄送：________________

××公司

年　月　日

(共印××份)

七、企业公文实用表格——通报

企业公文实用表格——通报，如表 12 - 7 所示。

表 12 - 7　通报

××公司文件

总发办字[×]第[×]号　　签发人：

关于××××的通报

总公司中心(部、室)、各分公司、子公司：

(正文)

年　月　日

主题词________________

抄送：________________

××公司

年　月　日

(共印××份)

八、企业公文实用表格——公函

企业公文实用表格——公函，如表 12－8 所示。

表 12－8 公函

××公司文件

×函第[200×]第[×]号　　签发人：

××公司关于××××的复函

××公司：

××××年××月××日函收悉，关于×××一事，经我×××研究，回复如下：

（正文）

特此复函

××公司

年　　月　　日

九、企业公文实用表格——送件登记簿

企业公文实用表格——送件登记簿，如表 12－9 所示。

表 12－9 送件登记簿

日期	发送部门/单位	发文类型	件数	文号	发件机关或收件人	收件人盖章

十、企业公文实用表格——收文登记簿

企业公文实用表格——收文登记簿，如表 12－10 所示。

表 12－10　收文登记簿

日期	收文号	文件标题	来文单位	来文号	密级	份数	处理情况

十一、企业公文实用表格——发文登记簿

企业公文实用表格——发文登记簿，如表 12－11 所示。

表 12－11　发文登记簿

文件号	文件标题	签发人	拟稿部门	密级	印数	余存	登记日期	发出日期	备注

十二、文件目录清单

文件目录清单如表 12－12 所示。

表 12－12　文件目录清单

第　　页

文件类别			规范类	规格类		标准类
文件号	名称	编号	页数	日期	备注	文件类别
1						
2						
3						

十三、收发文日志

收发文日志如表 12－13 所示。

表 12－13 收发文日志

收文							发文						
序号	来文单位	文号	事由	份数	附件数	签收	序号	受文单位	文号	事由	份数	附件数	签发
1							1						
2							2						
3							3						

十四、文件签收簿

文件签收簿如表 12－14 所示。

表 12－14 文件签收簿

月	日	收件机关	密级	件数	编号	收件单位	收件人签章

十五、信函寄发登记簿

信函寄发登记簿如表 12－15 所示。

表 12－15 信函寄发登记簿

发函日期	发函单位	文别	发函摘要	寄发单位	回函日期	回函摘要

十六、行文表

行文表如表 12－16 所示。

表 12－16 行文表

<table>
<tr><td rowspan="5">保密区分</td><td>绝对机密</td><td></td><td rowspan="3">别文</td><td>呈</td><td></td><td rowspan="3">受文者</td><td rowspan="3"></td><td rowspan="3">副本份数</td><td rowspan="3"></td><td rowspan="3">附件</td><td rowspan="3"></td><td rowspan="3">发文号数</td><td rowspan="3"></td></tr>
<tr><td>极机密</td><td></td><td>函</td><td></td></tr>
<tr><td>机密</td><td></td><td>令</td><td></td></tr>
<tr><td>密</td><td></td><td rowspan="4">事由</td><td colspan="6" rowspan="4"></td><td rowspan="4">校对员</td><td rowspan="4"></td><td rowspan="4">发文日期</td><td rowspan="4"></td></tr>
<tr><td>普通</td><td></td></tr>
<tr><td rowspan="4">传递法</td><td>限时法</td><td></td></tr>
<tr><td>特快送</td><td></td></tr>
<tr><td>快件</td><td></td><td colspan="2" rowspan="3">核办人</td><td rowspan="3"></td><td colspan="2" rowspan="3">核稿人</td><td rowspan="3"></td><td colspan="2" rowspan="3"></td><td rowspan="3">承办人</td><td colspan="2" rowspan="3"></td></tr>
<tr><td>普通</td><td></td></tr>
<tr><td>保存</td><td></td><td>年</td></tr>
</table>

十七、往来信函登记表

往来信函登记表如表 12－17 所示。

表 12－17 往来信函登记表

客户或单位：________

类别		日期	来（去）函内容	处理人	回函日期	回函内容
去	来					

十八、发文申请书

发文申请书如表 12－18 所示。

表 12－18　发文申请书

部门：　　　　　　　　　　　　　　　　　　　　　　　　年　　月　　日

<table>
<tr><td colspan="2">文件名称</td><td colspan="3"></td></tr>
<tr><td colspan="2">文件类别</td><td>公文　表单　信件
领导讲话　其他</td><td>文件份数</td><td></td></tr>
<tr><td colspan="2">文件级别</td><td colspan="3">普通　急　特急　秘密　机密　绝密</td></tr>
<tr><td colspan="2">文件时间</td><td></td><td>取件时间</td><td></td></tr>
<tr><td rowspan="3">申请部门</td><td>主管</td><td colspan="3"></td></tr>
<tr><td>经办</td><td colspan="3"></td></tr>
<tr><td>签收</td><td colspan="3"></td></tr>
</table>

十九、打(复)印文件登记簿

打(复)印文件登记簿如表 12－19 所示。

表 12－19　打(复)印文件登记簿

复印　　　　　打印

<table>
<tr><th rowspan="2">序号</th><th rowspan="2">日期</th><th rowspan="2">文件名称</th><th rowspan="2">原稿页数</th><th colspan="5">合计</th><th rowspan="2">使用部门</th><th rowspan="2">使用人</th><th rowspan="2">备注</th></tr>
<tr><th>A3</th><th>A4</th><th>B4</th><th>B5</th><th>合计</th></tr>
<tr><td></td><td></td><td></td><td></td><td></td><td></td><td></td><td></td><td></td><td></td><td></td><td></td></tr>
<tr><td></td><td></td><td></td><td></td><td></td><td></td><td></td><td></td><td></td><td></td><td></td><td></td></tr>
<tr><td></td><td></td><td></td><td></td><td></td><td></td><td></td><td></td><td></td><td></td><td></td><td></td></tr>
<tr><td></td><td></td><td></td><td></td><td></td><td></td><td></td><td></td><td></td><td></td><td></td><td></td></tr>
<tr><td></td><td></td><td></td><td></td><td></td><td></td><td></td><td></td><td></td><td></td><td></td><td></td></tr>
<tr><td></td><td></td><td></td><td></td><td></td><td></td><td></td><td></td><td></td><td></td><td></td><td></td></tr>
<tr><td></td><td></td><td></td><td></td><td></td><td></td><td></td><td></td><td></td><td></td><td></td><td></td></tr>
</table>

二十、图书借出卡

图书借出卡如表 12－20 所示。

表 12－20　图书借出卡

分类编号：		
资料名称：		
购入价格：		
归档日期：		
借出时限：		
借出日期	借出人	归还签认

二十一、图书借阅登记卡

图书借阅登记卡如表 12－21 所示。

表 12－21　图书借阅登记卡

______年______月______日

编号	书名	作者	出版单位	金额	借阅人	借出日期	归还日期	备注

第四节　企业文书管理规范化细节执行标准

一、公文管理日常工作准则

文书管理应有既定的目标，并以此作为衡量的标准。同时，文书管理体系必须为各个部门提供相应的服务：

1. 不论何时何地，只要公司需要，就尽可能提供准确、及时的信息。

2. 维持一个能保证企业信息开发、存储、检索、留存和处置的有效系统。

3. 保证企业的信息要求，进行有关文件、设备与程序的管理，制定标准和定期评价方法。

4. 有效地控制和处理公司文书，帮助公司对其职员进行教育。

二、公文管理工作注意事项

企业文书是为完成企业组织目标而服务的，文书管理中应注意以下几点：

1. 各部门要有专人负责文书的处理工作，建立严格管理制度，加强对相关人员的保密纪律教育。文书传递过程中必须办理登记、签收、注销等手续，并按照收（发）文簿检查归档，以防流失。

2. 各部门工作中形成的文书，包括文件、会议记录、相关照片、图表、录音（像）等有保存价值的资料，都必须由承办人收集齐全，分类整理，在有关人员核对整理后及时归档，各部门、经办人不得私自留存。

3. 没有存档价值和没有存档必要的公文，经档案室鉴定，登记后销毁。

4. 文书管理做到简便，即简化审批程序，减少传递环节，缩短文件流程。

第13章　企业档案管理

第一节　企业档案管理工作要点

一、档案管理工作的目的

档案管理工作的目的如下：

1. 保守档案机密。现代企业竞争中，情报战是竞争的重要内容，而档案机密便是企业机密的一部分。对人事档案进行妥善保管，能有效地保守机密。

2. 维护人事档案材料完整，防止材料损坏，这是档案保管的主要任务。

3. 便于档案材料的使用。保管与利用是紧密相连的，科学有序的保管是高效利用档案材料的前提和保证。

二、档案管理工作的基本内容

建立健全保管制度是对人事档案进行有效保管的关键。其基本内容大致包括五部分：材料归档制度、检查核对制度、转递制度、保卫保密制度、统计制度。

（一）材料归档制度

新形成的档案材料应及时归档，归档的大体程序是：首先对材料进行鉴别，看其是否符合归档的要求；其次，按照材料的属性、内容，确定其归档的具体位置；再次，在目录上补登材料名称及有关内容；最后，将新材料放入档案。

（二）检查核对制度

检查与核对是保证人事档案完整、安全的重要手段。

检查的内容是多方面的，既包括对人事档案材料本身进行检查，如查看有无霉烂、虫蛀等，也包括对人事档案保管的环境进行检查，如查看库房门窗是否完好，有无其他存放错误等。

检查核对一般要定期进行。但在下列情况下，也要进行检查核对：

1. 突发事件之后，如被盗、遗失或水灾、火灾之后。

2. 对有些档案发生疑问之后，如不能确定某份材料是否丢失。

3. 发现某些损害之后，如发现材料变霉，发现了虫蛀等。

（三）转递制度

转递制度是关于档案转移投递的制度。档案的转递一般是由工作调动等原因引起的，转递的大致程序如下：

1. 取出应转走的档案。

2. 在档案底账上注销。

3. 填写《转递人事档案材料通知单》。

4. 按发文要求包装、密封。在转递中应遵循保密原则，一般通过机要交通转递，不能交本人自带。另外，收档单位在收到档案，核对无误后，应在回执上签字盖章，及时退回。

(四)保卫保密制度

具体要求如下：

1. 对于较大的企业，一般要设专人负责档案的保管，应齐备必要的存档设备。

2. 库房备有必要的防火、防潮器材。

3. 库房、档案柜保持清洁，不准存放无关物品。

4. 任何人不得擅自将人事档案材料带到公共场合。

5. 无关人员不得进入库房，严禁吸烟。

6. 离开时关灯关窗，锁门。

(五)统计制度

人事档案统计的内容主要有以下几项：

1. 人事档案的数量。

2. 人事档案材料收集补充情况。

3. 档案整理情况。

4. 档案保管情况。

5. 利用情况。

6. 库房设备情况。

7. 人事档案工作人员情况。

三、档案管理应遵循的工作原则

档案管理应遵循的工作原则如下：

1. 企业档案为集体所有，任何人不得占为己有，因此在档案管理过程中，应实行共同管理的原则，分清权责。

2. 依据共同分享和共同管理的原则，尽量减少档案的复印份数及保管场所，提高档案的保密系数和安全性，同时要降低管理成本。

3. 应及时分类、整理、编辑与传递文书资料，并科学归档保管，提高档案管理的质量与效率。

第二节　企业档案管理规范化制度

一、人事档案利用制度模板

□ 目的

第一条　建立人事档案利用制度是为了高效、有序地利用档案材料。档案在利用过程中,应遵循一定的程度和手续,这是保证档案管理秩序的重要手段。

第二条　建立人事档案利用制度也是为了给档案管理活动提供规章依据。工作人员必须按照这些制度行事,这是对工作人员的基本要求。

□ 人事档案利用的方式

第三条　设立阅览室以供利用查阅。阅览室一般设在人事档案库房内或靠近库房的地方,以便调卷和管理。这种方式具有许多优点,如便于查阅指导,便于监督,利于防止泄密和丢失等。这是人事档案利用的主要方式。

第四条　借出使用。借出库房须满足一定的条件,比如:本机关领导需要查阅人事档案;公安、保卫部门因特殊需要必须借用人事档案等。借出的时间不宜过长,到期未还者应及时催还。

第五条　出具证明材料。这也是人事档案部门的功能之一。出具的证明材料可以是人事档案部门按有关文件规定写出的有关情况的证明材料,也可以是人事档案材料的复制件。要求出具材料的原因一般是入党、入团、提升、招工、出国等。

□ 人事档案利用的手续

第六条　在通过以上方式利用人事档案时,必须符合一定的手续。这是维护人事档案完整安全的重要保证。

第七条　查阅手续。

正规的查阅手续包括以下内容:首先,由申请查阅者写出查档报告,在报告中写明查阅的对象、目的、理由,查阅人的概况等情况;其次,查阅单位(部门)盖章,负责人签字;最后,由人事档案部门审核批准。人事档案部门对申请报告进行审核,若理由充分,手续齐全,则给予批准。

第八条　外借手续。

首先,借档单位(部门)写出借档报告,内容与查档报告相似。

其次,借档单位(部门)盖章,负责人签字。

再次，人事档案部门对其进行审核、批准。

然后，进行借档登记。把借档的时间，材料名称、份数、理由等填清楚，并由借档人员签字。

最后，归还时，及时在外借登记上注销。

第九条　出具证明材料的手续。

单位、部门或个人需要由人事档案部门出具证明材料时，需履行以下手续：首先，由有关单位（部门）开具介绍信，说明要求出具证明材料的理由，并加盖公章；其次，人事档案部门按照有关规定，结合利用者的要求，提供证明材料；再次，证明材料由人事档案部门有关领导审阅，加盖公章，然后登记、发出。

二、文书档案归档制度模板

□ 总则

第一条　根据工信部《邮电文书立卷归档办法》，为加强本公司文书立卷工作，特制定本制度。

第二条　归档的文件材料必须按年度立卷，本单位内部机构在工作活动中形成的各种有保存价值的文件材料，都要按照本制度的规定，分别立卷归档。

第三条　公文承办部门或承办人员应保证经办文件的系统完整（公文上的各种附件一律不准抽存）。结案后及时交专（兼）职文书人员归档。工作变动或因故离职时应将经办的文件材料向接办人员交接清楚，不得擅自带走或销毁。

□ 文件材料的收集管理

第四条　坚持部门收集、管理文件材料制度。各部门均应指定专（兼）职文书人员，负责管理本部门的文件材料，并保持相对稳定。人员变动应及时通知档案室。

第五条　凡本公司打印发出的公文（含定稿和两份打印的正件与附件、批复请示、转发文件含被转发的原件）一律由办公室统一收集管理。

第六条　一项工作由几个部门参与办理，在工作活动中形成的文件材料，由主办部门收集归卷。会议文件由会议主办部门收集归卷：

1. 公司工作人员外出学习、考察、调查研究、参加上级机关召开的会议等公务活动的相关人员核报差旅费时，必须将会议的主要文件资料向档案室办理归档手续、档案室签字认可后财务部门才给予核报差旅费。

2. 本公司召开会议，由会议主办部门指定专人将会议材料、声像档案等向档案室办理归档手续，档案室签字认可后财务部门才给予报销会议费用。

第七条　各部门专（兼）职文书的职责：

1. 了解本部门的工作业务，掌握本部门文件材料的归档范围，收集管理本部门的文件材料。

2. 认真执行平时归档制度，对本部门承办的文件材料及时收集归卷，每年的三月份前应将归档文件材料归档完毕，并向档案室办好交接签收手续。

3. 承办人员借用文件材料时，应积极地配合，做好服务工作，并办理临时借用文件材料登记手续。

□ 归档范围

第八条　重要的会议材料，包括会议的通知、报告、决议、总结、领导人讲话、典型发言、会议简报、会议记录等。

第九条　上级机关发来的与本公司有关的决定、决议、指示、命令、条例、规定、计划等文件材料。

第十条　本公司对外的正式发文与有关单位来往的文书。

第十一条　本公司的请示与上级机关的批复。

第十二条　本公司反映主要职能活动的报告、总结。

第十三条　本公司的各种工作计划、总结、报告、请示、批复、会议记录、统计报表及简报。

第十四条　信访工作材料。

第十五条　本公司与有关单位签订的合同、协议书等文件材料。

第十六条　本公司干部任免的文件材料以及关于员工奖励、处分的文件材料。

第十七条　本公司员工劳动、工资、福利方面的文件材料。

第十八条　本公司的历史沿革、大事记及反映本公司重要活动的剪报、照片、录音、录像等。

□ 平时归卷

第十九条　各部门都要建立健全平时归卷制度。对处理完毕或批存的文件材料，由专（兼）职文书集中统一保管。

第二十条　各部门应根据本部门的业务范围及当年工作任务，编制平时文件材料归卷使用的“案卷类目”。“案卷类目”的条款必须简明确切，并编上条款号。

第二十一条　公文承办人员应及时将办理完毕或经领导人员批存的文件材料，收集齐全，加以整理，送交本部门专（兼）职文书归卷。

第二十二条　专（兼）职文书人员应及时将已归卷的文件材料，按照“案卷类目”条款，放入平时保存文件的卷夹内“对号入座”，并在收发文登记簿上注明。

□ 立卷（案卷质量要求）

第二十三条　为统一立卷规范，保证案卷质量，立卷工作由相关部室兼职档案员配合，档案室文书档案员负责组卷、编目。

第二十四条　案卷质量总的要求是：遵循文件的形成规律和特点，保持文件之间的有机联系，区别不同的价值，便于保管和利用。

第二十五条　归档的文件材料种数、份数以及每份文件的页数均应齐全完整。

第二十六条　在归档的文件材料中，应将每份文件的正件与附件、印件与定稿、请示与批复、转发文件与原件、多种文字形成的同一文件，分别立在一起，不得分开，文电应合一立卷；绝密文电单独立卷，少数普通文电如果与绝密文电有密切联系，也可随同绝密文电立卷。

第二十七条　不同年度的文件一般不得放在一起立卷，但跨年度的请示与批复，放在复文年立卷；没有复文的，放在请示年立卷；跨年度的规划放在针对的第一年立卷；跨年度的总结放在针对的最后一年立卷；跨年度的会议文件放在会议开幕年，其他文件的立卷按照有关规定执行。

第二十八条　卷内文件材料应区别不同情况进行排列，密不可分的文件材料应依序排列在一起，即批复在前，请示在后；正件在前，附件在后；印件在前，定稿在后；其他文件材料依其形成规律或特点，应保持文件之间的密切联系并进行系统的排列。

第二十九条　卷内文件材料应按顺序排列，依次编写页号。装订的案卷应统一在有文字的每页材料正面的右上角，背面的左上角打印页号。

第三十条　永久、长期和短期案卷必须按规定的格式逐件填写卷内文件目录。填写的字迹要工整。卷内目录放在卷首。

第三十一条　有关卷内文件材料的情况说明，都应逐项填写在备考表内。若无情况可说明，也应将立卷人、检查人的姓名和时期填上以示负责。备考表应置卷尾。

第三十二条　案卷封面，应逐项按规定用毛笔或钢笔书写，字迹要工整、清晰。

第三十三条　案卷的装订和案卷各部分的排列格式：

案卷装订：装订前，卷内文件材料要去掉金属物，对破坏的文件材料应按裱糊技术要求托裱，字迹已扩散的应复制并与原件一并立卷，案卷应用三孔一线封底打活结的方法装订。

案卷各部分的排列格式：软卷封面（含卷内文件目录），文件，封底（含备考表），以案卷号排列次序装入卷盒，置于档案柜内保存。

第三十四条　本制度自印发之日起实施。

三、声像档案管理办法模板

□ 总则

第一条　为加强本公司的声像档案，特制定本办法。

第二条　本公司的声像档案是指本公司各部门或个人在社会实践活动中直接形成的对国家、社会和公司有保存价值的录音、录像、照片、影片等辅以文字说明的历史记录。声像档案一般由录音带、录像带、摄像带、影片（母片）、照片（含底片）和文字说明两部分组成。

第三条　声像档案是本公司卷宗的组成部分，必须由档案室实行集中统一管理。

□ 声像档案资料的收集

第四条　收集范围：

1. 反映本公司主要职能活动工作成果和存在问题的声像资料。

2. 各级领导人和著名人物参加的与本公司有关的重大活动的声像资料。

3. 本公司有关人员组织或参加的重要会议，会见以及外事活动的声像资料。

4. 涉及本公司和邮电系统权益的声像资料。

5. 其他单位形成的与本公司有关的重要声像资料。

6. 其他具有保存价值的声像资料。

第五条　收集时间：

1. 声像档案资料应在形成后一个月内随立档部门其他载体形态的档案同时归档。如有特殊情况，可以适当延长归档时间。

2. 档案部门应随时收集零散但具有保存价值的声像资料。

第六条　收集要求：

1. 录音带、录像带、摄像带、影片、照片（含底片）和文字说明要收集齐全，按时归档并建立归档控制措施。凡未按规定归档的，其形成费用不予报销，以防散失。

2. 接收原版、原件，特殊情况下可接收复制件。

3. 声像资料的内容要真实，底片、原件与影像、复制品要相符。

第七条　声像档案资料的征集。

1. 档案部门有责任随时征集重要声像资料。

2. 在征集的声像资料中，凡涉及国家和全国邮电部门重大事件的，应向邮电部办公厅档案处报送目录。

第八条　声像档案费用的报销。

本公司各部或个人凡按本办法第四条产生声像档案的费用，只要将档案资料按要求向档案归档，经档案室签字认可，财务部门应给予核报费用。

□ 声像档案的整理

第九条　声像档案的整理，包括分类、组合、排列和编目，使其系统起来，便于保管和利用。

第十条　声像档案的整理由摄录人员负责，档案部门协助。

第十一条　分类、编号。

1. 照片档案按年代、问题分类。同属一类的照片按时间顺序编号，同时填写其底片号。底片在全宗内编流水号。格式：全宗号—流水号。

2. 录音带、录像带、摄像带按年代、问题分类，按内容编号。同一内容分录几盘的应视为一个案卷，编一个案卷号，然后每盘再依次编排序号。

3. 编注与其他载体档案相联系的参照号。格式为（档案形态）档号/（档案形态）档号。

第十二条　保管期限：应视其内容的重要程度、时间、名称、可靠程度、有效性等因素，划定保管期限。

第十三条　文字说明的编写。

1. 文字说明基本内容包括事由、时间、地点、人物、背景、作者（摄制者）等。

2. 编写文字说明的要求：

（1）准确揭示档案材料的内容，概括其反映的全部信息，标注项目正确齐全。

（2）照片的自然张（内容相近的亦可以若干张）编写文字说明。录音带、录像带、摄像带按案卷编写文字说明。一组声像资料联系密切的应加文字说明。

(3)文字简洁、语言通顺。

(4)时间用阿拉伯数字表示。

第十四条　编制格式。

1. 照片编制采用横写格式。其格式为照片/底片号—文字说明—参见号—摄制时间—摄制者。

2. 录音带、录像带、摄像带的编制格式:在盒套上置标注页,按要求逐项填写。

第十五条　案卷要求。

1. 将具有共同主题内容的若干份声像资料组成案卷,集中编放。

2. 卷内目录:照片、底片以自然张为单位填写卷内目录;录音、录像带、摄像带以盒为单元填写卷内目录。

3. 卷内备考表,用于说明卷内声像材料的整理、变动情况。

第十六条　编目。

声像档案的著录依照 GB3792.5—85《档案、著录规则》进行。

□ 声像档案的保管

第十七条　声像档案入库前要进行检查,对已被污损的,要进行必要的技术处理。

第十八条　保管条件。

底片、胶片库温度应保持在13℃~15℃之间,相对湿度应保持35%~45%;照片库温应保持14℃~24℃,相对湿度应保持37.5%~67.5%;录音、录像带库温应保持18℃~24℃,相对湿度应保持40%~60%。

第十九条　底片册、录音、录像带、摄像带应立放,磁带库必须避开30奥斯特以上的磁场,盒与盒的间距不小于3mm;存放磁带最好不用铁皮柜。

第二十条　对库存的照片档案,要两年检查一次。

第二十一条　归档保存的声像档案,任何人不得私自撤销、抽出、清洗、消磁和涂改;销毁声像档案必须经过鉴定,征得归档单位同意,报经主管领导审批,登记造册。

第二十二条　建立健全声像档案统计制度,做好声像档案收进、移出、库存数量、保管情况、提供利用及效果等项统计工作。

□ 声像档案的开发利用

第二十三条　编制声像档案目录、卡片等检索工具,为利用提供方便条件。

第二十四条　建立声像档案借阅,利用制度,严格审批手续,根据声像档案的机密程度,确定利用范围。

第二十五条　具有专利的声像档案,外单位利用时,应按《中华人民共和国专利法》的有关规定办理。已移交档案馆的,所得专利收益,原则上应拨给原移交单位,档案馆收取保管费。

第二十六条　声像档案原版一般不得借出档案室之外。如有特殊需要,经主管领导批准后,方可限期外借。利用率高的声像档案可将复制件外借,外单位借用或复制声像档案,由档案室负责办理,并按有关规定收费,实行有偿服务。如在借用中造成损坏,则由借用单位负责赔偿。

第二十七条　在不影响保密的前提下，各单位可利用声像档案举办报告会、展览会，编辑综合性或专题性画册、资料片等，积极开发利用现有的声像档案。

四、文件、材料收集归档制度模板

□ 总则

第一条　为规范本机关文件、材料的使用、保存与收集，特制定本制度。

第二条　与本机关关系很密切的各种文件和在工作中形成的具有保存价值的文件、材料，都应该按照本制度进行严密的收集与归档。

□ 归档文件范围

第三条　本机关在工作中产生以下各种文件、材料均属较为重要的工作文件，应予存档保存。

1. 各种代表会议、工作会议、专业会议、各级干部会议的会议记录、会议纪要。
2. 工作计划、规定、方案、安排、总结、小结、汇报、简报、通报、通知。
3. 各种综合的或专题的调查、检查、考察等报告。
4. 向上级请示，与其他单位的来往文书，对下级的指示、批复、通知。
5. 各项决定、决议、规定、标准、规范、条例、办法、制度、守则、要求。
6. 各级领导的报告、讲话、发言稿或提纲、记录。
7. 反映生产、基建、科研设备、工艺情况底图、蓝图及文字材料。
8. 各种报表、名册、登记表、簿册、数据、凭证。
9. 反映本机关、本地区重要活动的照片、录音带、录像带。
10. 电报、重要电话记录、机关工作日记。
11. 年鉴、大事记、基础数字汇编、基本情况综合。
12. 本机关制发的奖状、奖证、奖章、奖旗、奖品。
13. 有关房产、财产、物资、档案、债权、捐赠等的凭证，发放各种证明、证件存根。
14. 已故人员资料。
15. 重要的人民来信及处理材料。
16. 本机关编辑、出版的书刊、资料样板。
17. 本机关（包括上报和下批）干部任免、呈批表、调配培训、专业技术职务评定、聘任、党、团干部名册、年终统计、报表、干部的录用、转正、定级、调资、离休、抚恤等审批表及干部奖惩等文件材料。

第四条　本机关在工作中接受上级文件过程中，以下文件、材料均属较为重要的工作文件，应予存档保存。

1. 上级（包括各部门及派驻本机关的调查组、检查组、工作组，下同）有关本机关、本地区工作或问题的决定、决议、指示、批复及调查、检查、经验材料。
2. 各级领导同志、国际友人、人民代表、政协委员视察本机关及本地区时的指示、讲话、题词、照片、录音、录像。

3. 上级发给本机关的奖状、奖册、奖章、奖旗、奖品。

4. 上级报刊刊载有关本机关、本地区情况的文章。

第五条 本机关在工作中与同级伙伴机关合作沟通中，以下文件、材料均属较为重要的工作文件，应予存档保存。

1. 有关单位与本机关联合召开会议，共同进行工作，协作查处案件或问题共同署名的文件材料。

2. 有关单位与本机关签订的合同、合约、协议。

3. 有关单位与本机关涉及比较重要的工作或问题的来往文书。

4. 有关单位发来的重要的、需要执行的方针、政策性文件。

第六条 本机关在工作中听取下级单位的汇报过程中，以下文件、材料均属较为重要的工作文件，应予存档保存。

1. 年季度工作总结、重要的专题工作总结。

2. 重要的调查报告、检查报告、典型材料，比较重要的工作经验、重要的请示、法规性的备案文件。

3. 重要的名册、登记表、大事记、基本情况汇编、基础数字汇编。

□ 归档要求

第七条 应归档的文件、材料应由各办线资料员收集全齐。

第八条 正文与底稿（签发稿）主件或附件、请示与批复、来文与复文一起归档。

第九条 归档文件材料注意：检查应盖公章是否盖了，文件没有标题应加上标题，内容、摘要、文件没有标明日期的要标上日期。

第十条 归档的文件材料应用原稿原件，不得用复制件。

第十一条 归档的照片、录音带、录像带要分别写上文字说明。

第十二条 凡是归档的文件材料必须经过初步整理，把同一具体问题的文件材料集中在一起，按文件的先后顺序排列好。

第十三条 文书档案一式两份，其中正文和签发稿各一份作存档用，一份作文件汇编用。

□ 归档方式

第十四条 凡经过打字室打印的文件，打印好后由打字员收集，交文书档案员归档。

第十五条 凡各部门发出的文件，由各部门办公室的有关人员收集，交由综合档案室归档。

第十六条 一项工作已完成时（包括一项已完成或一个会议已结束，一个问题已解决，一件案件已处理等），由各部门办公室的有关人员，将进行该项工作形成的全部文件材料，系统整理后送交综合档案室归档。

第十七条 外出开会、考察、学习、参观形成或带回应归档的文件材料，在该项活动结束时交由文书档案员归档。

第十八条 年度工作总结，各种年报，党员、干部名册，应于翌年一月底前交文书档案归档。

第十九条　每年的二月底前进行一次全面、彻底的归档，各部门要把上一年应归档而未归档的全部文件材料移交综合档案室归档。

五、档案鉴定制度模板

第一条　档案鉴定的主要工作目标是甄别和判定档案的价值，并对鉴定对象做出评估与判断，进而做出被鉴定档案保存和销毁的判定。

第二条　凡是经过认真的鉴定，判定为保存或销毁的档案，必须按照规定的程序，办好鉴定手续。

第三条　档案鉴定工作，是一项决定档案命运的工作，档案工作人员必须严肃、慎重地对待鉴定工作，严格遵守档案鉴定工作制度。

六、档案借阅管理制度模板

第一条　本公司各部门借阅相关档案，必须由部门负责人提出申请，经总裁签字，行政部主管核准办理借阅手续。

第二条　外单位来人查阅本公司档案，须持证明材料并经本公司总裁签字批准，方可查阅，但不得抄录或借出。

第三条　机密、秘密、绝密档案一律不外借，如有需求，按照《档案安全保密标准》中的要求办理。

第四条　在查阅本公司档案时，应在档案室内进行，严禁涂改、折页、裁剪、拍照、撕毁等。

第五条　本公司档案借出时间不得超过一周，不得转借他人。需继续使用者要办续借手续，确保档案的完整与安全。

第六条　珍贵的实物档案、重要的照片、底片、缩微胶片等档案一律不借出。

第七条　凡私自抄录、拍摄、描绘、拆散、删刮、撕毁档案等行为者严格按照国家《档案法》、《保密法》予以追究法律现行责任。

七、档案保密制度模板

第一条　为保护企业机密，规范本公司档案管理，特制定本制度。

第二条　行政部管理公司档案的相关人员必须遵守保密制度，履行保密手续，确保档案的安全。

第三条　本公司所有人员如需借用公司内部档案，必须经档案管理人员提供，任何人不得直接动用。

第四条　借阅档案必须严格遵守《档案借阅管理制度》。

第五条　如需借用本公司机密档案以及引进技术资料、科研成果、发明创造、专利、新产品、新工艺等技术文件材料，须严格履行审批手续。未经批准的，严禁提供利用。

第六条　对于擅自向外转借、提供图纸资料和技术文件等档案材料者，必须追查责任，对于严重损害国家和我公司利益者，要依法追查刑事责任。

第七条　停产或已生产完毕的产品图纸和技术文件材料以及其他经鉴定审批拟销毁的档案资料，统一按公司文件由公司档案信息中心组织回收，统一销毁，其他任何单位和个人一律无权处理或自行销毁。

第八条　发现有关泄密事件，应立即报告，及时追查。

第九条　不允许传抄、自行翻印机密文件和带密级的档案材料。

第十条　不允许将机密文件带回家中或到领导办公室随意翻阅文件。严禁携带机密文件、档案资料游览、参观、探亲、访友，出入公共场所。

第十一条　单位领导和保密小组要定期检查保密工作，总结经验，堵塞漏洞严防失密、泄密发生。

八、档案复制制度模板

第一条　本单位员工因工作需要复制一般文件材料时要经档案室审批；本单位员工复制本职工作范围以外的档案，须经有关业务部门负责人同意；复制机密档案材料（局会议记录等），须经局档案员和分管档案工作的局领导审批后方可复制。

第二条　外单位一般不予复制，确因工作需要应持单位介绍信，经档案员同意方可复制。

第三条　复制后要及时进行登记。

九、档案统计制度模板

第一条　档案统计工作目标

档案统计工作是以档案工作中大量的现象为对象，以表格、数字的形式揭示档案和档案工作中诸现象的现状、发展过程及其一般规律性的工作。

第二条　档案统计工作作用

档案统计工作，为制定档案工作的方针、政策，编制档案事业发展规划，开展档案科学研究，进行定性分析与定量分析，提供科学的依据。

第三条　档案统计工作内容

对档案的收进、移出、整理、鉴定、保管数量和状况，以及档案的构成、利用、机构和人员等情况的基本统计和其他专门统计。

第四条　档案统计工作任务

对档案和档案工作的开展情况进行统计调查、统计分析、提供资料，实行统计监督。

第五条　档案统计工作对象

对档案实体及其管理状况的统计和档案事业的组织与管理现状的统计。

第六条 档案统计工作方法

档案统计工作，必须把零星的、个别的原始资料，进行综合整理，使之成为能反映整体现象的资料，再进行分析和研究，总结出典型性的经验教训，以提高档案的科学管理水平。

十、档案库房管理制度模板

第一条 档案保管工作，是采用一定的技术设备、措施和方法，对档案实行科学保管和保护，防治档案损毁，延长档案寿命，维护档案安全。

第二条 按专业类项进行保管，做到档案存放条理化、排列系统化、保管科学化，以利于档案的保护管理。

第三条 坚持以防为主、防治结合方针，切实做好档案“十防”（即防盗、防水、防火、防潮、防尘、防鼠、防虫、防高温、防强光、防泄密）工作，确保档案完整安全。

第四条 加强库房基础设施建设，逐步购置先进设备，改善库房管理条件；引用先进科学技术，实行科学管理。

第五条 库房要保持温度在摄氏 14℃ ~24℃，相对湿度在 45% ~60% 之内；保持清洁干净，做到无尘、无虫、无鼠、无有害气体污染。

第六条 库房管理人员要做到天天打扫卫生，每天上下班各检查一次温湿度，每月清理两次档案柜卫生，发现有字迹褪变和纸张破损的案卷，及时进行补救。

第七条 接交进馆的档案，要认真清点，履行签字交接手续；档案外借，要认真清点，履行批准手续，并保证按期归还；非工作人员不得进库房，以防意外；在库房里不准吸烟。

十一、档案销毁制度模板

第一条 档案的销毁，是指对没有保存价值的不归档文件和保管期限已满无须继续保存的档案进行销毁处理。

第二条 档案销毁，必须按照国家规定档案销毁的标准，严格进行鉴定。

第三条 经过鉴定确需销毁的档案，必须写出销毁档案内容分析报告，列出档案销毁清册。

第四条 档案销毁，必须严格执行审批制度，履行批准手续。

第五条 批准销毁的档案，应及时送造纸厂化为纸浆或焚毁，且要有两人监销；销毁完毕，监销人要在销毁清册上写明销毁时间并签名盖章。

第六条 档案的销毁，必须在相应的“案卷目录”“档案总登记簿”和“案卷目录登记簿”上注明“已销毁”。

十二、档案立卷归档流程

第一条 总则

为规范档案管理工作，充分发挥档案作用，提高档案保存质量，特制定本办法。

第二条 组织实施

1. 公司档案工作，要实行集中与分散管理相结合的体制。由行政部负责主体档案的管理，并对其他部门的档案管理工作进行督促和指导。行政部可设立专门档案室，配备专、兼职行政主管分管公司主体档案工作。

2. 根据有关档案法规规定精神，各部门形成的文件材料原则上由本部门负责立卷和归档，并定期向公司档案部门移交保管。各分公司档案分类目录及编号原则，由各公司经理室或事业部经理室统一制定。

3. 公司应有库房或场地和必要的设施及保护设备保管档案，确保档案的安全。暂不具备档案安全保管条件时，要委托有关档案部门代为保管。

第三条 公司档案范围

公司建档范围确立为：

（一）公司设立、变更的申请、审批、登记以及终止、解散后清算等方面的文件材料。

（二）公司股东会、董事会、监理会形成的文件材料。

（三）财务、会计及其管理方面的文件材料。

（四）劳动工资、人事、法律事务管理方面的文件材料。

（五）经营管理方面的文件材料。

（六）生产技术管理方面的文件材料。

（七）产品生产、能源消耗、安全生产方面的文件材料。

（八）仪器、设备方面的文件材料。

（九）基本建设、工程设计、施工、竣工、维修方面的文件材料。

（十）科研、技术引进、转让方面的材料。

（十一）教育培训方面的文件材料。

（十二）信息、情报方面的文件材料。

（十三）党群（工、青、妇）组织方面的文件材料。

（十四）其他具有利用和保存价值的文件材料。

（十五）以上文件材料包括决议、决定、条例、规章制度等法规性文件，各类会议文件、重要记录、工作计划、工作规划和工作总结。

（十六）公司档案还包括声像资料：

1. 照片档案：新闻、科技、艺术照片，由原版、翻版底片、照片、文字说明构成。

2. 影片档案：原版底片、复制及文字说明。

3. 录音档案：唱片、录音带。

4. 录像档案：政治、经济、科技、文娱、广告活动。

第四条 档案立卷、归档程序

（一）文件点收

1. 检查文件的文本及附件是否完整，如有缺失应立即追查归档。

2. 文件如已抽查，应有主管部门主管的鉴字确认。

3. 文件的处理手续必须完备，如有遗漏，应立即退回经办部门补全。

4. 与本案无关的文件或不应随案归档的文件，应立即退回经办部门。

5. 有价证券或其他贵重物品，应退回经办部门，经办部门送指定保管部门签收后，将文件归档处理。

6. 建立健全立卷归档制度，确立归档范围、归档时间、保管期限。

7. 对遗缺不全的档案，采取不同措施，积极收集齐全。

8. 及时催办已办理完毕的文件上交回收，在次年检查齐全后整理立卷归档。

（二）档案分类

1. 档案分类应视案件内容、部门组织、业务项目等因素，按部门、大类、小类三级分类。先以部门区分，部门区分之后依案件性质分为若干大类，再在同类中依序分为若干小类。

2. 同一小类（或细类）的案件以装订于同一档夹为原则。

3. 每一档夹封面内首页应设“目次表”，案件归档时依序编号、登录，并以每一案一个“目次”编号为原则。

4. 档号的表示方式为：A_1A_2——$B_1B_2C_1C_2D_1$——E_1E_2，其中 A_1A_2 为经办部门代号，B_1B_2 为大类号，C_1C_2 为小类号，D_1 为档案卷次，E_1E_2 为档案目次。

（三）档案名称及编号

1. 档案各级分类应赋予统一名称，其名称应简明扼要，以充分表示档案内容性质为原则，并且要有一定范畴，不能笼统含糊。

2. 各级分类、卷次及目次的编号，均以十进制阿拉伯数字表示。

3. 档案分类各级名称经确定后，应编制“档案分类编号表”，将所有分类各级名称及其代表数字编号，用一定顺序依次排列，以便再阅。

（四）文件整理归档

1. 中文竖写文件以右方装订为原则，中文横写或外文文件则以左方装订为原则。

2. 右方装订文件及其附件均应对准右上角，左方装订则对准左上角，理齐钉牢。

3. 文件如有皱折、破损、参差不齐等情形，应先补整、裁切、折叠，使其整齐。

4. 案卷排列。立卷按永久、长期、短期分别组卷，卷内文件把正文、底稿、附件请示和批复放在一起，编制案卷目录和案内目录，并复印 4 ~5 份。

5. 整理案卷，使之厚度适宜，控制在 1 ~2 厘米之间，材料过窄应加衬边；材料过宽应折叠整齐；字迹难辨认的，应附抄件；以每一案卷端正书写标题。

6. 对所有公司档案系统排列，确定保管期限，编制档案目录（卡片），按一定次序排列和存放。

第五条 档案的保管

（一）永久保存。包括公司章程、股东名册、组织规程及办事细则、董事会及股东会记录、财务报表、政府机关核准文件、不动产所有权及其他债权凭证、工程设计图、其他需要永久保存的文书。

（二）10 年保存。包括预算、决算书类、会计凭证、事业计划资料、其他经核定须保存 10 年的文书。

（三）5 年保存。包括期满或解除的合约、其他经核定需要保存 5 年的文书。

（四）1 年保存。结案后无长期保存必要者。

（五）各种规章由规章管理部门永久保存，使用部门视其有效期间予以保存。

（六）防止档案的损坏，延长档案的寿命，维护档案的安全。

（七）公司设立专门地点或专用库房或专用文件库保存档案。

（八）做好档案室的防盗、防水渍、防潮、防虫蛀、防尘、防鼠害、防高温、防强光等工作，门窗应结实牢固。

(九)每年对档案进行一次清理，清除不必要保存的材料，对破损和褪色的材料进行修补和复制。

第六条　档案借阅程序

(一)各部门经办人员因业务需要需调阅档案时，应填写《调卷单》，经其部门主管核准后向档案管理人员调阅。

(二)档案管理人员接到《调卷单》，经核查后，取出该档案，并在《调卷单》上填注借出日期后，将档案交给调卷人员。

(三)在档案室当场借阅者，免填《调卷单》。

(四)档案归还时，经档案管理人员核查无误后，档案即归档。《调卷单》由档案管理人员留存备查。

(五)《调卷单》以一单一案为原则，借阅时间最长以一周为限，特殊情形应延长调阅期限时，应按调阅程序重新办理。

(六)调卷人员对于所调档案，不得抽换增损，如有拆开必要时，也须报明原因，请档案管理人员负责处理。

(七)调卷人员调阅档案，应于规定期限内归还，如有其他人员调阅同一档案时，应变更调卷登记，不得私自授受。

(八)调阅档案限与经办业务有关，如调阅与经办业务无关的案件。

(九)借阅档案者应爱护档案，确保档案的完整性，不得擅自涂改、勾画、剪裁、抽取、拆散或损毁。借阅档案交还时，须当面查看清楚，如发现遗失或损坏，应及时报告主管领导。

(十)外单位借阅档案，应持有单位介绍信，经总经理批准后方可借阅，且不得带离档案室。其抄摘内容也须总经理同意且审核后方能带出。

(十一)档案管理部门应主动向各部门、员工提供公司档案编研信息服务，主要方面为政策信息、管理信息、产品信息、专题技术信息等。

(十二)政府有关部门依法执行公务，需要查阅公司档案，公司予以配合、协助。

第七条　档案的销毁

(一)对已失效的档案，认真鉴定，编制销毁清册，该清册永久保存。

(二)办理销毁手续，经董事会或总经理批准，方能销毁。

(三)销毁时要有两人以上监销，并在清册上签字。

第八条　附则

(一)档案部门积极采用计算机信息系统对档案进行管理，提高管理效率。

(二)公司终止、解散时，档案应移交控股股东或主管部门或当地国家档案馆。

(三)公司应采取严密管理措施，防止档案失密和泄密。

(四)本办法由行政部解释、补充，由公司总经理批准颁行。

第三节　档案管理实用表单

一、员工档案标准版

员工档案标准版如表 13－1 所示。

表 13－1　员工档案标准版

<table>
<tr><td colspan="2">姓名</td><td></td><td>性别</td><td></td><td>民族</td><td></td></tr>
<tr><td rowspan="9">基本情况</td><td>出生日期</td><td></td><td colspan="2">身份证号码</td><td colspan="2"></td></tr>
<tr><td>政治面貌</td><td></td><td colspan="2">婚姻状况</td><td colspan="2">(　)已婚
(　)未婚</td></tr>
<tr><td>毕业学校</td><td></td><td colspan="2">学历</td><td colspan="2"></td></tr>
<tr><td>毕业时间</td><td></td><td colspan="2">参加工作时间</td><td colspan="2"></td></tr>
<tr><td>专业</td><td></td><td colspan="2">户口所在地</td><td colspan="2"></td></tr>
<tr><td>籍贯</td><td></td><td colspan="2">邮政编码</td><td colspan="2"></td></tr>
<tr><td>地址</td><td></td><td colspan="2">联系电话</td><td colspan="2"></td></tr>
<tr><td>手机</td><td></td><td colspan="2">电子邮箱</td><td colspan="2"></td></tr>
<tr><td>备注</td><td colspan="5"></td></tr>
<tr><td rowspan="6">入司情况</td><td>所属部门</td><td></td><td colspan="2">担任职务</td><td colspan="2"></td></tr>
<tr><td>入公司时间</td><td></td><td colspan="2">转正时间</td><td colspan="2"></td></tr>
<tr><td>合同到期时间</td><td></td><td colspan="2">续签时间</td><td colspan="2"></td></tr>
<tr><td>是否已调档</td><td></td><td colspan="2">聘用形式</td><td colspan="2"></td></tr>
<tr><td>如未调档，档案所在地</td><td colspan="5"></td></tr>
<tr><td>备注</td><td colspan="5"></td></tr>
<tr><td rowspan="7">档案所含资料</td><td>文件名称</td><td></td><td colspan="2">文件名称</td><td colspan="2"></td></tr>
<tr><td>个人简历</td><td></td><td colspan="2">求职人员登记表</td><td colspan="2"></td></tr>
<tr><td>应聘人员面试结果表</td><td></td><td colspan="2">身份证复印件</td><td colspan="2"></td></tr>
<tr><td>学历证书复印件</td><td></td><td colspan="2">劳动合同书</td><td colspan="2"></td></tr>
<tr><td>员工职务变更审批表</td><td></td><td colspan="2">员工转正审批表</td><td colspan="2"></td></tr>
<tr><td>员工职务变更审批表</td><td></td><td colspan="2">员工工资变更审批表</td><td colspan="2"></td></tr>
<tr><td>员工续签合同申报审批表</td><td colspan="5"></td></tr>
<tr><td>备注</td><td colspan="6"></td></tr>
</table>

二、管理人才储备表

管理人才储备表如表 13－2 所示。

表 13－2　管理人才储备表

填表日期：

姓名		年龄		最高学历	
现　职			担任本职年数		
历　年 考　绩					
专　长 优　点					
弱　点					
发展性					
可升调 职位 1			升　调 时　间		
所　需 训　练					
可升调 职位 2			升　调 时　间		
所　需 训　练					

三、档案查询申请表

档案查询申请表如表 13－3 所示。

表 13－3　档案查询申请表

申请人：　　　　　　　　　　　　　　　　　　填表日期：　　年　　月　　日

档案名称	查询事由	查询时限	申请人所在单位	申请人签章
人力资源管理主管意见	签名： 年　　月　　日			

四、档案转出记录表

档案转出记录表如表 13－4 所示。

表 13－4　档案转出记录表

申请人：　　　　　　　　　　　　　　　　　　填表日期：　　年　　月　　日

档案名称	查询事由	查询时限	申请人所在单位	申请人签章

五、档案清单

档案清单如表 13－5 所示。

表 13－5 档案清单

填表日期： 年 月 日

<table>
<tr><td>姓名</td><td></td><td>性别</td><td></td><td>单位</td><td></td></tr>
<tr><td>序号</td><td colspan="2">档案存放项目</td><td colspan="2">主要内容</td><td>存入日期</td></tr>
<tr><td></td><td colspan="2"></td><td colspan="2"></td><td></td></tr>
<tr><td></td><td colspan="2"></td><td colspan="2"></td><td></td></tr>
<tr><td></td><td colspan="2"></td><td colspan="2"></td><td></td></tr>
<tr><td>备注</td><td colspan="5"></td></tr>
</table>

六、档案查询记录表

档案查询记录表如表 13－6 所示。

表 13－6 档案查询记录表

填表人： 填表日期： 年 月 日

查询人	查询时间	档案名称	查询人所在单位	查询理由	批准人

七、档案索引表

档案索引表如表 13－7 所示。

表 13－7 档案索引表

部门：

序号	档案号	名称	建档日期	存储位置	摘要	保管期限	备注

八、档案记录卡

档案记录卡如表 13－8 所示。

表 13－8　档案记录卡

档号：　　　　　　　　　　　　　　卷名：

本案文件目录					
件数	收文号	来文号	发文号	页数	备注
1					
2					
3					

九、档案明细表

档案明细表如表 13－9 所示。

表 13－9　档案明细表

<table>
<tr><td>保险库号</td><td></td><td>柜位号</td><td></td><td colspan="6">保存年限</td><td></td></tr>
<tr><td rowspan="2">单位</td><td rowspan="2">部门</td><td rowspan="2">文件名称</td><td rowspan="2">类别</td><td colspan="3">入库日期</td><td colspan="3">出库日期</td><td rowspan="2">收件人签章</td></tr>
<tr><td>年</td><td>月</td><td>日</td><td>年</td><td>月</td><td>日</td></tr>
<tr><td></td><td></td><td></td><td></td><td></td><td></td><td></td><td></td><td></td><td></td><td></td></tr>
<tr><td></td><td></td><td></td><td></td><td></td><td></td><td></td><td></td><td></td><td></td><td></td></tr>
<tr><td></td><td></td><td></td><td></td><td></td><td></td><td></td><td></td><td></td><td></td><td></td></tr>
</table>

审核：　　　　　　　　主管：　　　　　　　　经办

十、作废档案销毁登记簿

作废档案销毁登记簿如表 13－10 所示。

表 13－10　作废档案销毁登记簿

档号	收文号	发文号	保存起止时间	销毁理由	销毁日期

审核：　　　　　　　　监督：　　　　　　　　执行：

十一、档案调阅单

档案调阅单如表 13－11 所示。

表 13－11 档案调阅单

日期		调卷部门		调卷人	
调卷用途					
调进卷期间					
收文号		档号		柜号	
归还日期		归还人		保管人签章	
文件内容摘要					
备注					

审核： 保管人： 调阅人：

第四节 企业档案管理规范化细节执行标准

一、档案收集工作标准

档案收集要做到按自然规律办事，保持档案的历史联系并对档案进行分门别类，便于保存和查找。在收集档案时应注意确定归档范围、归档时间、归档要求，完善交接手续。关于声像档案的收集，因为声像档案本身具有的特性，应更注重时效。

档案的收集主要是企业办公室的工作，但为防止档案流失的可能性，仍应坚持部门收集。各部门应指定专（兼）职文秘人员负责收集本部门的文件材料、声像材料。

二、档案管理工作细化内容

档案管理者对收集起来的档案应分门别类加以整理，使之系统化，便于查找。做好档案整理工作，应包括以下几项：区分全宗工作（所谓全宗就是企业在一定时期内形成的全部档案。一般而言，一个企业就是一个全宗）；案卷分类（将全宗内档案按来源、产生时间和内容等原则进行分类。这项工作可以揭示档案内在联系，构成一个有机整体）；案卷编立和排列（编立包括立卷、卷内文件的整理、案卷的装订和案卷封面的编目等；排列就是按一定的顺序使案卷呈现出内在的联系）；编制案卷目录（借此可以固定全宗内档案的分类体系和案卷的排列顺序，以便随时查找）。

三、档案鉴定工作细化内容

随着档案数量增多，有些档案失去保存价值。需要对档案进行审查鉴别，管理人员提出取舍意见后，必须报清有关领导人员批准，按照有关规定处理。同时还需要运用科学技术手段，对档案采取保护措施，进行系统管理，以延长档案寿命。

第 14 章　企业印信管理

第一节　企业印信管理工作要点

一、印章的种类

印章的种类包括如下几种：

1. 公章

即按照法定的规格、外形、尺度和样式刻制的标明一个机关或企业法定全称的印章，是一个机关或企业的标志和象征。

2. 专用章

即机关或企业为便于工作，专门刻制用于某种特定用途的印章。这种印章只适用于印章上标明的使用范围，超过该范围便失去了法律效力。如业务专用章、财务专用章、人事专用章、信访专用章、医疗专用章、会议专用章和食堂专用章等。

3. 钢印

即用金属材料刻制的上、下两部分凸凹相对，可以直接在文凭、证件上压印出字迹的印章。一般用于需要贴照片的证件，盖在照片与证件的骑缝上，表示证件与照片相吻合，防止伪造。钢印不能作为文件、介绍信及其票据凭证的有效标志。

4. 缩印

即按照公章比例缩小用于印刷的专用公章，实际上还是一种专用章。只能用在小型票证上，比如，“菜票”、税务发票及其他专用票、券等，但不能作为正式印章用于介绍信或出具证明等。

5. 套印

即按照正常比例制作的专门用于印制文件的印章。

6. 企业负责人人名章

即一个机关或企业负责人的印章，包括企业负责人手书体的印章，具有行使职权的标志和权威作用。有些凭证不但要加盖公章，还要加盖企业负责人的人名章才能生效。发布政令、财务预算和决算、银行支票、合同、协议和毕业证书等需要加盖企业负责人人名章。企业负责人人名章与个人私章性质不同，它属于公务专用章。

二、印章制发工作要点

一个机关或企业的性质、级别和职权范围是由上级机关赋予或认可的，而印章是机关或企业的象征物。机关或企业的公章应由其上级主管机关负责制发。

各机关企业的专用章、钢印，一般需报经上级批准后方可自行刻制。

企业负责人人名章，经本机关或企业负责人同意后，本机关或企业可自行刻制。

第二节 企业印信管理规范化制度

一、企业印章管理制度模板

□ 总则

第一条 为规范本公司印章申请与刻制、改刻与废止、管理与使用，特制定本制度。

第二条 本规定中所指印章是在公司发行或管理的文件、凭证文书等与公司权利义务有关的文件上，因需以公司名称或有关部门名义证明其权威作用而使用的印章。在盖公司印章时使用含公司名称、部门名称及签名人的印章，不在本规定所指印章之内。

□ 印章登记

第三条 印章在公司行政部进行登记，行政主管应将每个印章登入印章登记台账内，并将此账永久保存。

第四条 印章在公司以外登记或申报时，应由管理者将印章名称、申报年月日以及申报者姓名汇总后报行政主管。

□ 印章管理

第五条 本公司所有印章的申请、刻制、改刻与废止均由行政部主管提出并制定方案，报行政总监和总裁处批示。方案中必须将所指印章的种类、名称、形式、使用范围及管理权限做出说明。

第六条 公司印章的刻制由行政部主管负责，如公司其他部门所用印章有更换或改制，则需将原印章交还于行政部主管处，行政部主管需将废止印章妥善保存，保存期限最少三年。

第七条 公司各部门如遇印章散失、损毁、被盗的情况，部门负责人应迅速向公司行政部递交说明原因的报告书，行政部主管则应根据情况依本章各条规定的手续处理。

第八条 行政部主管应将公司内所有印章登入印章登记台账内，并将此台账永久保存。

第九条 印章在公司以外登记或申报时，应由管理者将印章名称、申报年月日以及申报者姓名汇总后报行政部主管。

□ 印章使用

第十条　本公司各部门如因工作需要使用公司或高级职员人名章时，首先应当如实填写“公司印章申请单”，连同需盖章文件一并交印章管理人。

第十一条　使用部门印章和分公司印章，需在申请单上填写用印理由，然后送交所属部门经理，获认可后，连同需要用印文件一并交印章管理人。

□ 印章借取

第十二条　公司印章的使用原则上由印章管理人掌握。印章管理人必须严格控制用印范围和仔细检查用印申请单上是否有批准人的印章。

第十三条　代理实施用印的人要在事后将用印依据和用印申请单交印章管理人审查。同时用印依据及用印申请单上应用代理人印章。

第十四条　公司印章原则上不准带出公司，如确因工作需要，需经总经理批准，并由申请用印人写出借据并标明借用时间。

第十五条　常规用印或需要再次用印的文件，如事先与印章主管人取得联系或有文字证明者，可省去填写申请单的手续。印章主管人应将文件名称及制发文件人姓名记入一览表以备查考。

第十六条　公司印章的用印依照以下原则进行：公司、部门名章及分公司名章，分别用于以各自名义行文时；职务名称印章在分别以职务名义行文时使用。

□ 用印方法

第十七条　公司印章应盖在文件正面。

第十八条　盖印文件必要时应盖骑缝印。

第十九条　除特殊规定外，盖公司章时一律应用朱红印泥。

第二十条　使用公司名称章时，名章一般盖于公司名称、部门名称、分店、工厂名称及出差地点的右侧。但公司名章与职务名章并用时，应盖于名称中间或竖写名称的下方。

第二十一条　使用职务名章时，通常盖于职务名称的右下。如竖式书写则盖于下方。

第二十二条　股票、债券等张数很多，盖章麻烦时，在得到经理批准后，可采取印刷方式。

□ 附则

第二十三条　本规定从发布之日起实行。

二、企业公印管理制度模板

第一条　本公司的公印分为以下几类：

1. 公司印、会长印、经理印、副经理印、董事印、监查官印。

2. 存款等票据上使用的可行使股东权利的专用公司印章及经理名章。

3. 表现公司所据有的股东权利的专用经理章。

4. 股票、债券专用章。

5. 现金收据专用章(总店、分店、分公司、营业所)。

6. 经理室印、秘书岗位印、计划岗位印、考核岗位印、部门印、部长印、技术研究所印、技术研究所长印、分公司的部门印、分公司的部长印、处室印(限于有必要强调的总店、分公司、分店的某些处室)、处长印(参照前项)。

7. 分店印、分店经理印。

8. 存款专用分店印、分店长印。

9. 分公司及分公司领导印。

10. 存款专用分公司及公司经理印。

11. 职工培训处、营业所、经营部(需特别认定的)印及各自领导印。

12. 存款专用职工培训处、营业所、经营部印及各领导印。

前项所列之第2、8、10、12中各印统称为存款专用公章。

第二条　当公司业务涉及支票的背书、存款的支取、票据的发行、背书的认可等一切以经理名义行使本公司股东权限之行为时,启用前项所列第1类印章。

第三条　当公司业务涉及股票发行、抵押权登记(取消)、财产信托(取消)及发行公司债券时,启用股票及公司债券专用会长印章。

第四条　当公司业务涉及收取现金(支票及票据等)、发放收据时,启用现金收据专用印章。

第五条　当公司业务涉及分店支票运转、支票背书以及存款支出时,启用存款专用分店印及该分店主管印。

第六条　在公章使用过程中,“管理代行者”代行公章管理职责,“施印责任者”负责公章的施印,“施印代行者”代行盖印业务。

第七条　第一条第1项所列各种公章的管理人、代行管理人、施印人和代行施印人另表规定。

第八条　除存款专用公章外,另表上没有规定的公章代行管理人、施印管理人、代行施印人,应由公章管理者事先指定。

第九条　公章管理者依照前项指定的代理人有变更时,应向分管公章管理的总店部长(以下称主管部长)报告变更情况。

第十条　公章施印时,由施印人办理。施印人不在时,由代行施印人办理。公章管理者任何时候都可施印。

第十一条　各级公章代理人在经总店、分店、分公司及直属机构各级主管领导批准后可以施印。当公章管理人、施印人和施印代行者不在时,为使业务正常进行,公章代理人也可以使用存款专用公章。

第十二条　在专决权和特定管理权限中有关代理的规定,不适用于公章代理。

第十三条　在文件上盖印时,要注意以下诸方面:

1. 以何种名义行的文盖何种公章。

2. 董事或监查官发的文件应分别盖董事或监查官印。

3. 除以上两条外，其他文件的公章参照第一条，股票、股权名义文件、抵押权的登记（注销）及财产信托的表示（注销）等文件应盖股票、债券专用公司经理章。公司内部使用的文件，除特殊要求外，一般可省去公章。

第十四条　向公司外部发制的文件需盖公章时，应有对盖章文件的决议，并向施印人出示有关证明。公司内部文件特别需加盖公章的也照此办理。

第十五条　施印人在给前述发往公司内外的文件盖章时，要在盖章决议上签注，并在公章使用登记簿上记录必要事项。特殊文件除外。

第十六条　支票发行、背书、存款的支出及票据的发行时，需加盖能反映公司股东权利的专用章及经理名章，此时需在支票账、存款提取单及票据账中记入必要事项，同时附加会计传票向施印者出示。

第十七条　票据担保需盖经理名章以行使股东权利时，须向施印人出示盖有公章的有关决定、委托状。

第十八条　股权名义、抵押权登记（取消）及财产信托的依据（取消）等文件加盖公章时，应向施印人出示各种文件的请求报告。

第十九条　现金收据专用章的盖印手续由公章管理人规定。公章管理人确定手续时要向主管部长（如是营业所，向分店经理）报告。

第二十条　施印人及施印代行人在准备盖印之前，要从公章管理人或代行管理人那里取出公章，并应在用毕后迅速将公章归还管理人或代行管理人。

第二十一条　施印人因事在盖印过程中需暂时离开时，应由施印代行人继续完成盖印，若此时施印代行人不在，应将印章收入专用容器，妥善保存。施印代行人若遇此种情况也由此同样办理。

第二十二条　公章管理人中代行管理人离职时，应将印章收入专用容器，妥善保存。

第二十三条　存款专用章必须单独保管。

第二十四条　公章一律由主管部长按规定样式监制。

第二十五条　主管部长应将公章立账。主管部长对其直属部门、业务机关的公章，对分店经理、分经理所管辖的各类公章应建有副本账。

第二十六条　当不需要公章或公章因磨损而不能使用时，要及时归还主管部长。停止使用的公章上交后保存一年，保存期满后可以销毁。

三、企业印章使用细则

□ 总则

第一条　为规范本公司印章使用及管理，明确本公司印章交付使用权限，特制定本制度。

第二条　本公司印章分为重要印章和一般印章，使用时需要区别对待。

第三条　本公司所有重要印章由总经理或行政总监负责保管，一般交易印章由行政主管保管。

□ 重要印章使用

第四条 如公司业务需要需盖章时，待需盖章文件及填写完使用目的、盖印期限、日期和盖印数量等规定内容的《重要用印申请书》，经所属部门的负责人批准后报行政主管处。

第五条 接到申请的行政主管，确认手续完备和申请单上填写无误后，将其与文件一并报行政总监批复。

第六条 行政总监将对文件的效用进行审查，对有关疑点进行质询后注明意见，呈报总经理。

第七条 总经理在对上述过程及一切文件审查后，直接在文件上盖印。

第八条 盖过印的文件及《重要用印申请书》经行政总监返还行政主管后，文件发还申请人。

第九条 《重要用印申请书》之"处理结果"一栏由总经理填写，由行政主管统一保存。

第十条 总经理若认为文件有不完善之处时，要由行政总监、行政主管依次向申请者反馈。

□ 一般交易印章使用

第十一条 如公司业务需要需使用一般交易印章时，使用人将文件及登记了文件名称、盖印日期、文件内容等规定事项的"交易印章施印登记表"递交行政主管处。

第十二条 接收上述文件及表格的行政主管处理用印事务。

□ 印章管理

第十三条 总经理因不得已的原因而不能自行用印时，要预先征得行政总监同意委托事务董事代行用印。

第十四条 办理用印事宜应在正常工作日之内。

第十五条 印章严禁带出公司。如不得不带出公司时，需经总经理批准。

第十六条 印章如遇丢失、损毁或被盗时，应迅速向总经理或行政总监汇报。

第十七条 印章的新刻或改刻由行政主管获总经理批准后办理。

第十八条 公司的印章，不论是重要印章，还是一般交易用章，用于文件和凭证时就代表着公司的权利和义务，因此，应将这样印章的印模制成印鉴簿交由行政主管保管。

□ 附则

第十九条 本规定的制发、修改和废止，由董事会研究决定。

第二十条 本规定于×年×月×日实施。

四、企业印章使用管理规定

□ 印章种类

第一条 印鉴:公司向主管机关登记的公司印章或指定业务专用的公司印章。

第二条 职章:刻有公司董事长或总经理职衔的印章。

第三条 部门章:刻有公司部门名称的印章。其不对外单位的部门章可加注“对内专用”。

第四条 职衔签字章:刻有经理及总经理职衔及签名的印章。

□ 印章使用

第五条 对公司经营权有重大关联、涉及政策性问题或以公司名义对政府行政、税务、金融等机构以公司名义的行文,盖公司章。

第六条 以公司名义对国家机关团体、公司核发的证明文件及各类规章典范的核决行文等由总经理署名,盖总经理职衔章。

第七条 以部门名义于授权范围内对厂商、客户及内部规章典范的核决行文由经理署名,盖经理职衔签字章。

第八条 各部门于经办业务的权责范围内及对于民营事业、民间机构、个人的行文以及收发文件时,盖部门章。

□ 印章的监印

第九条 总经理职章及特定业务专用章由总经理核定本公司的监印人员。

第十条 总经理职衔签字章的监印人员为管理部主管。

第十一条 经理职衔签字章及部门章由经理指定监印人员。

□ 印章盖用

第十二条 用印前,先填写《用印申请单》,经主管核准后,连同经审核的文件文稿等交监印人用印。

第十三条 监印人除于文件、文稿上用印外,并应于《用印申请单》上加盖使用的印章存档。

□ 印章管理

第十四条 各种印章由监印人负责保管,如有遗失,由监印人负全责。

第十五条 监印人对未经刊行文件,不得擅自用印,违者受处罚。

第十六条 印章遗失时除立即向上级报备外,应依法公告作废。

□ 附则

第十七条 本办法经总经理核准后施行,修改时亦同。

五、企业公章使用办法

□ 对象

第一条 公司章、公司业务专用章(办公室章、人事部章、计划财务部章、国际合作部章、合同专用章)。

□ 范围

第二条 以公司名义上报总公司的报告和其他文件。

第三条 以公司名义向上级国家机关、各省市、自治区党政机关发出的重要公函和文件。

第四条 以公司名义与有关同级单位的业务往来、公函文件和联合发文等。

第五条 办公室章:以办公室名义向公司外发出的公函和其他文件、联系工作介绍信、刻制印章证明。

第六条 人事部章:就有关人事、劳资等方面业务代表公司用章。

第七条 计划财务部章:就有关计划、财务等方面业务代表公司用章。

第八条 国际合作部章:就有关国际交往、业务联系、接待计划、组织国际性会议等方面业务代表公司用章。

第九条 合同专用章:以公司名义签订的协议、合同和有关会议纪要等。

□ 手续

第十条 公司章、计划财务章、合同专用章必须经总经理、副总经理或总经理助理批准方可使用。

第十一条 办公室章、国际合作部章,由办公室主任批准后使用。

第十二条 使用公章必须事先履行登记手续。

第三节 企业印信管理实用表单

一、印章样式规定表

印章样式规定表如表 14－1 所示。

表 14－1 印章样式规定

印模	文　字	字体	形状及尺寸	材质
○	××股份公司总务部长之印	楷书	圆形直径 15mm	黑水牛角
○	××股份公司营业部长之印	楷书	圆形直径 15mm	黑水牛角
○	××股份公司经理室之印	楷书	圆形直径 15mm	黑水牛角
○	××股份公司销售部长之印	楷书	圆形直径 15mm	黑水牛角
○	××股份公司制造部之印	楷书	圆形直径 15mm	黑水牛角
○	××股份公司会计部长之印	楷书	圆形直径 15mm	黑水牛角

二、印章使用范围表

印章使用范围表如表 14－2 所示。

表 14－2　印章使用范围

种类	区分	名称	形式	印章内容	管理责任人	办理责任人	备考
	名印	公司名印(1 号)	正方形	公司全称	秘书处长	秘书处长	金属制
		公司名印(2 号)	圆形	公司全称	秘书处长	秘书处长	
		公司名印(股份公司用)	正方形	公司全称	总务部长	庶务处长	
	部门印	总务部印	正方形	公司名、部门名	总务部长	署务处长	
		物资部印	正方形	公司名、部门名	物资部长	物资处长	
		原料部印	正方形	公司名、部门名	原料部长	原料处长	
		绸布部印	正方形	公司名、部门名	绸布部长	总务处长	
		羊毛部印	正方形	公司名、部门名	羊毛部长	毛制品处长	
		财务部收据专用印	圆形	公司名、部门名	财务部长	资金处长	
		财务部申请书专用印	正方形	公司名、收据印	财务部长	资金处长	
		××研究所印	正方形	公司名、所名	研究所长	总务处长	
	分店工厂名	○○分店印	正方形	公司名、分店名	○○分店经理	○○分店总务处长	
		○○工厂印	正方形	公司名、工厂名	○○工厂厂长	○○工厂总务处长	
		○○工场印	正方形	公司名、工场名	○○工场厂长	○○工场总务处长	
职务印章	职务印章	董事经理	圆形	职务名称	秘书处长	秘书处长	金属制
		董事(股份公司用)	圆形	职务名称	秘书处长	庶务处长	
		董事副经理印	圆形	职务名称	秘书处长	秘书处长	
		常务董事印	圆形	职务名称	秘书处长	秘书处长	
		董事印	圆形	职务名称	秘书处长	秘书处长	
		临查印	圆形	职务名称	秘书处长	秘书处长	
	部长印	财务部长印(银行专用)	圆形	公司名、职务名	财务部长	资金处长	
		○○研究所长印	圆形	所名、职务名	○○研究所长	○○研究所总务处长	
职务印章	分店经理工厂厂长	○○分店经理	圆形	分店名、职务名	○○分店经理	○○分店总务处长	
		○○工厂厂长	圆形	工厂名、职务名	○○工厂厂长	○○工厂总务处长	

三、印章使用用途表

印章使用用途表如表 14 －3 所示。

表 14 －3　印章使用用途

种类	区分	股票公司债券	支票及银行兑现凭证	合同及及时常业务文件	订货单及日常业务文件	各类对外文件	辞令	请示	收据	人事关系及有关证明	职工储金账目	委任状
公司名称印章	公司名章(1 号)			○		○	○			○	○	○
	公司名章(2 号)			○		○				○		
	公司(股份公司专用)	○										
	部门名章				○	○		○	○	○		
	分公司名章				○	○	○	○	○	○	○	
职务印章	董事长名章			○						○		
	董事(股份公司专用)	○										
	其他高级职员名章			○		○						
	财务部长名章		○									
	○○研究所长章					○				○		
	分公司、工厂厂长章		○		○	○		○	○	○		

备注：①高级职员印章在以高级职员的职务名义发布的文件中使用。

②关于辞令文件，如果有关 4 ~9 级公司职员或在本公司任职的 1 ~3 级职员时，使用 1 号公司名章。在分公司或工厂工作的 1 ~3 级职员的则分别使用分公司及工厂名章。

③部门印章中，财务部的印章又分请示及收据两件，应分别用于不同场合。

④请示及收据上盖分公司经理或工厂厂长名章时，只限于以企业主代理人的身份行文时。

四、制发印信申请表

制发印信申请表如表 14－4 所示。

表 14－4　制发印信申请表

<table>
<tr><th>理由</th><th>印信种类</th><th>用印权限</th><th colspan="2">批示</th></tr>
<tr><td rowspan="14"></td><td>□图记　□职章　□长戳
□职衔签字章□部门章
□校对章□骑缝章　□附件章</td><td></td><td colspan="2"></td></tr>
<tr><td rowspan="2">印信全文</td><td rowspan="2">保管部门
监印人员</td><td colspan="2"></td></tr>
<tr><td colspan="2" rowspan="2"></td></tr>
<tr><td rowspan="4"></td><td rowspan="4"></td></tr>
<tr><td colspan="2">申请部门</td></tr>
<tr><td>主管</td><td>申请人</td></tr>
<tr><td rowspan="3"></td><td rowspan="3"></td></tr>
<tr><td>印信字体</td><td>制发日期</td></tr>
<tr><td rowspan="2">□楷书　□隶书　□篆书　□</td><td rowspan="2">年　月　日</td></tr>
<tr><td rowspan="2">印信模式</td><td rowspan="2"></td></tr>
<tr><td colspan="2" rowspan="2">报备机关</td></tr>
<tr><td rowspan="2"></td><td rowspan="2"></td></tr>
<tr><td colspan="2" rowspan="2"></td></tr>
<tr><td colspan="2"></td></tr>
</table>

五、销毁印信申请表

销毁印信申请表如表 14－5 所示。

表 14－5　销毁印信申请

<table>
<tr><th>事　由</th><th>印信种类</th><th colspan="2">报备机关</th><th colspan="2">核批</th></tr>
<tr><td rowspan="6"></td><td>□图记　□职章
□长戳　□职衔签字章
□部门章　□校对章
□骑缝章　□附件章</td><td colspan="2"></td><td colspan="2"></td></tr>
<tr><td>印信文字</td><td>制发日期</td><td>销毁日期</td><td colspan="2">印信管理部门</td></tr>
<tr><td></td><td>年
月
日</td><td>年
月
日</td><td colspan="2"></td></tr>
<tr><td colspan="3" rowspan="2">印　信　模　式</td><td colspan="2"></td></tr>
<tr><td>申请人</td><td>主管</td></tr>
<tr><td colspan="3"></td><td></td><td></td></tr>
</table>

六、公章使用登记表

公章使用登记表如表 14－6 所示。

表 14－6　公章使用登记

盖章时期	文件名称及发文号	公章类别	盖章次数	批准单位	批准人	公章管理人及代行人印	备　考

七、用印申请单

用印申请单如表 14－7 所示。

表 14－7　用印申请单

<table>
<tr><td>单　　位</td><td></td><td>申请日期</td><td colspan="2">年　月　日</td></tr>
<tr><td>用印类别</td><td></td><td>份　　数</td><td colspan="2"></td></tr>
<tr><td colspan="5"></td></tr>
<tr><td colspan="5"></td></tr>
<tr><td colspan="2">印　鉴　留　存</td><td colspan="2">核　　准</td><td>申请人</td></tr>
<tr><td colspan="2"></td><td colspan="2"></td><td></td></tr>
</table>

第四节　企业印信管理规范化细节执行标准

一、印章刻制工作要点

一个新的机关、企业组建和成立或原机关、企业更改名称，都要由其领导机关或法定的上级主管机关的办公厅（室）负责刻制印章。印章的刻制过程如下：

1. 要有关于组建、成立新的机关或企业，或批准原机关或企业更改名称的原始文件。刻制专用章要有机关或企业负责人批准的书面材料。

2. 出具介绍信，绘制印章的草图，向承制印章的工厂（刻字社）所在地公安部门申请审批。

3. 经过公安部门审批后，持公安部门的批准证明、本企业的委托书及印章草图，委托承制印章的工厂（刻字社）刻制。

4. 刻制印章的材料，常见的有木质、金属、塑胶等几种。目前，随着科技的发展，满足防止印章伪造及使用方便等技术性要求，出现了新型印章制作材料和制作方法。如原子印和渗透印。原子印是用特殊材料，采用现代化排版及制作技术，将所需刻制的印章先制成印版，然后将原子油与印版经过热压固化成型的一种印章。渗透印则是先用固体材料热压成型，再将印油注入成型的印章以供使用。这两种印章的使用效果基本相同，具有以下特点：字迹清晰美观、不变形；使用方便，不需蘸印泥（油），可连续使用3万次以上，随印随干，不褪色；制作工艺先进，不论是简单的印章还是图案复杂的印章都是一次成型；一般的刻字部门或个人不易仿造，有利于安全。

5. 印章刻制好以后，要有专人从承制印章的工厂（刻字社）将印章取回，取章时要仔细检查、验收，确认合格后，交原审批的公安部门，将印模备案。

二、印章的颁发与启用工作要点

1. 颁发印章，一般由使用机关或企业派专人到颁发机关领取。颁领双方要当面检验印章。然后由颁发机关将印章密封，加盖密封标志后，由领取人出具收条带回。

2. 印章带回后，由办公室负责人拆封检验，并指定专人保管，待印章正式启用后方可使用。

3. 印章启用，应按印章制发权限由颁发机关或代管机关以文件形式发正式印章启用通知。通知中要注明印章启用的日期和印模，并由颁发机关和使用机关将该文件立卷归档，永久保存。启用通知的印模应用蓝色印油，以表示第一次使用。启用通知的发放范围应视印章使用范围而定。

三、印章的停用与缴销工作要点

机关或企业撤销、更名，或因其他原因而停用印章时，应由印章颁发机关及时收回印章，并封存或销毁。特殊情况，如机构被撤销，但善后工作需要继续使用印章时，要指定有关机关、企业或专人妥善保管使用，待善后工作结束后及时将印章收回，并印发印章作废的通知。作废的旧章用红色印油印在印模栏内。

第15章　企业提案管理

第一节　企业提案管理工作要点

一、企业提案管理的必要性

为了在激烈的市场竞争中立于不败之地，现代企业必须全心全意依靠全体员工，倡导员工参与管理，激励员工依据其平日的工作经验和研究心得，对企业发展提出合理化建议。企业应广泛集中员工的智慧和经验，改进生产和管理，不断增强企业活力，推动企业持续发展。因此，有必要制定提案管理制度。

二、企业提案管理的工作流程

提案与合理化建议是指任何员工个人或集体对公司生产、经营或管理的任何环节所提出的、超出其职责范围以外的、具有可操作性的改进方法和措施。

建立公司合理化建议提出、采纳和奖励程序，以确保公司的持续改进。

适用于公司任何员工或集体对公司生存和发展所提出的建议。

质量部负责合理化建议的收集整理工作，并组织相关部门及人员对合理化建议进行评审和采纳。同时质量部负责拟定对提合理化建议的奖励办法，以保障员工对参与公司管理的热情。其余部门负责参与合理化建议评审和实施。

工作程序：

1. 提出提案并填写合理化建议单，合理化空白建议单放置于各办公室，员工可随时领取并填写以提出对公司经营管理各方面的建议。

2. 提交、编号登记。

3. 汇总统计提案总数及提案人。

4. 提案分类处理并评审，评审可采取有关部门人员签署意见或召开合理化建议评审会进行讨论的方式进行。评审人员应对合理化建议的可行性、经济性、安全性和时效性等方面进行综合评价，做出采纳与否的结论，结论应填写于合理化建议单中并由评审人员签字认可。

当合理化建议被采纳时，评审意见应有具体实施计划，以便合理化建议的落实；当合理化建议不予采纳时，评审意见应有不被采纳的具体原因解释，以便于建议者接受。

5. 采用。

6. 书面通知提案人并陈述理由。

7. 提案人申诉。

8. 指定执行单位和主办人。

9. 提案实施改进活动。

10. 跟踪进度及催办。

11. 改进效果测算评价。

12. 公布成果及奖励。一经确认建议符合合理化建议定义，由质量部负责对每项建议提出颁发奖励金额，报有关领导批准。

三、企业提案管理的工作目标

企业提案管理的工作目标如下：

1. 建立健全企业内部公开、公正、公平的员工提案管理制度。
2. 集思广益，充分发挥集体智慧的优势，保证企业持续、健康、协调地发展。
3. 吸引员工参与管理，提高其工作积极性。
4. 对员工提案进行科学管理，不断完善各项工作，提高企业工作效率。

第二节　企业提案管理规范化制度

一、提案管理办法

□ 总则

第一条　为了推动我公司科学技术的发展，鼓励全体员工提出合理化建议和参与技术革新、技术开发活动，加强科技成果的管理、推广和应用，不断提高科技水平，根据上级单位有关规定，结合我公司的实际，制定本管理办法。

第二条　本办法所称合理化建议，主要是指有关改进和完善生产和经营管理等方面的办法和措施。所称技术革新、技术开发主要是指对科学技术、业务的开发和对生产设备、工具、工艺技术等方面所做的改造和挖潜。

第三条　本办法由总工室组织实施。

□ 项目的范围与来源

第四条　项目的范围。

1. 适用于市场的新产品、新技术、新工艺、新材料、新设计。

2. 对引进的先进设备和技术进行消化、吸收、改造。

3. 开拓新的生产业务。

4. 计算机技术在通信生产和管理中的应用。

5. 发展规划的理论和方法、企业经营管理、人员培训等软科学的研究。

6. 生产中急需解决的技术难题。

第五条 项目的来源。

1. 由上级单位下达的项目。

2. 由本公司有关部门下达的项目。

3. 各部门根据生产和管理需要提出的项目。

□ 项目的申报、立项和经费来源

第六条 合理化建议由建议人填写提案申报卡，交总工室。

第七条 技术革新、技术开发项目由各部填写项目申请书报总工室。若要申请经费，需填报项目经费申请表及可行性报告。

第八条 由总工室组织相关部门对所报项目进行评审筛选、汇总后报总工程师审批。

第九条 批准立项后，由总工室向相关部门下达项目计划，项目承担部门按计划实施。

第十条 需申请立项的项目，由总工室上报上级主管部门。

第十一条 为了避免项目的低水平重复开发，任何项目必须经部门同意后才能上报，经公司立项后才能实施。

第十二条 技术革新、技术开发经费列入公司管理开支。财务部每年按自有收入的1%左右做出安排，由总工室掌握使用。

□ 成果的评审、鉴定

第十三条 成果申报。

项目完成后，承担部门应填写“成果鉴定申请书”，并备齐下列技术资料报总工室。

1. 研究报告。

2. 测试和实验报告。

3. 技术设计方案、数据、图表、照片。

4. 质量标准。

5. 国内外技术水平对比分析报告。

6. 技术经济分析和效益分析报告。

7. 标准化审查报告。

第十四条 成果的评审、鉴定。

1. 总工室在接到成果鉴定申请书后一个月内进行审查、提出意见报总工程师审阅、并答复申报部门是否同意评审鉴定。

2. 在市局立项的项目成果，报市局科技处组织评审鉴定。其余项目成果由公司科技项目评审委员会负责评审鉴定。

□ 成果的奖励

第十五条　成果评审鉴定后，选择优秀项目向上级主管部门申报申请专利奖。

第十六条　对获专利的项目将按专利管理有关规定进行奖励。

第十七条　未申报市专利或申报而未获的项目，由公司科技项目评审委员会评定奖励。

第十八条　公司科技项目评审委员会每年组织对成果集中评奖一次，原则上按项目经济效益的大小予以奖励，也可根据项目创造性大小、水平高低、难易程度和对生产发展贡献大小给予客观、公正的评奖。评奖标准按有关规定执行。

□ 附则

第十九条　任何单位及个人无正当理由，不得阻止有关人员进行项目申报和奖励申请。

第二十条　对弄虚作假、骗取荣誉者，公司科技项目评审委员会有权撤销其荣誉称号，追回奖金，情节严重者，追究其行政或刑事责任。

第二十一条　本办法自颁布之日起开始执行。

二、创意提案改善制度

□ 目的

第一条　为启发全体员工的想象力，集结个人的智慧与经验，提出有利于本公司生产的改善及业务的发展，以便达到降低成本、提高质量、增进公司经营、激励员工士气，特制定本制度。

□ 范围

第二条　提案内容针对本公司生产、经营范围、具有建设性及具体可行的改善方法。

（一）各种操作方法、制造方法、生产程序、销售方法、行政效率等的改善。

（二）有关机器设备、维护保养的改善。

（三）有关提高原料的使用效率，改用替代品原料，节约能源等。

（四）新产品的设计、制造、包装及新市场的开发等。

（五）废料、废弃能源的回收利用。

（六）促进作业安全，预防灾害发生等。

第三条　提案内容如属于下列各项范围，为不适当的提案不予受理：

（一）攻击团体或个人的提案。

（二）诉苦或要求改善待遇者。

（三）与曾被提出或被采用过的提案内容相同者。

（四）与专利法抵触者。

□ 提案

第四条 提案人或单位，应填写规定的提案表（如表15－4甲表、乙表），必要时另加书面或图表说明，投入提案箱，每周六开箱一次。

□ 审查

第五条 审查组织。

（一）各厂成立“提案审查小组”由有关主管组成。

（二）公司成立“提案审查委员会”由各厂长及公司有关部门主管组成并设执行秘书。

第六条 审查程序。

（一）各提案表均须先经各厂提案“审查小组”初审并经评分通过后，（评分表如表15－6）始可汇报“提案审查委员会”（公司各部门提案经送委员会）。

（二）“提案审查委员会”每月视提案需要，可以召开1～2次委员会，审查核定各小组汇送的提案表及评分表，必要时请提案人或有关人员列席说明。

第七条 审查准则。

（一）提案审查项目及配合。

1. 动机20%。

2. 创造性15%。

3. 可行性25%。

4. 投资回收期30%。

5. 应用范围10%。

（二）成果审查项目及配合。

1. 动机15%。

2. 创造性20%。

3. 努力程度15%。

4. 投资收回期25%。

5. 效益25%。

□ 处理

第八条 采用的提案：交由有关部门实施，除通知原提案人外，并予列管理及实施成效检查。

第九条 不采用的提案：将原件发还原提案人。

第十条 保留的提案：须经较长时间考虑者，先将保留理由通知原提案人（一般以3个月为限，但经委员会同意可延长至6个月）。

第十一条 成果检查。

1. 实施的提案，各实施部门应认真执行，每月应填写成果报告表（如表15－7所示），呈直属主管核定后，转呈各厂“提案审查小组”经3个月的考核，并予评分后（如表15－8所示），再呈提案审查委员会。

2. “提案审查委员会”依“审查小组”所报的成果报告表及评分表详作审查核定。

□ 奖励

第十二条　提案奖励：改善提案经“审查委员会”评定，凡采用者发给____～____元的提案奖金，未采用者发给____元的奖金。

第十三条　成果奖励：“审查委员会”依提案改善成果评分表，可核给____～____元的奖金。

第十四条　特殊奖励：提案采用实施后，经定期追踪效益，成果显著、绩效卓越者，由委员会核计实际效益后，报请核发____～____元的奖金。

第十五条　团体特别奖：

以科为单位，6个月内，每人平均有采用四件提案以上发给前三名特别奖：

第一名：锦旗及奖金____元。

第二名：锦旗及奖金____元。

第三名：锦旗及奖金____元。

□ 附则

第十六条　提案内容如涉及国家专利法者，其权益属本公司所有。

第十七条　本办法经呈董事长核定后，公布实施，修改时亦同。

三、员工建议改善办法

第一条　本公司为倡导参与管理，并激励员工就其平时工作经验或研究心得，对公司业务、管理及技术，提供建设性的改善意见，借以提高经营绩效，特制定本办法。

第二条　公司各级员工对本公司的经营，不论在技术上或管理上，如有改进或改革意见，均可向人事部索取建议书，将拟建议事项内容详细填列。如建议人缺乏良好的文字表达能力者可洽请人事部经理或单位主管协助填列。

第三条　建议书内应列的主要项目如下：

1. 建议事由：简要说明建议改进的具体事项。

2. 原有缺失：详细说明在建议案未提出前，原有情形未尽妥善之处以及应予改革意见。

3. 改进意见或办法：详细说明建议改善之具体办法，包括方法、程序及步骤等项。

4. 预期效果：应详细说明该建议案经采纳后，可能获致的成效，包括提高效率、简化作业、增加销售、创造利润或节省开支等项目。

第四条　建议书填妥后，应以邮寄或面递方式，送交人事部经理亲收。

第五条　建议书内容如偏于批评，或无具体的改进实施办法，或不具真实姓名者，人事部经理认为内容不全，不予交付审议，其有真实姓名者，并应由人事部经理据实委婉签注理由，将原件密退还原建议人。

第六条　本公司为审议员工建议案件，设置员工建议审议委员会（以下简称审委会）由各单位主管为当然审议委员，各部门经理为召集人，必要时，人事部经理可与召集人洽商后邀请与建议案内容有关的主办单位主管出席。

第七条　审委会的职责如下：

1. 关于员工建议案件的审议事项。

2. 关于员工建议案件评审标准的研订事项。

3. 关于建议案件奖金金额的研议事项。

4. 关于建议案件实施成果的检讨事项。

5. 其他有关建议制度的研究改进事项。

第八条　人事部接收建议书后，认为完全者，应即于收件 3 日内编号密封送交审委会召集人，提交审委会审议。如因案情特殊，得由审委会另行洽请与该建议案内容有关的人员先行评核，提供审委会作为审议参考。

前项审委会的审议除因案件特殊者可延长至 30 天外，应于审委会召集人收件日起 15 天内完成审议工作。

第九条　本公司员工所提建议，具有下列情形之一者，应予奖励：

1. 对于公司组织研究提出调整意见，能精简或强化组织功能效果者。

2. 对于公司商品销售或售后服务，提出具体改进方案，具有重大价值或增进收益者。

3. 对于商品修护的技术，提出改进方法，值得实行者。

4. 对于公司各项规章、制度、办法提供具体改善建议，有助于经营效能提高者。

5. 对于公司各项作业方法、程序、报表等，提供改善意见，具有降低成本、简化作业、提高工作效率的功效者。

6. 对于公司未来经营的研究发展等事项，提出研究报告，具有采纳价值或效果者。

第十条　前条奖励的标准，由审委会各委员依员工建议案评核表各个评核项目，分别逐项研讨并评定分数后，以总平均分数依表 15 - 1 拟定等级及其奖金金额。

表 15 - 1　等级及其奖金金额

等　级	奖金(元)
第一等	
第二等	
第三等	
第四等	
第五等	
第六等	
第七等	
第八等	
第九等	
第十等	
特　等	

第十一条　建议案经审委会审定认为不宜采纳施行者，应交由人事部经理据实委婉签注理由通知原建议人。

第十二条　建议案经审委会审定认为可以采纳并施行于本公司者，应由审委会于审委会审定后3日内，以书面详细注明建议人姓名、建议案内容及该建议案施行后对公司的可能贡献、核定等级及奖金数额与理由，连同审委会各委员的评核表，一并报请经营会议复议后由总经理核定。

经审委会定其等级在第四等以下者，可由审委会决议后即按等级发给奖金。经经营会议复议后认为可列为十等者，应呈请董事长核定。

第十三条　为避免审委会各委员对建议人的主观印象，影响评核结果的公平起见，人事部经理在建议案未经审委会评定前，对建议人的姓名应予保密，不得泄露。

第十四条　建议的案件如系由二人以上共同提出者，其所得的奖金，按人数平均发给。

第十五条　有下列各情形之一者，不得申请核奖：

1. 各级主管人员对其本身职掌范围内所做的建议。

2. 被指派或聘用为专门研究工作而提出与该工作有关的建议方案者。

3. 由主管指定为业务、管理、技术的改进或工作方法、程序、表报的改善或简化等作业，而获致的改进建议者。

4. 同一建议事项经他人提出并已获得奖金者。

第十六条　本公司各单位如有任何问题或困难，需求解决或改进时，经呈请总经理核准后可公开向员工征求意见，所得建议的审议与奖励，可依本办法办理。

第十七条　员工建议案的最后处理情形，应由人事部通知原建议人。员工所提建议，不论采纳与否均应由人事部负责归档。经核定给奖的建议案，并应在公司公布栏及第二部分月刊中表扬。

第十八条　本办法经呈请总经理核准后公布施行，修订时同。

四、会议提案改善方法

第一条　为使各单位主管踊跃提供其有利于营运改进的意见，借此提高经营的效率，并使会议能疏通及统一与会人员的意志，避免会而不议，议而不决，决而不行的弊病，与会人员除口头提出工作报告(前月)外，特制定本方案。

第二条　提案建议书，其内容如下：

1. 有关管理改进事项。

2. 提案规章的修订。

3. 有关制造技术及品质的改良，操作方法或程序及机械配置的改进事项。

4. 有关设备的设计或修改事项。

5. 有关新产品的创意或包装的改良事项。

6. 有关成本的减低事项。

7. 有关物料的节省及废料的利用事项。

8. 有关工厂安全或机械、工具的保养事项。

9. 部门间的协调事项。

10. 有关业务的调整方案。

11. 其他有利于本公司改革事项。

第三条　提案手续如下：

1. 应使用规定的提案建议书用纸(附表)。

2. 提案建议书记载下列事项：

(1)提案人。

(2)所属单位。

(3)案由。

(4)具体内容说明(必要时添附改善前后的数值比较、图片或说明资料)。

(5)研议事项(由总经理填写)。

第四条　为处理提案的顺利,请照规定时间送达总经理室以便汇编处理。

第五条　本方案经呈准后通知实施,修改时亦同。

五、提案建议效益奖的管理条例

□ 总则

第一条　为了落实公司关于提案建议和技术革新、技术开发项目管理办法,调动广大员工的积极性、创造性,推动公司提案建议和技术革新、技术开发工作的开展,促进生产技术的进步,改善经营管理,增强企业活力,特制定本条例。

第二条　提案建议和技术革新、技术开发工作是企业管理的重要组成部分,是提高企业素质的重要手段。各部门要积极发动、支持和鼓励员工开展这项活动。

第三条　本条例由总工室和科技项目评审委员会组织实施。

□ 奖励范围

第四条　本条例实施奖励的范围包括两个方面:一是被采纳取得效果的合理化建议;二是取得成果的技术革新、技术开发项目。

第五条　合同化建议和技术革新、技术开发项目应该在如下诸方面发挥效用：

1. 挖掘通信设备能力,改善通信网络,增强通信能力。

2. 改善经营管理,提高通信质量和经济效益。

3. 应用新技术、新设备、新材料、新工艺、推广新的科技成果对引进的先进设备和技术进行消化、吸收改造,取得明显的经济效益。

4. 开拓新的通信业务、增加企业收入。

5. 计算机技术的应用取得明显的经济效益。

6. 改善劳动组织,减轻劳动强度,改进设备维护、业务操作方式方法,提高劳动生产率。

7. 节约能源及其他费用开支,降低生产成本。

8. 降低工程造价,节约基建投资。

9. 解决了公司在通信生产中急需解决的重大技术难题。

□ 奖励的申报和审查

第六条　成果评审鉴定后,对于需要申报奖励的项目,已在上级主管部门立项的,由总工室按有关规定向上申报；未在上级主管部门立项的，由公司各部门填写“邮电科学技术进步奖申请表”报总工室。

第七条　向上报奖的项目由上级主管部门审查，其余项目由公司科技项目评审委员会负责审查。

第八条　公司科技项目评审委员会将从各部门申报的项目中选择优秀项目向上申报科学技术进步奖。

第九条　未向上报奖或上报而未获奖的项目，由公司科技项目评审委员会组织评定奖励。

□ 奖励标准

第十条　对符合奖励条件的合理化建议或技术革新、技术改造项目，按其产生经济效益的大小参照表 15 －2 进行一次性奖励。

表 15 －2　奖金数额表 1

年节约或创造经济效益	奖金数额
万元以下	元
万元	元
万元	元
万元	元
万元	元
超过万元	元以上

第十一条　对于经济效益不容易估算的项目，评审委员会可按其作用大小、技术难易、创新程度、推广价值，给予科学、客观、公正的评判，确定相应的奖励等级，如表 15 －3 所示。

表 15 －3　奖金数额表 2

奖励等级	奖金数额
特等	元以上
一等	元
二等	元
三等	元
四等	元
五等	元
六等	元

□ 附则

第十二条　公司科技项目评审委员会必须公正、实事求是地对合理化建议和技术革新、技术开发项目进行评奖，评审人员及其他与项目无关人员不能在奖金中分成。

第十三条　对获奖项目及人员有争议的，须待争议解决后才能给予奖励。

第十四条　本条例自颁布之日起开始试行。

第三节 企业提案管理实用表单

一、提案改善表

提案改善表如表 15 －4 所示。

表 15 －4 提案改善表

甲表　　年　月　日

单位		职称		姓名	
提案名称				编号	
1. 现状、缺点(附图)说明					
2. 提案改善内容(具体、详细、附图)					
3. 估计投资额(分项估算)					
4. 预计效益暨投资回收期					

续提案改善提案表

乙表　　年　月　日

单位		姓名		职称		请把内容写清楚,并把你所想要实施的方法写具体
提案名称:				编号		
1. 现状(现在的做法):						
2. 改善提案(我的想法):						
3. 效果(其结果是):						

二、提案改善评分表

提案改善评分表如表 15－5 所示。

表 15－5　提案改善评分表

<table>
<tr><td>提案名称</td><td colspan="5"></td><td>提案编号</td><td></td></tr>
<tr><td rowspan="2">项目</td><td rowspan="2">评分标准</td><td colspan="2">分数</td><td rowspan="2">项目</td><td rowspan="2">评分标准</td><td colspan="2">分数</td></tr>
<tr><td>标准</td><td>得分</td><td>标准</td><td>得分</td></tr>
<tr><td rowspan="3">动机
20%</td><td>1. 主动发觉</td><td>14～20</td><td></td><td rowspan="3">应用范围
10%</td><td>1. 全事业部各单位</td><td>9～10</td><td></td></tr>
<tr><td>2. 原有缺陷激发</td><td>7～13</td><td></td><td>2. 部分单位</td><td>4～8</td><td></td></tr>
<tr><td>3. 上级指示</td><td>1～6</td><td></td><td>3. 本单位</td><td>1～3</td><td></td></tr>
<tr><td rowspan="3">创造性
15%</td><td>1. 独特的发明</td><td>11～15</td><td></td><td rowspan="3">职务相关性加分</td><td>1. 直接相关</td><td>0</td><td></td></tr>
<tr><td>2. 参考科技资料，加以研究改良</td><td>6～10</td><td></td><td>2. 间接相关</td><td>1～5</td><td></td></tr>
<tr><td>3. 引进既有科技资料或模仿外厂</td><td>1～5</td><td></td><td>3. 不相关</td><td>6～10</td><td></td></tr>
<tr><td rowspan="3">可行性
25%</td><td>1. 可依原案或稍加补充后实施</td><td>16～25</td><td></td><td>合计</td><td></td><td>100</td><td></td></tr>
<tr><td>2. 需进一步检查修正后实施</td><td>6～15</td><td></td><td rowspan="2">核定</td><td colspan="3">1. 本提案应发奖金______元整；本提案与编号______提案相同，不发奖金；其他______。</td></tr>
<tr><td>3. 非予重大修正无法实施（必要时先退回补充资料再审）</td><td>1～5</td><td></td><td colspan="3">2. 是
实施
否</td></tr>
<tr><td rowspan="3">投资回收期
30%</td><td>1. 回收期半年以下</td><td></td><td></td><td rowspan="3">单位主管</td><td colspan="3" rowspan="3"></td></tr>
<tr><td>2. 回收期半年至 1 年</td><td></td><td></td></tr>
<tr><td>3. 回收期一年以上</td><td></td><td></td></tr>
</table>

三、提案奖金评分对照表

提案奖金评分对照表如表 15－6 所示。

表 15－6 提案奖金评分对照表

分数	85 分以上	84～75	74～65	64～55	54～45	44 以下
奖金(元)						

四、提案改善成果报告表

提案改善成果报告表如表 15－7 所示。

表 15－7 提案改善成果报告表

年 月 日

提案名称		提案编号	
实施单位		提案日期	
改善动机、原因	(简单扼要叙述动机、原因)		
改善前情况	(简单扼要叙述改善前使用方法、效率、需附数据)		
改善方法	(简单扼要叙述如何改善、改善过程、投资金额)		
改善效益	(简单扼要叙述何时完成、成果[节省金额,对质量、产量的改善]回收期)		
结论	(对改善提案做简单扼要的结论)		

实施单位主管：　　　　　　　　填表：

五、提案改善实施成果评分表

提案改善实施成果评分表如表 15－8 所示。

表 15－8　提案改善实施成果评分表

<table>
<tr><td>提案名称</td><td colspan="5"></td><td>提案编号</td><td></td></tr>
<tr><td rowspan="2">项目</td><td rowspan="2">评分标准</td><td colspan="2">分数</td><td rowspan="2">项目</td><td rowspan="2">评分标准</td><td colspan="2">分数</td></tr>
<tr><td>标准</td><td>得分</td><td>标准</td><td>得分</td></tr>
<tr><td rowspan="3">动机
15%</td><td>1. 主动发觉实施</td><td>10～15</td><td></td><td rowspan="5">投资回收期
25%</td><td>1. 无须投资</td><td>20～25</td><td></td></tr>
<tr><td>2. 原有缺陷激发实施</td><td>5～10</td><td></td><td>2. 回收期半年以下</td><td>15～20</td><td></td></tr>
<tr><td>3. 上级指示或旁人建议</td><td>1～5</td><td></td><td>3. 回收期半年至 1 年</td><td>10～15</td><td></td></tr>
<tr><td rowspan="4">创造性
20%</td><td>1. 完全属独创、开发性</td><td>15～20</td><td></td><td>4. 回收期 1 至 2 年半</td><td>5～10</td><td></td></tr>
<tr><td>2. 参考科技资料加以研究修正改良</td><td>10～15</td><td></td><td>5. 回收期 2 年以上</td><td>1～5</td><td></td></tr>
<tr><td>3. 由类似科技资料联想并比照实施</td><td>5～10</td><td></td><td rowspan="4">月效益
25%</td><td>____万元以上</td><td>15～25</td><td></td></tr>
<tr><td>4. 经他人暗示或学习他厂</td><td>1～5</td><td></td><td>____万～____万元</td><td>10～15</td><td></td></tr>
<tr><td rowspan="3">努力程度
15%</td><td>1. 付出心血多少?</td><td></td><td></td><td>____万～____万元</td><td>5～10</td><td></td></tr>
<tr><td>2. 参与规划专案人员多少?</td><td></td><td></td><td>4. 无形效益或____万元以下</td><td>1～5</td><td></td></tr>
<tr><td>3. 所需完成的工作量多少?</td><td></td><td></td><td>合计</td><td></td><td>100</td><td></td></tr>
</table>

<table>
<tr><td rowspan="2">实施奖金核定表</td><td>分数</td><td>80
以上</td><td>79～75</td><td>74～70</td><td>69～65</td><td>64～60</td><td>59～51</td><td>50
以下</td><td rowspan="2">单位主管</td><td rowspan="2"></td></tr>
<tr><td>奖金（元）</td><td></td><td></td><td></td><td></td><td></td><td></td><td></td></tr>
</table>

第16章　机要保密管理

第一节　企业机要保密管理工作要点

一、保密纪律制定要点

保密纪律制定要点如下：

（一）不私自传播公司内部消息。

（二）不询问、不打听公司相关商业秘密。

（三）不浏览公司相关机密文件。

（四）不记录公司相关机密。

（五）不在私人通信中涉及公司相关信息。

（六）不在公用电话、普通邮信中办理机要事项。

（七）不在公共场所谈论机密。

（八）将公司相关文件妥善保管。

（九）不在非工作日携带公司文件外出。

二、常用保密措施工作要点

常用保密措施工作要点：

（一）加强保密教育

各部门的办公室必须加强对办公人员的保密教育，增强保密观念，使他们了解保密工作的重要性，了解新时期保密工作的特点，各部门领导和办公人员都必须遵守国家的保密规定，学习保密知识，养成良好的保密习惯。

（二）建立保密制度

仅靠思想教育不能保证不失密，没有制度就没有标准，就没有措施，因此各部门一定要建立一套完整的保密制度。制度的具体内容应根据各部门的具体情况来确定，一般应当包括文件保密、会议保密、档案保密、资料保密、通信保密等。有了制度还要经常检查执行情况，使制度不断完善，不流于形式，使保密工作经常化、持久化。

（三）严格挑选机要人员

保密工作的好坏，保密制度能否执行，与工作人员的责任心和业务水平有重要关系。因此，各部门对机要保密人员一定要坚持“先审后用”的原则，严格挑选。对他们要加强管理，严格要求。

第二节 企业机要保密管理规范化制度

一、企业机要保密管理制度模板

□ 总则

第一条 为保障公司整体利益和长远利益，使公司能够长期稳定高效地发展，适应激烈的市场竞争，特制定本规定。

第二条 公司秘密是指一切关系公司安全和利益，在一定时间内只限一定范围内的人员知悉的事项。

第三条 所有公司员工都有义务和责任保守公司秘密。

第四条 本规定适用于本企业各公司的所有员工。

□ 公司秘密的范围

第五条 公司生产经营、发展战略中的秘密事项。

第六条 公司就经营管理做出的重大决策中的秘密事项。

第七条 公司生产、科研、科技交流中的秘密事项。

第八条 公司对外活动（包括外事活动）中的秘密事项以及对外承担保密义务的事项。

第九条 维护公司安全和追查侵犯公司利益的经济犯罪中的秘密事项。

第十条 客户资料、销售政策及其销售网络的有关资料、重大人事变动、人力资源部对干部的考核资料、重要场所如实验室、配料室、化验室。

第十一条 其他公司秘密事项。

□ 秘级分类

第十二条 公司秘密分为三类：绝密、机密、秘密。

第十三条 绝密是指与公司生存、生产、科研、经营、人事有重大利益关系，泄露会使公司的安全和利益遭受特别严重损害的事项，主要包括：

（一）公司股份构成、产品生产工艺、技术参数、配方、成本、利润率、科技成果、科研论文、新产品、新技术、新设备的开发、投资情况及其载体、原材料来源及价格。

（二）公司总体发展规划、经营战略、营销策略、商务谈判内容及载体，正式合同和协定文书。

（三）按档案法规定属于绝密级别的各种档案。

（四）公司重要会议纪要。

第十四条　机密是指与本公司的生存、生产、科研、经营、人事有重要利益关系，泄露会使公司安全和利益遭到严重损害的事项，主要包括：

（一）尚未确定的公司重要人事调整及安排情况，人力资源部门对干部的考评材料。

（二）公司与外部高层人士、科研人员来往情况及其载体。

（三）公司薪金制度，财务专用印鉴、账号，保险柜密码，月、季、年度财务预、决算报告及各类财务、统计报表，微机开启密码，重要磁盘、磁带的内容及其存放位置。

（四）公司大事记。

（五）按档案法规定属于机密级别的各种档案。

（六）获得竞争对手情况的方法、渠道及公司相应对策。

（七）外事活动中内部掌握的原则和政策。

（八）公司总监以上干部的家庭住址及外出活动去向。

第十五条　秘密是指与本公司生存、生产、经营、科研、人事有较大利益关系，泄露会使公司的安全和利益遭受损害的事项，主要包括：

（一）消费层次调查情况，市场潜力调查预测情况，未来新产品市场预测情况及其载体。

（二）广告企划、营销企划方案。

（三）保安部、人力资源部、财务部、法律事务部等有关部门所调查的违法、违纪事件及责任人情况和载体。

（四）生产、技术、财务部门的安全保卫措施情况。

（五）按档案法规定属于秘密级别的各种档案。

（六）各种检查表格和检查结果。

□ 各密级内容知晓范围

第十六条　绝密级：董事会成员总经理、监事会成员及与绝密内容有直接关系的工作人员。

第十七条　机密级：总监（助理）级别以上干部以及与机密内容有直接关系的工作人员。

第十八条　秘密级：部门经理级别以上干部以及与机密内容有直接关系的工作人员。

第十九条　公司员工必须具有保密意识，必须做到不该问的绝对不问，不该说的绝对不说，不该看的绝对不看。

第二十条　总经理领导保密全面工作，各部门负责人为本部门的保密工作负责人，各部门及下属单位必须设立兼职保密员。

第二十一条　对外交往与合作中需要提供公司秘密的事项，应先由总经理批准。

第二十二条　严禁在公共场合、公用电话、传真上交谈、传递保密事项，不准在私人交往中泄露公司秘密。

第二十三条　公司员工发现公司秘密已经泄露或可能泄露时应立即采取补救措施并及时报告总经办，总经办立即做出相应处理。

第二十四条　董事长、监事会主席、总经理、总监（助理）办公室及各机要部门必须安装防盗门窗、严加保管钥匙，非本部人员要在获准后方可进入，人走要落锁，清洁卫生要有专人负责或者在专人监督下进行。

第二十五条　配有计算机、复印机、传真机的部门都要依据本制度制定本部门保密细则，并加以严格执行。

第二十六条　文档人员、保密员工作变动时应及时办理交接手续，交由主管领导签字。

第二十七条　小车司机对领导在车内的谈话严格保密。

□ 保密环节

第二十八条　文件打印。

（一）由文件原稿提供单位领导签字，签字领导对文件内容负责任，不得出现对公司不利或不该宣传的内容，同时确定文件编号、保密级别、发放范围、打印份数。

（二）打印部门要做好登记，打印校对人员姓名应在发文单中反映，保密文件应由总经办负责打印。

（三）打印完毕，所有文件废稿应全部销毁，计算机存档应删除或加密保存。

第二十九条　文件发送。

（一）文件打印完毕，由文印室专门人员负责转交发文部门，并作登记，不得转交无关人员。

（二）发文部门下发文件应认真做好发文记录。

（三）保密文件应交由发文部门负责人或其指定人员签收，不得交给其他人员。

（四）对于剩余文件应妥善保管，不得遗失。

（五）发送保密文件应由专人负责，严禁让未转正员工发送保密文件。

第三十条　文件复印。

（一）原则上保密文件不得复印，特殊情况由总经理批准执行。

（二）文件复印应做好登记。

（三）复印件只能交给部门主管或其指定人员，不得交给其他人员。

（四）一般文件复印应有部门负责人签字，注明复印份数。

（五）复印废件应即时销毁。

第三十一条　文件借阅。

借阅保密文件必须经借阅方、提供方领导签字批准，提供方加以专项登记，借阅人员不得摘抄、复印，向无关人员透露，确需摘抄、复印时，要经提供方领导签字并注明。

第三十二条　传真件。

（一）保密文件传递，不得通过公用传真机。

（二）收发传真件应做好登记。

（三）保密传真件收件人只能为部门主管负责人或其指定人员，不得为其他人。

第三十三条　录音、录影。

（一）董事长、总经理等主要人物讲话，工厂录影等一切与公司利益安全关系重大的均为保密材料。

（二）录音、录影应由指定部门整理并确定保密级别。

（三）保密录音、录影材料由总经办负责存档管理。

第三十四条　档案。

(一)档案室为材料保管重地,无关人员一律不准出入。

(二)借阅文件应填写申请借阅单,并由主管领导签字。

(三)秘密文件限下发范围内人员借阅,特殊情况由总经办批准借阅。

(四)秘密文件保管应与普通文件区别,按等级、期限加强保护。

(五)过期档案销毁应两人以上参加,由总经理签字批准,并做好登记。

(六)档案材料不得借给无关人员查阅。

(七)秘密档案不得复印、摘抄,特殊情况由总经理批准后执行。

第三十五条　客人活动范围。

(一)保卫部门应加强保密意识,无关人员不得在机要部门出入。

(二)客人到公司参观、办事,遵循出入厂管理制度,无关人员不得进入公司。

(三)客人到各公司参观,不得让其接触公司文件、货物、营销材料等保密件。

第三十六条　保密部门管理。

(一)与保密材料相关部门均为保密部门,如董事长、监事会主席、总监办公室、传真室、收发室、档案室、文印室、工艺室、研发室、实验室、配料室,化验室、酱料、汤料、配料岗以及财务部、企划部、市场部、人力资源部等。

(二)各部门设兼职保密员加强保密工作。

(三)保密部门出入人员应进行控制,无关人员不得进入、停留。

(四)保密部门对外材料交流应由保密员操作。

(五)保密部门应根据自己情况制定保密细则,做好保密材料的保管、登记,使用记录工作。

第三十七条　会议。

(一)所有重要会议由总经办协助相关部门做好保密工作。

(二)参加会议人员应严格控制,无关人员不应参加。

(三)会务组应认真做好到会人员签到,材料发放登记工作。

(四)保卫人员应认真鉴别到会人员,无关人员不得入内。

(五)会议录音、摄像人员由总经办指定。

(六)会议纪要整理由总经办指定人员在指定地点整理。

□ 违纪处理

第三十八条　泄露公司秘密,尚未造成严重后果的,给予警告处分,处以 100 元至 1000 元的罚款。

第三十九条　利用职权强制他人违反本制度的,给予除名,并处以 1000 元以上的罚款。

第四十条　泄露公司秘密造成严重后果的,给予开除,并处以 10000 元以上罚款,必要时依法追究其法律责任。

二、企业员工保密行为准则

□ 总则

第一条　本公司所有员工应自觉遵守公司的各项保密管理规定。

第二条　本公司所有员工不得随意打听与本职工作无关的公司信息。

第三条　本公司所有员工不得向与保密项目无关的人提及保密信息。

第四条　本公司所有员工在工作中如有创新发明的项目，应自动向公司申报职务发明。

第五条　本公司所有员工不得从事第二职业或利用公司商业秘密为个人牟利。

□ 文件印制

第六条　本公司所有绝密、机密级文件必须由秘书、机要打字员或本人打印，不得交付其他人员打印。

第七条　本公司所有废弃的文件要及时销毁，不得留在打印机上，更不得随意丢弃。

第八条　本公司所有文件复印完毕，要将原件收回。

第九条　本公司所有密级文件的复印要提出书面申请，经相应级别的领导批准方可复印。

第十条　本公司所有员工不得私自复制工作范围之外的秘密文件到磁盘上。

□ 文件发放

第十一条　本公司所有绝密、机密级文件要由专人传送，由收件人签收。

第十二条　本公司所有员工传递绝密级文件要密封，或送到收件人本人。

第十三条　本公司所有员工密级文件尽量不要传真。特别需要时，要在密级文件传真前，电话通知接受人在传真机旁等候，传真完毕，要电话确认。

第十四条　本公司所有员工文件上网前，要进行密级审查。

第十五条　本公司所有员工绝密文件不能上网；机密、秘密级文件上网要设置权限口令。

第十六条　本公司所有员工不在网上传送绝密级文件；尽量不在网上传送机密级文件。

第十七条　本公司所有员工在互联网上发送与公司相关的技术文件或商务文件须经过审查。

□ 文件传阅

第十八条　本公司所有员工文件要确定传阅范围。保密文件要在限定的范围内传阅。

第十九条　本公司所有员工含有商业秘密的文件，不要张贴在对外公开的公告栏上。

第二十条　本公司所有员工密级文件的查阅和复印要经相应级别的领导审批，并予以登记。

□ 文件保存

第二十一条　本公司所有员工保密文件要与其他文件分开放置。

第二十二条　本公司所有员工保密文件要密存在保密文件柜中，保密文件柜上锁或设置有效密码，并定期更换密码。

第二十三条　本公司所有员工个人未处理完的密级文件要密存。

第二十四条　本公司所有员工非必要时，尽量不要将密级文件或磁盘拿出公司。

第二十五条　本公司所有员工密级文件或磁盘带出公司要经相关权限的领导审批，并配合安全管理人员检查。

第二十六条　本公司所有员工出差时，保密文件随身携带，不放酒店、不作为行李托运。

第二十七条　本公司所有员工归还公用便携机之前要认真清理机内存放的保密文件。

第二十八条　本公司所有员工重要的文件要有备份，备份软盘要保存在保密文件柜中。

第二十九条　本公司所有员工存储在网上的资料要设密码。

□ 文件销毁

第三十条　本公司所有员工打印、复印密级文件形成的废纸要及时用碎纸机销毁。

第三十一条　本公司所有员工密级文件作废后，及时用碎纸机销毁。

第三十二条　本公司所有员工不重复使用含有重要内容的纸张。

□ 计算机与网络

第三十三条　本公司所有员工个人计算机要设置开机密码和屏幕保护密码。必要时，要定期更换密码。

第三十四条　本公司所有员工计算机文件共享时，必须设置有效口令，口令应设为无规律的字符串。

第三十五条　本公司所有员工共享文件传送完毕后，应及时取消共享。

第三十六条　保存好自己的 NOTESID 文件，不和他人共用邮箱。

第三十七条　软盘专用。非保密文件和保密文件不在同一软盘上备份。

第三十八条　不通过 E－mail 发送涉及机密的内容；不发与本职工作无关的内容。

□ 工作场所

第三十九条　做好“5S”工作，下班前要清理桌面上的文件，有保密内容的要密存。

第四十条　密级文件不能随便摆放或丢弃。

第四十一条　有权制止未带卡的人员进入办公室。

第四十二条　进入办公区域要将工卡佩戴在胸前。

第四十三条　部门主管和秘书有责任监督、督促本部门人员遵守保密规定。

□ 接听电话

第四十四条　公司内部电话，如涉及机密内容，要问清对方的姓名、职务，并确认后再作决定。

第四十五条　遇有不明身份的人来电话询问涉及公司秘密时，要根据当时的具体情况，婉言谢绝。

第四十六条　问清对方住址、姓名、电话，做记录后，再回拨电话答复。

□ 举行会议

第四十七条　机密的会议通知和含有机密内容的各种通知，不要发在 Notes 公告牌上，而要发给本人或发至其邮箱中。

第四十八条　在外举行会议，会前或会议期间，不向无关人员透露会议举行的时间、地点、会议内容。

第四十九条　妥善保管发放的密级会议资料，不得随便放置、复印、转交他人。

第五十条　会后要清理会场。会议资料无论有无保留价值，都不可随地丢弃。

□ 对外交往

第五十一条　对陌生人的问询要提高警惕。明确什么该说，什么不该说。

第五十二条　客户询问涉及公司秘密时，要礼貌谢绝。

第五十三条　发现有泄密情况，要立即制止，及时汇报。

□ 对外宣传

第五十四条　对外宣传（技术、商务）口径要与公司保持一致。宣传以公司公开的资料为主。

第五十五条　宣传时，不要透露公司技术秘密。

第五十六条　处于预研、立项阶段的项目，未经批准不公开宣传。

第五十七条　在国内外刊物上发表文章，事先要经过审查。

□ 合作交流

第五十八条　与合作商、供应商接触时，若涉及商业或技术秘密，应事先与之签订保密协议。

第五十九条　合作商、供应商接待应在专门的接待室进行。在公司内活动时，要安排专人陪同。接待完毕要及时填写接待记录。

第六十条　向客户发放涉及公司机密的文件或资料前，应向客户明确保密义务。

第六十一条　对合作单位人员进行培训时，培训教材的内容应严格把关。

第六十二条　只提供与合作有关的必要资料，提供秘密资料时需要经过审批。

第六十三条　与合作方接触的人员和文档限定在一定的范围之内。

第六十四条 合作方派人在公司工作时，还需与其个人签订保密协议。只向其提供与工作有关的资料，接触秘密资料时要求登记。

□ 客人接待

第六十五条 引导客户参观，要按照公司规定的路线。

第六十六条 客人在公司期间，要安排人员始终陪同。未经许可，不要将客人带进办公室或实验室。

第六十七条 未经许可，不允许技术人员向客户讲解有关技术问题。

第六十八条 客人在办公区域拍照、摄像，须经接待部门的一级部门以上领导批准。

第六十九条 应聘人员进入办公区内应有人陪同。

□ 使用软件

第七十条 非正版软件不得在公司内部使用。

第七十一条 因工作需要使用新软件时，要进行统一的申购，并由管理工程部统一审批。

第七十二条 由个人购买的自己使用的软件，不得存放在公司内部。

三、计算机与网络安全保密规定

第一条 计算机系统以用户密码和用户功能列表作为保密手段，每位计算机用户都拥有独立的密码和功能列表。

第二条 每位计算机用户的密码和功能列表由该用户所在部门的经理确定，各部门经理的密码和功能列表由总经理确定，计算机室必须按此规定为用户设置密码和增减功能，并应及时印出最新的密码和功能列表清单报部门经理和总经理室签字认可及存档。

第三条 所有用户均应认真保管自己的密码，凡因密码泄露或让他人使用自己的密码而造成的任何后果，均由该密码的所有者负责。

第四条 计算机室主管负责根据总经理室及各部门经理的要求，为所有用户设置、查询和修改密码及功能列表。计算机室其他工作人员将只拥有与系统管理有关的功能。

第五条 计算机室人员必须严格管理计算机室中的所有资料、报表、文件及计算机中存储的所有公司营业数据，未经总经理室允许，不得擅自给无关人员提供或查看任何公司营业数据，不得擅自接待任何参观人员。

第六条 计算机公司人员来公司测试或修理计算机系统时，计算机室人员必须在场陪同，如发现其有查看公司营业数据的操作时，应予以劝阻。

第七条 公司内所有有资格进入计算机室的人员均应遵守本制度，未经许可，不得擅自查阅或拿走任何计算机室中的资料、报表和文件等，包括印有公司营业数据的打印纸。

四、企业刻录制度

第一条 为了保护公司秘密，加强公司内部管理，公司对员工使用刻录机特做出本规定。

第二条 刻录工作由行政部统一安排，具体实施工作由质量管理部负责。

第三条 项目副主管以上人员具有刻录权限，一般员工原则上不具有刻录权限。特殊情况下，经项目主管和部门经理同意后，员工可申请刻录光盘。

第四条 刻录内容包括项目资料、工具光盘等与工作有关的资料，与工作无关的私人资料不允许使用公司刻录机。

第五条 需刻盘人员应到行政部前台领取“刻录光盘申请单”，填好后交各部门秘书，部门秘书报部门经理批准，行政部核准后，将“刻录光盘申请单”交给质量管理部。

第六条 各部门秘书接到质量管理部通知后，到质量管理部办理登记手续，领取已刻录光盘，转交员工或进行保存。

第七条 员工在未经允许的情况下，严禁私自开机进行刻录。

第八条 未经批准，任何人不能将个人刻录机私自接入公司任何一台机器上，更不能私自刻录有关项目资料。

第九条 员工因离职等原因，最终离开公司时，必须将公司光盘如数交回各部门秘书或行政部，遗失的光盘将按相关规定进行处罚。

第十条 本制度从×年×月×日开始实行，本制度的最终解释权属于行政部，希望员工能自觉遵守。

五、技术保密合同模板

甲方：

乙方：

甲乙双方根据《中华人民共和国反不正当竞争法》和国家、地方有关规定，就企业技术秘密保护达成如下协定：

（一）保密内容和范围

1. 乙方在合同期前所持有的科研成果和技术秘密已被甲方应用和生产的。

2. 乙方在合同期内研究发明的科研成果。

3. 甲方已有的科研成果和技术秘密。

4. 甲方所有的技术资料。

（二）双方的权利和义务

1. 甲方为乙方的科研成果提供良好的应用和生产条件，并根据创造的经济效益给予奖励。

2. 乙方必须按甲方的要求从事专案的研究与开发，并将研究开发的所有资料交甲方保存。

3. 乙方必须严格遵守甲方的保密制度,防止泄露企业的技术秘密。

4. 未经甲方书面同意,乙方不得利用技术秘密进行新的研究与开发。

5. 乙方在双方解除聘用合同后的____年内不得在生产同类且有竞争关系产品的其他企业内任职。

(三)协定期限

1. 聘用合同期内。

2. 解除聘用合同后的____年内。

(四)保密费的数额及支付方式

甲方对乙方的技术成果给予的奖励,奖金中内含保密费,其奖金和其中保密费的数额,视技术成果的作用和其创造的经济效益而定。

(五)违约责任

1. 乙方违反此协定,甲方有权无条件解除聘用合同,并收回有关待遇。

2. 乙方部分违反此协定,造成一定经济损失,甲方视情节轻重处以乙方________万元罚款。

3. 乙方违反此协定,造成甲方重大经济损失,应赔偿甲方所受全部损失。

4. 以上违约责任的执行,超过法律、法规、赋予双方许可权的,申请仲裁机构仲裁或向法院提出上诉。

甲方(盖章) 乙方(盖章)

法定代表人签名: 签名:

年 月 日 年 月 日

第三节 企业机要保密管理规范化细节执行标准

一、企业员工日常行为保密意识

(一)不该说的秘密,绝对不说;

(二)不该问的秘密,绝对不问;

(三)不该看的秘密,绝对不看;

(四)不该记录的秘密,绝对不记;

(五)不在非保密本上记录秘密;

(六)不在私人通信中涉及秘密;

(七)不在公共场所谈论秘密;

(八)不随便存放秘密文件、资料;

(九)不在普通电话、普通邮局传递秘密文件;

（十）不携带秘密材料外出参观、游览。

二、文书保密工作标准

（一）接收文件

1. 收到文件和信件启封后，当天登记。按密级及一般文件分类登记并编好顺序号，贴上文件呈批传阅笺，于当天或第二天送办公室主任阅批，然后根据办公室主任提出的呈送意见，分别将文件送给有关领导和有关科室。

2. 凡是急件、会议通知或时间性较强的文件，必须随收随送，尽快送达有关领导。其他文件也要抓紧传阅，一般不超过一星期传阅完。

3. 凡是秘密级别的文件，必须在当天内阅读，下班前交回文件保管处，以确保文件的安全。无密级的中共中央的文件作密件保管，与一般文件分开存放。

4. 认真做好文件的防盗、防失、防窃、防虫、防潮等防护工作。一切文件和档案应放在指定的保密柜和保密室。

5. 做好文件的立卷归档工作。立卷归档的案卷，有关部门或个人需查阅时，需经办公室领导同意，才能准予查阅。

6. 定期检查清理文件，做到传阅文件不积压，不出错漏，不丢失。按区保密局的要求定期清退秘密文件。部内印发剩余的文件材料及一些没有保存价值的资料等统一送到定点纸厂化浆。

（二）文件打印

1. 凡打印文件必须有领导签批。

2. 秘密文件应按规定标明密级。打印错的秘密材料及未公开的干部任免讨论材料要及时用碎纸机碎掉。印制秘密文件过程中所形成的蜡纸、衬纸、清样、废页、废件等应及时销毁，不得任意堆放。

3. 文件的原稿及打印好的文件、资料应放入抽屉内，不得让无关人员翻阅。

4. 计算机打字、文印室一般情况下不得随便进入。

5. 打字员应严格保守国家秘密，不得将有关秘密的内容向外泄露。

（三）发出文件

1. 文件印好分发前，要检查分发份数与实印份数是否相符，发文范围是否确切，文件格式是否符合要求，如发现问题要及时与办文科室协商，处理后方可分发。

2. 秘密、机密、绝密和急件、特急件、亲收件要在信封上标明。同一信封内装几份不同内容、不同文号的文件，必须在信封上标明。

3. 信件在转发前，要再次清点核对，收文的单位数与件数是否相符，收文单位是否准确。

4. 收发文均要办好签收。

三、复印机保密管理细节

（一）复印秘密级以上文件，必须严格遵守审批登记制度，严禁私自复印和滥印文件。

（二）复印秘密文件要请示主管保密工作的领导，履行审批、登记手续，并将复印件按原件要求管理。

（三）复印机由部办公室负责管理，外单位和个人未经许可不得随意动用。

第四部分

有力的后勤保障

第17章　企业员工餐厅宿舍管理

第一节　企业员工餐厅宿舍管理工作要点

一、员工餐厅管理的基本内容

员工餐厅管理的基本内容如下：

（一）为公司全体员工提供餐饮服务。

（二）控制管理餐厅运营的各种费用。

（三）提高各种饮食的水平与质量。

（四）维护餐厅环境，保证厨房与用餐大厅的卫生。

（五）管理并培训餐厅人员。

二、员工餐厅管理的工作原则

（一）保证伙食质量。

（二）改善服务态度。

（三）搞好饮食卫生。

（四）搞好成本核算。

三、员工宿舍的类别

员工宿舍的类别如下：

（一）单身集体宿舍

单身集体宿舍是企业为未婚员工提供的集体宿舍，只有单身，在本地没有居所的员工有资格居住。

单身集体宿舍的管理需要派专人负责，以企业的名义进行安全方面的管理，包括防火、防盗、外来人员管理等。

（二）临时休息宿舍

临时休息宿舍是企业为员工提供的休息场所，不能作为员工长期居住的住所。

对临时休息宿舍的管理可由行政部负责，主要监督宿舍的利用率、物品的损坏等，另外对入住人员的登记需要由专人负责。

（三）员工家属住宅

一般是兴建在单位附近的生活区，它方便员工就近上班，保证员工有较充裕的闲暇时间学习、娱乐和休息。同时，由于离工作单位较近，也减轻了员工的经济负担。

四、员工宿舍管理内容

员工宿舍管理内容如下：

（一）健全住宿登记制度，设置住宿员工一览表。

（二）完善住宿设施。

（三）制定单身员工住宿管理办法。

（四）及时准确地填报单身员工住宿月报表。

（五）定期征询住宿员工和所在单位的意见，以利于改进住宿管理工作。

五、员工宿舍设备物品管理工作要点

员工宿舍设备物品管理工作要点如下：

（一）要科学使用宿舍设备物品，使用过程中要精心维护、及时检修、确保技术状况良好。对锅炉等压力容器和电视机等贵重物品，要单独建账设卡、指定专人管理。

（二）加强库房管理，使各类物品分类摆放整齐，做到无损失、霉烂现象，做到账物相符。

（三）给住宿员工配发卧具等物品时，要做到及时准确、手续完备、账物相符。

六、员工宿舍服务物品管理工作要点

员工宿舍服务物品管理工作要点如下：

（一）充分发挥现有人员和服务设施的作用。

（二）丰富单身员工的文化生活。

（三）调查了解某些单身员工的特殊需要，开办新的服务项目。

七、员工宿舍安全物品管理工作要点

员工宿舍安全物品管理工作要点如下：

（一）定期对住宿员工、服务人员进行安全教育。

（二）要严格执行治安管理的各项规章制度，加强综合治理。

第二节 企业员工餐厅宿舍管理规范化制度

一、员工餐厅管理制度模板

□ 总则

第一条 为确保员工身体健康、营养丰富、提供优质后勤服务,特制定本制度。

第二条 公司设立职工餐厅,专门为职工提供膳食服务;或公司不设立职工餐厅,从公司外订购盒饭,通常免费供应午餐。

□ 餐厅管理

第三条 餐厅财产归公司所有,餐厅为非营利性福利机构,每月基本做到收支平衡。

第四条 餐厅收支账目要求清晰、准确,做到日清月结,每月编制收支明细账表对外公布。

第五条 财务核定一定数额备用金为餐厅周转金。餐厅采购根据就餐人数、标准采购,经验收后签字入账。

第六条 公司可设立各员工组成的自主性餐厅管理委员会,监督、管理餐厅工作。

第七条 公司每天提前通知或订购就餐数量。因出差或其他原因不能就餐,须及时通告行政主管。

第八条 凡申请客餐及业务招待餐,须提前填写招待申请单,经批准后通知行政主管其人数、标准、时间、用餐毕,签字验证,按月由财务部核算费用。

第九条 制定就餐时间。

午餐:

晚餐:

第十条 保持就餐环境整洁卫生,做到无脏物、无异味、无污迹,餐具清洁干净,勤擦洗、勤消毒,做到无毒无菌。

第十一条 对饮食加工器皿,注意使用安全,消除事故隐患。

第十二条 注意饮食卫生,防止中毒。

第十三条 主动、积极地听取员工对用餐要求、意见,积极改进餐厅或外订工作。

第十四条 公司对每月用餐情况进行统计,填写月度用餐统计表。

□ 厨房卫生管理标准

第十五条 厨具、设备摆放整齐、干净。

第十六条 不锈钢台、架柜、冰柜、烤炉无油迹。

第十七条 地面无污迹、无积水、无杂物。

第十八条 冰柜无血水、食品用纸封好,其他食品无变质、无异味。

第十九条 炉头、炉台、锅、烟囱无油迹、无杂物。

第二十条 汤锅、蒸锅内外光洁,无污迹、无杂物。

第二十一条 地面无污迹、无积水、无垃圾,墙壁无污迹、无尘,天花板无蜘蛛网、无吊尘。

第二十二条 案台、砧板、水池洁净,无异物、无异味。

第二十三条 切肉机、绞肉机内外干净,无异物、无异味。

第二十四条 菜架清洁,菜筐无杂物,内外洗刷干净。

第二十五条 洗碗机内外光洁、无尘,机内无积水、无杂物、无油迹。

第二十六条 放餐台、冲碗池洁净,无油迹杂物。

第二十七条 不锈钢柜架干净,柜架上所摆放的东西整齐有序。

□ 附则

第二十八条 本办法由总务后勤部制定、实施、监督检查,报总经理批准后执行,修改亦同。

二、员工宿舍管理制度模板

□ 总则

第一条 为加强公司宿舍区的文明建设,使员工有一个整洁、安静、安全、文明的生活居住环境,规范公司宿舍管理,特制定本守则。

□ 入住

第二条 员工入住公司住宅、集体宿舍时,均应办理入住手续,签订住房合同。员工须在期满前一个月提出续住申请。

第三条 员工使用宿舍内的公司财物,须罗列清单,经员工个人与物业部清点确认后签字。

第四条 入住人员只限员工及与其户口同册家属或供养亲属。

□ 退房

第五条 员工在劳动合同期满后离开公司、辞职、解聘时,须交回其住房,否则不予办理任何调动手续。

第六条 员工、退休员工及配偶死亡后,公司收回住房,产权属公司所有或租借房,其遗属无权继续居住。

第七条 公司员工再行申请住房已分新房时,应及时退回原有住房。

第八条　凡受公司资助购房的员工换房或离开公司时，应办理退款手续，退还部分购房资助款。

应退款额 = 资助 - 资助款 ÷ 房屋折旧所限 × 居住年限

第九条　员工退房时须办理移接手续，清点财物。凡居住期间，财物有损坏的，须作正价赔偿。

□ 宿舍管理细则

第十条　保持生活环境的整洁卫生，不随地吐痰、不乱丢果皮、纸屑、烟头等。一切车辆（含自行车）要按指定的位置摆放整齐。

第十一条　不得在公共走廊、楼梯及其他公共场所堆放物品，不得随地吐痰、乱倒垃圾，不得在室内饲养牲畜，严禁将杂物、剩饭等倒入厕所及排水管道，严禁往窗外泼水、乱倒杂物。不允许养狗、养鸟和其他宠物。

第十二条　讲文明礼貌，不随地大小便，不从楼上抛丢垃圾、杂物和倒水，不准弄脏墙壁。

第十三条　养成良好的卫生习惯，垃圾、杂物要倒在垃圾池或槽内。

第十四条　注意安全，不要私自安装电器和拉接电源线，不准使用明火炉具（用电炉具）及超负荷用电。

第十五条　预防火灾，严禁在宿舍区燃放烟花爆竹。

第十六条　自觉维护宿舍区的安静，在中午、晚上休息时不使用高音器材，不大声吵闹，不进行有噪声活动，以免影响他人休息。

第十七条　美化环境，爱护花草树木和一切公共设施。

第十八条　各住户生活区的卫生应经常打扫，保持整洁。

第十九条　遵纪守法，严格遵守治安管理的有关规定，自觉维护宿舍区的秩序。

第二十条　任何员工未经公司许可，不得擅自留宿外人。

第二十一条　公司员工不得擅自调换房间或公司财产物品。

第二十二条　员工离开住所必须关好门窗，锁好房门或大门。

第二十三条　住宿人员不得损坏宿舍财产及公共设施，如造成损坏，应照价赔偿，并根据情节轻重予以罚款。

第二十四条　集体宿舍建立值日制度，值班者负责责任区公共卫生、水、电设备状况。

第二十五条　注意宿舍安全，严禁携入易燃易爆物品，及时排除事故隐患。

第二十六条　宿舍区不能成为犯罪窝点，严禁打架、赌博、吸毒、色情等不良活动。

第二十七条　对违反管理规定的人员，及时批评教育、提出警告；对多次不改者，公司可予以处罚，乃至逐出宿舍。

第二十八条　居住所耗费的用水、电、气等费用，员工自理，并按规定缴纳一定房租。

□ 附则

第二十九条　本办法由总务后勤部制定、实施、监督检查，报总经理批准后执行，修改亦同。

三、员工餐厅就餐管理制度

第一条 本餐厅只为本公司员工提供服务，就餐者进入餐厅必须携带工号牌，凭餐卡领取饭菜。

第二条 本餐厅早餐时间为____~____，午餐时间为：____~____，晚餐时间为____~____。

第三条 就餐者必须严格遵守就餐纪律，排队打饭，不许插队。

第四条 就餐者必须做到节约和自治，根据自己的实际情况领取饭菜，不许故意造成浪费。

第五条 就餐者用餐结束后必须将餐具放到餐厅指定地点。

第六条 就餐者必须做到文明用餐，在餐厅内不准抽烟，不准随地吐痰，不准大声起哄、吵闹。

第七条 在餐厅用餐者一律服从餐厅管理和监督，爱护公物、餐具，讲究道德。

第八条 就餐者不准把餐具拿出食堂或带回办公室占为己有。

第九条 如有违反以上规定者，行政部有权报人事部给予罚款处理，从当月浮动工资中扣除。情节严重者，屡教不改者，给予行政处分或除名。

四、员工餐厅厨房卫生管理制度

第一条 厨房应与厕所及其他不洁处所有效隔离，厨房内不应有厕所，且厨房的门与窗均不得面对厕所。

第二条 厨房应设有良好的供水系统与排水系统，尤以排水系统最重要，因厨房烹调食物时，材料需要清水洗涤，厨房用过的污水必须迅速排除，否则会使厨房泥泞不堪。

第三条 地面、天花板、墙壁门窗要坚固美观，所有孔洞缝隙应予填实密封，并保持整洁，以防止蟑螂、老鼠隐身躲藏或出入。

第四条 在适当的位置安装抽油烟机，抽油烟机的油垢应定期进行清理，所排出的污油应适当处理，切勿直接喷泻干扰邻居。

第五条 工作厨台及橱柜以铝质或不锈钢材质为佳，木质材料容易滋生繁殖蟑螂。

第六条 应特别注意对厨房内一些死角的清扫，避免面包屑、碎肉、菜屑等遗留腐烂。

第七条 食物应在工作台上进行操作，并将生、熟食物分开处理。刀和砧板工具及抹布等，必须保持整洁。

第八条 要保证食物的新鲜、清洁、卫生，并于洗清后分类以塑胶袋包紧，或装在有盖容器内，分别贮放于冰箱或冷冻室内，鱼、肉类取用处理要迅速，以免反复解冻而影响鲜度，要确实做到不要将食物暴露在常温中太久。

第九条 对于那些易腐烂的食品应贮藏在摄氏零度以下的冷藏容器内，熟的与生的食物分开贮放，也防止食物气味在冰箱内扩散及吸收冰箱内气味，并备置脱臭剂或燃过的木炭放入冰箱,可吸净臭味。

第十条 调味品应该以适当的容器装盛,使用后随即盖好,所有的器皿及菜肴均不得与地面或污秽接触。

第十一条 应准备好有密盖的污物桶、厨余桶,厨余最好当夜倒除,不在厨房内隔夜。万一需要隔夜清除,则应用桶盖隔离,厨余桶四周应经常保持干净。

第十二条 员工在工作期间应穿戴整洁的工作衣帽,工作时避免让手接触或沾染食物与食器,尽量利用夹子、勺子等工具取用。

第十三条 在进行厨房作业时,工作人员不得在食物或食器的附近抽烟、咳嗽、打喷嚏,万一打喷嚏时,要背向食物用手帕或卫生纸罩住口鼻,并随即洗手。

第十四条 在对厨房进行清扫后,清扫用具应集中处置。杀菌剂和洗涤剂不得与杀虫剂等放在一起,有毒的物质要标明,放在固定场所及指定专人管理。

第十五条 任何人都不得在厨房内躺卧或住宿,也不许随便悬挂衣服及放置鞋履,乱放杂物等。

五、工作餐卡使用和管理制度

□ 发放

第一条 工作餐卡是公司员工就餐凭证。

第二条 每月由人事部门向餐饮部提供各部门的人员名单,填制工作餐卡,将填好的工作餐卡发至各部门,由各部门发放至员工本人。

第三条 零星调入人员凭人事部通知单到食堂主管处领取餐卡。

第四条 为解决特殊情况下增加用餐或因工作需要免费用餐,由部门向人事部履行申报手续,批准后到食堂主管处办理机动餐券。

□ 使用

第五条 员工就餐时持工作卡由食堂工作人员在餐卡上盖戳后方可用餐。

第六条 餐厅主管人员随时审查是否超过了规定餐数,如若超过规定餐数不予就餐。

□ 回收

第七条 每月初各部门员工须将餐卡交回本部门,由本部门干事收齐后,交餐饮部回收。

第八条 员工持有的餐卡须保持清洁,不得随意涂改、不得遗失,否则,餐饮部不提供就餐补贴。

六、员工餐厅工作人员管理制度

第一条　厨房人员上岗不准戴戒指、手表等，不准留长头发、长指甲等。

第二条　冰柜、保鲜柜、油烟罩、下水道等应每日清洗，墙面必须每天清洗，讲究卫生。

第三条　厨房人员凡从食堂带出食品、用具、调料者一律按偷窃论处。

第四条　下班前必须严格检查各个用火点，保证油、气、电、水、火各个部位关闭，拴好门窗通道。

第五条　蔬菜用流动清水漂洗的时间不少于20分钟，海鲜类与肉类必须分别加工、分别清洗、分别存放。

第六条　发现蔬菜、肉类或其他副食品有异常，如变质、异味、霉烂或变色等应及时报告领班主管或经理，在未得到主管以上人员的明确意见前不准擅自处理。

七、厨房环境卫生管理制度

第一条　不得将任何食物置于角落、衣橱及橱柜内。

第二条　不在厨房暗处、水沟及门缝等处丢放废弃物。

第三条　对已经腐蚀的食物，不要随意扔在地上，要进行妥善的处理。

第四条　厨师要尽量避免使用手拿食物，餐厅人员亦切勿用手拿食物。

第五条　在地上捡拾东西、搬运桌椅后，应该先洗手，然后再进行操作。

第六条　不在厨房内随地吐痰。

第七条　随时保持工作区域内的清洁卫生。

第八条　厨房工作人员生病时应该立即进行医治，在病愈后才能上班。

第九条　厨房工作台随时保持清洁，不得留置任何食品。

第十条　发现在厨房内有苍蝇或其他虫物出现，要立即报告，并做彻底的扑灭、消毒工作。

八、厨房设备、餐具卫生管理制度

第一条　厨房设备、餐具用后要进行洗涤，并进行消毒处理。

第二条　对于加工用的设备、厨具的消毒应更加认真细致。

第三条　餐厅内冷藏设备的清洁卫生工作，应该由专人负责。

第四条　保证厨房的清洁卫生，清洁消毒设备，确保被洗涤餐具的干净。

第五条　要经常进行消毒、清理、贮藏和输送设备。

第六条　制订设备卫生计划和各种设备洗涤操作规程，随时做好员工的卫生知识培训工作。

第七条　厨房所有工作人员要讲究个人的清洁卫生，要养成良好的卫生习惯。

九、厨房员工管理制度

第一条　厨房所有员工都必须按时上下班，履行签到手续不迟到、早退。进入厨房必须按规定着装，佩戴工作牌，保持仪表、仪容整洁，洗手后上岗工作。

第二条　服从上级主管的领导与工作安排，认真按规定要求完成各项工作。

第三条　工作时间内不得擅自串岗、离岗、看书、睡觉等，不准干私事和与工作无关的事。

第四条　不得在厨房区域内追逐、嬉闹、吸烟，不得做有碍厨房生产和厨房卫生的事。

第五条　不得坐在案板及其他工作台上，不得随便吃拿食物，不得擅自将厨房的食品、物品交与他人。

第六条　对于厨房设备，不得带故障操作或将专用设备改作他用，工作人员应自觉维护、保养厨房设备及用具，损坏公物按规定赔偿。

第七条　自觉养成良好的卫生习惯，随时保持环境卫生。

第八条　未经厨师长批准，不得擅自带人进入厨房。

十、厨房安全管理制度

□ 厨房安全管理内容

第一条　厨房里的不安全因素众多，从菜品的加工到销售过程中都隐藏着不安全因素。厨房管理者应重视、警示、培养员工提高安全防范意识，主要在以下方面采取预防措施：

1. 烫伤；
2. 扭伤、跌伤；
3. 刀割伤；
4. 电器设备造成的事故；
5. 防火与灭火。

□ 厨房安全管理制度

第二条　厨房工作人员要熟练掌握各种机械设备的使用方法与操作标准。对各种机械设备使用时应严格按操作规程进行操作，不得随意更改操作规程，严禁违章操作。设备一旦开始作业运转，操作人员不准随便离开现场，对电器设备高温作业的岗位，作业中随时注意机器运转和油温的变化情况，发现意外及时停止作业，及时上报厨师长或经理，遇到故障不准随意拆卸设备，应及时报修，由专业人员进行维修。

第三条　对厨师使用的各种刀具要严格进行管理，严格按要求使用和放置刀具，不用时应将刀具放在固定位置，不准随意拿刀具吓唬他人，或用刀具指对他人，收档后应将刀具放在固定位置存放，厨师不准随意把刀带出厨房。

第四条　厨师个人的专用刀具，不用时应放在固定位置保管好，不准随意借给他人使用，严禁随处乱放，否则由此造成的不良后果，由刀具持有人负责。

第五条　厨房的各种设备均由专人负责管理，他人不得随意乱动，定期检查厨房的各种设施设备，及时消除安全隐患。

第六条　每天下班前要逐一检查油路、阀门、气路、燃气开关，电源插座与开关的安全情况，如果发现问题应及时报修，严禁私自进行处理。

第七条　禁止使用湿抹布擦拭电源插头，严禁私自接电源，不准带故障使用设备，班后要做好电源和门窗的关闭检查工作。

第八条　厨房如果发现被盗现象，值班人员或发现人员应做好现场的保护，并及时报上级进行处理，并及时协助领导了解情况。

第九条　掌握厨房和餐厅内消防设施和灭火器材的安放位置与使用方法，经常对电源线路进行仔细检查，发现超负荷用电及电线老化现象要及时报修，并向上级汇报。

第十条　一旦发生火灾，应迅速拨打火警电话并简要说明起火位置、部门，尽量设法进行灭火，并根据火情组织引导客人进行安全疏散。

□ 厨房防火管理制度

第十一条　使用酒精炉时不要往正在燃烧的酒精炉内添加酒精，备用的酒精存量不得超过两天的用量，放在备餐间由专人保管，总备用酒精由仓库管理部负责保管。

第十二条　使用液化气时，必须严格执行安全操作规程，使用前要检查输气胶管、气瓶，发现漏气立即停止使用。开炉时先点火后开气，点火后才能推入餐厅。使用的小气瓶要由专人管理。

第十三条　各厨房厨师开炉前首先要打开风门，然后先点火种后开气，下班后要关牢气阀，熄灭火种。

第十四条　在正常作业期间，厨房各出口的门不得上锁，保持畅通。

第十五条　对于厨房的抽油烟机及管罩，要定期进行清理。在清洗厨房时，不要将水喷洒到电插座、电开关处，防止电器短路引起火灾。

第十六条　热油炸开时，注意控制油温，防止油锅着火。

□ 厨房防火检查制度

第十七条　严格遵守规定的操作规程。

第十八条　厨房下班前应细致检查，熄灭火种，关严各油、气阀门，无漏油、漏气现象。

第十九条　保持工作环境的清洁，清除工作台上的各种油污，定期对抽油烟机进行清洁。

第三节　企业员工餐厅宿舍管理实用表单

一、菜品管理表

菜品管理表如表17－1所示。

表17－1　菜品管理表

<table>
<tr><td colspan="2">菜名</td><td></td><td>装盛器皿</td><td></td><td>烹制方法</td><td></td><td>风味</td><td></td></tr>
<tr><td rowspan="4">原材料</td><td>主料</td><td colspan="7"></td></tr>
<tr><td>配料</td><td colspan="7"></td></tr>
<tr><td>调料</td><td colspan="7"></td></tr>
<tr><td>要求</td><td colspan="7"></td></tr>
<tr><td rowspan="5">制作流程与要求</td><td>初步加工</td><td colspan="7"></td></tr>
<tr><td>切配</td><td colspan="7"></td></tr>
<tr><td>打荷</td><td colspan="7"></td></tr>
<tr><td>烹制</td><td colspan="7"></td></tr>
<tr><td>制作要求</td><td colspan="7"></td></tr>
<tr><td>菜品特征</td><td colspan="8"></td></tr>
<tr><td>备注</td><td colspan="8"></td></tr>
</table>

二、厨房不合格产品记录表

厨房不合格产品记录表如表 17 –2 所示。

表 17 –2　厨房不合格产品记录表

序号	日期	菜名	厨师	客人不满的原因	餐别	厨师长意见	备注

三、厨房退菜登记表

厨房退菜登记表如表 17 –3 所示。

表 17 –3　厨房退菜登记表

序号	日期	受理人	午餐	晚餐	退回原因	处理结果	备注

四、食品加工表

食品加工表如表 17 –4 所示。

表 17 –4　食品加工表

原料名称	数量	单价	原料总值	净料				成本系数
				名称	数量	单价	总值	

五、厨房卫生检查表

厨房卫生检查表如表 17－5 所示。

表 17－5 厨房卫生检查表

序号	检查内容	检查人	责任人	检查范围	抽查人	处理结果	备注
1	作业中操作台面是否干净、整洁，原料放置是否有序						
2	凉菜、粥档及厨房内门窗、墙面是否干净，无油污水渍						
3	作业中的地面是否干净整洁、无垃圾、无杂物						
4	作业中的下脚料是否存放好，废料是否随手放进垃圾桶						
5	作业中墩、刀、抹布是否清洁卫生						
6	菜肴出品是否有专用抹布、筷子						
7	冰箱存放的原料是否合理，生熟是否分开，无腐烂变质						
8	盛装菜肴的盘边是否干净卫生，无水迹、油污，无手印						
9	工作中员工如厕后是否洗手						
10	各种盛放菜肴的器皿是否完好干净、无油渍、无水渍						
11	对菜肴是否认真检查，确保菜肴中无异物，无量缺现象						

续表

序号	检查内容	检查人	责任人	检查范围	抽查人	处理结果	备注
12	盘饰用品是否干净卫生，摆放是否合理，有美化效果						
13	收台后操作台是否干净整洁，无污迹，无杂物，工具摆放是否有序						
14	每菜出品后，占厨师傅是否清理灶面卫生						
15	备用餐具是否干净，无污迹、水迹，无杂物						
16	油烟机排风罩、玻璃、冰箱、冰柜是否干净、卫生，无污迹，无油渍						

六、厨房领料单

厨房领料单如表 17－6 所示。

表 17－6 厨房领料单

序号	日期	原料名称	计量单位	需要量	发放量			领料人
					数量	单价	金额	

七、餐饮用具、用品计划表

餐饮用具、用品计划表如表 17－7 所示。

表 17－7　餐饮用具、用品计划表

序号	品名	标准	单位	数量	审核意见

八、餐具、相关用品盘点表

餐具、相关用品盘点表如表 17－8 所示。

表 17－8　餐具、相关用品盘点表

序号	品名	单位	单价	上期结存		本期领用		实地盘点		备注
				数量	金额	数量	金额	数量	金额	

九、餐厨用具借用表

餐厨用具借用表如表 17－9 所示。

表 17－9　餐厨用具借用表

名称	单位	标准	数量	归还日期	短缺或损坏情况	借用部门	备注

十、餐厨用具报损情况记录表

餐厨用具报损情况记录表如表 17－10 所示。

表 17－10　餐厨用具报损情况记录表

序号	日期	品名	规格	单位	数量	损坏原因	报损人	备注

十一、餐厨用具损耗月报表

餐厨用具损耗月报表如表 17 – 11 所示。

表 17 – 11　餐厨用具损耗月报表

序号	品名	规格	单位	数量	单价	金额	备注

十二、住宿登记表

住宿登记表如表 17 – 12 所示。

表 17 – 12　住宿登记表

宿舍号码	住宿人员姓名及住宿时间

十三、宿舍物品借用卡

宿舍物品借用卡如表 17 – 13 所示。

表 17 – 13　宿舍物品借用卡

使用日期：　　年　　月　　日　　　　　借用人：

物品名称	借用数量	归还数量	物品名称	借用数量	归还数量
棉被					
蚊帐					
衣橱锁匙					
枕头					
拖鞋					

十四、宿舍检查日报表

宿舍检查日报表如表 17 – 14 所示。

表 17 – 14 宿舍检查日报表

检查者____ ____年____月____日

<table>
<tr><td rowspan="2">室号</td><td rowspan="2">室长</td><td colspan="8">检查结果(项目)</td></tr>
<tr><td></td><td></td><td></td><td></td><td></td><td></td><td></td><td>备注</td></tr>
<tr><td></td><td></td><td></td><td></td><td></td><td></td><td></td><td></td><td></td><td></td></tr>
<tr><td></td><td></td><td></td><td></td><td></td><td></td><td></td><td></td><td></td><td></td></tr>
<tr><td></td><td></td><td></td><td></td><td></td><td></td><td></td><td></td><td></td><td></td></tr>
</table>

十五、住宿申请单

住宿申请单如表 17 – 15 所示。

表 17 – 15 住宿申请单

填单： 年 月 日

<table>
<tr><td>姓名</td><td></td><td colspan="2">任职单位</td><td colspan="3"></td></tr>
<tr><td>到职</td><td>年 月 日</td><td colspan="2">职 称</td><td colspan="3"></td></tr>
<tr><td>籍贯</td><td></td><td>性别</td><td></td><td>出 生
时 间</td><td colspan="2">年 月 日(岁)</td></tr>
<tr><td>学历</td><td colspan="6">学校 科系□毕业□肄业</td></tr>
<tr><td colspan="7">本人户籍地址：</td></tr>
<tr><td rowspan="2">紧急
联络人</td><td></td><td colspan="2">联系地址</td><td colspan="3"></td></tr>
<tr><td>关系：</td><td colspan="2">电 话</td><td colspan="3"></td></tr>
<tr><td rowspan="2">家长
姓名</td><td></td><td colspan="2">联系地址</td><td colspan="3"></td></tr>
<tr><td>关系：</td><td colspan="2">电 话</td><td colspan="3"></td></tr>
<tr><td>嗜
好</td><td></td><td colspan="2">申 请
理 由</td><td colspan="3"></td></tr>
<tr><td>入舍</td><td colspan="3">年 月 日</td><td colspan="2" rowspan="2">人事
审核</td><td rowspan="2"></td></tr>
<tr><td>床位</td><td colspan="3">楼 室 号</td></tr>
</table>

续表

<table>
<tr><td rowspan="7">领用公物</td><td></td><td>棉被</td><td rowspan="5">领物签章</td><td rowspan="5"></td><td rowspan="7">退舍移交登记</td><td></td><td rowspan="2">总务登记</td><td rowspan="2"></td></tr>
<tr><td></td><td>床垫</td><td></td></tr>
<tr><td></td><td>枕头</td><td></td><td rowspan="2">单位主管</td><td rowspan="2"></td></tr>
<tr><td></td><td>枕套</td><td></td></tr>
<tr><td></td><td>被套</td><td></td><td rowspan="2">舍　　监</td><td rowspan="2"></td></tr>
<tr><td></td><td colspan="3">钥匙 NO.</td><td></td></tr>
<tr><td></td><td colspan="3">其他</td><td></td><td rowspan="2">总务主管</td><td rowspan="2"></td></tr>
<tr><td colspan="7">备注：</td></tr>
</table>

十六、住宿登记表

住宿登记表如表 17 – 16 所示。

表 17 – 16　住宿登记表

宿舍号码	住宿人员姓名及住宿月日

十七、宿舍分配申请表

宿舍分配申请表如表 17 – 17 所示。

表 17 – 17　宿舍分配申请表

申请日期：　　　年　　月　　日

<table>
<tr><td>姓名</td><td></td><td>性别</td><td></td><td>服务单位</td><td></td><td>职(位)称</td><td></td><td>进公司年月日</td><td></td></tr>
<tr><td>现在住所</td><td colspan="4"></td><td>起止地点</td><td colspan="2">~</td><td>单程千米数</td><td></td></tr>
<tr><td>预定使用时间</td><td colspan="4">年　　月　　日起</td><td colspan="2">实际使用单位</td><td colspan="3"></td></tr>
<tr><td colspan="10">申请分配理由：</td></tr>
</table>

续表

总务科意见：					主管单位意见：			
总经理	财务单位	管理单位			主管单位			
		厂长（经理）	主管	主（协）办	厂长（经理）	副厂长（副经理）	主管	主（协）办

第四节　企业员工餐厅宿舍管理规范化细节执行标准

一、员工宿舍文明守则

员工宿舍文明守则如下：

第一条　为加强公司宿舍区的文明建设，使职工有一个清洁、宁静、安全、文明的生活环境，特制定职工宿舍文明守则如下。

第二条　保持生活环境的整洁卫生，不随地吐痰，乱丢果皮、纸屑、烟头等。一切车辆（含自行车）要按指定的位置摆放整齐。

第三条　宿舍区内的走廊、通道及公共场所，禁止堆放杂物、养鸟和其他宠物。

第四条　讲文明礼貌，不随地大、小便，不从楼上抛丢垃圾、杂物和倒水。不准弄脏和划画墙壁。

第五条　养成良好的卫生习惯，垃圾、杂物要倒在垃圾池（桶）内。

第六条　注意安全，不许私自安装电器和拉接电源线，不准使用明火炉具（用电炉具）及超负荷用电。

第七条　预防火灾，严禁在宿舍区燃放烟花爆竹。

第八条　自觉维护宿舍区的安静，在中午、晚上休息时间不使用高音器材，不许大声吵闹，不进行有噪声的活动，以免影响他人休息。

第九条　美化环境，爱护花草树木和一切公共设施。

第十条　各住户生活区的卫生要经常打扫，保持整洁。

第十一条　遵纪守法，严格遵守治安管理的有关规定，自觉维护宿舍区的秩序。

二、餐厅卫生管理标准

餐厅卫生管理标准如下：

第一条　严格执行《食品卫生法》，杜绝食物中毒事故发生。

第二条　中心所有炊事人员必须定期体检，持有效健康证方可上岗。

第三条　炊事人员要做到“四勤”（即：勤洗手剪指甲，勤洗澡理发，勤换衣服被褥，勤换工作服），“五不”（即：不随地吐痰，不抽烟，不用手抓食品，不对食品打喷嚏咳嗽，不直接用勺尝味）。

第四条　洗碗池、洗菜池及时擦洗疏通，餐厅每日三擦三扫，做到清洁、舒适。

第五条　严格执行双墩、双刀制，生熟分开制，杜绝交叉感染。

第六条　餐具、茶具、灶具及盛放直接入口食品的容器使用前必须洗净消毒。

第七条　采购各种肉类，必须坚持索要检疫证件及屠宰证明等制度。

第八条　环境卫生要做到无脏物、无异味，泔水桶、垃圾车、废品堆、下水道要及时处理清运，保持整洁，厕所应经常冲洗，防堵防漏。

第九条　各餐厅及环境卫生要执行分片包干、定人定物、责任到人制度。

三、员工宿舍设备安全检查标准

第一条　配合楼层对客房电器设备进行全面检查，包括床头箱及接线盒、门铃、灯具、衣柜灯及其开关、房间插座、插头等。

第二条　每半年检查吊灯和组合花灯、灯具和水晶玻璃物品等是否牢固可靠。

第三条　餐厅厨房和职工厨房电器设备，除分工包干责任制中规定由责任人每月进行维护保养外，每年由维修班安排两次安全检查，包括开关、插座、设备的接线是否坚固，接零保护线是否可靠，线路是否完整。

四、空调操作管理执行标准

第一条　上岗期间，全体空调工听从值班长的调度和工作指令，在领班的指导下完成任务，对动力设备领班负责。

第二条　了解设备的运行情况，根据外界天气变化及时进行调节，确保系统正常运行，并做好运行记录。

第三条　坚持巡检制度，每班都要定时对外界及各空调区域的温度、相对湿度进行监测。

第四条　巡查中发现异常现象及故障要及时排除，如一时处理不了的，要在做好补救措施的同时上报主管。

第五条　每班都要监视水温、水压、气压以及有无溢漏情况，如遇下雨或消防排水，要注意排水系统，以免水浸设备。

第六条　按中央空调及其设备运行周期，定期做好计划大修、中修或小修。每年中央空调使用期过后，要进行必要的检修。接到报修任务后，要立即赴现场进行处理，必要时连夜抢修。

第七条　值班人员必须掌握设备的技术状况，发现问题妥善处理，搞好中央空调系统和通风系统设备的日常保养和检修，并做好工作日记。

第八条　中央空调运行人员要勤巡查、勤调节，保持中央空调温度的稳定，并做好节能工作。

五、配电室操作管理执行标准

第一条　值班电工要树立高度的责任心，熟练掌握单位供电方式、状态、线路走向及所管辖设备的原理、技术性能和操作规程，并不断提高技术水平。

第二条　严格保持各开关状态和模拟盘相一致，不经领导批准，值班人员不得随意更改设备和结线的运行方式。

第三条　密切监视设备运行情况，定时巡视电器设备，并准确抄录各项数据，填好各类报表，确保电力系统正常运行。

第四条　值班人员对来人来电报修，要及时登记并立即赴现场修理，工作结束后，做好工时和材料的统计工作，并要求使用方签字。

第五条　在气候突变的环境下，要加强对设备的特别巡逻，发生事故时，要保持冷静，按照操作规程及时排除故障，并按规则要求做好记录。

第六条　值班人员违反工作规则或因失职影响营业或损坏设备，要追究当事人责任。

第七条　任何闲杂人员等不得进入配电室，更不得在配电室逗留。

参观配电室或在配电室执行检修安装工作，须得到工程部负责人的批准，并要进行登记。

六、停电处理细则

第一条　值班领导接到突然停电通知时，应立即赶赴现场，检查应急灯是否正常，查明停电原因。

第二条　通知工程部维修及通知后勤部与有关部门联络。

第三条　检查电梯是否正常运作，检查有关设备是否破损。

第四条　通知保安部做维持现场的保安工作。

第18章　企业环境卫生管理

第一节　企业环境卫生管理工作要点

一、企业环境卫生管理工作内容

企业环境卫生管理工作内容如下：

（一）办公区域的清洁。

（二）车间公共区域的清洁。

（三）厕所、洗手台及饮水间的清洁。

（四）仓库公共区域的清洁。

（五）会议室、会客室、培训室的清洁。

（六）高级主管办公室的清洁。

（七）办公、生产废弃物的清洁、运送。

（八）厂区道路、草坪、花圃、停车场的清洁。

（九）厂外周边环境的清理。

（十）厂区的绿化及草皮、树木的修剪。

（十一）花圃的培育和维护。

（十二）厂房、办公大楼的粉刷、油漆。

（十三）办公室内的盆景维护和更换。

（十四）厂区周围的维护和清洁。

（十五）标语、公告栏、文化走廊的维护和清洁。

（十六）厂区地面维护。

（十七）办公室饮用水的管理和饮水机的清洁。

（十八）卫生区域的设备维护清修。

（十九）办公室再生纸的整理。

二、企业环境卫生整理工作要点

企业环境卫生整理工作要点如下：

（一）进行所在的工作场所（范围）全面检查，包括看得到和看不到的。

（二）制定“需要”和“不需要”的判别标准。

（三）清除不需要物品。

（四）调查需要物品的使用频度，决定日常用量。
（五）制定废弃物处理方法。
（六）每日自我检查。
（七）腾出空间，充分利用空间。
（八）防止误用无关的物品。
（九）塑造清爽的工作场所。
（十）布置流程，确定置放场所。
（十一）规定放置方法。
（十二）画线定位。
（十三）标志场所物品（目视管理的重点）。
（十四）使工作场所一目了然。
（十五）作业时，节省寻找物品的时间。
（十六）消除过多的积压物品。
（十七）创造整齐的工作环境。

三、企业环境卫生清洁活动工作要点

企业环境卫生清洁活动工作要点：
（一）将地面、墙壁和窗户打扫干净。
（二）画出表示整顿位置的区域和界线。
（三）将可能产生污染的污染源清理干净。
（四）对设备进行清扫、润滑，对电器和操作设备进行彻底检修。
（五）制定作业现场的清扫规程并实施。

第二节 企业环境卫生管理规范化制度

一、企业清洁卫生管理办法

第一条 为保障公司优美、舒心的工作环境和员工身心健康，塑造公司形象，特制定本办法。

第二条 凡公司卫生事宜，除另有规定外，皆依本办法实行。

□ 组织管理

第三条 公司总务后勤部负责公司全面卫生组织、领导管理工作。并指派专人负责

打扫、维护、卫生检查等工作。

第四条　公司卫生管理实行经常性与突击性、专业性与群众性、公司与个人卫生相结合的原则。

第五条　公司或部门设立值日班时，负有卫生检查的义务。

第六条　公司划分部门乃至个人包干的卫生清洁区，建立卫生责任制。

□ 卫生管理细则

第七条　各工作场所内，均须保持整洁，不得堆放垃圾、污垢或纸屑。

第八条　各工作场所内走道及阶梯，至少每日清扫一次，并采用适当方法减少灰尘的飞扬。

第九条　各工作场所内，严禁随地吐痰。

第十条　洗手间、更衣室及其他卫生设施，必须保持清洁。

第十一条　排水沟应经常清除污秽，保持清洁畅通。

第十二条　凡可能寄生传染菌的原料，应于使用前施以适当的消毒。

第十三条　凡可能产生有碍卫生的气体、灰尘、粉末，应做如下处理：

（一）采用适当方法减少有害物质的产生。

（二）使用密闭器具以防止有害物质的散发。

（三）在产生此项有害物的最近处，按其性质分别安装凝结、沉淀、吸引或排除等装置。

第十四条　凡处理有毒物或高温物体的工作或从事有尘埃、粉末或有毒气体散布的工作，或暴露于有害光线中的工作等，需用防护服装或器具者，应按其性质配备。

第十五条　凡阶梯、升降机上下处及机械危险部分，均须有适度的光线。

第十六条　食堂及厨房的一切用具及环境，均须保持清洁卫生。

第十七条　垃圾、废弃物、污物的清除，应符合卫生要求，放置于指定位置。

第十八条　对有毒、有害气体、液体、固体物质的散发，采取环保措施治理，或设置防护装置，减少危害。

第十九条　公司对若干存在职业病危害的员工，定期进行身体检查，并改善岗位卫生条件。

第二十条　改善工作和生产场所、楼道、电梯、危险处的采光条件，确保光线充足、照射适宜，防止光线炫耀和晃动。

第二十一条　保证办公场所适当的温度、湿度条件，有条件的应添置空调设备。

第二十二条　保证工作场所的空气充分流通，谨防“办公室综合征”的发生。

第二十三条　公司分片在若干工作场所的，应设置意外伤害急救药品盒、箱，并置于合适明显处，以便利用和防止污染，定期检查补充、更新。

第二十四条　公司配合当地卫生、防疫部门，做好公司区域内的消灭鼠、蚊、蝇、白蚁、蟑螂等除害的工作，及流行病、传染病的防疫、治理。

第二十五条　公司卫生工作应达到以下标准：

（一）窗明几净，墙面清洁。

（二）死角无积尘、蛛网。

（三）灯具、电器、用具清洁。

（四）办公桌整洁。
（五）物品堆放整齐，通道畅通。
（六）室内无杂物、无晾晒衣物。
（七）地面无痰迹、纸屑、烟头。
（八）厕所无异味。
（九）个人仪表整洁、干净。
第二十六条　以下为不卫生情况：
（一）随手乱扔垃圾。
（二）乱搭建、占用公共地方。
（三）垃圾堆放死角、排水沟堆积污秽。
（四）乱涂乱画。
（五）饮水被污染，流行病传染。
（六）充斥噪声、灰尘、刺激性气味。
（七）个人仪容不整、不干净。

□ 附则

第二十七条　本办法由总务后勤部门解释、补充，经公司总经理批准颁行。

二、企业绿化管理办法

□ 总则

第一条　为美化公司工作、生产环境，塑造公司良好的外在形象，特制定本办法。

□ 管理范围

第二条　公司区域范围内的绿化区域。
第三条　被当地社区划定为公司负责的绿化区域。

□ 管理规定

第四条　公司划拨一定的绿化专款用于公司的绿化养护与管理。
第五条　绿化列入公司精神文明建设项目和内容。
第六条　公司员工都有权利和义务管理、爱护花草树木。
第七条　不准攀折花木或在树上晾晒衣物等。
第八条　不得损坏花木的保护设施。
第九条　不准私自采摘花果。
第十条　不准行人和各种车辆跨越、践踏绿化地。
第十一条　不准往绿化地倒污水或扔杂物。
第十二条　不准在绿化范围内堆放任何物品。

第十三条　未经许可,不准在树木上及绿化带内设置广告招牌。

第十四条　凡人为造成绿化、花木及设施损坏的,进行罚款处理。

第十五条　凡由公司负责绿化,应及时检查记录报告绿化情况,给花草树木定期培土、施肥、治虫害、修剪枝叶、浇水等。

第十六条　公司绿化列入社区绿化总体规划范围。

第十七条　公司有必要时可专门聘用园艺工人,承担绿化管理工作。

□ 附则

第十八条　本办法由后勤部门解释、补充,经公司总经理批准颁行。

三、办公楼管理规定

□ 总则

第一条　为规范公司办公场所的工作秩序,特制定本规定。

□ 仪容风纪

第二条　凡在公司办公楼工作的员工,均须衣着整洁,保持良好的仪容仪表。

第三条　按照公司规定着装:

(一)男士推荐着西装,佩领带;夏季着白衬衣,佩领带。

(二)女士推荐着套装。

(三)公司员工上班时间不得穿超短裙、运动衫、拖鞋。

□ 治安管理

第四条　有关治安管理体制详见公司安全消防管理办法。

第五条　任何人不得携带危险品进入公司,不得随意向窗外抛掷垃圾杂物。

□ 卫生管理

第六条　有关卫生管理详见公司卫生管理办法。

第七条　员工有义务保持办公场所的整洁、舒适。

第八条　办公场所内外未经许可不准张贴广告、宣传画、标语,不准堆放或悬挂物品。

第九条　办公室装饰美观、整洁,办公用品摆放整齐。

□ 办公室布局

第十条　办公场所的分割、划分、分配、布局、装潢风格由公司统一规划。

第十一条　未经许可,不得擅自改变办公室布局,不得随意挪动办公桌或办公设备。

□ 办公场所搬迁

第十二条　办公场所的搬出、迁入工作，须由行政部负责。

第十三条　注意搬迁过程中财产及文件资料不受损失。

□ 社区关系

第十四条　公司与办公楼所处的社区建立良好的邻里关系，争取街道、居委会和当地政府的积极支持和配合。

第十五条　公司协调各方面关系，保障办公场所的水、电、气、停车场、工作餐供应等良好条件。

□ 附则

第十六条　本办法由总务后勤部解释、补充，经总经理批准颁行。

四、企业公共区域清洁管理规定

第一条　本公司楼层的环境卫生是指走廊、电梯间、楼层服务台的工作间、消毒间、楼梯等。

第二条　走廊卫生工作包括走廊地毯、走廊地面和走廊两侧的防火器材、报警器等。

第三条　电梯间是客人等候电梯的场所，也是客人接触楼面的第一场所，必须保持清洁、明亮。

第四条　楼层服务台卫生是一个楼层各种工作好坏的外在表现，必须保持服务台面的整洁，保持整理好各种用具，并保持整个服务台周围的清洁整齐。

第五条　工作间是物品存放的地方，各种物品要分类摆放，保持整齐、安全。

第六条　防火楼梯要保持畅通且干净。

第七条　消毒间是楼层服务员刷洗各种玻璃和器皿的地方，这里的卫生工作包括地面卫生、箱橱卫生和池内外卫生以及热水器擦拭等。

五、办公环境管理规定

第一条　办公环境是公司职员进行日常工作的区域，办公区内办公桌及文件柜由使用人负责日常的卫生清理和管理工作，其他区域由保洁人员负责打扫，行政管理部负责检查监督办公区环境卫生。

第二条　办公区域内的办公家具及有关设备不得私自挪动，办公家具确因工作需要挪动时必须经行政管理部的同意，并作统筹安排。

第三条　办公区域内应保持安静，不得喧哗，不准在办公区域内吸烟和就餐；办公区域内不得摆放杂物。

第四条　非本公司人员进入办公区，须由秘书引见，并通知相关人员前来迎接。

第五条　行政管理部负责组织相关人员在每周五对办公区域的卫生和秩序进行检查，并于下周一例会上公布检查结果。检查结果作为部门绩效考核的参考因素之一。

六、企业树木花卉管理制度

第一条　科学施肥。施肥时间宜在二、三两个月。

第二条　合理浇水。树木叶面水分蒸发量大，尤其是夏季。因此必须进行人工浇水。水质以河、湖水最好。浇水宜在早晚，浇灌时要注意不让树木生长处或树穴中积水，以免根系窒息而死亡。

第三条　松土除草。杂草与树木争夺养分，而且影响环境美观，在松土时应将杂草除掉，这有利于消灭虫蛹，防止病虫灾害。

第三节　企业环境卫生管理实用表单

一、清洁卫生评分表

清洁卫生评分表如表 18－1 所示。

表 18－1　清洁卫生评分表

评分部门：	评分员：	日期	时间
评分 项目	最高分数	评分	备　　注
一般安全	15		
消防器具	10		
走道通路	15		
工作区域整洁	15		
设备维护状况	15		
办公桌椅及办公室整洁	15		
环境整洁	15		
建议及评语			

二、清洁工作安排表

清洁工作安排表如表 18－2 所示。

表 18－2　清洁工作安排表

姓名				
日期				
清洁项目				
考核				
日期				
清洁项目				
考核				

三、卫生区域划分表

卫生区域划分表如表 18－3 所示。

表 18－3　卫生区域划分表

单位区域	办公室（会议室）	走廊	仓库（车间）	空地（过道）	厂外环境	停车场（绿化带）

第19章　企业车辆管理

第一节　企业车辆管理工作要点

一、车辆的购置工作要点

车辆的选购，要按照适用、经济、配套的原则进行。适用，是指选购的车辆能适应本企业工作任务的需要；经济，是指选购车辆时要考虑到企业经费的承付能力，贯彻勤俭节约的精神，选购经济实用，物美价廉的车；配套，是指小轿车、旅行车、客车、货车等品种尽可能齐全，又各占适当的比例，以适应多层次、多方面用车的需要。选购车辆，还要特别注意车辆的质量和技术性能，尽力选购适应性强，能够在高寒、高温、雨雪等不同气候条件下正常行驶，发动机、火、电路系统、轮胎等各种配件达到先进水平和先进标准；燃料消耗量低，不超过规定的各类车辆的共同标准，制动性能要好。

1. 购置新车的方法

(1)购置新车，必须按合同规定和有关文件，如车辆清单或装箱清单以及原厂说明书进行验收，并清点附件，随车工具，如有不符应拒绝验收。

(2)接收新型车辆时，应组织驾驶员、保修工和有关技术人员培训，学习使用、维修注意的事项和各种调整数据。

(3)新车使用前，要除去机件外部和内部原有的包封和保护填充物，机件上涂有滑脂保护层的，应用溶剂予以清除。还要根据原厂说明书，进行一次检查、紧固、清洗、调整和润滑作业，标明牌照号码和自编号码。

(4)新车在制造厂规定的保修期限内，发现属于制造厂责任的损失，应由车队或修理厂做出技术鉴定，并向制造厂申请索赔。赔偿或处理情况，应记入车辆技术档案。

(5)新车购进后，要及时建立登记卡片，将车辆型号、牌号、车况等各项数据，逐一登记。

(6)车辆让售或交换，必须经产权机关或上级主管部门批准，其出售款要及时全部上缴产权机关，交换的车辆，应相互按质论价，分别办理财务手续，不允许直接以车换车或以车换物。同一产权企业车辆的内部调拨，必须经产权企业批准，并填写车辆接受清单，由交换双方负责签证，连同固定资产和车辆技术档案一并随车调拨。车辆调拨时，原车的总成、部件及附属装备不许拆卸更换，车辆技术档案不许更改。调拨损坏车或停驶车时，对损坏和缺件项目，应在调拨中注明。

2. 车辆选购的注意事项

车辆的购置、更新，车种、车型的确定涉及企业的车辆定编，因此是一项政策性很强的工作。车辆的选购应该根据本企业实际情况，按照适用、经济、配套的原则，有比例地选择各种类型的车辆，以适应多层次、多方面的用车需要。选购车辆既要考虑到车辆的外形美观大方，乘坐舒适，更要考虑到选购车型的质量及技术性能。车辆选购必须注意以下四个方面的问题：

(1)根据车辆使用性能合理选择车辆。要根据本企业所在地区的道路条件、气候条件选择适合的车辆；同时还要考虑到本企业、本地区的保修能力、使用经验；根据本企业的使用对象确定选购车型。

(2)要考虑现有车辆利用率。购车应考虑现有车辆利用率能否提高，能否不买新车，尽量靠提高现有车辆的利用率来解决运输需要。若购买新车，能够提高多少工作效率。从目前各企业自备车辆的利用率与专业运输企业的车辆利用职权比率相比较，利用率要低得多，比例为1:10，很有潜力可挖。

(3)考虑买车时的资金来源和资金数量。应考虑买车时资金的来源及资金的多少。购车后的上牌、燃料供应、配件供应等一系列问题能否得到保障。

(4)掌握生产用车与生活用车的比例。应尽量减少购置生活用车，用有限的资金解决好生产用车的需要是首要的。应避免配车范围越来越大，车型越来越高级，用车无标准的奢侈浪费现象。

3. 建立车辆技术档案

建立车辆技术档案有利于掌握车辆的使用性以及改装、改型的主要总成、机件变更后使用性能的变化情况，以便针对薄弱环节采取技术措施，充分发挥车辆性能和保证行车安全；有利于掌握车辆的不同使用条件下的技术状况和机件的磨损规律，以便更好地调整保养作业项目和周期；有利于掌握车辆保修和运行物料的消耗规律，从中找出节约人力、物力的最好途径；有利于为车辆保养、修理和原材料供应计划的编制和对车辆进行技术鉴定提供依据；有利于为改进车辆结构、性能和配件生产以及科研工作提供有关技术资料和数据。

车辆技术档案主要是记载车辆的来源、投产日期、车辆原值、分车余值、基本装备、技术性能、逐年行驶里程、修理次数和间隔里程、车辆调动、改装、改造、停驶、复驶、封存、机损、燃料、轮胎、消耗（节约或浪费）数量、季度生产任务完成情况、年度利润完成数量等。

车辆技术档案资料登记办法如下：

凡车辆调动、牌照变更、停驶、封存、改装、改造、车损，以及驾驶员调动等，三日内由车队技术员负责登记，没有车队的机关，由司机自行登记。车损事故处理结案后，再填损修情况和处理结果。车辆运行情况记录，由车队技术员在季末月10日，将档案交统计员登记，统计员在5日内登记完毕后交技术员保存，有的机关车少，没有设技术员、统计员，就由车队队长负责登记。保修情况的记录和车辆保修技术数据，由承修厂负责填记在保修技术卡片上，重点写清保养类型、日期、间隔里程、重大技术情况等。凡无技术档案或虽有而记录不全的车辆，汽车监理部门可以拒绝进行行审。

二、车辆的使用工作要点

新购车辆及经过大修的车辆正式使用前，需要办理申报牌照、领取行驶证、上缴养路费、车船使用税、车辆保险等手续。同时应根据厂家说明书或有关技术规定对车辆进行一次全面检查、紧固、润滑、调整，严格按照定车定人的原则投入磨合期的适用性使用。新车磨合期内，应做到减载、限速行驶。磨合期的合理使用，对于预防车辆机件早期磨损，延长车辆使用寿命是非常重要的。

1. 车辆的运行条件

车辆运行条件是指为了保证汽车的安全行驶、运行可靠和经济合理，运行车辆所必须符合的技术条件、道路气候条件。

车辆运行的主要技术条件：

(1)车容整洁、动力性好。

(2)发动机运转良好，无漏油、漏水、漏电、漏气。

(3)底盘各总成连接牢固、气压正常。

(4)转向装置可靠。

(5)电器设备齐全可靠。

2. 车辆运行的道路条件

汽车运行对道路的基本要求：

(1)要求道路要适应行车密度和速度的要求，路基稳牢排水良好，标志齐全，坚实、平整、不打滑。

(2)公路上遇有临时开沟、改线、塌方等必须采取措施。

(3)车辆行驶中遇险桥、险渡、行逆和码头损坏，应报请有关部门采取措施，不得冒险通过。

(4)遇到特殊情况，如塌方、5 米内视线不清等，在有关部门未采取措施之前，不得组织运输。

3. 调度部门对车辆运行的责任

不仅直接负责组织车辆运行，而且负有保证车辆正常运行的责任。经常深入现场，掌握情况，确保安全行驶。

4. 车辆走合期的使用

对新车或大修后的汽车(包括装用发动机总成大修的汽车)都规定一个“走合使用期”，一般为 1000 ~ 1500km。

汽车的走合期，实质是使汽车向正常使用阶段过渡，对相互配合零件的摩擦表面进行走合加工的工业过程；消除由于零件制造装配过程中某些形状、位置、配合间隙的偏差，获得比较光洁、耐磨、可靠的工作表面，以承受正常的工作负荷。因此，汽车的耐用性、可靠性、经济性与新车使用初期走合是否完善关系极大，切不可忽视，并规定如下：

(1)走合期的里程不应少于 1000km。在走合期内，车辆应装置明显的走合标志。

(2)在走合期内，应选择较好的道路并减载运行。

(3)走合期内应减速行驶，最高车速不得超过规定；限速片不到走合期满不能拆除。

(4)严格执行驾驶操作规程，启动后待水温达 40℃ ~ 60℃ 再用一挡起步，缓慢加速，顺序换挡，少用紧急制动。

(5)走合期内，选择优质燃油，一般行驶 300 ~ 400km 和 1000km 时各进行一次清洗润滑系，机油盘，换用新的润滑油。

5. 车辆的合理装载使用

严格按照汽车的规定载量运行，是合理使用车辆的主要内容，是减少车辆在行驶过程中故障停歇和运行原材料的消耗，提高运输生产率，延长车辆使用寿命，提高企业经济效益的重要保证。国产汽车、变形车的额定载重量，应按原厂规定。进口车辆的载重量应根据原厂规定的载重量，结合各地的实际经验，由交通局核定，报部备案。

(1)新车、大修车和装用大修发动机的汽车，在走合期内应按规定减载。

(2)装载不可能在车厢内均匀分布的笨重货物，应适当减载。

(3)装载特殊货物必须配备笨重搁架或容器，应适当减载。

(4)汽车长期行驶于等外道路时，应适当减载，但不得低于原规定标准的75%。

(5)经过改装、改造的汽车，需要重新核定载重量时，应报主管部门批准。

(6)换装不同负荷的轮胎时，其最大负荷大于原车者，保持原厂标准，小于原车者，相应降低载重标准。

(7)各车队应严格禁止超载运力，防止车辆早期损坏，保护运力。

三、车辆的调度工作要点

车辆的调度就是车队负责人或专职调度人员根据企业车辆使用管理规定和当天的用车量大小，包括乘车人数、次数、行车线路和急缓程度，有计划地安排使用车辆。调度在车辆的使用管理中十分重要的。解决企业普遍存在的用车量大、供需矛盾突出的问题，除了严格控制无关人员乘车，压缩用车量之外，最主要的是充分发挥调度在连接、协调用车部门同车队之间的关系上的纽带作用。调度工作做好了，就可以充分发挥汽车使用效益，最大限度地满足各方面的用车要求。

1. 车辆调度的原则

调度工作应做到原则性强，科学合理，灵活机动，坚持按制度办事，按车辆使用的范围和对象派车，什么事可以派车，什么人可以坐车，什么事不能派车，什么人不能派车，都要按制度规定办理，不派人情车、关系车，秉公办事，不徇私情。所谓科学性，就是要掌握本企业车辆使用的特点和规律。

车辆调度要熟悉工作部署，统筹安排；加强预见性、计划性，灵活调度。

调度合理就是要按照用车的行驶方向，选择最佳行车线路，不跑弯路和绕道行驶；不在一条线路上重复派车；在一般情况下，车辆不能一次派完，要留备用车辆，以应急需。所谓灵活机动，就是对于制度没有明确规定而确实需要用车的、紧急的，要从实际出发，灵活机动，恰当处理，不能误时误事。

2. 车辆调度的程序

(1)做好用车预约。应当坚持做到：当班用车1小时前预约，下午用车上午预约，次日用车当日预约，夜间用车下班前预约，集体活动用车2天(或3天)前预约，长途用车3日或一周前预约，接送教师讲课的用车，于一周前报送教学计划预约。调度对每日用车要做到心中有数。预约车辆要做好登记。

(2)做好派车计划。调度根据掌握的用车时间、等车地点、乘车人单位和姓名、乘车人数、行车路线等情况，做出计划安排，并将执行任务的司机姓名、车号、出车地点等在调度公布或口头通知司机本人。

(3)做好解决工作。对未能安排上车辆的，或变更出车时间的用户应及时说明情况，做好解释工作，以减少误会，避免造成误车、误事。制定车辆管理、使用制度车辆管理、使用制度，应当包括本企业车辆，特别是小车使用的范围和对象（即什么情况下可以用车，什么人可以坐车），车辆调度的原则和程序，运输费用的管理和使用，汽车队的机构、编制，领导体制和职责任务，以及特殊情况用车、外部门用车、私人用车、车辆外租等的审批权限和收费标准等。

3. 制定车辆管理、使用制度应遵循以下原则

（1）执行政策的原则。企业要按照企业用车配备使用的政策规定，从本企业实有车辆的数目、运输任务的大小、人员组成的结构等实际出发，制定出切实可行的车辆使用管理制度，对本企业用车的范围、对象做出明确规定。这是防止随意扩大用车范围，控制用车量，减少供求矛盾的根本措施和保证。

（2）统筹兼顾，保证重点。制定车辆管理、使用制度，必须充分考虑客观实际，除了明确规定车辆使用范围和对象外，还应明确车辆调度安排的原则，即在本企业用车范围内，哪些用车必须绝对保证，哪些用车可酌情安排。拉运生活物资用车，按急缓程度和先后次序安排，即先急后缓，先远后近的原则和顺序安排。私人用车一般不提供，并坚持因私用车收费制度。

（3）勤俭节约和清正廉洁。车辆运输耗资大，管理使用不好，容易造成很大浪费，影响事业的发展。从领导到一般工作人员，凡是能乘坐公共汽车的，就不要求派车；凡是有班车的，就不单独派车；办私事不用公车。尽量节约开支，把主要资金用在生产和工作最需要的地方去。

四、车辆的折旧与报废工作要点

车辆折旧的主要根据是车辆生产及车辆配备的变化。由于各种类型的多性能、低消耗、高效率的汽车不断涌现，促进企业车辆的折旧就成为一项十分必要的工作。车辆折旧主要是以行驶里程为依据。折旧里程的长短，应着眼于经济效果的好坏、设备更新的速度，过短会浪费运力，过长将增加修理费用燃料、轮胎的消耗，并阻碍新技术的发展。因此，汽车到达规定折旧里程以后，应及时折旧，可以不再提基本折旧费；尚未提足基本折旧费用的汽车必须提前报废时，应将基本折旧费补足额。

车辆经过长期使用以后，技术性能变坏，运行效益降低，物料消耗增加，维修费用增高，经济效果不好，安全性能不可靠，应予报废。但必须具备下列条件之一，才准予报废：

1. 汽车长期使用后，性能低劣，车身和发动机两个总成严重损坏，确实不能使用，或虽然修复，但工料费过高，大修费超过同类新车购置费 1/2 以上，不符合经济原则，并已提完折旧的汽车。

2. 车型老旧，经长期使用后，主要总成严重损坏，配件供应长期不能解决，无法修复的车辆。

3. 因意外事故，如翻车、撞车、烧毁等，主要总成及零、部件大部分损坏，无修复价值的汽车。

4. 进口车辆，车型特殊，同型车数量很少，经长期使用后，主要零件严重损坏，无配件供应，无法修复，又不能进行技术改造的汽车。

车辆的报废，是指因事故或自然灾害等原因损坏而不堪修复的车辆。对于因使用年久自然损坏而无修复价值的车辆，或由于车型陈旧，性能落后，耗油量大，行驶噪声和排气污染严重而又需付高价改造的车辆，应及时地报废。车辆报废是一项政策性、技术性很强的工作，应认真对待。对于要申请报废的车辆，车队应首先进行检查分析，确认符合报废条件并获批准后方可办理报废手续。经批准报废的车辆应及时尽快地送交废旧车辆回收机构，并向计划物资管理部门准销车号备案。

车辆报废的条件有四：

1. 政策上不允许继续行驶的老、旧车型。

2. 车辆技术状况严重恶化，已无修理价值。

3. 因事故或自然灾害等原因造成车辆严重损坏无法修复的。

4. 主要部件严重损坏而又无法解决长期影响车辆使用的。

报废车辆必须完整地将车送交废、旧车辆回收机构，不准拆卸主要部件，变卖或重新组装车辆。报废车不准通过变卖、转借及重新领取号牌等行驶手续，上路行驶。总成报废条件：

1. 发动机：在汽缸体、汽缸盖、曲轴、凸轮轴四个零件中，汽缸体和其他任何两个主要零件严重损坏，无修复价值。

2. 变速器：在变速器壳、变速器盖、第一轴、第二轴、中间轴五个主要零件中，变速器壳及盖和其他任何一个主要零件有严重损坏，无修复价值。

3. 前轴：工字梁、转向节严重损坏，无修复价值。

4. 后桥：在后桥壳、主减速器、差速器三个主要零部件中，后桥壳和其他任何一个主要零部件严重损坏，无修复价值。

5. 车架：纵、横梁严重变形、断裂或严重锈蚀剥落，屡经加固校正，已无修复价值。

6. 车身：骨架断裂，锈蚀严重，无修复价值。

汽车报废必须经主管部门审查批准。汽车一经批准报废，应立即向当地交通监理部门缴销牌照、车照，不得进行转让或移作其他车辆使用。

五、车辆的保养工作要点

车辆在使用过程中，随着行驶里程的增加，零件的磨损也不断增大，车辆技术状态逐渐变坏，其结果使汽车的动力性、经济性和可靠性不断降低。为了及时恢复车辆的技术性能，使其经常处于良好的技术状态，保证在任何条件下使用的可靠性，减少燃料和器材的消耗，延长车辆大修间隔里程，必须及时地进行车辆的保养和维修。

车辆经过较长时间的使用，各部件将发生松动，使用性能下降，影响车辆运行。为了延长车辆使用寿命，降低零件磨损速度，防止不应有的损坏，防止发生机械事故，保证安全行车，减少燃料消耗，节约经费开支，保持车辆外表的整洁，减少车辆噪声和对环境的污染，必须对车辆及时进行保养。

车辆保养是一项维护性作业，因此应做到以下几点：

1. 要坚持以预防为主的原则，依照车辆机件技术变化的情况，在机件变坏之前做好保养工作。

2. 要根据不同运行条件，不同磨损情况，从实际出发，及时高效保养各部件。

3. 要保证保养质量，树立保养质量第一的原则，加强质量检验使保养达到预期标准。车辆保养工作要有计划有领导地进行，要按月编保养计划，按车况分清缓急，有秩序地进行。

4. 要处理好使用和保养的关系，克服重使用、轻保养的思想，及时地有计划地安排车辆的保养和检修，以提高车辆的完好率，进而提高车辆的使用率。

根据长期实践的经验和按照车辆计划预防保养制度的要求，车辆的技术保养分为一级保养、二级保养、三级保养：

1. 一级保养作业项目和技术规范。一级保养以润滑、紧固为中心。

其主要内容是：检查车辆外露部位的螺栓、螺母，按规定润滑部位加注润滑脂。检查各总成内润滑油平面，加添润滑油，清洗各个空气滤清器，排除发现的故障。

汽车一级保养后，应达到车容整洁，装备齐全、连接牢固，三滤清畅通，不漏油、不漏水、不漏气、不漏电、油嘴齐全、润滑良好。

2. 二级保养作业项目和技术规范。二级保养以检查、调整为中心。二级保养除执行一级保养的作业项目以外，主要检查、调整发动机、底盘及电器设备的工作状况，并完成一些附加小修项目。

3. 三级保养作业项目和技术规范。三级保养是以总成解体、清洗、检查、消除隐患为中心，以改善其技术状况，并做好技术鉴定。

4. 换季作业与保养。换季主要是指冬、夏两季。

（1）在进入冬季以前，要组织司机和保修人员学习有关汽车冬季运行的基础知识，如汽车冬季行驶对燃、润料的不同要求，发动机的启动方法，汽车通过冰雪、泥泞道路的安全操作等。要储备、整理好防冻、防滑物资，如防滑链条、铁铲、砂包等。对所有汽车进行一次换季保养。

（2）在进入夏季以前，对所有汽车进行一次换季保养：用酸或碱溶液，或配制的溶液清洗发动机水套水垢，消除散热水垢；清洗发动机润滑系、底盘各总成，按标准加注夏季润滑油和润滑脂；清洗燃料系、调整化油器，调整排气支管上的预热阀到夏季位置；调整蓄电池电解液，清洁调节器触点；调整分电器触点及火花塞间隙。夏季汽车的运行中如遇散热器冷却水沸腾时，应停车休息，使发动机怠速运转，待逐渐冷却后再行加水或换水；夏季蓄电池电液最易蒸发，每日收车后，必须检查液面高度，并疏通蓄电池盖上的通气孔；防止供油系产生气阻，可采用真空抽气法，使用晶体管汽油泵，或在油泵侧加装隔热板；汽车在行驶中，应随时注意轮胎的温度和气压，使气压保持规定的标准，在中午酷热时，应降低车速，必要时应停在阴凉地方休息一下，严禁用放气降压和泼水降温。

六、车辆的维修工作要点

有计划地及时修复车辆，是提高车辆完好率的重要措施，其目的就是及时消除故障，修复损伤，恢复车辆的使用性能，保证车辆正常安全运行。按照不同的对象和不同的作业范围，汽车修理分为汽车大修、总成大修、汽车小修和零件修理四种：

1. 汽车大修。新车或经过大修后的汽车，行驶一定里程后机件严重磨损，技术性能下降并经过技术鉴定,对各总成进行一次恢复性的修理,以恢复汽车的动力性、经济性、坚固性和原有装备,使汽车的技术状况和运行性能达到规定的技术条件,延长汽车的使用寿命。

2. 总成大修。总成经过一定使用里程后,其基础件和主要零件破裂、磨损、变形,需要拆散进行彻底修理,以恢复其技术性能。

3. 汽车小修。汽车小修是一种运行性的修理,主要是消除汽车在运行中发生的临时故障和局部损伤。有些按自然磨损规律或根据总成的外部征象能预先估计的小修项目,可集中组织计划性的小修作业,结合相应的一、二、三级保养进行。

4. 零件修理。零件修理是指对磨损、变形或损伤而不能继续使用的零件的修理,它是节约原材料、降低保养费用的一个重要措施。零件修理应考虑到使用上可靠性和经济性的原则。

七、车辆的油料管理工作要点

车辆的油料按不同用途可分为燃料用油、润滑用油和制动用油(液压制动油)三大类。加强油料与材料的管理和合理使用,对于节约消耗,降低成本,提高汽车的运输效能,延长汽车的使用寿命十分重要。

油料与材料管理,就其内容而言可分为使用管理、技术管理和安全管理三个方面。使用管理的主要内容包括建立健全油料与材料的领用制度,制定节约油料与材料的技术措施和奖惩办法,监督核查使用情况等;技术管理的主要内容是根据各种油料与材料的理化性质、用途、型号等技术特点,分类储存保管,定期检查,防止混装混放、污染变质等现象发生;安全管理的主要内容是防火防盗,保证库房和油料、材料安全。

加强油料与材料管理,应做好以下几方面工作:

1. 配备专职或兼职保管人员

要配备专职或兼职保管人员,明确管理责任。机关车队的油料与材料保管员,要挑选工作责任心强、敢于坚持原则、工作认真踏实、熟悉保管业务的同志担任或兼任。要建立健全岗位责任制和考核奖惩制,明确规定保管员的职责任务和工作权限,并把工作好坏与个人利益挂起钩来,以调动保管员的积极性、主动性,做好油料和材料保管工作。

要制定各种油料、材料消耗定额,实行节约有奖、超耗受罚的政策,以调动驾驶员节油降耗的积极性。加强油料与材料管理的根本目的,是节能降耗,提高汽车运输的经济效益和社会效益。为此,机关车队必须改变用油用料上吃大锅饭的现状,按照不同类型的汽车的耗油标准,确定每百千米的耗油定额指标,实行单车核算,节约有奖,超耗受罚的政策,以调动驾驶员节油降耗的积极性。

2. 健全油料与材料制度

要健全油料与材料的采购、入库、保管、领用方面的制度,做到进出有账、账物相符。机关车队所需的油料、材料要按计划采购;采购回来的油料、材料经保管员验收后才能入库和发放使用;入库的油料、材料要按性质、用途、型号等技术特点,分类存放保管,定期检查核对,防止混放混装,出现差错,污染和损坏变质等情况;油料与材料领用要按需要发放,并完善领料手续,防止无证领料和损失浪费的现象发生。

3. 收旧利废、勤俭节约

鼓励收旧利废，勤俭节约。这是降低车队消耗，提高汽车运输效益的重要一环。修旧利废，一是要做好废油的回收工作。凡经过使用更换下来的各种润滑油和洗涤用过的汽油、柴油，都应进行回收，分类进行储存，通过处理后继续使用，以降低运输和保修成本，严禁随便泼洒，污染环境，造成损失浪费。二是要做好汽车零配件的修旧利废工作。使用过的汽车零配件，凡修理后能继续使用的，都应在保证质量和行车安全的前提下，尽量修理使用，以减少浪费，节省开支，降低运输成本。为调动驾驶员、修理工积极性，对修旧利废工作做得好的同志，应给予适当的表扬和奖励。

一般企业后勤部门由于人员、设备条件有限，只能进行一般的总成大修及各种小修项目，大修需送外部专业修理厂进行。不管到何处修理，都应注意掌握以下原则：

（1）大修或总成大修要按计划进行，并报上级领导批准后实施。外修车辆要选择修理质量好、收费合理的专业厂家进行，以保证按时、保质地修好车辆。

（2）自修车辆，应该由司机配合修理工进行。

（3）必须有严格的技术验收制度，做好维修登记。

4. 燃料、润料的节约管理方法

燃料、润料应进行严格管理，具体做法如下：

（1）要严格纪律。

油库管理工作人员要建立岗位责任制，严格遵守以下纪律：

①路单性质与油票性质不符不准发油。

②路单签发的车号与加油车不符不准发油。

③除向符合运行手续的汽车的油箱、发动机加注燃、润料外，不准向其他携带的另外容器加油。

④严格执行先收票后加油的规定，不准欠票或记账加油。

⑤拒绝任何人向油库借油、存油或兑换油票。

⑥让售油料，或有特殊情况汽车必须携带储备燃、润料时，必须经本企业有关领导批准，出具通知，方许发油。

（2）建立节约奖励制度。

对汽车用油确定定额指标，按不同类型的车辆，每百千米定额用油指标，以单车核算，按月统计行车千米和汽油的消耗情况，在定额之内，按实际节约数提取10%～15%作为奖金。

（3）做好废油回收工作。

①凡经过使用后，更换下来的各种润滑油料或洗涤用过的汽油、柴油，都必须进行回收，严禁随便泼洒。

②废油经过加工处理后，可以制成再生油，继续使用，降低运输和保修成本；回收的废油，应分别储存于废油容器内，容器上应有明显标志，并按汽油车机油、柴油车机油、齿轮油、滑脂、汽油和柴油分类储存，严禁相互混杂；储存废油的容器应保持清洁，防止灰尘、水分和杂质混入。

③装入废机油、汽油、柴油时，应使用金属网或麻布过滤，装完后将容器盖好。

④回收的汽、柴油可继续作洗涤用油，收回的润滑油本企业不能加工时，应交石油部门收回再生。

第二节 企业车辆管理规范化制度

一、企业车辆管理制度模板

□ 目的

第一条 为了加强公司各种机动车辆管理，确保行车安全，提高办事效率，充分利用现有车辆资源，减少经费开支，特制定本办法。

第二条 本办法适用于公司公共用车。

□ 组织管理

第三条 公司所有车辆均由公司行政部统一管理。

第四条 公司所有车辆均建立车辆档案，须填写车辆登记表。驾驶员如实填写用车里程和耗油量，经行政和财务部门联审后方可报销。

第五条 公司所有车辆实行专人保养责任制。驾驶员发现无力排除之故障，应及时报告其主管，不得带病出车。

第六条 公司车辆既有按部门使用，又有公司行政部门统一计划使用时，各部门和驾驶员应顾全大局，听从指挥、调度。

第七条 公司实行用车收费制度。各部门用车按月进行内部财务核算，列入部门成本效益考核范围；因私用车的费用则在其工资中列支扣除。

第八条 公司车辆必须按规定停放在规定地点，一般不允许在外过夜。因保管不善造成车辆被盗、损坏，驾驶员和行政部领导共同承担部分赔偿责任。

第九条 公司实行班车接送制度，因临时性或长久性改变行车时间、路线，均应由当事人事先报告行政部门，行政部门通告驾驶员和全体乘车人员。

□ 使用范围

第十条 公司员工在本地或短途外出开会、联系业务、出差迎送，公司员工上下班接送。

第十一条 接送公司宾客和来公司办事人员。

第十二条 离退休中高层人员健康用车或员工因私用车。

第十三条 其他紧急和特殊用车。

□ 驾驶员岗位职责

第十四条 驾驶员遵守公司之驾驶员岗位职责。

第十五条　除公司允许的特殊员工以外，禁止非专职驾驶员驾驶公司车辆。

第十六条　发生交通事故，驾驶员、乘车人员必须保护事故现场，及时向交警、主管和公司有关领导报告，做好善后工作。

第十七条　交通事故、违章责任在我方之罚款和修理费用，原则上由驾驶员自行承担；如遇特殊情况，经各级领导特批，可报销费用的×%。

第十八条　驾驶员行车补助费按派车记录单之里程和工作时间计算。

□ 车辆使用流程

第十九条　车辆使用实行派车制度。用车须填写用车纪录单，经部门经理、分管副总或行政部长批准后，由派车调度统一安排方可使用。使用车辆按照以下程序进行：

（一）用车申请并填写用车申请单。

（二）用车单位主管审核。

（三）车辆管理调度单位核准。

（四）行车司机验单出车，驾驶员按派车记录上报批准的行车路线和目的地行车。

（五）用车完毕并填写行车日志（里程、费用等）。

（六）行车司机确认交回车辆管理单位。

（七）在不影响公务情况下，酌情满足员工因私用车要求，但因私用车应严格审批。

（八）对相近方向、时间的派车要求尽量合用，减少派车次数和成本。

□ 车辆保养与修理

第二十条　每行驶5000千米由行政部送公司指定保养厂定期保养一次。

第二十一条　每星期由车辆保管人员负责清洗一次。

第二十二条　应保持车内清洁，非装饰物品应放于行李箱。

□ 附则

第二十三条　本办法由行政部解释、补充，由公司总经理颁布生效。

二、交通安全管理规定

第一条　为加强我公司交通安全工作管理，落实交通安全责任制，认真贯彻交通安全工作的“安全第一，预防为主”的方针，特制定本规定。

第二条　统一领导，部门负责，建立健全交通安全领导组织机构。

第三条　公司行政总监全面负责公司交通安全工作。

第四条　各部门主要领导，全面负责本部门交通安全工作。

第五条　各部门确定一名交通安全员，负责本部门交通安全工作的检查和实施。

第六条　公司办公室确定一名车管干部，负责本公司机动车辆管理，交通安全工作的实施情况检查以及同交通管理部门和地区安全委员会的日常工作联系。

第七条　由公司交通安全负责人、各部门的交通安全负责人和车管干部组成公司交通安全工作领导小组，领导、部署和检查公司的交通安全工作。

第八条　公司交通安全工作领导小组的日常工作设在公司办公室，办公室主任为交通安全工作领导小组常务副组长。

第九条　公司和各部门主要领导，须将交通安全工作列入工作议事日程，定期召开交通安全工作小组会议和安全员会议，检查交通安全工作落实情况，宣传交通安全法规和交通行为规范，认真贯彻执行市政府、地区和总公司安全委员会的规章制度和会议精神，经常沟通与交通管理部门和地区安全委员会的联系，征得他们对交通安全工作的指导和帮助。

第十条　认真贯彻《××市交通安全责任制暂行规定》和交通安全法规，实行岗位责任制。目标管理、领导监督，做到逐级落实，做到交通安全工作有布置、有检查、有落实，把交通安全工作同公司各部门的业务工作和经营效益结合起来进行评比检查和落实。

第十一条　建立奖惩机制，实行半年小结和年度评比，对模范遵守交通安全规则、成绩突出的公司员工和司机给予精神鼓励和物质奖励。对违反交通安全规定，发生违章和交通事故的，给予通报批评、处分和经济处罚。

第十二条　公司和各部门的司机必须服从公司交通安全工作领导小组的管理，严格遵守交通法规和行为规范，杜绝酒后驾车等12种严重违章行为，服从交通民警的指挥，保证安全行车。

第十三条　爱护车辆，保持车辆整洁，对零部件进行定期检查、维修和保养，使车辆随时保持良好状态，确保行驶安全。杜绝病车、故障车勉强上路行驶。

第十四条　车辆实行专人驾驶保管、车管干部监督检查的制度。严禁不经领导批准将车辆交给非专职司机驾驶，严禁交给无驾驶证人员驾驶。

第十五条　公司非专职司机驾驶机动车辆，须经公司交通安全领导小组领导批准。

第十六条　认真执行车辆回库制度，因特殊原因不能回库，须经公司领导批准，并确保车辆在外停放安全。

第十七条　骑自行车的员工必须严格遵守交通法规，遵守总公司和地区安委会对非机动车管理和行驶的有关规定，遵守骑车人交通行为规范，服从交通管理人员的检查与纠正。

第十八条　保持自行车牌号齐全，使车辆部件处于良好状态。

第十九条　上班时自行车必须停放在指定地点，并摆放整齐。

第二十条　公司员工要认真学习交通法规，自觉执行行人交通行为规范。服从公司交通安全小组和总公司、地区安委会的管理，服从交通民警和交通执法人员指挥、检查和纠正，做遵守交通安全的模范。

第二十一条　公司的临时工作人员在交通安全方面须服从公司交通安全领导小组领导，认真执行各项交通法规和交通行为规范。公司交通安全领导小组有权对模范执行交通法规并做出成绩的人员给予表扬和奖励，对违反交通法规、不服从管理和纠正的人员给予通报批评，提出扣除临时工工资或辞退的建议。

第二十二条　公司机动车、非机动车及行人发生违章和交通事故，按《交通安全责任制暂行规定》和地区和总公司安委会有关规定和本公司《关于对公司职工违反交通规则者批评处罚的暂行规定》予以惩处。

第二十三条　本规定解释权归公司交通安全领导小组。

第二十四条　本公司发生的交通事故由总务科交通事故组统一处理。

第二十五条　发生交通事故后，驾驶者或相关者应直接通知交通事故组。

第二十六条　发生交通事故后，不允许驾驶者或相关者随意处理，否则事故赔偿及善后处理由其本人负责。

第二十七条　在事故现场，事故责任者或相关者与对方交涉，如赔偿额在×元以内时，可由当事人自行处理，但事后需提交有关报告。

第二十八条　交通事故组接到报告后，应迅速赴现场听取说明，调查原因、协助交通机构处理。事后应向科长提出现场事故报告。

第二十九条　所有交通事故的处理结果，都要由当事人签名。

第三十条　交通事故组在处理交通事故时，可向交通事故委员会委员咨询处理对策。委员会委员由总务部长任命或礼聘。其任期为1年。

第三十一条　交通事故赔偿额需由公司领导决定。

第三十二条　违反就业规则中“遵守交通规则的义务”之规定，因本人故意或重大过失，造成伤害时，其赔偿金额由当事人负担。

第三十三条　在执行公司业务过程中，除认定是本人过失或故意的情况下，违反交通规则，或发生交通事故时，其处理办法是：

（一）因违章停车、高速驾车或违反交通规则时，由当事人负担半额罚金。

（二）因交通事故造成人身或车辆伤害时，如属公司的车辆损害保险范围，当事人可免除其责。但在保险范围之外，当事人应负担实额与保险金差额的1/3。

第三十四条　当发生交通事故时：

（一）迅速与公司联系，接受公司指示。

（二）如发生人身伤害时，应迅速送到最近的医院进行治疗。

（三）应记录下对方车辆的驾驶证号和车牌号。

（四）从对方驾驶证上，记录下对方的住址、姓名、工作单位、电话和出生年月。

（五）牢记对方车辆损坏的部位和程度。

（六）尽量取得对方的名片，以用于事后联系。

（七）记录事故现场目击者的姓名、住址和联系电话。

三、企业用车管理规定

（一）用车规定

1. 为了更好地保障公司业务工作顺利开展，由办公室统一管理安排公司正常的业务用车（独立核算的子公司除外）。

2. 首先保证公司领导和各部门领导日常工作和外事活动用车，其次是普通职员。原则上不提供私人用车，如遇特殊情况需经办公室领导批准方可使用。

3. 用车必须提前一天填写用车申请单，在时间冲突时，由办公室按任务的轻重缓急统一调剂安排。除特殊情况一般不安排临时用车。

4. 用车人应爱护车内设施，保持车内卫生，上下车时注意交通安全。

5. 出本市执行任务需经公司领导批准。

6. 各部门用车按____元/千米核算，由财务室摊入各部门经营成本。

(二)车辆使用管理办法

为合理使用汽车,提高汽车使用率,降低能耗,特制定本办法。

1. 公务用车

(1)公司经理、总工等公司领导人员在市内开会、参加各种业务活动,派车接送。到外地出差,送到火车站或机场。

(2)来公司办事的各省、市、区局长和相当局级的重点企事业单位的主要负责人,尽量安排车辆接送。

(3)公司其他职工遇有紧急、重要公务或因路远等必须用车的情况时可酌情批准派车。

2. 班车

(1)在职工居住比较集中,距离公司远和交通不便的地区,视实际情况及财力可能,安排班车。

(2)按照市公安局交通管理处的规定,班车须持《班车通行证》按照固定的路线及站点行驶及停车,不得随意停车。

(3)公司组织集体活动,酌情安排用车。

3. 非因公用车

(1)职工因重病急诊、重病住院和女职工生产住院必须用车的,经批准可以免费使用。

(2)经批准的其他非因公个人用车,一律按规定收费(以每千米____元计)。

(3)离休老干部用车收费标准按上级有关规定办理。

4. 用车手续

(1)凡可预见的活动用车,请在活动前一天与办公室预约,以便安排。

(2)职工非因公用车(因伤病除外),提前两天预约,由办公室酌情安排。

四、公务车使用及管理制度

(一)公务车使用办法

1. 适用范围

本规定适用于公司所有车辆从申请使用到开车前后应办的所有手续,如检查、保养、修理,直至使用中违反交通法规及事故损害处理等事务。

2. 申请用车程序及资格

(1)外勤出差或其他公务,须用车时,由所在部门负责人填写外勤申请单交到总务处,由总务处编号,并依其所需注明使用何种车辆,以及驾驶人等,由该部门负责人签章后,呈副经理以上主管签核方准用车。

(2)驾驶人资格:

驾驶人必须有驾驶____年以上之驾驶执照或领执照后每天开车至本公司上下班时间达____个月以上者,经记录取得总务处认定资格,方可使用。

(3)驶前检查:

驾驶人出发前,先检查车况,如车证、水箱、刹车系统、轮胎、油等及核对登记簿记载的千米数,如发现不符及损坏等情形,应向总务处报备,并在登记簿上注明,否则驾驶人负全责。使用后回公司时,必须把登记簿交回总务处保管人员,以便检查车轮。若发现登记不符及损坏情形,应向副经理以上主管报备。

3. 车辆损坏修理、遗失与赔偿

(1)倘系因执行公务时发生,应由使用(驾驶)人填具资产报损(废)单经单位主管证明并上呈核定。经济损失的50%由使用(驾驶)人负担,但可以分三年逐月从工资中扣还。公司负担部分应列为“料理费”或“其他损失”科目。车辆失窃而寻回者,亦按50%比率负担实际支出费用。

(2)倘系私用时发生,应由使用人完全负担修理费用,或购置同一年份同一规格牌号的车辆赔偿,如失窃而寻回,其费用全部由使用(驾驶)人负担。

4. 车辆保养与检查

(1)每行驶5000千米,由总务处送公司指定保养厂定期保养一次。

(2)每星期由车辆保管人员负责清洗一次。

(3)车辆长期闲置时每周由车辆保管人发动一次、温车5分钟。

5. 保持车内清洁

(1)物料应放在行李箱,不得放在座椅上。

(2)运输精密仪器设备须放在椅座上时应事先垫好衬物。

6. 违规之处理

因超速、超载、任意停车等各种违反交通规则被处罚,罚款由驾驶人自行负责。如果指定驾驶人把车随便交由他人驾驶发生违规、车损等而至罚款或损失,则由指定驾驶人负责全额赔偿。

7. 驾驶人注意事项

(1)凡无照驾驶者,一经查明属实,立即开除。

(2)无照驾驶发生车祸全部赔偿由驾驶者自行负责。

(3)有照驾驶如系操作不当发生车祸,由驾驶人自负全责。

8. 车辆使用后所应办手续

(1)登记行车登记簿、填里程表、目的地,然后交车。

(2)将车暂停放在办公大楼前,请总务处检查,如有损坏应在登记簿上注明。由副经理以上主管查核。

(3)总务处检查完毕在登记簿及派车单上签字,驾驶人将车开回车库,会计凭总务处检查讫签字的派车单核发有关费用。

9. 本规定之执行方法

(1)如对本规定之第三项、第七项发生疑问,由经理办公会负责解释。

(2)车辆保管人,每周须填报一次“车辆保养(维修)单”(参见表19-3)呈总务处查阅。

(3)使用车辆违规或发生事故造成损失,按本规定,在经理办公会决议后____日内通知财务处执行扣款。

(二)公务车辆管理办法

1. 公务车辆包括交通车、货车两种。

2. 公务车辆由总务处统一管理、调度及保养维护。

3. 交通车除上下班接送员工外，也可供各单位执行公务使用。

4. 货车主要用于向市内和外地运送货品。

5. 各单位使用公务车，需提前一天填写派车单，以便于总务处统一调度。但临时紧急任务可除外。

6. 油费控制：按实际里程数，每____千米供应汽油____公升。

7. 公务车出厂凭“派车单”放行。

8. 公务车聘请专任司机驾驶，并应随时保持车辆清洁，定期实施保养。

9. 司机开车应遵守交通规则，因违规被罚款后不得报销。

10. 公务车不得擅自用于私事。

11. 例假日及下班时间，公务车一律在厂内停放，任何人不得将车辆开回家中。

（三）业务用车使用与管理规定

1. 本公司各类汽车的使用管理均以本规定为准。

2. 本规定所指的汽车包括轿车、货车、商务用车、宣传车等业务用车。

3. 各类业务用车的保养管理由总务部负责，而日常的运营管理由主管部门负责人指定下属科长负责。

4. 公司如认为业务上确有必要，可为各部（或科）、分店配置专车。此时，应指定专人负责运营管理。负责人名单应报总务部。

5. 除日常为接送公司干部而用车外，用车需经主管上级批准，并与总务科联系。如使用货车、商务用车、宣传车时，应向车辆管理科长提出申请。

6. 车辆调配者为保证公司业务的顺利运转，应准确把握车辆的运营状况和用途，实行科学地有计划地配车。

7. 公司业务用车禁止私用或个人专用。但公司干部的用车另行规定。

8. 驾车外出者外出前，必须将目的地、行车路线、需要时间等报告给科长。

9. 驾车外出者必须安全行驶，严格遵守交通规则，避免交通事故的发生。

10. 驾驶者对使用的车辆应注意保养与维修。

11. 驾驶者在驾驶时间外，应注意个人生活，注意按时休息和适量饮酒。

12. 配车管理者对不遵守交通规则者，应尽量不安排驾车业务。

13. 配车管理者为提高车辆运营效率，应对驾驶者进行经常的教育与指导。

14. 当业务用车发生事故时，驾驶者应首先作应急处理，然后迅速与公司联系，依据公司的决定，作妥善处理。事后应提交事故报告。

15. 事故报告应由主管上级迅速转交总务科。

16. 驾驶者在执行业务过程中，努力做到经济安全，尽量减少各种浪费。

17. 驾驶者必须增强时间观念，按指定时间返回。否则，应与配车管理者联系。

18. 修理或外购配件时，必须经管理科长批准，并经总务科实地认定后，到指定地点修理或购买。

19. 在车检、车辆保险、赔偿保险到期前一个月，驾驶者或配车管理者应提出意见，经主管上级报总务科。

20. 车辆状况和驾驶者身体状况不佳时，应禁止出来执行业务。

21. 业务用车在运营过程中发生事故的伤害赔偿，另行规定。

22. 业务用车返回公司后必须停放于车库，或停放于指定地点。

23. 业务用车加油时，统一使用本公司专用的油票。但在外地，可使用现金加油。

24. 驾驶者每天结束业务后，应填写统一格式的行车日报。

25. 本规定自________年________月________日起实施。

五、私车公用管理细则

职工私车用于公司业务时，依照本标准进行处理。

1. 使用

(1)职工用私车从事公司业务时，不得再使用公司业务用车。

(2)私车用于公司业务时，必须事先提出申请，经主管上级请总务科长批复。申请项目包括申请人、申请时间、使用目的、使用时间、使用车辆种类和车辆、人身保险情况。

(3)总务科长根据申请，做出批复。

(4)使用人必须填写“行车表”，定时由主管上级报总务科长。

2. 车辆

所有车辆必须投保强制保险和任意保险(其中人身保险应在________万元以上，车辆保险________万以上)。

3. 事故

(1)发生事故后，应作应急处理，并迅速与交通机构主管上级和总务科长联系。

(2)因本人故意或重大过失发生事故时，赔偿费和修理费原则上由本人负担。

4. 费用

(1)车辆的维护费均由使用者本人负担。

(2)公司向车辆所有者支付车辆使用费用，支付标准为每千米×元。

(3)行车距离根据“行车表”推算。

(4)车辆使用费由总务科定时统一支付。

六、驾驶员管理规定

(一)驾驶员责任制暂行规定

1. 在办公室主任的领导下认真做好对公司领导和各业务部门的驾驶服务。

2. 提倡敬业精神，讲究职业道德，端正驾驶作风。凭用车申请单出车，与用车部门搞好协作，未经领导批准不得用公车办私事。

3. 工作积极主动，服从分配，同事之间搞好团结互助，有事提前请假，不得无故缺勤。

4. 爱护车辆，保持车辆清洁。出车前要坚持三检四勤制，做到机油、汽油、刹车油、冷却水、轮胎气压、制动转向、喇叭、灯光，安全、准确、可靠，保证汽车处于良好状态。

5. 每周四上午为我公司安全日，在册驾驶员必须准时参加安全日活动，学习交通安全知识。

6. 公司职工未经领导批准学习汽车驾驶，公司不予办理挂户手续。

7. 交通违章罚款不予报销，对地区安委会下发交通违章通知书者，每次扣除当月工资总额的20%。如全公司交通违章次数超出安委会限定的指标时,对公司的罚款由当事人分担。

8. 发生责任事故造成经济损失时,按事故的性质分别处以扣减工资和罚款处罚。

(1)一般事故(经济损失在____元以下者):按经济损失的____%处罚。

(2)重大事故(经济损失在____~____元者):按经济损失的____%处罚。

(3)特大事故(经济损失在____元以上者):按经济损失的____%处罚。

(4)机件责任事故:按经济损失金额20%罚处。

(二)汽车司机驾驶规定

1. 用车申请

(1)申请使用公司汽车者,需向管理者报告使用者姓名、事由、目的地、预定时间等。

(2)本公司的车辆除日常接送公司干部外,均应事先申报。

2. 对用车者服务

(1)不论用车者是否是本公司职工,司机都应热情接待,小心驾驶,遵守交通规则,确保交通安全。

(2)对于公司外客人,更应热情服务,以维护公司的良好形象。

(3)司机应在乘车人(特别是公司客人和干部)上下车时,主动打招呼,开关车门。

(4)当乘车人上车后,司机应向其确认目的地。

(5)乘车人下车办事时,司机一般不得离车。

(6)乘车人带大件物品用车时,司机应予以帮助。

3. 离车注意

(1)司机因上厕所,打电话或吃饭需离开车辆时,必须锁死车门。

(2)司机原则上应在车内用餐。

(3)车中放有物品或文件资料,司机又必须离开时,应将它们放于后备厢后加锁。

4. 出发前后工作

(1)在出发前,应确认路序和目的地,选择最佳的行车路线。

(2)收车后,司机应填写行车记录(包括目的地,乘车人、行车时间、行车距离等)。

(3)随车运送物品时,收车后需向管理责任者报告。

5. 个人形象

(1)司机需保持良好的个人形象,保持服装的整洁卫生。

(2)注意头发、手足的清洁。

(3)注意个人言行。

(4)在驾驶过程中,努力保持端正的姿势。

(5)出现事故时,应迅速做出应急处理,并向车辆管理者和主管领导报告。

6. 车辆保养

(1)应经常清洗车辆,保持车内外的清洁美观。

(2)随时检查油耗情况,及时加注油。

(3)除特殊情况外,车辆应停放于车库。

(4)修理车辆时,应首先由管理者事前审定。

(5)修理完后,应做认真的确认。

(6)必须经车辆管理者同意,才能进行车辆大修理。

七、摩托车使用管理规定

（一）摩托车由公司统一安排购置，根据各部门的工作需要，报经公司领导审批，由总务部统一调配到各部门使用，使用部门须严格履行领用手续。

（二）摩托车的使用实行专人使用、专人保管、专人负责的原则，使用者必须持有××市交通部门发放的驾驶证，严禁无证驾驶摩托车，使用者不得擅自将摩托车交与他人驾驶。

（三）驾驶员必须严格遵守道路交通管理条例和安全驾驶操作规程，服从部门领导的工作调配，并在技术上接受车队监督指导。

（四）驾驶员须爱护保管自己的摩托车，定期进行保养，如人为原因造成车辆丢失或损坏，视情节由本人赔偿部分或全部经济损失。

（五）摩托车的各项费用统一由使用部门负责预算报支。大的修理项目，由车队统一安排并限指定厂家进行修理。

（六）凡违反本规定造成行车事故及损坏车辆，经济损失在____～____元者，扣发2个月奖金，____～____元者扣发半年奖金，____～____元者扣发全年奖金和____～____个月的工资。

（七）未经部门领导同意私自出车发生事故后，其经济损失全部由当事人承担（不含保险费），并视情节，予以严肃处理。

（八）本规定自发出之日起执行。

八、停车场管理规定

（一）目的

本要领旨在有效地利用本公司××制造所院内的停车场。

（二）对象

1．属本制造所职工，并使用汽车通勤者。

2．属总公司、分店、工厂等职工，但在本制造所工作并希望驾车通勤者。

（三）条件

属于使用对象且符合下列条件者，可使用停车场：

1．通勤距离四三班制职工和非固定班职工为____千米以上；白班制职工为____千米以上。

2．通勤距离虽未满上项规定，但通勤异常困难者，或有特殊情况者。

3．因公务或私事而临时驾车通勤者。

（四）许可证

1．公司为允许停车者配发停车许可证。

2．当职工辞职或调动时，必须退还许可证。

3．职工因班制变动、居住地变动或违反有关规定时应退还许可证。

（五）通勤距离

通勤距离是指工作地到其居住地的最近距离，必要时，需由公司测定。

（六）停车位置

车辆需按公司指定位置停放。

（七）遵守事项

1. 遵守交通法规，保证行车安全。

2. 驾车时必须使用安全带。

3. 必须参加公司主办的交通安全培训班。

4. 必须加入由制造所指定的人身和车辆保险。

5. 遵守其他相关规定。

（八）惩罚

1. 违反停车规定时，取消其停放资格。

2. 对无许可证而停车者的惩罚，另行规定。

（九）管理责任

在停车场如发生失盗、损害等时，制造所概不负管理责任。

（十）附则

1. 本要领自××年××月××日起实施。

2. 制造所在认为必要时，可对本要领进行修改。

（十一）细则

1. 保险金额：人身保险×万元以上；车辆保险×万元以上。

2. 对无证停车者，依据就业规则处罚。车辆停放如影响公司正常业务时，制造所有权移放他处。

第三节　企业车辆管理实用表单

一、车辆登记表

车辆登记表如表 19－1 所示。

表 19－1　车辆登记表

年　月　日

编号	车辆类型	规格	车号	驾驶员	购置日期	购买价格	发动机号	使用单位	主要使用人

主管：　　　　　　　　　　　　经办：

二、派车单

派车单如表 19－2 所示。

表 19－2　派车单

<table>
<tr><td>使用部门</td><td></td><td>使用人</td><td></td></tr>
<tr><td>用车事由</td><td colspan="3"></td></tr>
<tr><td>用车时间</td><td colspan="3">自　日　时　分至　日　时　分共计　时　分</td></tr>
<tr><td>行车里程</td><td colspan="3">自　千米至　千米　共计　千米</td></tr>
<tr><td>用车类型</td><td></td><td>车号</td><td></td></tr>
<tr><td colspan="2">管理部门</td><td colspan="2">使用部门</td></tr>
<tr><td>主管</td><td></td><td>主管</td><td></td></tr>
<tr><td>经办</td><td></td><td>经办</td><td></td></tr>
</table>

三、车辆保养（维修）单

车辆保养（维修）单如表 19－3 所示。

表 19－3　车辆保养（维修）单

<table>
<tr><td>编号</td><td></td><td>车号</td><td></td><td>里程数</td><td></td><td>驾驶员</td><td></td></tr>
<tr><td colspan="2">修车事由</td><td colspan="6"></td></tr>
<tr><td colspan="2">损坏原因</td><td colspan="6"></td></tr>
<tr><td colspan="2">修理厂</td><td colspan="6"></td></tr>
<tr><td colspan="2">审核意见</td><td colspan="6"></td></tr>
<tr><td colspan="3">管理部门</td><td colspan="3">审核部门</td><td colspan="2">总经理</td></tr>
<tr><td colspan="2">主管</td><td></td><td colspan="2">主管</td><td></td><td colspan="2" rowspan="2"></td></tr>
<tr><td colspan="2">经办</td><td></td><td colspan="2">经办</td><td></td></tr>
</table>

四、车辆出勤统计表

车辆出勤统计表如表 19－4 所示。

表 19－4　车辆出勤统计表

车号				驾驶员			
使用记录							
时间	加油数量	花费金额	加油时里程表	行驶里程	行驶累计数	使用人	驾驶人

五、车辆费用支出月报表

车辆费用支出月报表如表 19－5 所示。

表 19－5　车辆费用支出月报表

月份

保险费		修理保养费		过桥费		汽油费		上月里程	
								本月里程	
								行驶里数	
								本月总费用	
								每千米费用	
								每千米费用	
								每千米汽油费	
合　计		合　计		合计		合计		备　注	

汽油费明细	日期	金额	经手人	日期	金额	经手人	日期	金额	经手人	日期	金额	经手人

六、违规事故报告单

违规事故报告单如表 19－6 所示。

表 19－6　违规事故报告单

单位：　　　　　　　　姓名：　　　　　　　　　年　　月　　日

所属部门			驾驶员姓名			车名		
						登记号码		
违规、事故发生时间		年　月　日　　时　　分，天气						
违规、事故发生地点						同车者姓名		
对方	车名		姓名		年龄		上班地点	
	登记号码		联络处		电话			
违规状况	草图							
	说明							
损害程度（罚款金额）		我方				对方		
检讨书								
车辆管理者意见								
备注								

第四节　企业车辆管理规范化细节执行标准

一、车辆安全管理程序

（一）加强安全管理的组织领导，制定具体措施。车队领导要把安全管理作为一项经常性工作来抓，并分工专人负责。要制定各岗位具体的安全措施，经常分析研究，定期检查。

（二）加强思想教育。坚强有力的思想教育工作，是预防事故的根本保证。要适时地定期地进行预防事故教育，运用正反两方面的事例，反复讲明事故的危害性和预防事故的重要性。牢固树立安全第一的观念和预防事故的高度责任感。

（三）增强预防事故的自觉性。要经常向全体人员宣传和定期组织学习国家安全法规，尤其要对司机进行交通法律教育，使他们谙熟并自觉遵守交通规则，自觉做到思想集中不麻痹，谨慎行车不急躁，中速行车不冒险，礼让三先（让小车先行、客车先行、重车先行）不抢道。不开斗气车，不开“英雄”车，不酒后开车，以增强预防事故的自觉性。

（四）定期进行安全检查活动。安全管理工作不仅是车队领导的事，而且是车队所有人员和直接行政领导部门的事，因此要发动群众，群策群力，定期开展安全检查，形成安全意义大家讲，人人关心安全工作的局面。

（五）定期总结安全管理经验。坚持每月一小结，每季一大结，年终全面总结。

二、车辆安全管理设施

（一）车辆安全设施装置的部位。安全设施应装置于车队的要害部位，即车辆、燃料库、汽车库、汽车维修间。

（二）车辆安全设施的要求。

1. 车辆：以预防机械事故为主，要求手脚制动器灵敏、后视镜齐备、各种仪表健全。

2. 燃料库：以防火防爆为主，要求消防设备和警报器械齐全，并经常保持完好；油库附近严禁烟火，加油时发动机必须熄火；库内保持清洁，不允许存放易燃易爆物品和其他杂物；无关人员严禁入内。

3. 汽车库：以防火防盗为主，装置灭火设备和警报设备；车库建筑以砖混结构为佳；各车房之间应有间隔墙；车房门要坚固。

4. 修理间：以防火防盗为主，应装配消防设备和警报设备，装备安全门窗。

（三）车辆安全设施管理。车辆的各种安全设施必须有专人管理，定期进行检查、维修和更新，经常保持完好；要建立安全设施管理制度，配备的各种安全装备一律不允许外借或挪作他用，不允许随意移位。为了经常保持安全设施的完好率，还应建立各种设备的登记卡片，注明各种设备的装置时间、检修更新情况、使用方法和使用性能等，以利于保持管理的连续性和使用的方便。

三、驾驶员安全培训教育实施工作标准

为提高车辆服务的业务水平，必须加强对司机的管理和教育，使他们自尊自重，热爱本职工作，既当优秀的驾驶员，又是出色的服务员。要建立健全必要的岗位责任制和具体的奖惩条件，奖优罚劣，充分调动他们的积极性。

根据司机工作的特点，对司机的教育与管理要有的放矢地进行。司机工作的主要特

点是：司机一定都是独立去执行任务，而且司机以公路为车间，活动的范围相当大。司机工作的这些特点，容易养成司机的散漫性格。

对司机的管理与教育，应见缝插针，随时随地进行。在等修出车的间隙，早、晚或中午司机比较集中的时间，都可以进行教育，以提高司机的素质。对司机要针对性地做好以下几项工作：

（一）车辆保养、节油和安全行车教育。要教育司机爱护自己的车辆，做到车容整洁，技术状况良好，随时待命出发，经常、主动地做好车辆的保养和小修工作。同时，要制定必要的处罚措施，要求司机不断地提高技术水平，注意节约燃料，保证安全行车。

（二）为人民服务教育和职业道德教育。要教育司机全心全意搞好服务，工作做到安全正确，准备及时，热情周到，树立吃苦耐劳的精神，不怕起早贪黑，不怕脏累，不怕麻烦，及时、圆满地完全各项出车任务。

（三）遵纪守法教育。要教育司机不跑私车，不用公家汽车为个人牟取私利。给领导开车的司机还要注意保密工作，如在车上听到领导谈话内容，不得随便外传，以免泄密，造成损失或不良影响。

四、车辆安全行驶标准

安全行车是车辆管理中的重要一环。要加强对司机的教育，使其严守交通规则，谨慎行驶，并把行车安全作为考核司机的重要内容。具体应做到以下几点：

（一）教育司机要有安全意识。必须在车辆管理人员和司机头脑中树立安全第一的思想，要有对国家、企业财产和人民生命高度负责的精神，时刻把安全工作放在第一位，这是搞好安全工作的基础。

（二）教育司机遵守交通规则和驾驶规程。要教育司机严格遵守交通规则和驾驶操作规程，随时随地服从交通管理人员及各种交通标志的指挥。在行车中，要讲究良好的行车道德，做到安全礼让，“宁停三分，不抢一秒”；不开“英雄”车；不开“斗气”车；不酒后开车。

（三）保持车辆的完好状态。要时刻保持车辆的完好状态，对车辆要勤检查，发现隐患要及时处理，做到各部件牢固、灵敏，尤其是制动、转向部分，必须可靠、有效。

（四）提高驾驶技术。要不断地提高驾驶员的驾驶技术，使之能在各种复杂的路面，各种恶劣的气候条件下安全驾驶，并且有应付各种紧急情况的驾驶技能。要使司机做到三掌握：即掌握所驾汽车的性能和技术状况；掌握各种道路、气候及季节对安全可能产生的影响；掌握人、车、马的动态和他们对汽车通过时反映的特征，正确判断可能发生的情况，并采取相应的安全措施。司机在急弯、陡坡、窄路、桥梁、交通路口、行人稠密、交通繁杂或有障碍的路段以及夜晚视线不清、气候状况不良等情况下驾车，要特别提高警惕，一般都应鸣喇叭靠右慢行；通过无护栏设施的铁路交通路口，临近时必须先看清有无火车驶过来，决不冒险通过。同时，要注意不断地利用正反两方面的典型事例对司机进行教育，并制定相应的奖惩制度，千方百计预防事故的发生。

五、车辆道路管理实施标准

企业车辆道路管理主要表现在以下几个方面：

（一）加强车辆道路管理，是促进企业的人与物对外顺畅、快捷联系的保障。企业是人员和物资相对集中的地方，道路本身功能的发挥很大程度上取决于顺畅、快捷的对外联系。这种对外联系主要表现形式为辐射和吸收两个方面。辐射就是企业内的人和物对外输出；吸收则是企业以外的人和物对内输入。企业的各项活动往往是通过这两方面同时进行而产生和发展的。企业车辆道路管理就是理顺这两方面及其内在的关系，从而使辐射和吸收进行得顺畅和快捷。这种人与物的有序流动是道路功能发挥的必要保障。

（二）加强企业车辆道路管理，是促进企业各项工作和生产安全、便利、舒适的保障。企业厂区的道路空间不仅是人、车辆通行的空间，而且还是地下工程设施埋设的空间。路面下的空间常常埋有给水、排水、供电、电讯、煤气、供热管线，有的厂区道路下还埋有有线电视、电缆、石油管道，有时地下停车场、地铁、地下街、防空设施也通过企业道路下方。所以，对于道路上行驶车辆的管理就显得十分重要，如通行汽车吨位的管理等。企业的道路还担负着企业防灾的重要任务。道路是发生灾害时的缓冲地段，也是疏散人流、物资的通道。如发生火灾时，可以防止火势的蔓延，有利于消防救护的实施。所以车辆道路的管理是道路畅通的保障，是企业员工生产、工作安全的重要保障。

第20章　企业治安与消防安全管理

第一节　企业治安与消防管理工作要点

一、企业治安管理工作特点

企业治安管理工作特点如下：

（一）管理面积大。对于某些大型企业，不仅所辖区域广、楼幢多、楼层高、建筑面积大、企业进出口多，这些都是企业治安管理需要涉及的地方。

（二）管理对象复杂。企业区域内人流量大，企业各自又有自己的主管部门，这些也都给企业治安管理带来难度。

（三）治安管理人员素质要求高。治安部或保安组作为企业安全管理中的一个综合执法部门，对管理人员的素质要求较高。

二、企业治安管理工作原则

企业治安管理工作原则如下：

（一）坚持“预防为主，防治结合”的管理方针。治安管理的关键是要做好预防工作，防患于未然。

（二）坚持企业内治安管理与社会治安工作相结合原则。任何企业，无论其封闭程度多大，其治安工作也是城市社会治安的一部分，企业管理中的治安工作有赖于社会力量和公安部门的支持。

（三）坚持治安工作硬件与软件一起抓的原则。企业管理中的安全工作的好坏既要靠治安工作的软件管理，也要靠治安防治的硬件设施。

三、企业治安管理工作内容

企业治安管理工作内容如下：

（一）建立企业治安组织机构。

（二）制定和完善各项保安管理制度。

（三）制定巡视值班制度。

（四）加强企业厂区内车辆管理。

（五）完善厂区内安全防范措施。

（六）密切联系厂内员工，做好群防群治工作。

（七）维护治安，打击违法犯罪活动。

（八）建立联防联保制度。

（九）定期对保安员开展各项培训工作。

四、企业治安设施与装备管理工作对象

企业治安设施与装备管理工作对象如下：

（一）闭路电视监控装置。

（二）报警装置。

（三）门户开启装置。

五、企业治安巡视实施方案

企业治安巡视实施方案如下：

（一）门卫登记

企业应当在企业的每个主要出入口配备治安人员执行下列工作：

1. 严格控制人员和车辆进入，对进入企业厂区的来访人员实行验证登记制度。

2. 对携带物品外出的人员特别是流动人员实行严格的检查制度，防止财物流失，并维护企业厂区的正常秩序。

3. 防止有碍安全和有伤风雅事件的发生。

4. 门卫登记应实行24小时值班制。

（二）守护

守护是治安保卫人员对特定的重要目标实现实地看护和守卫的活动。守护人员应熟悉以下事项：

1. 熟悉守护目标的情形、性质、特点、周围治安情况和守护方面的有利、不利条件。

2. 熟悉有关制度、规定及准许出入的手续和证件。

3. 熟悉守护岗位周围地形及设施情况。

4. 熟悉电闸、消防栓、灭火器等安全设备的位置、性能和使用方法，以及各种报警装置的使用方法。

（三）巡逻

巡逻是指治安管理人员在企业区域内有计划地巡回观察，以确保企业厂区安全的活动。

巡逻的方式一般可分为往返式、交叉式和循环式三种，无论采用何种方式都不宜固定。三种方式的交叉使用，既便于全方位巡逻，又可防止坏人掌握规律。在安排巡逻路线时，一定要把重点、要害部位，多发、易发事件地区和地点放在巡逻路线上，便于加强对重点、要害部位的安全保卫，有效地防范和打击犯罪行为的发生。作为巡逻的保安人员具有以下职责：

1. 发现和排除各种不安全因素，如门窗未关好、各种设施设备故障和灾害隐患、值班和守护不到位或不认真等。

2. 及时处理各种违法犯罪和违纪违规行为。

六、企业治安管理突发事件处理方法

企业治安管理突发事件处理方法如下：

（一）人员发生突发事件

1. 迅速向公安机关或保卫部门报案。

2. 注意保护现场，禁止无关人员入内，以免破坏遗留的痕迹和物证。

3. 抓紧时间向目击证人和周围人员了解情况，并认真做好记录。

4. 向到达现场的公安人员认真汇报案件发生情况，并协助破案。

（二）斗殴事件

1. 立即劝阻斗殴，劝双方离开现场，如能确认属违反治安管理规定或犯罪行为，应及时报告公安机关或将直接行为人扭送到公安机关进行处理。

2. 提高警惕，防止有人利用混乱之机，进行破坏活动或偷窃活动。

3. 说服劝阻围观群众或员工离开，确保厂区的正常治安秩序。

（三）遇到不执行规定和不听劝阻事件的处置方法

1. 对不执行有关规定者，要立即对其进行劝阻。

2. 对不听劝阻者，查清其姓名和单位，如实记录并向有关部门汇报。

3. 发生纠纷时，保安人员要冷静，以理服人，对于蛮横无理者或故意扰乱者，应及时报告公安机关依法处理。

（四）电梯故障

1. 尽快通知电梯维修人员和电梯技术人员前来处理。

2. 对电梯关人事件应依以下步骤先行释放电梯内乘客：

（1）在行动中要注意自身安全。

（2）应先将电梯机房总电源切断。

（3）用专用厅匙小心开启门厅，用力开启电梯轿厢门，通知厢内乘客保持镇定，身体各部位不可探出轿厢，以免发生危险，同时查看轿厢地台与楼面高低相差情况，在确保安全的情况下才可放行乘客。

（五）发现犯罪分子

1. 保持镇静，设法制服罪犯，发出信号，召集附近保安人员或周围人支援。

2. 对逃跑的罪犯，要看清人数、衣着、面貌、身体特征、所使用的交通工具及特征，及时报告公安部门和保卫部门。

3. 有固定现场的，要保护好现场；没有固定现场的，要搜集和保存好犯罪分子遗留的物品，特别是作案工具，要避免破坏犯罪痕迹和证据。

（六）醉酒滋事和精神病人闯入

1. 进行劝阻或阻拦，让其离开保安目标区域。

2. 及时通知醉酒者和精神病人的家属或工作单位，由他们领回，或采取控制和监护措施。如有危害保安目标或危害社会安全的行为时,可将其强制送到有关部门进行处理。

七、企业消防设施配备

企业消防设施配备如下:

(一)灭火器。

(二)消防栓。

(三)自动喷水灭火系统。

(四)火灾自动报警系统。

八、企业消防设施检查工作要点

企业消防设施检查工作要点如下:

(一)熟悉消防法规,了解各种消防设备的使用方法,制定企业的消防制度及有关图册,使管理人员和员工便于熟悉。

(二)禁止擅自更改消防设备,特别二次装修时,必须严格审查。

(三)定期检查消防设施与器材的规范与完好情况,对使用不便等情形应及时改正。

(四)必须保证公共防火通道畅通无阻,绝对不允许放置其他物品。

(五)加强消防值班和巡逻,及时发现火情、火险隐患,并予以有效处理。

九、企业消防教育的工作内容

企业消防教育的工作内容如下:

(一)思想认识培训

通过国家有关安全方针、政策的教育提高员工对消防重要意义的认识,深刻理解生产、工作与安全的关系,进而提高消防的责任感和自觉性;通过包括消防法规、规章制度、劳动纪律和法纪教育,使人们懂得它们是实践经验的总结,是保证安全的客观规律的反映,使之自觉地遵章守法,并懂得法纪带有强制性,不管是谁都不得违章违法。

(二)消防知识培训

消防知识教育包括一般性的消防常识教育,如发生火灾的条件,本岗位不安全因素的消除和预防,用火、用电的防火知识,初起火灾的扑救等;还包括专业性消防技术知识教育,是指对特殊(重点)工作操作时保证消防所需要的消防技术知识。

(三)消防技能培训

仅懂得消防技术知识,并不等于就能够正确地、安全地操作,还必须把知识转化为实际的作业本领。要实现从“知道”到“会做”的过程,就需要借助于安全技能培训。企业消防技能培训包括正常作业的消防技能培训和异常情况的处理技能培训。

第二节 企业治安与消防管理规范化制度

一、企业安全保卫管理纲要

□ 总则

第一条 为了加强公司的安全防范工作，规范公司治安、消防和其他安全工作，保护公司财产和员工人身安全，保障各项工作的顺利进行，特制定本纲要。

第二条 公司的安全工作以“百年大计，安全第一；安全就是效率，安全就是效益”为原则，全方位实施安全管理。

□ 组织管理

第三条 公司的安全保卫工作由行政管理部统一负责，下设安全保卫管理科具体实施日常管理工作。主要工作有安全教育、安全检查、事故处理等。

□ 安全制度规定

第四条 员工自觉接受安全教育，增强安全防范意识。防火、防盗、防灾、防破坏、防恶性事故为每个员工应尽的义务，要敢于与坏人坏事做斗争。

第五条 员工上下班、外出公干、出差，严格遵守道路交通管理法规、条例，确保人身、财物安全。

第六条 员工不得将贵重、大件私人用品存贮于公司办公场所或仓库。

第七条 员工下班前认真检查本岗位、办公场所，消除水、电、气等设备存在的隐患。如本人不能解决，下班前应立即报告主管领导。

第八条 上班时间外出应及时锁好抽屉、橱柜，钥匙随身携带，最后离开者关窗锁门。下班和午休时间文件、现金妥善存放，锁好各类门锁，有保险的加锁保险，开启报警系统。

第九条 发现事故苗头、可疑或不法行为的人或事应先立即报告主管或安保部。

第十条 做好交接工作，班次之间无缝衔接。

第十一条 不得将亲友或无关人员带入工作场所，不准在值班场所留客人。

第十二条 不准私接电源或使用电炉，不准在禁烟区抽烟。

第十三条 不得偷窃个人或公司财物，拾到遗留钱物一律上交。

第十四条 财务部门之重要票据、支票等一律入保险箱随时上锁。

第十五条 现金一般不要存入过夜，应及时存入银行。

第十六条　未经许可,不得擅自安排公司或外来人员在公司内住宿。

第十七条　安保人员按时到岗,门卫值班、值日、领导值班制度正常运作。

第十八条　使用明火和高空作业,必须经安保或政府有关部门批准才能进行。

第十九条　员工积极参加防火演习,了解有关消防知识,熟记火警电话,熟悉电源开关、出口通道、灭火器具位置及使用方法等。

□ 安全生产教育

第二十条　思想教育。主要是正面宣传安全生产的重要性,选取典型事故进行分析,从事故的政治影响、经济损失、个人受害后果等几个方面进行教育。

第二十一条　法规教育。学习有关的法律、法规、条例及公司的具体规定、制度和纪律条文。

第二十二条　安全技术教育。包括生产技术、一般安全技术和专业安全技术教育训练。

□ 安全检察

第二十三条　检查有无进行安全教育。

第二十四条　检查安全操作规程是否公开张挂。

第二十五条　检查在布置生产任务时有无布置安全工作。

第二十六条　检查安全防护、保险、报警、急救装置或器材是否完备。

第二十七条　检查个人劳动防护用品是否齐全及正确使用。

第二十八条　检查工作衔接是否配合合理。

第二十九条　检查事故隐患是否存在。

第三十条　检查安全计划措施是否落实。

□ 安全事故处理流程

第三十一条　如遇意外伤害事件,应照顾伤者或协助转送医院。

第三十二条　及时通报公司主管或值班人员。

第三十三条　对危险区加设标志,警告别人勿靠近或指派专人看护。

第三十四条　对突发事件保持镇静。

第三十五条　迅速通知有关部门和领导。

第三十六条　在自身安全情况下,适时处置。

第三十七条　无关人员不准进入事故现场。

第三十八条　对外界暂行封锁消息,统一对外发布口径。

□ 火警事故处理流程

第三十九条　保持镇静,力戒惊慌。

第四十条　拨打火警电话,准确报告起火部位、燃烧品等情况。

第四十一条　按动附近火灾报警器。

第四十二条　关掉一切电源开关,关闭火警现场的门窗。

第四十三条 迅速呼唤同事援助。

第四十四条 利用附近灭火设备，尽力将火扑灭。

第四十五条 防止用水或泡沫灭火器灭火引起漏电而导致火灾。

第四十六条 服从现场主管指挥，见义勇为，身先士卒，奋力扑救。

第四十七条 接到疏散通知，切勿搭乘电梯，由安全楼梯转移。

□ 附则

第四十八条 本守则由行政管理部安保科解释、补充，经总经理办公室会议批准执行，修改亦同。

二、企业警卫人员执勤准则

第一条 本公司为使警卫人员值勤执行任务有所依据，特制定本准则。

第二条 警卫人员的服勤，系代表本公司执行职务。

第三条 警卫勤务应每日24小时执行不辍，其各班服勤时间，由警卫科制定呈准公布实施。

第四条 警卫人员的职责规定如下：

（一）工厂及办公处所各种事故之预防，警戒及厂区（房）巡逻事项。

（二）工厂及办公处所突发事故之应急措施。

（三）进出工厂及办公处所的外宾及员工之管制，联络登记事项。

（四）进出工厂车辆的管制事项。

（五）进出工厂物品的查验及放行。

（六）防止窃盗，协助维持工厂及办公处所秩序。

（七）其他交办事项的处理。

第五条 警卫人员除前条各项职责外应恪守本公司一切规定，尤应严格遵守下列守则：

（一）应绝对服从上级命令，切实执行任务，不得偏袒徇私。

（二）平时应谨言慎行，执行职务时态度和蔼严正，不亢不卑。

（三）服勤中应整肃服装仪容，对于应急及防身器具等应经常佩带，或储备齐全，以应不时之需。

（四）服勤中应时刻提高警觉，遇有重大灾变时，更应临危不乱，果断敏捷，作适当之处置，并立即报告上级。

（五）服勤中应严守岗位，不得擅离职守或酗酒、闲聊、阅读书报、睡觉等失职情事。

（六）应熟记厂内各处之水、电、燃料、开关、门锁及消防器材放置地点，以免临急慌乱，对重要路口电灯、门窗、篱墙等有缺损时，应立即建议厂务单位处理。

（七）应管制入厂人、物、车辆，对未挂识别证或未办妥入厂手续者，一概不准入厂，并绝对禁止携（夹）带违禁品入厂，除工厂需料外对危险或易燃品应严拒携入。

（八）应遵照巡逻路线按时或不定时巡逻工厂各处。

（九）交换班时，应将注意事项交代清楚，并将服勤中所见重要事项或事故，以及巡逻时间等列入“警卫日志簿”,检附有关资料逐日呈厂单位及警卫科核阅。

第六条 辅导员工遵守各项规定,并制止不法行为的发生,维持工厂及办公处所秩序。

第七条 确实管制员工上下班、迟到、早退、加班人员的考勤卡记录。

第八条 员工在勤务中因公或事(病)假离厂时,应切实查验公出申请书或请假记录卡,始允其外出,并在公出单或到工卡上记录离厂,回厂时间以备查考。

各级人员公出或事(病)假之核准权责由各厂拟定列表送警卫室执行。副经理以上人员由警卫登记进出。

第九条 上班时间内除公事接洽外,一律谢绝会客。

第十条 外界来宾到厂接洽业务或参观访问,以及厂商的营业、采购、检查、安装人员等应至警卫室办理入厂手续,发给来宾证,并联络有关单位接待。非经厂单位人员接待,不得任其进入厂区。

第十一条 协力厂商长期派驻工厂人员,得凭厂务单位发给之识别证进出工厂。

第十二条 假日加班人员或因事需进厂者,应凭厂务单位所送之名单核对相符后,准予进厂。但本厂科长(含副科长)以上人员可于登记后进厂。

第十三条 公司或其他各厂同仁须凭识别证办理登记后进厂。

第十四条 厂内住宿人员,在勤务时间外,凭住宿证进出工厂,但夜间不按规定时间出入厂者,应即通知舍监室处理。

第十五条 物品放行应凭核准的放行单核对无误始得放行。经警卫签认后之放行单由警卫室按顺序装订保管。放行物品的分类(如材物料、半成品、成品、用品、资产、废料、机械设备等)及授权核准人员由各厂拟定列表送警卫室执行。

第十六条 各协力厂商交货时所随带他家厂商物品的运出,在进厂时先由警卫人员查验登记于离厂时再经警卫人员依原登记查对符合后始予放行。

第十七条 离厂人员经警卫查获有私带公物或他人物品之嫌者,暂扣留物品,并以下列程序处理:

(一)记录携带人所属单位、姓名、时间、地点。

(二)由携带者亲书理由,注明品名、数量,由何处取得等。

(三)情况严重时,不得让当事人离厂,应速呈报处理。

第十八条 厂内住宿人员携带个人物品出厂时,按下列规定处理:

(一)携带行李、包裹、提箱等大件物品者,应凭舍监室开立放行单放行。

(二)携带一般日常用品者,由警卫人员查验后放行。

第十九条 本公司员工及一般外宾不准携带照相机进厂,遇有特殊情况,如参观、访问或外籍人员携带照相机者,应按厂单位主管所示处理。

第二十条 同仁进入工厂上班不准携带与本公司产品相似的物品,厂内住宿人员如因需要,经厂务单位开立证明单者(注明品种、型号)准予携带进厂。但携带出厂者,应凭厂务单位开立的物品放行单,经查验无误后放行。

第二十一条 本厂各型车辆(汽车、机车)出厂凭厂单位的核派单放行。

第二十二条 外宾车辆进入工厂,除随车人员按本准则第十条及第十一条办理外,依下列规定处理:

(一)持有证明来厂交货或提货之车辆,准予驶入厂区内有关处所。

（二）一般接洽业务或参观访问，以及厂商之营业、采购、检查、安装等人员所乘车辆，一律按指定位置依序停放，不照规定者，警卫应即时纠正。

第二十三条 公司或其他各厂车辆进厂，除随车人员按本准则第十三条处理外，应依第二十二条规定处理。

第二十四条 进出工厂车辆应一律检查，进厂车辆当注意有无载有违禁、危险或易燃物品，出厂车辆载有货物时，应凭放行单查验无误后放行。

第二十五条 发现窃盗时，以收回失窃物为首要，并应立即呈请处理。

第二十六条 警卫人员应熟练安全设备的使用。了解配置地点，紧急事件发生时应镇静，以最有效方法使灾害减少至最低限度，不可慌张误事，视情况按下列程序处置：

（一）判断情况若尚可及时处理消除时，速采取行动，并报告上级及通知厂务单位。

（二）判断事故无法及时处理，应急速通报有关单位。

（三）昼间灾害急报有关主管，夜间灾害急报派出所、消防单位或救难单位。

第二十七条 夜间或休假日近邻发生灾难时，应将所知及判断是否波及本厂等情形，迅速通报有关主管。

第二十八条 本准则如有未尽事宜，得随时以命令补充或修正。

第二十九条 本准则经呈奉总经理核准后实施，修改时亦同。

三、企业消防管理制度模板

□ 总则

第一条 为加强公司安全消防意识，做好公司安全消防工作，保障公司正常、稳定的工作环境，特制定本办法。

□ 责任划分

第二条 公司法定代表人为公司安全消防第一责任人。履行下列职责：

（一）制定并落实安全消防责任制和防火、灭火方案，以及火灾发生时保护人员疏散等安全措施。

（二）配备安全消防器材，落实定期维护、保养措施，改善防火条件，开展消防安全检查，及时消除安全隐患。

（三）管理本公司的专职或群众义务消防队。

（四）组织对员工进行消防安全教育和防灭火训练。

（五）组织火灾自救，保护火灾现场，协助火灾原因调查。

第三条 公司层层分解、落实，建立公司安全消防体系和分层责任制，横向到边，纵向到人。

（一）各部门应确立各自的责任人，并制定相应的安全消防制度的措施。

（二）各部门确立各自的防范重点部位和防范对策。

（三）各部门定期或不定期进行安全检查，并备有记录。

（四）公司普及安全消防知识，进行培训和示范教育，有条件的应举办模拟演示。

（五）公司所有员工遵守安全守则。

□ 消防管理规定

第四条　每天下班、节假日应关好门窗、电灯、开关、水龙头或其他用电、用水设施。

第五条　上班时间外出应及时锁好抽屉、橱柜，钥匙随身携带，最后离开者关窗锁门。下班和午休时间文件、现金妥善存放。

第六条　财务部门的重要票据、支票等一律入保险箱，随时上锁。

第七条　现金一般不要存入过夜，应及时解送银行。

第八条　未经许可，不得擅自安排公司或外来人员在公司内住宿。

第九条　安保人员按时到岗，门卫值班、值日、领导值班制度正常运作。

第十条　公司制定详细的防火、灭火管理制度以及实施细则。

第十一条　公司建筑工程和内装修防火设计，须符合国家和当地消防技术规范要求。建筑工程和内装修防火设计，送公安消防监督机构审核批准后组织实施，且不得私自改动。施工完成后，和公安消防监督机构申请消防验收。

第十二条　公司施工应落实防火安全制度，配备必要的灭火器具，指定专人负责施工现场的消防工作。

第十三条　公司内下列场所应当设置疏散指示标志、紧急照明装置和必要的消防设施：

（一）易燃易爆危险品的生产房、储存场地。

（二）高层建筑、地下人防工程、原材料及成品仓库。

（三）车队、油库（加油站）、液化气站、变电站。

（四）医务所、子弟学校、招待所、饭店。

（五）临时搭建的房屋、商店、农贸市场、展销会场。

第十四条　公司使用的消防器具和设备，必须是有国家生产许可证和产品质量认证证书的产品。使用的电器设备的质量，必须符合消防安全要求。电器设备的安装和电气线路的设计、敷设，必须符合安全技术规定并定期检修。

第十五条　禁止在火灾危险的场所擅自动用明火。需要使用明火器具应事先提出申请，说明安全措施，经安保部批准后才予以使用。

第十六条　作业人员应当持证上岗，对电焊、气割、砂轮切割、煤气燃烧以及其他具有火灾危险作业的，必须依照有关安全要求操作。

第十七条　禁止在办公地区和宿舍使用自制或外购电炉取暖或炊事。员工不得在禁烟区吸烟。

第十八条　公司根据现有消防状况和财力状况，合理配置消防器材，不得擅自移动、损坏、挪用，并定期检查和更换。

第十九条　公司下列人员须接受消防安全培训：

（一）各级防火安全第一责任人或分管负责人。

（二）消防安全管理人员。

（三）消防设备的安装、操作、维修人员。

（四）易燃易爆品仓库管理人员。

第二十条　各部门、下属企业的工作，按安全操作规程进行：

（一）使用电梯，须专人管理，定期检修，电梯工凭证上岗。

（二）使用机电设备后，每次清洁机器，切断电源，确保安全可靠。

（三）登高作业时，现场须有安全保护，使用合适的架梯工具。

（四）只有电工或专业人员才能安装电线、维修电器设备。

（五）各部门、下属企业进行新建、改建、扩建工程项目时，要由安全、消防部门审查，评估安全消防可靠性。

□ 责任及考核

第二十一条　公司制定安全消防考核指标体系。

第二十二条　公司应按有关规定为公司财产投保火灾险和公众责任险。

第二十三条　公司任何人发现火灾或其他安全问题都应迅速报警，各部门或员工应为报警无偿提供方便，有为扑救火灾提供帮助的义务。

第二十四条　公司在消防队到达前应迅速组织力量扑救、减少损失；火灾后及时向投保的保险公司报案，并保护好现场及协助查清火灾原因。

第二十五条　公司对因扑救火灾、消防训练、制止安全事故、见义勇为而受伤、致残、死亡的，其医疗、抚恤费用按照国家有关规定办理。

第二十六条　公司定期或不定期地对公司各部门安全、消防管理工作进行考核，决定相应的奖励或处罚。

第二十七条　对各种安全消防事故的责任人和违反本办法的，将从严处罚，分别给予罚款降级乃至辞退，严重者送交司法部门追究法律责任。

□ 附则

第二十八条　本办法由行政部安保科负责解释、补充，经总经理办公会议批准后颁布执行。

四、企业消防队组织办法

第一条　本办法系依据本公司工业安全管理准则第四条之规定制定的。

第二条　消防队（以下简称本队）设两个分队，每个分队各设联络、灭火、救护等班。

第三条　分队设分队长1人，由一级主管兼任，每班各设班长1人，由组长以上人员兼任。

第四条　各分队所属班员，均就本公司从业人员中选定，其名额按实际需要选派。

第五条　本队为推行消防工作需要设干事1人，由人事部人员中指派兼任。

第六条　本队分队队长班长之职责如下：

（一）分队长：秉承总经理之命办理队员组训及消防勤务推行事宜。

（二）班长：秉承分队长之命，领导所属队员执行本班之勤务。

1. 联络班：于消防紧急措施实施时，联络各班配合动作及引导外界消防队迅速展开工作并办理临时指派之事项。

2. 灭火班：于消防紧急措施实施时，从事水电管制，搬取灭火器材，迅速扑灭火种，并最后检查现场等事项。

3. 救护班：于消防紧急措施实施时，担任安全绳梯之挂放，铁板之放置及协助从业人员之逃难及火场物品之抢运、指挥等事项。

上项各班勤务，如人手不足时，在场从业人员应协办之。

第七条　本队定每半年举行消防训练一次，每年举行消防演习一次。班长以上干部及队员均应参加。

第八条　所有消防器材之设备，保养及其日常检查工作，由本队指派之队员及干事负责办理。

第九条　本办法经呈准后施行，修改时亦同。

五、企业警卫人员职责规定

第一条　本公司警卫员必须制止一切发生在公司辖区的违法犯罪行为。对现行违法犯罪分子有抓获并扭送公安机关的责任，但没有权力实施拘留、关押、搜查、审讯或没收财物、罚款等行为。

第二条　本公司警卫员对发生在所辖区的刑事案件或治安案件，必须履行保护现场、保护证据、维护秩序、提供情况的义务，但无勘查现场的权力。

第三条　在防范和打击犯罪活动时，警卫员可以配备和使用非杀伤性防卫械具。

第四条　对违反治安管理条例行为的人，警卫员有权劝阻、制止和批评教育，但没有罚款、裁决等处罚的权力。

第五条　本公司警卫员对违法分子不服制止，甚至行凶、报复，可进行正当防卫。

第六条　对携带和运送可疑物品，身带匕首、三棱刀等管制刀具和自制火药枪及其他形迹可疑的人员有权进行盘查、监视、报请当地公安机关处理，但无权侦察、扣押、搜查。

第七条　本公司警卫员按规定有权对出入管辖区的人员、车辆及所携带、运载的物品进行验证、检查。

第八条　按照规定，本公司警卫员有权制止未经许可的人员、车辆进入管辖区内。

第三节　企业治安与消防管理实用表单

一、企业守卫日报表

企业守卫日报表如表 20－1 所示。

表 20－1　守卫日报表

<table>
<tr><td colspan="2">次数</td><td colspan="2">1</td><td>2</td><td>3</td><td>4</td><td>5</td><td>6</td><td>7</td><td>8</td></tr>
<tr><td colspan="2" rowspan="2">签名</td><td colspan="2">内　勤</td><td></td><td></td><td></td><td></td><td></td><td></td><td></td></tr>
<tr><td colspan="2">巡逻</td><td></td><td></td><td></td><td></td><td></td><td></td><td></td></tr>
<tr><td rowspan="8">车辆进出状况</td><td rowspan="8">外来车辆</td><td>车号</td><td>进厂日期</td><td>离厂时间</td><td>事由</td><td rowspan="8">本公司车辆</td><td>派车单编号</td><td>车号</td><td>离厂时间</td><td>回厂时间</td></tr>
<tr><td></td><td></td><td></td><td></td><td></td><td></td><td></td><td></td></tr>
<tr><td></td><td></td><td></td><td></td><td></td><td></td><td></td><td></td></tr>
<tr><td></td><td></td><td></td><td></td><td></td><td></td><td></td><td></td></tr>
<tr><td></td><td></td><td></td><td></td><td></td><td></td><td></td><td></td></tr>
<tr><td></td><td></td><td></td><td></td><td></td><td></td><td></td><td></td></tr>
<tr><td></td><td></td><td></td><td></td><td></td><td></td><td></td><td></td></tr>
<tr><td></td><td></td><td></td><td></td><td></td><td></td><td></td><td></td></tr>
<tr><td colspan="2">安全异常事项报告</td><td colspan="3">上午：</td><td colspan="3">下午：</td><td colspan="3">夜间</td></tr>
</table>

厂长：______　　总务科长：______　　值班长：______

二、突发事故报告表

突发事故报告表如表20－2所示。

表20－2 突发事故报告表

报告部门： 报告日期： 年 月 日

<table>
<tr><td colspan="2">事故种类</td><td colspan="4"></td></tr>
<tr><td colspan="2">发生时间、地点</td><td colspan="4"></td></tr>
<tr><td colspan="2">事故经过</td><td colspan="4"></td></tr>
<tr><td rowspan="2">事故损失</td><td>人员伤亡</td><td colspan="4"></td></tr>
<tr><td>财产损失</td><td colspan="4"></td></tr>
<tr><td colspan="2">现场处理</td><td colspan="4"></td></tr>
<tr><td colspan="2">善后处理</td><td colspan="4"></td></tr>
<tr><td colspan="2">事故原因</td><td colspan="4"></td></tr>
<tr><td colspan="2">改善计划</td><td colspan="4"></td></tr>
<tr><td colspan="2" rowspan="2">报批</td><td>总经理</td><td>分管副总经理</td><td>安全部门经理</td><td>安全主管</td></tr>
<tr><td></td><td></td><td></td><td></td></tr>
</table>

总经理： 厂长： 办公室主任： 检验员：

三、进厂联络单

进厂联络单如表20－3所示。

表20－3 进厂联络单

<table>
<tr><td>来宾代表姓名</td><td></td><td>进厂人数</td><td></td><td>日 期</td><td></td></tr>
<tr><td>服务部门或通信处</td><td colspan="2"></td><td>车另</td><td colspan="2">□机车 □货车 □客车</td></tr>
<tr><td>进厂时车辆</td><td colspan="5">□载车公司货品 □载有他公司货品 □空车</td></tr>
<tr><td>进厂事由</td><td colspan="5">□交 货 □受邀洽谈 □参 观 □包工
□提运货物 □公事拜访 □私事拜访 □其他</td></tr>
<tr><td colspan="2">厂商自备工具、物品进厂</td><td colspan="4">□没有 □有
（请另填厂商务工具、物品清单）</td></tr>
<tr><td colspan="2">接洽人姓名：
服务 部门：
报洽人签章：</td><td colspan="2">入厂时间：
出厂时间：</td><td>保安签章</td><td></td></tr>
</table>

四、来访登记表

来访登记表如表 20－4 所示。

表 20－4　来访登记表

＿＿＿年＿＿＿月＿＿＿日

<table>
<tr><th rowspan="2">序号</th><th rowspan="2">姓名</th><th rowspan="2">所在单位</th><th colspan="2">被访人</th><th rowspan="2">事由</th><th colspan="2">时间</th><th rowspan="2">备注</th></tr>
<tr><th>姓名</th><th>部门</th><th>入厂</th><th>出厂</th></tr>
<tr><td></td><td></td><td></td><td></td><td></td><td></td><td></td><td></td><td></td></tr>
<tr><td></td><td></td><td></td><td></td><td></td><td></td><td></td><td></td><td></td></tr>
<tr><td></td><td></td><td></td><td></td><td></td><td></td><td></td><td></td><td></td></tr>
</table>

五、物品出厂放行条

物品出厂放行条如表 20－5 所示。

表 20－5　物品出厂放行条

<table>
<tr><td colspan="2">携　物　人</td><td colspan="4"></td></tr>
<tr><td colspan="2">出厂日期</td><td colspan="4"></td></tr>
<tr><td colspan="2">预定回收日期</td><td colspan="4"></td></tr>
<tr><td colspan="2">品　　名</td><td colspan="4"></td></tr>
<tr><td colspan="2">数　　量</td><td colspan="4"></td></tr>
<tr><td colspan="2">事　　由</td><td colspan="4"></td></tr>
<tr><td>核准</td><td></td><td>部门主管</td><td></td><td colspan="2">经办人</td></tr>
</table>

六、物品出厂申请单

物品出厂申请单如表 20－6 所示。

表 20－6　物品出厂申请单

申请部门______　　年　　月　　日　　　　　　　　　　　　　　编号______

名　称	规格	单位	数　量	备　注
主部管门		负责人		经办人

注:本单一式二联;第一联申请部门存查;第二联向仓管室换发正式出厂证。

七、防火查验表

防火查验表如表 20－7 所示。

表 20－7　防火查验表

年　　月　　日　　时　　分

管理责任者:______

查对	项　目	应改善事项
	烟灰缸内烟蒂熄灭	
	照明开关关闭	
	电源插头抽离	
	水龙头关紧	
	油桶加盖	
	化学药品加盖	
	纸屑桶确认	

八、消防器材增补、换药、检修委托单

消防器材增补、换药、检修委托单如表 20－8 所示。

表 20－8　消防器材增补、换药、检修委托单

委托部门:　　　　年　　月　　日　　　　受理编号:

配置编号	消防器材种类	规格	数量	委托项目	原因	检修项目

续表

<table>
<tr><td colspan="10">委托项目代号:A 购新　B 换药　　C 充气　　D 检修　　E 其他</td></tr>
<tr><td colspan="10">原因代号:(1)增设(2)汰旧(3)火警耗用(4)演习耗用(5)逾期失效(6)零件遗失损坏(7)其他</td></tr>
<tr><td colspan="6">委　托　部　门</td><td colspan="2">受　理　部　门</td><td colspan="2">委　托　部　门</td></tr>
<tr><td>厂安全干事</td><td></td><td>科长</td><td></td><td>经办</td><td></td><td>经办</td><td></td><td>验收</td><td></td></tr>
</table>

九、轻便消防器材调查表

轻便消防器材调查表如表 20－9 所示。

表 20－9　轻便消防器材调查表

单位名称:　　　　　　　　　　　　　　　　　　　　调查日期:　　年　　月　　日

名称	厂牌	单位	现有数量	备注
泡沫灭火器(2.5 加仑)		具		
泡沫灭火车(22 加仑)		台		
泡沫灭火车(44 加仑)		台		
干粉灭火器(型 20)		具		
干粉灭火器(型 30)		具		
干粉灭火车(型 50)		台		
干粉灭火车(型 100)		台		
干粉灭火车(型 150)		台		
干粉灭火车(型 200)		台		
二氧化碳灭火器(7.0kg)		具		
二氧化碳灭火器(22kg)		台		
二氧化碳灭火器(35kg)		台		
二氧化碳灭火器(45kg)		台		
二氧化碳灭火器(70kg)		台		
水灭火器(2.5 加仑)		具		
防火衣		套		
水带直径		条		
水带直径		条		

续表

水雾水柱两用喷嘴型式:		支		
水喷嘴型式:		支		
泡沫喷嘴型式:		支		
泡沫液 %		加仑		
干粉灭火剂:		磅		
泡沫等剂		组		

复核: 调查人:

十、消防水栓(箱)检查记录表

消防水栓(箱)检查记录表如表20－10所示。

表20－10 消防水栓(箱)检查记录表

部门: 年 月 日

检查结果 项目 水箱编号	出水瞄子	水带	水栓	水管	外箱	炮台水枪	其他	异常处理对策
检查项目说明	正常:"√",异常:填写异常原因代号。 一、出水瞄子:(1)接头不灵活(2)损坏(3)缺 二、水带:(4)接头不灵活(5)破孔(6)缺 三、水栓:(7)接头铜环卡死(8)漏水(9)出口接头损坏 四、水管:(10)漏水(11)锈蚀 五、水箱:(12)箱门损坏(13)把手开关破损 六、炮台水箱:(14)漏水(15)喷嘴不灵(16)上下转动不灵(17)左右转动不灵 七、其他:(18)存入方式不当(19)水压(2kg/cm^2 以下)不足(20)周围通道物品阻塞							

主管:

注:本检查表于一月、四月、七月、十月各检查一次,并于月底以前送本室。

一式二联:①厂务室自存。

②劳工安全卫生室。

十一、灭火器定期检查记录表

灭火器定期检查记录表如表 20－11 所示。

表 20－11　灭火器定期检查记录表

部门：　　　　　　　　　　　　　　　　　　　　　　　　年　月　日

<table>
<tr><th>编号</th><th>检查结果</th><th>编号</th><th>检查结果</th><th>编号</th><th>检查结果</th><th>编号</th><th>检查结果</th><th>编号</th><th>检查结果</th></tr>
<tr><td></td><td></td><td></td><td></td><td></td><td></td><td></td><td></td><td></td><td></td></tr>
<tr><td></td><td></td><td></td><td></td><td></td><td></td><td></td><td></td><td></td><td></td></tr>
<tr><td></td><td></td><td></td><td></td><td></td><td></td><td></td><td></td><td></td><td></td></tr>
<tr><td>异常处理对策</td><td colspan="9"></td></tr>
<tr><td>检查结果说明</td><td colspan="9">正常：“√”，异常时填写异常原因代号
汽沫灭火器：(1)喷嘴阻塞(2)机体锈蚀(3)通针配件不全(4)药剂过期
干粉灭火器：(5)喷嘴握把弹簧失灵(6)橡皮管破损(7)接头松脱(8)机体锈蚀(9)表压不足(10)CO 重量不足(11)药剂过期
干冰灭火器：(12)喷管转动失灵(13)插销变形卡死(14)机体锈蚀(15)压板手把损坏(16)药剂重量不足
其他：(17)未置定位(18)编号不符(19)无检查记录卡(20)放置地点无显明标示(21)周围物品阻塞</td></tr>
</table>

主管：　　　　　检查员：

注：本检查表，于一月、四月、七月、十月各检查一次，并于月底以前送本室。

一式二联：①厂务室自存。

②劳工安全卫生室。

十二、意外事故报告表

意外事故报告表如表 20 – 12 所示。

表 20 – 12 意外事故报告表

确认			

<table>
<tr><td colspan="4">年 月 日
意外事故报告书
科 签
报告 章
于 月 日发生〔 〕意外事故</td></tr>
<tr><td>发生地点</td><td colspan="3"></td></tr>
<tr><td>发生日期</td><td colspan="3">年 月 日上午 下午 时 分</td></tr>
<tr><td>受伤者姓名</td><td colspan="3">科 性别</td></tr>
<tr><td>出生年月日</td><td colspan="3">年 月 日 年龄 岁</td></tr>
<tr><td>受伤者地址</td><td colspan="3"></td></tr>
<tr><td>受伤者有属</td><td colspan="3"></td></tr>
<tr><td>受伤部位</td><td colspan="3"></td></tr>
<tr><td>受伤程度</td><td colspan="3"></td></tr>
<tr><td>痊愈日期</td><td colspan="3"></td></tr>
<tr><td>预定恢复工作日</td><td colspan="3"></td></tr>
<tr><td>医院名称</td><td colspan="3"></td></tr>
<tr><td>医院地址</td><td colspan="3"></td></tr>
<tr><td>医药费</td><td></td><td>保险关系</td><td>保障</td></tr>
<tr><td>事故状况</td><td colspan="3"></td></tr>
<tr><td>事故原因</td><td colspan="3"></td></tr>
<tr><td>对 策</td><td colspan="3"></td></tr>
<tr><td colspan="4">警察 局 科 律师
消防 队</td></tr>
</table>

十三、意外灾害事故报告表

意外灾害事故报告表如表 20－13 所示。

表 20－13　意外灾害事故报告表

发生部门：　　　　　　　　　　　　　　　　　　　　　　　　　　　　　　填报日期：　　年　　月　　日

<table>
<tr><td colspan="3">灾变种类</td><td colspan="5"></td></tr>
<tr><td colspan="3">发生时间</td><td colspan="2">年　月　日　时　分</td><td>发生地点</td><td colspan="2"></td></tr>
<tr><td colspan="3">灾变经过</td><td colspan="5"></td></tr>
<tr><td colspan="3">伤亡情形</td><td colspan="5">详如附件职业伤害报告表</td></tr>
<tr><td rowspan="3">财产损失</td><td colspan="2">直接费用</td><td colspan="5">设备、用料等损毁部门、种类、名称、价值</td></tr>
<tr><td colspan="2">间接费用</td><td colspan="5">复工所需时间、人工、物料</td></tr>
<tr><td colspan="2">费用合计</td><td colspan="5"></td></tr>
<tr><td colspan="3">善后处理</td><td colspan="5"></td></tr>
<tr><td colspan="3">原因分析</td><td colspan="5"></td></tr>
<tr><td colspan="3">防止对策</td><td colspan="5"></td></tr>
<tr><td colspan="3">改善计划</td><td colspan="5"></td></tr>
<tr><td rowspan="2">签报指示栏</td><td>总经理</td><td>经(副)理</td><td>劳工安全卫生管理部门意见</td><td>厂(处)长</td><td>厂(处)安全卫生干事</td><td>主管</td><td>填表</td></tr>
<tr><td></td><td></td><td></td><td></td><td></td><td></td><td></td></tr>
</table>

本表一式二联：

①发生部门→劳工安全卫生管理部门→(总)经理室→劳工安全卫生管理部门。

②发生部门→劳工安全卫生管理部门→(总)经理室→发生部门。

十四、灾害报告书

灾害报告书如表 20－14 所示。

表 20－14 灾害报告书

<table>
<tr><td rowspan="2">受害者</td><td>姓名</td><td>性别
男·女</td><td colspan="3">出生日期
（ 岁）
年 月 日 生</td><td colspan="2">进公司日期
年 月 日
合计（ 年 个月）</td></tr>
<tr><td>所属单位</td><td>职位</td><td colspan="5">年资
年 月 日到职
合计（ 年 个月）</td></tr>
<tr><td rowspan="6">灾害发生状况</td><td colspan="2">发生时间
年 月 日（星期 ）
上午·下午 时 分</td><td>天气</td><td colspan="4">发生地点
工作名称</td></tr>
<tr><td colspan="3">受伤部位·受伤名称</td><td colspan="4">医疗机构</td></tr>
<tr><td rowspan="2">灾害程度</td><td colspan="6">死亡（ 月 日上午·下午 时 分 地点 ）</td></tr>
<tr><td colspan="2">治疗天数 日</td><td colspan="2">入院天数 日</td><td colspan="2">休假天数 日</td></tr>
<tr><td colspan="4">灾害发生状况

灾害原因</td><td colspan="3">草图（图示灾害状况）

灾害损失（会计部所记载）
直接费用
停业损失
计</td></tr>
<tr></tr>
<tr><td>今后对策</td><td colspan="7"></td></tr>
</table>

十五、灾害程度分析表

灾害程度分析表如表 20－15 所示。

表 20－15　灾害程度分析表

事业分类号码		行业标准分类		日期	年　月　日　起止

序号	次数 损失日数 程度 / 灾害类型	本月职业灾害发生次数	结案者始予填入，逾月结案者以红字填记。													
			死亡		永久全失能		永久部分失能		暂时全失能						计	
									28 日以上		27 日～4 日		3 日～1 日			
			次数	损失日数	次数	损失日数	次数	损失日数	次数	损失日数	次数	损失日数	次数	损失日数	次数	损失日数
1	堕落、滚落															
2	跌倒															
3	冲撞															
4	物体飞落															
5	被撞															
6	被夹、被卷															
7	被切、割、擦伤															
8	踩踏															
9	溺毙															
10	与高温、低高物体的接触															
11	与有害物等的接触															
12	感电															
13	爆炸															
14	物体破裂															
15	火灾															
16	不当的动作															
17	物体倒塌、崩塌															
18	其他															
19	无法归类者															

续表

事业分类号码		行业标准分类		日期	年 月 日	起止

次数/损失日数 程度 灾害类型		本月职业灾害发生次数	结案者始予填入，逾月结案者以红字填记。													
			死亡		永久全失能		永久部分失能		暂时全失能						计	
									28.日以上		27.日~4日		3日~1日			
			次数	损失日数	次数	损失日数	次数	损失日数	次数	损失日数	次数	损失日数	次数	损失日数	次数	损失日数
小计	修正前															
	修正后															
交通事故	20 公路交通事故															
	21 铁路交通事故															
	22 船舶 飞机 交通事故															
小计	修正前															
	修正后															
小计	修正前															
	修正后															

①灾害件号由事业单位自行编订，编号请勿重复。
②本统计表应填写一式二份，除一份自存外，另一份应于次月____日以前函寄有关劳工检查机构。
③当月底以前未能结案之失能伤害。其损失日数应待结案后记载于结案当月之修正栏。
④有关“修正后”各栏应于各该发生月份之记录全部结案后填记。
⑤“灾害”类型及“媒介物”请依“灾害类型表”及“媒介物分类表”之规定。
⑥如有疑问，请随时向劳工检查机构查询。

十六、火灾报告表

火灾报告表如表 20－16 所示。

表 20－16　火灾报告表

填报单位：　　　　　　　　　　　　填表日期：　年　月　日

发生日期		年 月 日	气候	气温 ℃	风向	
发生地点	（必要时附图）			燃烧部分	全毁	
					半毁	
					部分损害	
初期灭火情形（十分钟内）	发现时间	时 分	初期灭火工作及器材使用	人数	人，自 时 分至 时 分止	
	估计发生时间	时 分		灭火器	干粉	大型： 支，小型： 支
	报警时间（或警报器动作）	时 分			泡沫	大型： 支，小型 支
					CO_2	支
	检讨					

续表

<table>
<tr><td colspan="2">发生日期</td><td>年　月　日</td><td>气候</td><td>气温　℃</td><td>风向</td><td></td></tr>
<tr><td rowspan="4">扑灭情形</td><td>动员抢救</td><td colspan="5">人数：　人，自　时　分止　时　分止，方式：□水系统□固定设备</td></tr>
<tr><td>消防队支援</td><td colspan="5">人数：　人，自　时　分至　时　分止，方式：</td></tr>
<tr><td>扑灭时间</td><td colspan="5">完全控制火灾　时　分，完全扑灭：　时　分</td></tr>
<tr><td>检讨</td><td colspan="5"></td></tr>
<tr><td rowspan="2">火灾损失</td><td>人员</td><td colspan="5">死亡：　人，受伤：　人，工伤假：　天</td></tr>
<tr><td>设备</td><td colspan="2"></td><td>损失金额估计</td><td colspan="2"></td></tr>
<tr><td>防范意见</td><td colspan="6"></td></tr>
<tr><td>总处意见</td><td colspan="6">主管　（填报单位）</td></tr>
<tr><td colspan="3">主管　（总管理处）
科长
股长
登记人</td><td colspan="4">科长
安全卫生
股长（干事）
调查人</td></tr>
</table>

说明：①如属于经济部所定重大灾变事故，请依照“经济部重大灾变事故报告程序”办理。
②无论轻重火灾均请在发生火灾____日内填报。
③本报告表请填报三份，送工作安全卫生委员会及主管处各一份，填报单位存一份。

十七、火灾保险契约物品受害报告书

火灾保险契约物品受害报告书如表 20 - 17 所示。

表 20 - 17　火灾保险契约物品受害报告书

单位：　　报告人：　　　　年　月　日

设备名称	灾害时间 年　月　日　时　分
受害物品的位置	

续表

<table>
<tr><td colspan="2">受害原因</td><td colspan="2"></td></tr>
<tr><td colspan="2">受害物品</td><td colspan="2"></td></tr>
<tr><td>损失(估计)金额</td><td colspan="3">保险金额</td></tr>
<tr><td rowspan="2">证券号码</td><td colspan="2">契约自　年　月　日</td><td rowspan="2">财团关系</td></tr>
<tr><td colspan="2">至　年　月　日</td></tr>
</table>

经理：　　　　主管：　　　　报告人：

第四节　企业治安与消防管理规范化细节执行标准

一、企业警卫人员交接班工作流程

企业警卫人员交接班工作流程如下：

(一)按时交接班，接班人员应提前____分钟到达岗位，如接班人员有特殊情况未到达前，当班人员不准离开岗位；

(二)接班人员要详细了解上一班的执勤情况和当班应注意的事项；

(三)交班人员应将当班时发现的情况、发生的问题、处理情况及注意事项向接班人员交代清楚；

(四)当班人员发现的情况要及时处理，不能移交给下一班的事情要继续在岗处理完毕，接班人应协助完成；

（五）接班人员应注意检查岗位范围内的物品、设施和器械装备等，发现异常情况应立即报告，必要时双方签名作证；

（六）交班人员应负责清理值班场地卫生。

二、企业警卫人员入职培训工作内容

企业警卫人员入职培训工作内容包括以下几个方面：

1. 警卫员守则、门卫制度。
2. 治安管理处罚条例。
3. 警具的配备、使用和保管规定。
4. 对讲机的使用、管理规定。
5. 装修期间防火、治安、卫生管理规定。
6. 服务规范用语。
7. 发生火灾等紧急情况的处理办法。
8. 公司的基本情况，如公司的发展史、组织机构、规章制度。
9. 所在大厦的基本情况，如大厦的构造、布局、功能及监控、消防等情况。
10. 用户守则及各种管理规定的主要内容。
11. 治安、消防、急救的电话号码。

三、企业安全考核与奖惩实施标准

第一条 企业安全保卫工作由治安消防委员会进行监督考核，实施奖惩。发生安全事故由安委会承担领导责任，主管经理、安全保卫部部长承担主要领导责任。

第二条 企业各部门的安全保卫工作由安全保卫部负责考核。

第三条 要认真贯彻各项安全保卫制度，全年实现无火警火灾、无各类案件、无职工违法犯罪、无民事纠纷；全年坚持开展普法教育、坚持检查记录和坚持法制宣传教育。

第四条 凡认真贯彻执行企业各项安全保卫制度，符合下列条件之一的，给予表彰、奖励或记功晋级。

1. 及时发现、防止各类案件和治安灾害事故发生或在抢险救灾中有立功表现者。
2. 一贯忠于职守，热爱治安消防工作，并做出一定贡献者。
3. 检举、揭发、制止违法犯罪活动，提供重要线索，协助侦破案件有功或抓获违法犯罪分子者。

第五条 凡违反企业规章制度，发现下列行为者给予单位或当事人经济处罚，个人____元，单位罚金____～____元，触犯刑律的移交司法部门，追究刑事责任。

1. 重点要害部位发现安全隐患，经单位安全保卫部指出而不整改的。
2. 重点要害部位未指定责任人，或责任人未与安全保卫部签订责任书的追究双方责任。

3. 重点要害部位没有具体安全措施的。

4. 在场内禁火区或防火重点部位及非吸烟区吸烟，在吸烟区将烟头、火柴杆、烟灰扔在地上的。

5. 未经批准，违章明火作业者。

6. 占用消火栓，损坏、挪用消防器材，在消防通道上堆放物品，经通知不及时清除的。

7. 所在部门发生火险、火灾或其他治安灾害事故的。

8. 违反单位现金管理制度，凡查出现金未进保险柜或保险柜未锁的。

9. 职工违法受到公安机关行政拘留、治安裁决的。

10. 参与赌博者。

11. 凡知情不举，包庇违法犯罪分子，对发生的案件和治安灾害事故隐瞒不报的。

12. 治安消防干部不能尽职尽责的。

13. 不支持安全检查，不填写检查记录的。

四、企业财物失窃处理标准

第一条　本公司发生财物失窃事件后，有关人员须在第一时间到达现场，查看该房门是否有明显损坏或被硬物撬开的迹象。

第二条　开门进入房间后，须查看房内之物是否凌乱，行李或提箱、橱柜是否被撬开。

第三条　检查商品柜台玻璃、挡板等有无明显被移动的痕迹。

第四条　不可移动现场摆设、触摸任何物件，须用摄像机拍摄现场。

第五条　及时封锁现场，不准任何人进入。

第六条　观察有无形迹可疑人员出入，记录被窃物品价值、盗窃时间等。

第七条　执法人员到现场后，应主动协助其工作，为执法人员提供资料影印副本，以做好内部调查。

第八条　对所涉及的各部门人员进行调查并录取口供，同时对重点部位和个人进行严密调查。

五、外来人员管理细则

对外来人员在公司经营和业务往来中的相互协调以及与之相关的安全工作加强管理。

1. 凡引厂进场人员须持有各管理部门规定的手续证明及证件，并签订有关协议及安全保证书。

2. 在办理完入场临时手续后，须由所在部门造册登记后报安全保卫部备案，并于缴纳一定款项后领取员工卡。出入场门时主动出示证件接受保安人员检查，员工卡只限本人使用，不得转借他人。

3. 离开单位时，须经原批准部门审批，到安全保卫部办理退证手续，领回押金。如逾期不办则扣留押金，并追究厂家责任（厂家人员最短不得少于 3 个月）。

4. 住单位期间，必须服从管理，严格遵守法令和公司规定，搞好与其他厂家的关系。绝对禁止进行一切违法乱纪行为。如出现违背以上要求的情况，各级主管部门有权终止其协议。

5. 各厂家相互间不得借用、冒用他人名义参与经营活动，若发现冒名顶替情况，按有关规定罚款并视情节可令其终止合同协议，因故临时更换人员，需提前两天到安全保卫部登记。

6. 单位保洁人员在做好本职工作后，要做好安全保卫工作，仔细检查保洁桶及各个角落。在节日期间，按要求佩戴袖章上岗。

六、企业消防日常工作标准

（一）负责消防监控报警中心的日常值班。管理内容包括接受火灾报警，发出火灾信号和安全疏散指令，控制消防水泵、固定灭火、通风、空气调节系统和防烟排烟设施等，并能操纵电梯到达指定位置和保证消防电梯运行。

（二）开展防火宣传。宣传的内容有防火的重要性，防火灭火的基本方法与技能，各物业内消防设施及其功能与使用，安全疏散和人员抢救等。

（三）定期进行消防检查。专职消防人员必须每天巡视企业及企业厂区的每个角落，及时发现和消除火灾隐患，做好日常安全检查工作。

七、企业消防检查工作方式

（一）日常性检查。日常性检查，即经常的、普遍的检查。单位每年要进行若干次，车间、科室每月至少一次，班组每周、每班次都应进行检查。专职消防干部的日常检查应有计划的针对重点部位进行周期性的检查。

（二）季节性检查。要据历年各季节火灾发生规律有的放矢地进行检查。这种检查可在季节来临之前进行预防性检查或在季节中进行控制性检查。

（三）专业性检查。这是由有关职能部门组成专业检查组针对特种作业、特殊场所进行检查，如对用电用火设备、压力容器、房屋建筑、易燃易爆物品放置场所等进行检查。

第21章 物资财产管理

第一节 企业物资财产管理工作要点

一、物资财产管理的主要工作内容

物资财产管理的主要工作内容如下：

（一）全面把握企业财产物资的供应，以保证企业工作正常化、持续化。

（二）在保证物资供应的前提下，要尽量减少物资储备量，加快财产物资周转。

（三）随时关注信息动态，与业务部门密切配合，尽可能地引进、采用新型工具、材料和设备。

（四）持续优化物资购买方式和对象，不断地降低物资的采购、运输、损耗和保管费用。

（五）做好勤俭节约、勤俭办事的宣传工作，促使工作人员自觉地减少物资消耗。

（六）正确地选购和配置设备，根据技术上的先进、财力上的允许、经济上的合算的总原则，为企业提供优良的技术装备。

（七）认真做好现有设备挖潜、革新、改造和更新，在经费允许的条件下，满足企业业务技术不断更新的要求。

（八）尽快掌握引进设备的使用与维修技术，确保设备技术性能的完好，保证引进设备的正常运转，充分发挥引进设备的效率。

（九）做好设备的日常管理工作，建立健全设备管理制度，并使之得到贯彻落实。

二、物资经费管理的主要工作内容

物资经费管理的主要工作内容如下：

（一）合理地安排和节约使用资金，以保证企业正常地完成各项计划。

（二）当好参谋，改进管理。

（三）严格执行会计制度，做好各项会计核算工作。

（四）实行会计监督，保证资金和财产物资安全。

三、物资财产管理的工作指导原则

物资财产管理的工作指导原则如下：

（一）服务原则。要准备好品种规格齐全、数量充足、质地优良的财产物资，保证企业正常生产经营活动的需求，要全心全意地为各部门服务。

（二）效益原则。在保证企业正常工作需要的前提下，充分发挥企业财产物资设备的投资效益。

（三）统一领导、分部、分级管理和使用相结合的原则。企业应有一个行政领导专门分管财产物资管理工作，并实行物资管理部门和财务部门、使用部门相结合的财产物资管理体制。

（四）财产物资管理制度化的原则。企业财产物资管理应有利于企业工作，有利于管理，有利于调动员工积极性，并按照责任制、供应业务制和经营管理制三个部分，制定切合企业实际的财产物资分类、管理目录和编号，作为企业财产物资管理的规范。

（五）供应、使用、节约一起抓的原则。认真地贯彻勤俭节约、勤俭办事的方针，结合本企业实际，将供应、使用、节约的管理结合起来，充分挖掘现有物资的潜力，并提倡企业自己研制新型的后勤设备和修旧利废，不断地扩大企业财产物资的供应能力。

四、物资财产管理的工作要求

物资财产管理的工作指导原则如下：

（一）讲求效率，保证需要。财产物资管理工作的出发点和根本目的，必须是保证工作需要。

（二）健全制度，加强领导。加强对财产物资管理的领导工作，就必须建立管理机构，配备专职人员，完善规章制度，以保证财产物资管理工作落到实处。

（三）账目清楚，物账相符。有效地进行管理，防止出现混乱状况。

（四）厉行节约，物尽其用。在财产物资的购置、建造和使用过程中，要大力提倡节约使用，综合利用，修旧利废，物尽其用，充分发挥财产物资的最大作用，尽量节省经费开支和财产物资消耗，反对铺张浪费等不良作风。

五、物资财产管理的工作细分

物资财产管理的工作指导原则如下：

（一）计划管理。即对财产物资计划的编制，制度、政策、原则方法的制定等方面加强管理。

（二）材料管理。即主要加强对材料的验收入库、材料的保管、收发、储备以及材料的盘点等方面工作的管理。

(三)资产管理。即进一步改进企业资产的管理方式、方法、程序、交接制度、计价标准、折旧、毁损赔偿等办法的管理工作。

(四)技术管理。即加强财产物资的编目、选择和使用技术,在设备的维护、检查和修理以及设备的更新与改造等方面加强管理。

六、基建工程与房产管理工作内容

基建工程与房产管理工作不仅包括新建、扩建和改建工程,而且包括日常的维护保养和适度的更新。基建、房产管理是为企业提供和保证必要物质条件的一项必不可少的工作。

七、基建工程与房产管理工作原则

任何企业的基本建设项目,都是城市规划和本企业总体规划的一个组成部分,必须按既定规划进行建设的原则办事。基建过程中,每个阶段的工作都是按以前阶段的工作为基础的,要保证工程质量,必须把好每个阶段的工程质量关;基本建设工作涉及面广、内外部协作配合环节多,而且基本建设耗用资金大,浪费的可能性和节约的潜力也大。这就要求基本建设管理人员具有优良的品德和认真负责的精神,熟悉业务,并牢固树立按基本建设程序办事的观念。

第二节　企业物资财产管理规范化制度

一、企业财产管理制度模板

第一条　所谓财产系指资产负债表上所列属于固定资产科目者,其有关事务处理均依照本办法规定办理。

第二条　本公司财产管理系由财务部统筹管理并委托使用单位保管,依其性质划分如下:

1. 土地。

2. 房屋及建筑设备:办公室、厂房、酸洗间、仓库、宿舍、护堤、水道、围墙、停车场、道路。

3. 交通及运输设备:小轿车、客货车、推高机、起重机、机车、手推车、台车。

4. 机器设备:连续式铸造钢板设备、钢铁热轧设备、钢铁冷轧及冷压成型设备、金属热处理设备。

5. 电气设备：输电、配电、变电设备、照明设备。

6. 空气调节设备：冷气机、抽送风机、电扇。

7. 事务设备：机具设备（计时机、复印机、打字机、计算机、电话机、对讲机、扩音机、油印机等）、家具设备（写读家具、储放家具、坐息家具）、通信设备。

8. 供水设备：水塔、储水池、过滤设备、抽水机、电动机、给水配管设备。

9. 其他设备：防护设备（消防警卫、医疗）、装潢设备、康乐设备。

第三条　财产保管部门应会同财务部每年定期盘点，但对新置者每月对账一次，其盘盈或盘亏应确实办理增值或减损。

第四条　由购入而取得之不动产，应即办理所有权移转登记，其有关产权之登记与变更登记及税法规定事宜与减损报废之报备均由财务部另行规定办理。

第五条　各项工程修造不论金额多寡均应编列预算表，并送财务部备查复核，其紧急处理者仍应补办手续。

第六条　有关不动产出租或租入，均应事先订立契约书，并会财务部复核转呈总经理核准后始得办理。

第七条　资本支出与费用支出划分之标准如下：

1. 支出结果能获得其他资产者属资本支出，否则应列为费用支出。

2. 资产之因扩充、换置、改良而能增加其价值或效能者属资本支出，否则即为费用支出。

3. 支出结果所获得之固定资产，其耐用年限在____年以上，且其金额在____万元以上者属资本支出，其耐用年限不及两年或其效用仅及本期者属费用支出。

4. 凡为维持财产之原始使用效能，所需之维护费用作为费用支出。

第八条　财产支出核决权限，依内购核决权限表之规定办理。

第九条　固定资产的折旧，采用平均法，并以账面价值为准，其折旧耐用年限依所得税规定。

第十条　使用年限届满之固定资产，仍继续使用者，可不折旧，但主要或重要生产设备应予调整以往旧额，并继续折旧。

第十一条　有关固定资产设账，财务部于总分类设置“土地”“房屋及建筑”“机器设备”“电气设备”“空气调节设备”“事务设备”“供水设备”“其他设备”，机械与各项设备之“备抵折旧”等科目，设置财产目录卡，并于各负责管理部门设置同式财产目录表，详细记录负责保管人及移动情况，并经使用人签认留存。财务部门与管理部门于每年会同盘点时并应互为核对双方登记卡表所载内容是否相符，如有不符应即查明更正。

第十二条　本办法经呈准公布实施，修改时亦同。

二、企业财产管理规则

□ 通则

第一条　本规则所称之财产，其范围如下：

1. 土地。

2. 建筑物。

3. 机器设备。

4. 仪器设备。

5. 运输设备。

6. 电信设备。

7. 动力设备。

8. 生财器具。

9. 杂项设备及资产负债表内所列各项固定资产。

其使用年限达两年以上,而价值在一定金额以上者。

前项之使用年限依政府规定固定资产耐用表为之。

第二条　本规则所称财产管理,系指前条财产之增置、登记、经管、养护、减损等事项。

第三条　财产价值在一定金额以下,或其使用年限不及两年者统作为物品,其管理办法另定。

第四条　财产管理职责如下:

1. 财产登记部门:负责办理财产之增减、移动等登记工作及管理责任。

2. 财产经管部门:负责办理财产之保管、养护、修缮等工作。

3. 财产使用单位:负责办理所使用财产之保管、养护等工作。

第五条　各类财产应按其质料、性能、构造、用途及其他各项因素拟定其使用年限请总经理核定外并应详定其折旧率及剩余价值以利财产之管理。

□ 财产的增置

第六条　财产增置,应拟具预算,经呈奉核准后,由经管部门或使用单位填具请购单据,签请购置或营造。前项预算必要时应附具图样,施工说明书,或其他可资说明参考之文件。

第七条　财产的增置以集中办理为原则,但得按其性质由有关单位会同办理。

第八条　财产的增置系自制、捐赠或其他方法而取得时,应由财产登记部门会同有关单位估列价格。

第九条　财产的增置,经验收后,应填具财产增加单,连同发票及其他有关单据,送财产登记部门,为财产增加之登记后签认转送会计单位结算付款。

□ 财产的登记

第十条　财产应依财产之类别予以分类编号。并贴订标签,财产编号编定后,应编制财产编号目录。

第十一条　办理财产登记之凭证如下:

1. 财产增加单。

2. 财产移动单。

3. 财产保养修缮单。

4. 财产减损单。

第十二条　财产登记凭证为财产卡登记的依据，依各项发生事实由有关部门填造，送财产登记部门为财产卡的登记：

1. 财产增加单：依财产购、建的发生，由购建经办单位按验收日期填造。

2. 财产移动单：经管部门或使用单位财产之移动，由移出单位填造并经移入单位签认。

3. 财产保养修缮单：财产保养修缮费的发生，由经办修缮单位填造，并先送经管或使用单位签认。

4. 财产减损单：由经管或使用单位填造，并呈奉核定。

第十三条　财产因保养修缮或其他原因而增加财产的使用效能或价值者，登记部门应为财产增值之登记。

第十四条　为办理财产登记应备置财产登记卡，财产的登记应一物一卡办理。

第十五条　各部门经管的财产，每年至少应盘点一次。必要时得随时派员抽查或盘点。

□ 财产的经管

第十六条　土地及房屋等不动产取得后，应由登记部门于法定期间内向主管官署办理产权登记，变更时亦同。

第十七条　财产取得后应由经管部门或使用单位妥为保管。工具及其他较小的财产，必要时得由经管单位集中保管。

第十八条　经管部门或使用单位已无用途的旧财产，不得任意搁置，应即填具财产减损单呈请核准后，随时予以处理。

第十九条　财产经分配经管部门或使用单位，应即由移出单位填具财产移动单经经管部门或使用单位签认后送由登记部门为财产移动的登记。各经管部门或使用单位相互移拨财产时亦同。但属临时性之借用不在此限。

第二十条　财产之移动，应逐项点交点收，如有不符应即追究责任。

第二十一条　财产经管部门应随时对使用中的财产查对实际使用状况。

第二十二条　财产经管人员或使用人员对使用中的财产应善尽保管之责，不得私自移拨。

第二十三条　经管财产或使用财产部门主管及其有关使用人员对分配使用的财产，应向财产登记部门办理签认手续。

第二十四条　各单位之财产非经呈准，不得出租出借或租用借用。财产的出租出借或租用借用应订租约或借用契约。

第二十五条　经管财产人员交接时，应将其经管的财产交接清楚，并由接交人员另办财产责任签认手续以明责任。

第二十六条　员工调职或离职时，应将其经管或使用财产移交清楚，如有缺少或手续不清，应予追保赔偿。

□ 财产的养护

第二十七条　财产经管或使用单位应经常注意财产的保养，并做保养检查。

第二十八条　财产经检查后，如发现损毁，有必要加以修理时，应由经管或使用单位报请修理。

第二十九条　财产经修理完毕，其修理费在一定金额以上者，应由经办单位填具财产保养单送由登记部门为财产增值的登记。

前项一定金额由管理部主管核定。

第三十条　为避免发生灾害时遭受重大损失，得按财产性质及财务能力向保险机构投保。

第三十一条　财产的经管或使用人员有下列情事之一者予以奖励：

1. 因善于保管，使超过使用年限之财产，未曾损坏，仍能满意使用，而有确切事实足资证明者。

2. 对无用途的废旧财产，能做充分适当的利用，著有重大之绩效者。

3. 遇特别事故而能奋勇救护，保全财产者。

前项奖励依人事管理规则之规定予以记功或发给奖金。

第三十二条　财产经管或使用人员对所保管的财产，如有盗卖、调换或化公为私等营私舞弊情况即予免职并依法究办。

第三十三条　财产经管或使用人员对所保管的财产未经呈准并办理手续而任意转移，对外拨借损坏而不及时申报者按其情节轻重予以处罚。

第三十四条　财产的经管或使用人员对所保管的财产未尽善良保管之责或由于过失致财产遭受损失，或未达使用年限即告损毁者照下列规定办理。

1. 损坏的财产仍可修复使用，并不减低使用效率者，应责令负担一切修护费用。

2. 损毁的财产不堪修复继续使用者，应责令赔偿。

3. 赔偿价格应依损毁之市价为准，并按已使用的年限折旧计算。

但天灾地变或不可抗力之事故而致损毁者不在此限。

□ 财产的减损

第三十五条　财产的减损经核准后应由经管或使用单位填具财产减损单送登记部门为财产减损的登记。

第三十六条　财产有下列情形之一者得予变卖：

1. 因特殊情形必须出售者。

2. 不需用者。

3. 呆旧而仍有利用价值者。

4. 已失原有使用效能，奉准报废而有残值者。

前项财产之变卖由总经理核准办理。

第三十七条　财产的变卖手续由登记部门会同有关单位共同办理。

第三十八条　财产损毁失去原有效能而无利用价值者得予报废。

报废之财产依本规则第三十六条之规定予以变卖或销毁。

第三十九条　财产如因灾害盗窃或其他不可抗力事故而致损毁或遗失者，应出示证明文件并予以报销。

三、企业物资财产管理细则

（一）财产物资的购买

1. 办公用品原则上由各单位、科室请示理事长同意后购置、发放、使用。

2. 购买 200 元以上物资应按需求填写“采购申请单”，经理事长批准后，方可购买，未经批准的物品，一律不予报销。报销时应以合法的原始凭证，并有经手人、验收人及单位领导签字方可报销。

3. 严格按批准的计划购买财物，严禁贪污挪用公款、公物，对各种“回扣让利”必须按时如数上缴。

（二）财产物资的管理

各类财产物资进仓前必须严格办理验收手续，保证采购计划，原始凭证、购入实物的数量规格、质量，金额相符合，固定资产进库后，必须及时建卡入账。

（三）财产物资的领发规定

需领的财产物资应向管理员办妥手续，方能领出。

（四）财产物资报废、赔偿规定

1. 财产物资保管人员和使用科室或人员，必须树立爱护公物，勤俭节约的精神，充分发挥各类物资的性能与效应，延长其使用期，保证物尽其用。

2. 报废规定：凡在用物品由使用人员，在库物品由保管员，填写报废单，经审批后方能报废，批准报废的物品必须送交管理人员入库。

3. 赔偿规定：

（1）采购员失款或短款由个人自己赔偿。

（2）管理人员因工作失职造成失库者，赔偿失库金额的 70%；因保管不善或失职导致物资霉烂、变质、报废，按该物资金额的 40% 赔偿；管理员作案造成失窃，除全额赔偿外，视情节轻重给予经济罚款及行政处分。

（3）专管的公用物资，包括机械、器械等设备，丢失者赔偿 90%；因保管不善或违章操作导致损坏，视情况按该物资的报价金额赔偿 30% ~50% 。

四、固定资产管理规定

□ 总则

第一条　为加强固定资产的保管及使用管理，特制定本制度。

第二条　本公司所有有关固定资产的分类编号、添置改良、验收、保管、调拨、出售、报废、盘点等手续，悉依本制度办理。

第三条　本制度所称固定资产包括土地、房屋及建筑物、机械设备、运输设备、电动机仪表、工具、设备（各公司自分事务性设备及机电性设备）等。

第四条　前项固定资产，耐用年数在两年以下，不具生产性，未超过一定金额者（各公司自订)应以费用科目列账,而不得以固定资产科目列账。

第五条　固定资产按下列类别,由各公司指定部门负责管理,其管理及保养细则由各公司管理部门会同使用部门自行制定。

1. 土地、房屋及建筑物、运输设备、事务性设备由总部门负责管理。

2. 机械设备、电动机、仪表、机电性设备由工务部门负责管理,但得视实际需要归由性质相关部门管理。

3. 工具由资材仓库负责管理。

第六条　本公司所有固定资产包括土地、房屋及设备、机器设备、运输设备及其他设备等,其使用年限在两年以上,购价在____元以上者。至于小型工具其耐用年限在两年以上,而价值在____元以下者,虽不必编号设卡,但必须设簿登记列入管理。

第七条　会计组为本企业固定资产总管理单位,负责统一编号、资产调配、并责成各企业部对其资产作妥当的管理。

第八条　会计组除于总分类账设统驭科目外,并应设置固定资产分类账、记载各项资产的价值,企业部各级主管负责各该部门固定资产的管理工作。

□ 固定资产的编号

固定资产取得后,即归管理部门管理,并会同会计部门依其类别及会计科目统驭关系,予以分类编号并粘贴样签。

□ 固定资产的添置

第九条　固定资产的请购由请购部门填请购单,先送会计组查核无法调配时,再按权责规定呈核后交采购人员实施采购。

第十条　会计部门应于次月____日前就土地、房屋及建筑物、运输设备、机械设备、机电性设备等项目编制"固定资产增置表"一式三联送管理部门核对,并填列异常或更正内容后,第一联管理部门留存,第二联送返会计部门自存,第三联送使用部门留存,采用计算机处理报表代替。

第十一条　请购单上应详填物品名称、规格、型别、性能、质量等资料,以备采购及验收的依据。

第十二条　各企业部除依年度经营计划编列扩充预算外,因特殊需要的添购,应说明其添购的效益。

第十三条　自制应先与制造部门议定价格、按权责规定呈核后制造,制造按成本转账,如有差价则作内部损益处理。

第十四条　固定资产因其他公司拨入,捐赠而取得者,应填明价格,如原价无法查得或根本无原价者,得由管理部门会同会计部门予以估列,并按第十条固定资产增置手续办理。

□ 固定资产的保管

第十五条　固定资产使用部门应随时注意保养并善尽保管之责,至于改良其增加资产效能在两年以上者,应填"固定资产(改良)验收单"(格式及填单规定另订)并入原固定资产余额内计算。

第十六条　土地、房屋及建筑物、运输设备、机械设备、机电性设备等固定资产在公司内相互拨转时应由移出部门填写“固定资产移转单”，一式四联，到管理部门签章后，送移入部门签认（管理部门不同时，要加印一联，移入管理部门同时签认），第一联送管理部门（管理部门不同者，影印联送移入管理部门，转记入“固定资产登记卡”），第二联送会计部门，第三联送移入部门，第四联送移出部门。其出入厂区应另填“移转交运单”，一式六联。第一联托运部门自存，第二联托运部门转送会计部门暂存，核对第三联，第三联至六联出厂时经守卫签注时间、车重后，第三联由守卫暂存，于翌晨转送托运部门的会计部门，经与第二联核对无误，于一日内转送收料部门的会计单位凭以核对收料；第四、五、六联由承运商随同物品出厂、入厂时经守卫签注入厂时间、车重后入厂，经点收后，第四联由收料部门存查，第五、六联经守卫签注出厂时间、车重后，第五联由承运商暂存凭以申请运费，第六联由守卫暂存，于翌晨转送收料部门的会计部门与第三联核对。

第十七条　固定资产因故须送厂商修复时，应依照“工程修造发包事务处理规则”的有关规定办理，于送修时由工务部门或管理部门开具“料品交运单”一式六联，第一联经办部门自存，第二联送会计部门，第三联由守卫室暂存，于次日转送会计部门，第四、五、六联交承运商运同物品出厂，第四联交收料厂商暂存，供做物品回厂交货的凭证，经办部门于验收后转交会计部门核销，第五联供申请运什费，第六联由收料厂商签收并送回经办部门。

第十八条　固定资产出租或外借，管理部门应先会同会计部门后按序呈（总）经理核准后始得办理，并应制定契约，副本送会计部门以备核对，契约内容应包括修缮保养及税捐负担、租金、运什费、归还期限、保持原状、附属设备明细等，其出入厂区应另填“料品交运单”一式六联，并根据第十五条流程的规定办理。

第十九条　土地、房屋及建筑物、运输设备、机械设备、机电性设备因减损拟报废者，应由使用部门填具“固定资产减损单”一式四联，注明减损原因，送管理部门及会计部门签注处理意见后呈报（总）经理，经核准后，第一联送管理部门转记入“固定资产登记卡”，第二、三联依处理意见办理后连同该废品送资材仓库签收（盘亏部分免办缴库），第二联连同有关资料送会计部门，向主管机关办理报备，抵押权变更及解除保险等手续，第三联自存。该减损资产因体积巨大必须就地处理或拆除时，则第四联送委托部门凭以办理，唯减损资产于拆移前，或拆移后无法缴库时，管理部门或使用部门应妥为保管，上项减损资产已缴库者由资材仓库保管处理，其无法缴库而决定标售时，其处理流程根据第十八条的规定办理。

固定资产的管理部门至少每____个月应将经营上认为无利用价值的闲置固定资产予以整理，填具“闲置固定资产明细表”，拟定处理意见后呈报（总）经理，经核定标售者须按下列规定办理：

1. 管理部门应即按“闲置固定资产明细表”所列经批示计售部分开具“固定资产让售比价单”，一式四联由，（总）经理指派专人或由采购部门负责招商比价，并将比价结果转记于“标售比价单”后，第三联自存，第四联送资管科，第一、二联呈（总）经理核决后，由经办人将第二联送会计部门以凭核对，第一联送管理部门，以便发货。

2. 发货时，由标售经办人填写“料品交运单”，一式六联（承运商联勿填），凭以入厂提货，经守卫签注出厂时间及过磅记录后，送回标售经办人开具“缴款单”向出纳解缴货款，并于“料品交运单”备注栏填写“固定资产让售比价单”号码、发票号码，第一联送资材部门，第四联送承购商收执，第二、三联送守卫查对放行，于翌日立转会计部门复核。

3. 提货出厂后，管理部门应立即填具“固定资产减损单”，一式四联（资材仓库联免填），第一联自存转记入“固定资产登记卡”，第二联送会计部门，第三联送使用部门留存。

第二十条　提供抵押借款的固定资产如发生减损、出租或外借时，会计部门应事先备函写明抵押编号及资产名称、数量，向总管理处财务部报备，由财务部向贷款及抵押权登记机械办理标的物增减变更手续。

□ 固定资产的验收

第二十一条　请购的固定资产到厂，或自制完工，由使用单位验收并填“固定资产验收单”一式三联送请会计组编该项固定资产编号后，第一联使用单位存，第二联连同发票及请购核准文件由会计组编制传票付款或转账后存查，第三联则由会计组送资料中心，供计算机处理作业。

第二十二条　凡经验收合格及会计组编妥号的固定资产，使用单位应即以喷字或其他方式将编号印记于该项固定资产上。

第二十三条　各部门指定的固定资产负责人应妥为保管验收单的第三联并在其背面，记载资产的增减及调拨，并随时与会计组核对资料，保持资料的一致。

□ 固定资产的调拨

第二十四条　各部门间固定资产的调拨，应填“固定资产调拨单”（格式及填单规定另订）。

第二十五条　未经经理级以上主管的批准，固定资产不得外借。

□ 固定资产的出售及报废

第二十六条　固定资产损耗无法修理，或修理不合经济原则，以及废弃不用的固定资产，应填“固定资产报废出售单”，拟具处理意见送会计组，经呈上级核准后，会同各部门指定的负责人及企管部门出售。

第二十七条　出售时应开具发票办理发货手续，并在第二联上附记栏注明报废单号，以便核对。

第二十八条　出售后的财产，固定资产管理人应将该项固定资产验收单，送会计组存查。

第二十九条　报废的资产无法出售时，应将其移交企管部门，由会计组依法说明具文，向税捐机关报备。

□ 固定资产的盘点

第三十条　使用单位应于每月底，依计算机资料定期盘点，并查对编号，如有错误，应即更正。

第三十一条　盘点如有数量差异，应追查责任，并拟具改进意见呈上级核实后改进。

第三十二条　固定资产账卡上金额以购入原价加改良金额为准与会计组核对，至于折旧额则由会计组按规定计算，每半年抄财产目录分送各单位。

第三十三条　单位主管移交时，应会同会计组办理固定资产移交。

五、物资财产盘点制度

□ 目的及依据

第一条　为加强各公司财物管理，依“现金收支规则”第五十一条、“固定资产管理规则”第八条，“材料管理办法”第五十六条及“成品存储管理办法”第三十二条等制定本准则。

□ 范围

第二条　盘点范围包括现金、票据、有价证券、材料、在制品、制成品、外协加工料品、寄存品、代加工料品、寄库品、下脚品及固定资产等。

第三条　固定资产的盘点应依据“固定资产管理规则”办理，其余各项，悉依本准则办理。

□ 方式

第四条　年终全面盘点。

第五条　液体及特定项目采买按月盘点。

第六条　会计部门每月抽点。

第七条　不定期抽点。

□ 人员及职责

第八条　为办理盘点，应设置盘点人、会点人、协点人及监点人。

（一）盘点人由财物经管部门提任，负责点计工作。

（二）会点人由会计部门或指派人员担任，负责盘点记录。

（三）协点人由仓储保管部门担任，负责盘点时的料品搬运工作。

（四）监点人由各公司（总）经理室，总管理处总经理室视需要派员担任，负责盘点监督。

（五）各厂处、经理室、总经理室应指定专人负责盘点筹划，联络等事宜。

□ 准备工作

第九条　经管部门将应盘点财物预先准备妥当，备妥盘点用具，并由会计部门准备盘点表格。

第十条　现金及有价证券应按类分别整理并列清单。

第十一条　存货的堆置，应求整齐集中，并置“标示牌”。

第十二条　各项财物账册应于盘点前登载完毕，如因特殊原因无法完成时，应有会计部门将尚未入账的有关单据，如缴库单、领用单、交运单、收料单等，利用“结存调整表”

一式二份，将账面数调整至正确的账面结存数。

第十三条　盘点期间已收料而未办妥手续者，应另行分开。

□ 年终全面盘点

第十四条　各公司（总）经理室应于签呈（总）经理核准后，签发“盘点通知”通知各有关部门准备盘点，并于盘点前____天将盘点计划寄送总管理处总经理室，“盘点通知”应包含盘点日期，人员配置及注意事项。

第十五条　盘点日期由各公司视存量及现场公休情况自定。

第十六条　盘点期间除紧急用料外，应暂停收发料，盘点期间所需用料，应于盘点3天前办理完毕。

第十七条　年终盘点，原则上应采用全面盘点方式，如确因事实所限无法采行时，应签呈总管理处总经理核准后始得改变方式进行。

第十八条　盘点应尽量采用精确的计量器，避免用主观的目测方法，每项财物数量由双方确定后，再继续进行下一项，盘点后不得提出遗漏的异议。

第十九条　盘点时由会点人依实际盘点数翔实记录“盘点统计表”，一式二份，以黑色圆珠笔复写，并于盘点工作进行时编列流水号码，由会点人与盘点人共同签注姓名、时间，如有更改，应经双方共同签认。

第二十条　经管部门应依据盘点所得的结存量汇编“盘存单”，一式二份，一份自存，一份送会点部门，核算盘点盈亏金额。

□ 每月会计部门抽点

第二十一条　每月抽点由会计部门主办，于签呈（总）经理核准后办理。

第二十二条　抽点日期及项目，以不预先通知经管部门为原则。

第二十三条　抽点时应会同经管部门共同办理。

第二十四条　盘点前应由会计部门利用“结存调整表”将账面数先行调整至盘点前正确的账面结存数，再行盘点。

第二十五条　存货记录采计算机报表控制者，应以收发存月（旬）报表为调整依据，如月（旬）报表不及附送者，应先填列“结存调整表”的调整栏，由抽点人员与经管人员共同签章。

第二十六条　每月抽点仍应填列“盘点统计表”及“盘存单”。

第二十七条　液体及特定项目其范围由各公司自订。

□ 不定期抽点

第二十八条　由各公司（总）经理室或总管理处总经理室视实际需要，随时指派人员抽点。

第二十九条　抽点时应会同经管部门及会计部门共同办理。

第三十条　抽点程序与每月抽点相同，但“盘点统计表”及“盘存单”应再复写一份，交抽点人员。

□ 盘点报告

第三十一条　会计部门应将“盘存单”的盈亏项目加计金额填列于《盘点盈亏汇总表》及《项目别盘盈亏汇总表》各一式四份，送经管部门填列差异原因的“说明”及“对策”后呈核，其中一份经由最高主管签注后转送总管理处总经理室。每月抽点及不定期抽点，应于盘点后 7 天内，将《盘点盈亏汇总表》一份送总管理处总经理室。

第三十二条　会计部门应将盘点结果及发现的异常事项及建议，做成“盘点报告”，一式三份，经呈核后，一份连同“盘点盈亏汇总表”及“项目别盘盈亏汇总表”于年终盘点后一个月内送总管理处总经理室备查。

第三十三条　盘盈亏金额平时仅列入暂估科目，年终时始以净额转入本期“营业外收入”的“盘点盈余”或“营业外支出”的“盘点亏损”。

□ 现金、票据及有价证券

第三十四条　各公司（总）经理室或会计部门，至少每月一次抽点现金、票据及其他出纳项目。

第三十五条　现金及票据的盘点，应于盘点当日上班未行收支前，或当日下午结账后举行。

第三十六条　盘点前应先将现金柜封锁，并核对账册后开启，由会点人员与经管人员共同盘点。

第三十七条　会点人依实际盘点数翔实填写《现金盘点报告表》，一式四份，经双方签认后呈核准一份寄送总管理处总经理，寄送期限依前述规定。

□ 在制品

第三十八条　在制品的盘点以当月最末 1 日及次月 1 日举行为原则。

第三十九条　在制品原则上采全面盘点，如因成本计算方式无须全面盘点或实施上有困难者，应签呈（总）经理核准后始得改变方式进行。

第四十条　在制品的完工程度及液态物品的温度、比重的特性，各经管部门应制定盘点细则，以资遵循。

□ 其他项目

第四十一条　外协加工料品：由各外协加工料品经办人员会同会计人员，必要时并应会同技术人员，共同赴外盘点，其盘存表一式三份，应由各外协厂商签认。

第四十二条　寄存品：详列品名、规格、数量、金额、寄存厂商、结存数量，由寄存厂商签认。

第四十三条　代加工料品：详列品名、规格、数量、代加工厂商，价值及结存数额，由代加工厂商签认。

第四十四条　寄库的成品：于盘点前全部清理出库，其未能出库者，应列明客户名称、品名、规格、原开统一发票号码、数量及原因呈核。

第四十五条　销货退回的成品，应于盘点前办理退货手续，验收及列账。

第四十六条　营业借出的成品，应于盘点前全部收回，借条一概不予承认，如有特殊情况，应签呈（总经理核准）。

第四十七条　寄存品、代加工料品、寄库品的盘点，适用依据盘点经过编造“盘点报告”。

第四十八条　对外的外协合同应订明随时准予盘点及盘点盈亏的处理等条文。

第四十九条　本准则经总管理处总经理核准后实施，修改时亦同。

六、不动产管理制度模板

□ 总则

第一条　性质

本规定为企业不动产管理事务处理的准则。

第二条　目的

本规定在于加强不动产保护、改善、利用和不动产权利（指所有权、处置权和收益权等）的得失等方面的管理，以提高不动产管理的科学性和规范性。

第三条　契约合同

当发生不动产权利的得失或变更时，必须签订契约，以使其权利关系明晰。但经过政府法定手续处理的，不包括在内。

第四条　管理人

对于远离企业且无法实行直接管理的不动产，应指定专门管理人。管理人由总务部总务科长提名，并经企业主管批准。

第五条　纳税管理人

根据政府有关规定，应由总务部长指定不动产纳税管理人，并报有关税务机构。

第六条　资料保管

不动产及其得失资料应由专人负责整理与保管。

□ 权利转移

第七条　不动产文书

当发生不动产所有权得失时，有关部门必须将下列文书提交给总务科：

1. 契约：包括各类合同和证明文件。

2. 说明书：说明有关事由、影响、效果、对方与本企业的关系等。

第八条　文书盖章

上列文书如属总务部权限范围内的，由总务科在查实审核后盖章。如超出其权限范围，须经企业总经理裁定后盖章。

第九条　登记申请

总务科持盖章后的文书，与对方办理有关手续，然后到有关机构办理不动产登记申请。

□ 不动产借贷、租赁契约的签订与变更

第十条　土地、房屋的借贷

各部门在签订或变更土地、房屋的借贷与租赁契约时，必须提供契约和有关报告。后者包括事由、期限、支付方法、对方基本情况及不动产账面价值与现值等内容。

□ 土地或房屋转移

第十一条　账面价值变更

当伴随着土地或房屋的转移，而发生其账面价值与实际价值不等时，应进行账面调整。

第十二条　转移说明书

各部门如发生不动产转移时，应填写账面变更书所列事项，并附说明书，提交给总务部。

第十三条　实施

不动产的转移、变更及登记事项，由总务部负责。

□ 不动产管理台账

第十四条　不动产管理台账

总务科应建立全企业的不动产管理台账，以全面把握全企业的不动产状况。不动产管理台账应包括下列账票与图表：

1. 企业所有土地

(1)地籍表；

(2)土地台账；

(3)土地课税台账；

(4)土地综合图；

(5)土地实测图；

(6)借出土地台账。

2. 借入土地

(1)借入土地台账；

(2)借入土地图；

(3)借入土地综合图。

3. 企业所有房产

(1)房产台账；

(2)借出房产台账；

(3)房产名册；

(4)建筑物分布图。

4. 借入房产

(1)借入房产台账；

(2)借入房产图。

□ 附则

第十五条　本规定自××××年×月×日起实施。

七、仓库物资财产管理细则

第一条　落实专人管理，保管员需离开岗位（不离或临时短暂离岗的勤杂事务仍需兼职）时或保管员休息（离岗），周转仓库钥匙必须交给专职指定主管暂代为保管（要坚持进出登记），接手后要交接点清。

第二条　进行物资大盘点时注意清查现有周转物资的确实数量，并建立账目。

第三条　根据生产现实需要，把现有物资分类归存到储备仓、周转仓、机械工具仓、耗费仓（泥与花木）。

（一）储备仓做到：进仓出仓有凭有据，货、卡、账三对口。

（二）周转仓做到：设流水账，进出清楚，专人验收，货账对口。

（三）机械工具仓做到：机具各就其位，借还登记，明确责任。

（四）耗费仓做到：泥仓、花木清洁整齐，物账相符。

第四条　仓库每月盘点，并制表报经理及财务部审核。

第五条　对进仓物品，必须按单核对数量、质量，逐一验收，如有不符，应拒绝验收进货并报告部门经理。

第六条　对出仓物品，应按部门规定发放并做好登记手续，借出物品做好记录，外借要有借条并需部门经理批准。

第七条　仓库管理要做到安全、清洁、整齐，道路畅通，不乱摆乱放。

第八条　仓管员每天应提前到岗，做好有关工作，使员工上班后便能及时开工。

第九条　经常检查整理仓库物资，掌握消耗储存情况，编制进货计划，做到计划进货。

第三节　企业物资财产管理实用表单

一、企业物资财产登记表

企业物资财产登记表如表 21－1 所示。

表 21－1　财产登记表

使用单位						登记日期			
财产名称	编号	类别				使用人	取得	取得价格	修理记录
		家具	仪器用品	机器	其他				

二、企业物资财产保管单

企业物资财产保管单如表 21－2 所示。

表 21－2　财产保管单

部门：　　　　　　　　　　　　设单日期：

序号	品名	财产编号	规格/型号	数量	单位	单价	保管人	增减变动情形						备注
								年		移入部门	移住部门	接收人	经办人	
								月	日					
合　　计														

三、企业物资财产请修单

企业物资财产请修单如表 21－3 所示。

表 21－3　财产请修单

单　位：年　月　日　　　号　码：

项次	财产编号	品名	规格	数量	损坏原因	需要日期	使用人	备注

四、企业物资财产报废单

企业物资财产报废单如表 21－4 所示。

表 21－4　财产报废单

<table>
<tr><th colspan="3">财产</th><th rowspan="3">单位</th><th rowspan="3">单价</th><th colspan="10">量值</th><th rowspan="3">购置年月</th><th rowspan="3">决定最低耐用年限</th><th rowspan="3">已提折旧数额</th><th rowspan="3">账页</th><th rowspan="3">报废原因</th><th rowspan="3">残余价值</th><th rowspan="3">备注</th></tr>
<tr><th rowspan="2">分类编号号码</th><th rowspan="2">名称</th><th rowspan="2">特征及说明</th><th rowspan="2">数量</th><th colspan="9">价值</th></tr>
<tr><th>百</th><th>十</th><th>万</th><th>千</th><th>百</th><th>十</th><th>元</th><th>角</th><th>分</th></tr>
<tr><td></td><td></td><td></td><td></td><td></td><td></td><td></td><td></td><td></td><td></td><td></td><td></td><td></td><td></td><td></td><td></td><td></td><td></td><td></td><td></td><td></td><td></td></tr>
<tr><td></td><td></td><td></td><td></td><td></td><td></td><td></td><td></td><td></td><td></td><td></td><td></td><td></td><td></td><td></td><td></td><td></td><td></td><td></td><td></td><td></td><td></td></tr>
<tr><td></td><td></td><td></td><td></td><td></td><td></td><td></td><td></td><td></td><td></td><td></td><td></td><td></td><td></td><td></td><td></td><td></td><td></td><td></td><td></td><td></td><td></td></tr>
</table>

五、企业物资财产减损单

企业物资财产减损单如表 21－5 所示。

表 21－5　财产减损单

保管(使用)单位:

财产编号	序号	名称	厂版规格及特色	单位	数量	单价	总价	购置日期	耐用年限	减损日期	减损原因

说明:本单由单位财产保管人于财产需报废、遗失或毁损时填具,陈请经理核实后送交总务处财产管理单位办理。

六、企业物资财产增加单

企业物资财产增加单如表 21－6 所示。

表 21－6　财产增加单

会计科目	财产编号	财产名称	厂商	厂牌/型号/规格	购置日期（发票日期）	数量	单位	单价	总价	保管人	存置地点	使用年限	备注	会计科目	财产编号
总计															

总务处						审核单位			
经办人		保管组组长		总务长		承办人		会计室	
日期		日期		日期		日期		日期	

注意事项：

1. 本表依财产采购作业办法相关条文制订。
2. 保管组经验收后填列增加单，并同财产卡及验收单送会计室审核。

第四节　企业物资财产管理规范化细节执行标准

一、企业维修业务工作标准

（一）维修，是指对建筑物、设备、备件、器具、用品等的改造与维修业务。本标准旨在确定该项业务的处理规范，以保证维修对象保持良好的运营状态。

（二）在进行维修业务之前，必须提交《维修申请》一式两份，一份由维修者保存，另一份由申请者的主管上级盖章后，交维修科。

（三）维修科负责审查维修申请，并将有关项目转记《二程进程管理表》。如申请不被批准，维修科应将理由通知申请单位。

（四）维修科责任人应于上午和下午分两次在厂内巡视，查看有无待维修业务。如有应将有关项目记入《工程进程管理表》，然后依序安排维修业务。

（五）维修工程分外包与内部处理两种，对两者的选择应考虑内部维修能力、紧迫程度和费用等要素。

（六）维修科通过《维修工程日报》来管理内部维修业务。

（七）外包工程发包时，应由承包者提交维修预算，维修科与财务部门据此确定维修内容、价格、支付期限与支付办法。

（八）公司派技术人员监督外包维修工程。维修科应经常检查工程进展情况，随时将有关情况向总务部长报告。

二、设备安全运行管理标准

（一）应根据有关规定，组织对电工、电（气）焊工等特殊人员进行技术考核，持有操作证者方能上岗。

（二）各班组均应有专人任安全委员，负责监督检查安全操作施工情况。

（三）根据劳动分工规程，制定各工种维修操作规程和安全检查制度。

（四）加强劳动安全教育，在有危险的设备检修时，主管人员应亲自到场。

（五）对变配电、锅炉、电梯及电力设备，必须进行年度检查。

（六）对中央空调、变配电、锅炉的压力、保险阀等，必须定期送交有关单位进行校验。

（七）易燃、易爆物品必须存放在危险品仓库妥善保管，并应控制最大存放量。

（八）工作重地应设警戒牌，严禁非工作人员入内。

（九）机房、配电房等场所均应上锁，钥匙由专人保管。

（十）木工作业场所严禁烟火，并要每日清除木屑。

（十一）应对员工进行急救和消防知识的教育和考核。

（十二）建立事故处理制度。

（十三）对外单位施工人员，必须进行安全教育，并签订安全协议书；在施工过程中进行检查监督，避免事故的发生。

（十四）避雷装置在雨季前要进行测试检查，对锈蚀部分要敲铲掉，并上漆。

（十五）对各配备设施的接地装置要定期检查保养，其接地电阻值应符合规范要求。

（十六）工厂内进行电、气焊时必须取得动火证。

三、设备日常保修工作规章

（一）工厂的日常报修是设备维护单位进行维修工作的依据，报修单由报修部门负责填写。《报修单》一式两联，第一联由报修部门留存备查；第二联交维护保养单位。

（二）维护单位评估员在收到《报修单》以后，应即时记录在《维修跟进表》上，然后将《报修单》分配给维修班组。各维修班组在接到报修单后，应根据报修内容和重要程度，填写开工日期和预计工时，分派检修工人；填写完报修单后，核实耗用材料和实际工时，并将《报修单》汇总后交回单位评估员。评估员在收到各班组交回的第三联报修单后，记录在《维修跟进表》内，若在跟进过程中发现漏缺时，应追查原因；凡由于各种原因一时完不成的项目，应通知请修部门预计完成时间。若情况复杂，则报请公司领导解决。在发生请修理部门对维修的投诉时，评估员应从《维修跟进表》查证事实。

四、人员流动资产转接手续

（一）在填写离职、调动申请表之前，应在固定资产查询系统内查询个人名下的资产。

（二）离职、调动人员如果查到名下挂有资产应到所属部门资产管理员（大部分是部门秘书）处填写资产转移表，找相应的资产接收人签字后，交资产管理员审核签字，由资产管理员报相关部门办理账务转移。

（三）在转移表交至相关部门后，一般第二天、第三天就可以在固定资产查询系统查到转账记录，如果确认已转移，就可上交离职、调动申请表（或上交申请表后继续追踪资产转移情况）。

（四）资产退库：在固定资产查询系统内查询资产编号、型号等信息，到部门资产管理员处填写退库申请表，交所属一级部门计划员审核、签字后，退到仪器回收库房。

（五）资产管理处在收到人力资源部发的调动、离职通知____天后，如果调动、离职人员还未办理相关手续，将视为资产丢失，实行扣款处理。

五、备用物资管理工作标准

（一）仪表、工具、备品、备件（备盘）、技术资料应有专人（兼职）负责管理，妥善保存。

（二）定期编制元器件和材料需要计划，建立领用和消耗账，做到账物相符。

（三）常用工具、元器件，应定量、定位，分类放置，做到一目了然，使用方便，消耗后，及时补充。

（四）破损工具和元器件，应及时清点处理，防止新旧混杂。

（五）仪表应符合国家法定计量单位，并定期进行校验。

（六）长期不使用的仪表每月通电试验一次，通电时间不得少于____分钟。

（七）各种设备、仪表的图纸、说明书、技术资料必须齐全完整。

（八）各类资料应登记造册，分类存放，卷目清楚。

（九）各种报表、记录按月整理，装订与归档，按保存期妥善管理。

（十）机房内使用的仪表、工具、资料一般不得外借，如确需借用或借阅，应经主管领导同意，并办理借用登记手续。

六、总务用品管理细则

（一）总务用品的预算

总务仓管员应统筹往年各部门助理负责，生产部因人员众多，可以科为申请单位。

1. 每月月底，各部门应将下月《文具申领表》《清洁用品申领表》，交部门经理审核，副总经理批准后，送交总务部，逾期不交者，视放弃申请处理。

2. 各部门经理应严把审核关，以控制总务开支成本。

3. 总务部收到各部门申领单以后，将对非易耗品部分作严格审查（如打孔机、订书机类物品）。咨询申领人申领原因，对蓄意损坏或滥申请现象，总务部有权不予以发放。

4. 收到各部门总务用品申领单后，总务仓管员应加以统计之后对照仓库目前库存数，对不足部分，马上电话通知供应商送货到厂。

5. 为控制库存成本，原则上仓库只保留新人领用或急用的数量。

6. 各部门领用物品日期为每月____~____日，各部门助理凭申领单复印件到总务仓领取。

（二）总务用品盘点

1. 月盘：仓管员除了要做好收发账以外，还应在月尾即统计好各部门申领单后，对现在总务用品进行盘存，并列表呈部门主管审核。

2. 年盘：配合资材部的年中盘点，对总务仓物品做一次大清点，对一些久留不用的或易锈、易耗的物品进行清理，并做出年终《总务用品盘存盈亏报表》。

七、基建工程与房产管理工作流程

基建工程与房产管理工作流程如图 21－1 所示。

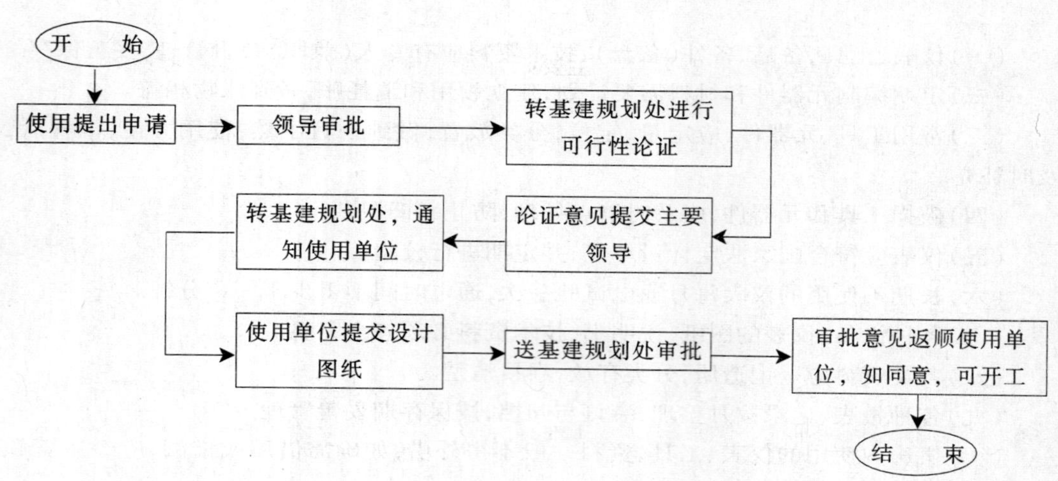

图 21－1　基建工程与房产管理工作流程图

第22章　企业劳动安全管理

第一节　企业劳动安全管理工作要点

一、劳动安全管理主要工作对象

劳动安全管理主要工作对象可以分为人、物、环境、制度四个方面：

（一）人。对人的劳动安全管理主要是：纠正不安全的作业方式（如用不适当的方法抬举货物，站在危险的作业位置，听不清警报等）；纠正进行未经许可的作业；纠正不利用（拆掉或停用）安全设施行为；纠正利用不安全或不合适的装置行为；纠正以不安全的方式使用设备行为；纠正工作时搞恶作剧、开玩笑、不使用保护用具和作业工具行为等。

（二）物。对物的劳动安全管理主要是：加强对器械的防护；查找设备的缺陷（有尖突物，装有磨损部件或断裂部件）；查找设备结构不安全因素；查找存在着危险的生产过程和作业方式；完善作业工具和保护用具等。

（三）环境。对环境的劳动安全管理主要是完善工作环境的过程，需要考察的对象如照明、空气流通、噪声、温度、交通等。

（四）制度。对制度的劳动安全管理主要是完善管理制度和考察制度的执行情况，如劳动组织不合理；安全教育不完善；机械设备保养管理不当等。

二、影响员工安全生产的心理因素

人的心理状态是除了劳动安全管理主要对象之外的潜在对象，在实际工作中，影响安全生产最常见的心理状态大致有以下几种：

（一）经验主义。持这种心理状态的员工爱凭自己片面的“经验”办事，对正确的操作流程和作业标准置之不理。

（二）急于求成。这些人遇事求成心切，急急忙忙，草率了事，一味求快，忽视安全。

（三）侥幸。把“不一定”这种“偶然”当作“一定”的“必然”，于是，明知违章也要去冒一冒风险。一旦侥幸成功，以后就作为一种“经验”采用。这种人往往是出了事故才后悔莫及。

（四）图省事。为图省事，不去认真分析问题，考虑对策，或者明知作业条件、作业对象有变化，仍按原来的办法和程序去处理，于是发生事故也就不可避免了。

（五）放纵。如精神上异常狂热，兴奋过度，得意忘形，把不正常的行为看成了自己的目标成果，戏弄别人，在他人身上取乐，而不顾后果。

（六）过于自信。如相信自己有本事，过于自信而不愿意向他人学习，怕丢“面子”、“伤自尊”等心理状态。

（七）逆反。在一些条件下，有些人在好胜心、好奇心、求知欲、思想偏见、对抗情绪等心理状态的驱使下，产生一种与常态行为相反的对抗心理，不听劝告，别人说不能干时，他却偏要干，致使引发事故。

（八）自我表现。他们虽然工作经验不足，技能不高，但却有较强的自我表现欲，喜欢在别人面前表现自己，不懂装懂，一知半解，乱摸乱动。

以上八种工作心态是造成生产事故的主要原因，在实际的劳动安全管理工作中，对生产人员的这八种工作心态需要严格禁止。

三、安全生产管理工作原则

劳动安全管理有以下技术原则：

（一）冗长性原则。通过多重保险、后援系统等措施，提高系统的安全系数，增加安全余量。

（二）距离防护原则。当危险和有害因素的伤害作用随距离的增加而减弱时，应尽量使人与危险源距离远一些。

（三）时间防护原则。使人暴露于危险、灾害因素的时间缩短到安全程度之内。

（四）能量屏障原则。在人、物与危险之间设置屏障，防止意外能量作用到人体和物体上，以保证人和设备的安全。

（五）闭锁原则。在系统中通过一些元器件的机器连锁或电气互锁，作为保证安全的条件。

（六）消除潜在危险的原则。其基本的做法是以新的系统、新的技术和工艺代替旧的不安全系统和工艺，从根本上消除发生事故的基础。

（七）降低潜在危险因素数值的原则。在系统危险不能根除的情况下，尽量地降低系统的危险程度，使系统一旦发生事故，所造成的后果严重程度最小。

（八）薄弱环节原则。在系统中设置薄弱环节，以最小的、局部的损失换取系统的总体安全。

（九）坚固性原则。这是与薄弱环节原则相反的一种对策。即通过增加系统强度来保证其安全性。

（十）个体防护原则。根据不同作业性质和条件配备相应的保护用品及用具。采取被动的措施，以减轻事故和灾害造成的伤害或损失。

（十一）代替工作人员的原则。在不可能消除和控制危险、灾害因素的条件下，以机器、机械手、自动控制器或机器人代替人或人体的某些操作，摆脱危险和有害因素对人体的危害。

（十二）警告和禁止信息原则。采用光、声、色或其他标志等作为传递组织和技术信息的目标，以保证安全。如宣传画、安全标志、板报警告等。

第二节　企业劳动安全管理规范化制度

一、工业安全管理操作规则

□ 总则

第一条　本公司为维护公共安全及避免人员物品之损害特制定本准则。

第二条　本准则所称安全管理，包括火灾、窃盗、身体伤害的预防及抢救之一切措施。

第三条　本公司安全管理，除依政府法令规定外，悉依本准则办理。

第四条　指挥监督除身体伤害由平时业务上的主管人员指挥监督外，应组织统一安全卫生委员会及消防队。本公司人员均有防止灾变及抢救损害的职责。

第五条　领班以上的干部均应熟悉有关安全管理的准则，并监督训练属下人员确实遵守。

第六条　本公司现场工作人员应视其智力体力调配适当的工作，危险发生时，能从容应付。

第七条　代理人员必须熟悉被代理人有关安全管理方面的职责。

第八条　危险发生时，除采取必要行动外并应立即向上级人员报告。

□ 火灾防护

第九条　仓库及工厂内应严禁吸烟及携带引火物品，但在规定时间及地点吸烟不在此限。

第十条　工场门户应向外开，工作时间不得上锁。

第十一条　易燃及爆炸等危险物品应放于安全地点，除必要之数量外，不得携入工作场所。

第十二条　仓库应指派专人看守，并标明“严禁烟火”字样，如系储藏挥发性易燃物，并应注意温度及通风。

第十三条　灭火设备应照规定设置，放在明显容易取用之地点，并定期检查，应保持随时可用状态，同时要熟悉使用方法。

第十四条　电线不得接用过大保险丝，电力使用后，应确实关闭电源。

第十五条　使用氧气乙炔焊接时，应注意附近有无易燃物品，使用易燃物品的人员须经严格训练，并应有监工人员在场。

第十六条　电器设备应经常检查，台风、地震后更应立刻检查有无损坏。

第十七条　炉灶、烟囱、煤气等易引起燃烧的设备应经常检查。下班时并应检查处理后始得离开工作场所。

第十八条　使用电气设备或易燃物发生故障时，或增接电器设备均应请示上级人员，后通知专门人员办理。

第十九条　首先发现起火的人，应立即呼救，并停止工作，迅速关闭电源或其他火源。在场员工，均应立刻协同灭火。

第二十条　发现火灾应迅速将着火物附近的可燃物移开。

第二十一条　火灾时工作单位主管应一面参加抢救，一面沉着指挥救火，并速通知本公司的消防队，必要时应通知本地消防队协同抢救，并应通知其他单位戒备，如有大钟应即敲打。

第二十二条　火警发生时，电话总机应优先接通火警电话。

第二十三条　如火势一时不能扑灭，主管人员应一面指挥救火，一面指挥抢救人员及物品。

第二十四条　救火时，应特别注意下列事项：

（一）油类或电线失火，应用沙或地毯等物扑灭，切勿用水灌救。

（二）衣服着火，立即在地上打滚，较易扑灭。

（三）先救人，后抢物。抢救物品时，应先抢救账册、凭证及重要文件或贵重物品。

（四）在火烟中抢救，应用湿手巾掩着口鼻。

（五）如火焰封住出路口，应利用绳索或电线等物从窗口逃生。

□ 窃盗防范

第二十五条　现金、贵重物品及机要文件，下班后应放置于安全橱柜中，指定专员负责保管。

第二十六条　守卫人员应随时注意进出人员。

第二十七条　夜间值勤的守卫人员，应于规定时间在公司内巡逻。

第二十八条　主管对经管财物人员应随时注意其私生活是否严谨，以防监守自盗。

第二十九条　携出物品时，应先取具公司规定之物品携出证件，保卫人员凭证查验放行。

第三十条　办公室应于夜间加班人员离去后关闭门窗，并确实上锁。

第三十一条　窃案发生后，应保护现场，报有关单位侦查。

□ 身体伤害的预防

第三十二条　有危险性之工作应由熟练人员担任，派人在场监督。

第三十三条　发生伤害时，应速将受伤者送劳工保险指定医院治疗。

第三十四条　工作地点的顶上可能落下伤人物体时，工作人员应戴安全盔帽。

第三十五条　使用强烈腐蚀性的浓酸时，应使用安全的工具，避免与身体接触。

第三十六条　在灰尘飞扬中工作者，应戴上口罩及眼镜。

第三十七条　使用电气器材时，应注意绝缘是否完全及是否有导电物体接近电源。

第三十八条　操作起重机时，应注意吊起物体底下及附近是否有人。

第三十九条　使用塔架或扶梯，应严密检查是否坚固。

第四十条 玻璃、洋钉或铁丝等不得任意抛弃。

第四十一条 不得穿着松弛衣裤操作机器或走近操作中之机器。

第四十二条 工具应放置于工具箱中,工具箱应尽量放在地面。

第四十三条 尖锐工具应有防护圈盖,且不得放置于衣袋中。

第四十四条 锻铸或焊接时应注意远离他人,必要时并应戴上眼罩。

第四十五条 汽车、机车、堆高机、起重机其驾驶员必须领有驾驶执照或为公司指定人员,无照人员不得驾车,亦不得练习驾车。

第四十六条 驾驶汽车或机车必须严格遵守交通规则。

第四十七条 特种作业的监督人员应明了该项作业的特殊危险,随时告知其属下工作人员。

第四十八条 遇停电时要立刻关闭总开关,送电时在开各开关之前,要先开总开关。开主开关时须预先与关系者联络。

第四十九条 凡电器机器的修理,更换保险丝检查或其他有触电之危险时必先关闭开关而后行之。

第五十条 高压电线作业,未确认死线前不可进行作业。

□ 机械工具的处理

第五十一条 使用机械工具前必须先检查有无异状,无异状时始可使用。

第五十二条 初次用的机械或新装置使用的机械类,必须得到所属主管的准许,并听取说明后始可操作。

第五十三条 原动机或动力传动装置,开始发动时应先用口号(呼声)或适当的方法联络同事周知,再确认周围的安全状态后行之。

第五十四条 机械的清扫注油时应转动停止后行之,但得到特别许可时不在此限。

第五十五条 如无必要避免机械的空运转。

第五十六条 机器类设备要经常做正确的保养,尤其是密闭加压机械更要严加留意。

第五十七条 对于压力计、温度计等设备要特别小心操作,并在其规定的示度范围内使用。

第五十八条 玻璃器具材料等的装卸、切断或其他使用均需留心,慎防破损,除非经特别允许作业外,一定要戴手套工作。

□ 附则

第五十九条 本准则经呈准后施行,修改时亦同。

二、安全生产管理制度模板

□ 总则

第一条 为保障本公司员工人身安全,确保本公司各项生产工作顺利进行,特制定本制度。

第二条　本公司以“安全重于效率，安全重于效益”为方针，全方位实施安全管理。

第三条　本制度为本公司所有生产人员必读手册，所有生产人员在上岗之前必须认真阅读，并在工作过程中严格执行。

□ 不安全生产行为

第四条　在生产过程中发现生产设备、仪器的防护、保险及信号等装置缺乏或不良的情况时必须立即停止生产并向上级汇报。

第五条　在生产过程中发现设备、仪器、工具及附件或材料等有缺陷的情况时必须立即停止生产并向上级汇报。

第六条　在生产过程中发现车间或班组无总电源、总气阀的情况时必须立即停止生产并向上级汇报。

第七条　在生产过程中发现生产工艺本身缺乏充分的安全保障，工艺规程有缺陷的情况时必须立即停止生产并向上级汇报。

第八条　在生产过程中发现生产组织和劳动组织不合理的情况时必须立即停止生产并向上级汇报。

第九条　在生产过程中发现个人劳动保护用品缺乏或不良的情况时必须立即停止生产并向上级汇报。

第十条　在生产过程中发现事故隐患未暴露或还未被发现等情况时必须立即停止生产并向上级汇报。

第十一条　如工作现场通道不好，材料、半成品、成品混堆，工作场所过分拥挤或布置不当，地面不平，有障碍物存在或地面过滑，则不准开始生产工作行为。

第十二条　如厂房或车间平面或立体布置不合理，未提供紧急出口或出口不足，则不准开始生产工作行为。

第十三条　如工作环境光线不足或光线太强，可能由视觉失误引起动作失误，则不准开始生产工作行为。

第十四条　如工作环境有超标准噪声，引起职员情绪烦躁，无法安心工作；温度、湿度、空气清洁度不符合标准，则不准开始生产工作行为。

第十五条　如在工作环境中发现有毒、有害物品在班组超定额存放或保管不当，无急救或保险措施，则不准开始生产工作行为。

第十六条　如厂房年久失修，厂区污染严重，则不准开始生产工作行为。

□ 员工安全意识

第十七条　本公司所有生产人员必须认真学习相关操作方法、技巧和规程，对工作规程、操作标准或工作技术不熟练者不得上岗作业。

第十八条　本公司所有生产人员在生产作业过程中必须正确使用劳动保护用品。

第十九条　本公司所有生产人员在生产作业过程中必须保证注意力的集中和情绪的稳定。

第二十条　本公司所有生产人员在生产作业过程中必须保持强烈的工作责任心和劳动纪律，不得闲谈、打闹和嬉戏。

第二十一条　本公司所有生产人员必须注意劳逸结合，如出现过度疲劳，长期加班，精力不集中的情况，必须停止生产作业。

第二十二条　本公司所有生产人员在生产作业过程中必须工作中必须严格按照操作条例与生产线上其他同事互相配合。

第二十三条　本公司所有生产人员在生产作业过程中必须严格执行岗位责任制，不得串岗、漏岗。

□ 防爆

第二十四条　各生产作业单位应及时防止爆炸性混合物的产生，加强管理，消灭跑、冒、滴、漏，避免可燃气体漏入空气而达到爆炸限度。

第二十五条　各生产作业单位应及时防止火花的产生，注意防爆区的电机、照明应采用防爆型；避免因接触不良、绝缘不良、超负荷或过热而产生火花或着火；正确铺设避雷装置；抢修照明采用安全灯；避免机械性撞击。

第二十六条　各生产作业单位应及时防止静电的产生，工作人员要穿棉布工作服，不得穿易产生静电的化纤工作服和塑料底鞋。

第二十七条　各生产作业单位必须严格遵守防火制度，严禁在生产区吸烟，严禁明火取暖和焚烧可燃物，严禁在防爆区内装设电热设备。

第二十八条　各生产作业单位必须配备安全装置，如装报警器，在压力容器上安装安全阀，有些设备和管道上可安装防爆板。安全装置要按规定维护核对，使之处于良好状态。

□ 防火

第二十九条　各生产作业单位必须加强各种可燃物质的管理，大宗燃料应按品种堆放，不得混入硫化物和其他杂质；对酒精、丙酮、油类、甲醇、油漆等易燃物质要妥善保存，不得靠近火源。

第三十条　各生产作业单位必须采取防火技术措施，设计建筑物和选用设备应采用阻燃或不燃材料；油库和油缸周围应设置防火墙等。

第三十一条　各生产作业单位必须配备消防设施，厂区要按规定配备消火栓、消防水源、消防车等。生产车间应配备必须消防用具，如沙箱、干粉、二氧化碳灭火器或泡沫灭火器等器材，要经常检查、定期更换，使之处于良好状态。

第三十二条　各生产作业单位必须开展群众性消防活动，既要组织专业消防队也要建立群众性防火灭火义务消防队伍，并通过学习和实地演习，提高灭火技能。

□ 防电

第三十三条　各生产作业单位必须严格管理各类电气设备，包括电焊机，照明、家用电器等的选用和安装要符合安全技术规定，保证设备的保护性接地或保护性接零良好。

第三十四条　各生产作业单位的电气设备要定期检修，并做好检修记录；及时更换老化或裸露的电线，及时拆除临时和废弃线路等；待接线头要包扎绝缘。

第三十五条　各生产作业单位必须健全电器设备安全操作规章和责任制度，严禁违章作业，严禁非专业人员擅自操作或修理电器设备。

第三十六条　各生产作业单位对电器设备进行修理作业时，要拉断电源和穿戴绝缘衣物。

第三十七条　各生产作业单位必须经常组织职工训练，掌握对触电者的急救措施和技术。

第三节　企业劳动安全管理实用表单

一、安全管理实施计划表

安全管理实施计划表如表22-1所示。

表22-1　安全管理实施计划表

月份：　　年　　月　　　　（正面）　　　　　　　　　年　　月　　日

主题	实施内容	负责人	查核	日期	1	2	3	4	5	6	7	8	9	10	11	12	13	14	15
				星期															

（反面）

主题	实施内容	负责人	查核	日期	1	2	3	4	5	6	7	8	9	10	11	12	13	14	15
				星期															

二、工作安全检查报告书

工作安全检查报告书如表22－2所示。

表22－2 工作安全检查报告书

年 月 日 字第 号

检查日期	检查地点	课段队别及现场负责人	检查经过及结果	建立改善事项

备注：①本单由工程单位工作安全部门填写一式二份，呈单位主管核阅后，一份送工作安全委员会，一份存该单位的工作安全部门备查。

②建议改善事项经单位主管批核后，应由该单位工作安全部门通知各有关施工部门改善。

单位主管： 课（段队）长： 股长： 检查人：

三、工作安全查核报告书

工作安全查核报告书如表22－3所示。

表22－3 工作安全查核报告书

单位名称： 单位主管： 工地负责人：

年 月 日 字第 号

检查	工程名称及查核地点	检查经过及结果		建议改善事项
		工地现场方面	工作安全部门方面	

备注：①本单由工作安全委员会填写，呈主管协理核阅后存工作安全委员会备查。

②建议改善事项奉协理批核后，应由工作安全委员会通知各有关工程单位改善。

主管协理： 执行秘书： 组长： 查核人：

四、工作安全改善通知书

工作安全改善通知书如表22－4所示。

表22－4 工作安全改善通知书

检查日期： 施工课段队别： 承包商： 年 月 日 字第 号

不安全地点	不合规则处或不安全情形	建议改善事项	改善期限	改善经过或结果

注意事项：①本单由工作安全人中实与一式三份，交由工地监工（或施工）人员签收回一份。
②监工或施工人员不得拒绝签收本单，如有不明了之处，得再与工作安全部门研讨。
③改善后施工单位应将改善经进或结果填入本表，一份送工作安全部门，一份自存，如逾期尚未将本单送工作安全部门，工作安全部门应再派员检查，并将检查经过列于“工作安全检查报告书”中呈单位主管审阅。

工作安全部门： 施工部门：
检查人： 股长： 监工或施工负责人： 课（段、队）长：

五、安全工具试验月报表

安全工具试验月报表如表22－5所示。

表22－5 安全工具试验月报表

填报单位：______区营业处 ______年______月份

工具名称	单位	全区处保管数		应验数	实验数		其他报损数	备注
		库存数	领用数		良	不良		
橡皮手套(20kV)	双							
橡皮手套(15kV)	双							
橡皮肩套(20kV)	双							
橡皮线管	条							
跳线用橡皮线管	条							
橡皮碍子套	只							
橡皮毯	张							
绝缘登杆靴	双							
安全帽	顶							
安全带	组							

注：本表于每月____日前填送工作安全卫生委员会及配电科各一份。
经副理： 科长： 安全检修股长： 经办：

六、危险工作安全同意书

危险工作安全同意书如表 22 -6 所示。

表 22 -6　危险工作安全同意书

填表日期：　　　年　　月　　日　　编号：

<table>
<tr><td>填表部门</td><td></td><td>工作承办部门</td><td></td><td>填表人</td><td></td></tr>
<tr><td colspan="6">兹同意在(地点或设备)</td></tr>
<tr><td colspan="6">于　　日　　时　　分从事下列工作</td></tr>
<tr><td colspan="6"></td></tr>
<tr><td colspan="6">但须先办妥下列事项：
□应封闭管路　　□防护面具
□开关已下销　　□防护衣
□已排除气(液)体　　□安全帽
□通风　　□安全眼镜、面罩
□安全带　　□应置警告牌
□胶鞋　　□检修前准备工作已妥善
可爆气体测定结果________　　有毒气体测定结果________
灭火器材数量________　　已派看守人员________
执行部门
主　　管：________　安全卫生管理人员：________</td></tr>
<tr><td colspan="6">特别注意事项

劳工安全卫生管理部门：</td></tr>
<tr><td>说明</td><td colspan="5">1. 施工人员须随时携带本同意书，以便查核。
2. 本同意书核定的施工时间不得超过____小时。
3. 若____小时内不能完工，应按日重新申请。
4. 施工人员若发现情况有变化，应即通知安全卫生管理师复查。</td></tr>
</table>

本表一式三联：①填表部门→劳工安全卫生执行部门→工作承办部门(施工人员)→填表部门。
②填表部门→劳工安全卫生执行部门→填表部门劳工安全卫生管理部门。
③填表部门自存。

第四节 企业劳动安全管理规范化细节执行标准

一、企业安全生产教育工作内容

企业安全生产教育工作主要有以下几方面工作内容:

(一)安全生产的思想教育标准

1. 安全生产方针、政策、法规教育。
2. 劳动纪律和制度教育。
3. 经常性思想工作。

(二)安全技术知识教育

1. 生产技术知识教育。
2. 基本安全技术知识教育。
3. 专业安全技术知识教育。

(三)工业卫生技术知识教育

(四)安全管理知识教育

(五)安全生产经验教训教育

二、劳动安全管理实施标准

劳动安全管理实施标准如下:

(一)厂房、建筑物和道路的安全标准

企业必须保证维护厂房、建筑物和道路的安全,能够为劳动者进行生产活动提供安全的劳动环境。

1. 生产厂房必须坚固,以防垮塌。如果有损坏或危险的征兆,应该立即修理。
2. 动力间、锅炉房、瓦斯发生室应与其他工作间隔开,以防火、防爆炸等。
3. 厂院内交通要道必须平坦、畅通,夜间要有足够的照明设备。道路和轨道交叉处必须有明显的警告标志、信号装置或落杆。为生产需要所设的坑、壕和池,应该设有围栏或盖板。

(二)工作场所的安全标准

企业必须保证工作场所整齐清洁,符合安全生产的要求。

1. 机器和成品、半成品的堆放必须不妨碍生产活动的正常进行和通行。
2. 废料应及时清除。在易使脚部潮湿、受寒的工作地点,要设木头站板。
3. 工作地点的局部照明应该符合操作要求,也不要光线刺目。通道该有足够的照明。

（三）机器设备安全标准

企业必须保证机器设备的安全措施，以防止机械性作业所造成的工伤事故。由于机器设备的性能和特点不同，应规定不同的安全措施。

1. 传运带、明齿轮、砂轮、电锯、皮带轮和飞轮等危险部分，切忌暴露在外，必须有外壳防护装置。

2. 压延机、冲压机、碾压机、压印机等施压部分，必须有安全装置。

3. 起重机应标明起重吨位，并有信号装置。

4. 机器的传动部分要设置制动和自动加油装置或蓄油器（如用人工加油，必须备有长嘴注油器）。

（四）电器设备的安全标准

企业必须保证厂区内电器设备不发生电击、电伤等事故，必须采取预防触电、火灾等措施。

1. 电器设备和线路的绝缘必须良好。

2. 裸露的带电导体要安装在不易碰到的地方，否则应设置遮拦和明显的警告标志。

3. 电器设备要装有熔断器或自动开关。

4. 对于电钻、电镐等手持电动工具，必须采取保护性接地或接零的措施。

（五）动力锅炉的安全标准

企业必须保证锅炉和压力容器的安全性，防止重大的火灾和伤亡发生。

1. 动力锅炉必须装有准确、有效的安全阀、压力表和水位表。

2. 建立严格的保养、检修和水压试验制度。

3. 锅炉的运行工作要由经过专门训练并考试合格的专职人员担任。